Cours de Linguistique Générale

일반언어학 강의

초판1쇄 펴냄 2022년 12월 16일
초판3쇄 펴냄 2024년 10월 17일

지은이 페르디낭 드 소쉬르
옮긴이 김현권
펴낸이 유재건
펴낸곳 (주)그린비출판사
주소 서울시 마포구 와우산로 180, 4층
대표전화 02-702-2717 | **팩스** 02-703-0272
홈페이지 www.greenbee.co.kr
원고투고 및 문의 editor@greenbee.co.kr

편집 이진희, 구세주, 민승환, 성채현 | **디자인** 이은솔, 박예은
물류유통 류경희 | **경영관리** 이선희

독자의 학문사변행學問思辨行을 돕는 든든한 가이드 _(주)그린비출판사

일반언어학 강의

페르디낭 드 소쉬르

김현권 옮김

그린비

알베르 리들링제Albert Riedlinger의 도움을 받아서

일러두기

1 이 책의 번역은 Ferdinand de Saussure, *Cours de linguistique générale*, eds. Charles Bally and Albert Sechehaye, Paris: Payot, 1916; *Cours de linguistique générale*, Critical Edition by Tullio de Mauro, Paris: Payot, 1972를 저본으로 삼았다.

2 '†' 표시가 있는 각주는 원전의 편집자인 샤를 바이와 알베르 세슈에가 작성한 것이며, 그 외의 각주는 모두 옮긴이가 추가한 것이다.

3 본문에 나오는 단어 중 앞에 '*' 표시가 붙은 것은 재구형으로, 문헌에서 확인되지 않는 가설적 형태다.

4 원문에서 강조를 위해 사용된 이탤릭체는 고딕체로 바꾸었으며, 기유메(« »)는 맥락에 따라 큰따옴표(" "), 작은따옴표(' '), 병기 등으로 표시했다.

5 본문 이해를 위해 옮긴이가 보충한 부분은 귀갑괄호(〔 〕)를, 음성기호임을 밝힐 때는 대괄호([ ])를 사용했다.

6 단행본·정기간행물에는 겹낫표(『 』)를, 논문·단편 등에는 낫표(「 」)를 사용했다.

7 외국 인명이나 지명, 작품명은 2002년 국립국어원에서 펴낸 외래어표기법을 참조했다.

책을 읽기 전에

I. 페르디낭 드 소쉬르 생애와 학문 경력

1. 출생과 사망
1857년 11월 26일 제네바 태생
1913년 2월 22일 뷔플랑-르-샤토 사망

2. 독일 시기
1876~1878년   라이프치히대학에서 수학
1878년(21세)   『인도유럽어 원시 모음 체계에 관한 논고』 발표
1880년   『산스크리트어 절대 속격의 용법』 논문으로 박사학위

3. 파리 시기
1881년 11월   파리 사회과학고등연구원École des Hautes Études en Sciences Sociales에서
          게르만어 비교문법, 그리스어와 라틴어 비교문법 강의

4. 제네바 시기
1891년 11월   제네바대학의 인도유럽어 역사비교언어학과 산스크리트어 교수
1896~1910년   그리스어, 라틴어, 산스크리트어 역사비교문법 강의
1896~1912년   게르만어 비교문법 강의

II. 『일반언어학 강의』 편집본

Ferdinand de Saussure, *Cours de linguistique générale*, eds. Charles Bally and Albert
　　Sechehaye, Paris: Payot, 1916.

_____, *Cours de linguistique générale: Édition critique préparée par Tullio de Mauro*,
　　Paris: Payot, 1972.

_____, *Saussure's Third Course of Lectures on General Linguistics(1910–1911): From
　　the Notebooks of Emile Constantin*, ed. Eisuke Komatsu, trans. Roy Harris, London:
　　Pergamon Press, 1993.

_____, *Saussure's First Course of Lectures on General Linguistics(1907): From the
　　Notebooks of Albert Riedlinger*, ed. Eisuke Komatsu, trans. George Wolf, London:
　　Pergamon Press, 1996.

_____, *Saussure's Second Course of Lectures on General Linguistics(1908–1909): From
　　the Notebooks of Albert Riedlinger and Charles Patois*, ed. Eisuke Komatsu, trans.
　　George Wolf, London: Pergamon Press, 1997.

소쉬르 이론의 세계적 확산 추세에 맞추어 『일반언어학 강의』(이하 『강의』)는 최근
영역본이 다소 개정되어 재판(Meisel and Saussy, 2011)으로 출간되거나 새로운 번역
본(Harris, 1983)이 나왔고, 독일어본(Wunderli, 2013)도 새로이 번역되었다. 이 독일
어 번역본은 프랑스어 원문을 같이 수록하였다.

Ferdinand de Saussure, *Grundfragen der allgemeinen Sprachwissenschaft*, 1st ed., eds.
　　Charles Bally, Albert Sechehaye and Albert Riedlinger, Berlin and Leipzig: Walter
　　de Gruyter, 1931; 2nd ed., 1967; 3rd ed., 2001.

_____, *Course in General Linguistics*, trans. Wade Baskin, 1959, eds. Perry Meisel and
　　Haun Saussy, New York: Columbia University Press, 2011.

_____, *Course in General Linguistics*, trans. and annotated by Roy Harris, London:
　　Duckworth, 1983.

_____, *Cours de linguistique générale: Zweisprachige Ausgabe französisch-deutsch mit
　　Einleitung, Anmerkungen und Kommentar*, ed. Peter Wunderli, Tübingen: Narr,

2013.

Roy Harris, *Reading Saussure: A Critical Commentary on the CLG*, London: Duckworth, 1987.

한국어 번역본은 다음과 같다.

페르디낭 드 소쉬르, 『一般言語學講義』, 오원교 옮김, 형설출판사, 1973(초판).

_____, 『일반언어학 강의』, 최승언 옮김, 민음사, 2006(초판 1990).

_____, 『일반언어학 강의』(요약본), 김현권 옮김, 지만지고전천줄, 2008.

_____, 『일반언어학 강의』, 김현권 옮김, 지식을만드는지식, 2012.

_____, 『소쉬르의 마지막 강의: 제3차 일반언어학 강의(1910~1911) ── 에밀 콩스탕탱의 노트』, 김성도 옮김, 민음사, 2017.

_____, 『페르디낭 드 소쉬르 제3차 일반언어학강의 1910~1911: 에밀 콩스탕탱의 강의노트 편집판』, 김현권 옮김, 에피스테메, 2018.

_____, 『소쉬르의 1차 일반언어학 강의: 1907 ── 알베르 리들링제의 노트』, 김현권 옮김, 그린비, 2021.

_____, 『소쉬르의 2차 일반언어학 강의: 1908~09 ── 알베르 리들링제 & 샤를 파투아의 노트』, 김현권 옮김, 그린비, 2021.

_____, 『소쉬르의 3차 일반언어학 강의: 1910~11 ── 에밀 콩스탕탱의 노트』, 김현권 옮김, 그린비, 2021.

III. 『강의』의 전개와 학문적 함의

이 『강의』는 소쉬르가 만년에 제네바대학에서 3차에 걸쳐 강의한 노트들을 샤를 바이Charles Bally와 알베르 세슈에Albert Sechehaye가 한 권의 책으로 편집하여 출간한 것이다.

1907년 1월에 시작된 제1차 강의는 비판적 수용 단계로서 기존 언어학의 용어를 조심스럽게 사용하고, '기호'나 '가치' 등의 공시, 일반언어학과 관련된 용어는 가능한 한 피하였다. 통시언어학에 관한 설명으로 강의를 시작했지만, 시간 부족으로 정태언어학 강의를 포기하고 차후에 보다 온전한 강의를 하려고 미루었다. 주로 인도유럽어의 내외 역사와 비교문법의 일반적인 문제에 관해 개관하고, 역사비교언어학적 주제(음성변화, 유추, 재구, 비교 방법 등)를 비판한다.

1908~1909년의 제2차 강의는 재해석과 방법적 모색의 단계로서 서론은 소쉬르의 언어학에 대한 일관성 있는 해설이다. 알베르 리들링제의 필사 원고 426쪽 중 343쪽에 해당하는 부분으로 주제는 인도유럽어학이다. 일반언어학적 주제로서 공시언어학과 통시언어학, 인도유럽어학과 일반언어학의 문제를 다루었고, 인도유럽어학에서 언어학자들이 제기한 문제들과 그 해결 방법을 인식하는 것을 '언어학에 대한 철학적 강의를 위한 준비'로 보았다.

1910~1911년의 제3차 강의는 새 패러다임을 구축하여, 일반언어학을 소개한 강의로서 소쉬르의 사고를 보여 주는 가장 충실한 강의이며, 『강의』에 없는 내용들이 많이 수록되어 있다. 언어에 대한 가장 중요한 이론적 성찰을 자세히 논의하고, 기호, 단위, 가치, 자의성, 정태언어학 등의 일반 공시언어학적 성찰이 주류를 이룬다. 특히 언어철학적인 인식론을 이 제3차 강의에서 잘 보여 주고 있다.

3차에 걸친 강의의 전개과정에서 볼 때, 그가 구조주의 일반언어학의 창시자로 간주된 것은 그의 사상과 학적 이론의 토대가 역사비교언어학을 연구하던 젊은 시절에 발표한 『인도유럽어 원시 모음 체계에 관한 논고』(1878)에서 이미 마련되었기 때문이다. 20세기를 풍미한 소쉬르의 공시 구조주의 사상의 연원이 인도유럽어 역사비교언어학이라는 것은 정말 놀라운 사실이다. 제1차 강의와 제2차 강의를 보면, 대부분의 강의 내용은 인도유럽어학에서 논의하던 기존 연구들의 부적절한 용어를 비판하고 언어 자료를 새로이 해석한 것으로,

자신이 구축한 이론의 설명에 타당성을 제공할 언어 자료를 가지고 강의를 한다. 구조주의의 연원이 역사언어학이라면, 이는 일반인들의 지적 상식에는 반하지만, 그의 사상과 이론의 궤적을 따라 탐색하고 연구해 보면 의문이 풀린다. 흔히들 구조주의는 소쉬르의 공시 일반언어학적인 원리에서 명확한 틀을 찾지만, 그의 구조적 일반언어학의 인식론과 방법 자체는 이미 1878년의 이 저서에서 방법론적 틀과 타당성, 정당성을 갖추고 있다는 것이 후대의 학자들의 실증적 연구에 의해 검증되었다.

소쉬르는 제3차 강의에서는 역사언어학보다는 일반언어학적 강의에 많은 부분을 할애했다. 서론으로 언어학사를 잠깐 논의한 뒤에 제1부 '개별 언어'des langues를 먼저 강의하고, 제2부 '언어'la langue를 다루고, 마지막으로 제3부 '인간언어'langage와 '발화'parole를 강의할 예정이었다. 제1부 '개별 언어'에 대한 강의의 전반부는 제1장, 제2장, 제3장에서 언어(들)의 지리적 다양성을 다루고, 후반부는 제5장 인도유럽어족과 셈어족, 유럽의 비인도유럽어를 다루었다. 그 사이에 제4장에서는 언어의 문자 표상을 다루었다. 제1차 강의와 제2차 강의에서는 제2부 '언어'에 대한 별도의 강의는 없었고, 이 내용은 제3차 강의에만 나온다. 이 강의의 순서는 『강의』의 순서와 상당히 다른데, 바이와 세슈에의 편집본에서는 제1부 '일반 원리', 제2부 '공시언어학', 제3부 '통시언어학', '제2부와 제3부에 대한 보충 강의', 제4부 '지리언어학'(언어의 다양성), 제5부 '회고언어학의 문제, 결론'의 순서로 편성되어 있다. '언어의 다양성'에 대한 강의는 제3차 강의에서는 맨 처음에 나오지만, 『강의』에서는 뒷부분인 제4부에서 전개된다. 그리고 어족語族은 제3차 강의에서는 꽤 자세히 다루었으나 『강의』에서는

제5부에서 극히 일반론적인 문제만 다루고 강의를 종결하였다. 이러한 순서는 언어학 이론의 전개와 구축에 매우 중요한 의미를 지닌다.

이 세 차례에 걸친 강의를 적은 제자들의 노트에 기초하여 바이와 세슈에가 한 권의 책으로 편집해서 출간한 책이 『강의』이다. 비록 제3차 강의의 중요 부분들이 충실히 반영되지 못하고, 또 편집자들의 해석적인 부분들이 없지는 않지만, 이 책은 서구 사상사와 인문학적 성찰에 큰 영향을 미쳤고, 20세기 유럽의 현대언어학은 이 패러다임에 기초해 있다. 소쉬르는 언어학뿐만 아니라 인문사회과학, 나아가서 20세기 유럽 사상사의 한 축을 형성한 인물이다. 마르크스가 사회경제사의 큰 흐름의 방향을 제시하고, 프로이트가 인간심리의 숨겨진 무의식無意識 세계를 발견했을 때, 소쉬르는 인간정신과 문화의 매개이자 담지자인 언어의 과학적 탐구를 통해 다가올 새로운 시기의 과학적 패러다임을 추구했다. 그가 20세기에 인문과학에 미친 영향이 갖는 역사적 의미는 구조주의라는 거대한 패러다임을 만들어낸 데 있다. 구조주의의 출현은 현대과학사의 신기원을 이룬다. 유럽의 구조주의학파들은 『강의』에 제시된 혁신적인 언어 이론과 인식론, 철학적 성찰을 수용하여, 각기 독자적으로 연구 관점과 대상, 방법론을 쇄신시켜 과학적 체계를 재구성함으로써 발전을 도모했다. 구조적 인식, 즉 구조의 틀 내에서 사고함으로써 과학의 제반 영역에서 숨겨진 원리와 법칙을 발견하려는 인식과 과학적 분석 절차를 제시한 공적은 바로 소쉬르에게서 유래한다. 인문학의 제반 영역, 즉 언어학을 비롯하여, 인류학, 문학, 철학, 정신분석학, 해석학, 기호학, 사회학과 같은 학문들이 경이적으로 발전한 것도 구조적 패러다임 덕택이었으며, 이는 후기구조주의에서 그 절정에 도달했다. 학계와 대중에게까지 널리 알려진 『강의』에서는 기존의 언어학의 원자론, 특히 당시에 지배적이었던 소장문법학파의 원자론이 구조언어학의 체계적인 보편주의에 의해 극복되었다는 점에서 이 패러다임의 교체 증거를 볼 수 있다. 실제로 『강의』에 나타난 핵심적인 개념과 원리, 방법은 학계의 연구 방향 전환에 획을 그었다. 대부분의 학자들과 지식인들은 그의 사후死後 저서 『강의』에 의존하여 그를 평가하고 있다.

하지만 소쉬르학 전문가들에 따르면, 이 사후 저서는 그의 진정한 의도와 사상을 충실하게 반영하지 못한 부분도 있다고 한다. 그것은 특히 그가 자신의 사상을 체계적으로 확고하게 구축한 시점에 직접 쓴 저서가 아니라 사후에 제자들의 강의노트에 기초해서 편집된 것이어서 이 저서에 나타나는 몇몇 원리들이 해석상으로 양립 불가능하고, 적용이 어렵기 때문이다. 그리하여 소쉬르 연구자들은 소쉬르가 직접 쓴 필사본 원고와 노트들에 입각해서 그의 사상과 이론, 방법적 개념들과 원리를 비판적으로 재검토하고, 재구성했다. 이후 소쉬르에 대한 문헌학적 작업과 연구가 활발하게 이루어졌는데, 고마쓰가 편집한 제1차, 제2차, 제3차 강의의 제자노트 강의록이 그것이다.

그렇지만 소크라테스가 플라톤의 저술을 통해서 존재하듯이 소쉬르는 『강의』를 통해서 그 존재의 언어사적·사상사적 가치와 공적을 인정받았다. 소쉬르는 언어학의 영역을 넘어서 현대 사상사에서 가장 중요한 인물로 평가받고 있다. 특히 그의 구조주의적 정신은 인문과학 전반에 크게 영향을 미쳤다. 인문학 전반에 미친 소쉬르 언어학의 영향은 기호, 시니피앙과 시니피에, 자의성과 유연성, 랑그와 파롤, 담화, 언어와 문자, 음성과 음소 체계, 단위와 실재체, 가치와 의미,

의미 작용, 형식(형태)과 추상, 관계와 대립, 동일성과 차이, 분석과 통합/통합체, 연합과 통합, 연속과 공존, 시간과 공간, 역사와 상태, 계기성과 동시성, 불변성과 가변성, 통시태/공시태, 집단과 개인, 행위와 의식, 고립과 연대의 구별을 명시적으로 수용하는 데서 드러난다. 구조주의적 정신이 1960년대를 거의 완전히 지배했기 때문에『강의』는 개별 학문 분야에서 그 주요 사상과 개념들이 명백히 이해되거나 명료하게 구별되지 않은 상태로 수용되었다. 소쉬르의 영향을 정확히 평가하기 위해서는 구조주의에 대해 독립적이면서 별도의 비판적인 역사가 필요하다. 많은 소개와 연구에도 불구하고 여전히 연구의 커다란 문이 열려 있다.

언어학 분야의 전문가가 아닌 학자와 지식인들, 일반 독자들이 『강의』에서 가장 관심을 가지고 널리 인용하거나 관심을 가진 부분은 '서론', '일반 원리', '공시언어학'이라는 세 부분이다(물론 자크 데리다 덕분에 문자에 관한 부분이 많이 인용되고 있다). 독자들은 '서론'을 통하여 이 편집본을 얼마나 애써 공들여 만들었나를 잘 엿볼 수 있다. 그 외 제1부의 부록 '음운론의 원리'를 비롯해 '통시언어학', '지리언어학', '회고언어학' 등의 역사언어학적인 강의는 19세기의 인도유럽 역사비교언어학과 문헌학에 대한 배경 정보와 지식이 있어야 이해가 쉽다. 또한 이 부분들을 정확히 읽고, 이해하기 위해서는 많은 고전어와 고어, 방언 들에 대한 지식과 당시 언어학의 방법적 원리 및 동향에 대한 최소한의 이해도 필요하다. 그러나『소쉬르의 2차 일반언어학 강의』중「일반언어학 입문으로서 인도유럽어학 개관」에서 보듯이 일반언어학으로 가는 필수적 단계가 이 분야의 연구이며, 소쉬르 자신도 이와 같은 일반언어학을 위한 엄밀한 사고 및 방법론을 이들 다양한 언어의 연구로부터 끌어내었던 것이다.

사실『강의』전체의 분량 303쪽(서론 및 여백 페이지 제외) 가운데 214쪽이 역사언어학을 다루고 있고, 92쪽이 언어일반론 및 공시언어학에 할애하고 있다. 그리고 공시언어학적 원리를 설명하는 많은 사례와 원리를 역사언어학에서 차용하고 있다. 따라서 이 부분에 대한 독서도 반드시 권고한다.『강의』자체도 보면, 실제로 소쉬르가 강의한 강의노트 중에서 인도유럽제어에 대한 분류와 지리역사적 분포, 문헌 서지 등에 대한 상당히 많은 부분을 생략하고 편집한 것이다. 예컨대 제3차 강의의 제1부 제5장(콩스탕탱의 강의노트 Ⅲ~Ⅵ) '지구상 개별 언어의 가장 중요한 어족의 지리역사적 현황'에는 특히 엄청나게 광범위한 인도유럽어학에 대한 지식뿐만 아니라 방언학, 인종지학, 지리학, 선사학, 역사, 고고학, 심리학, 사회학, 종교, 문헌학, 금석학 등에 대한 내용이 있고, 강의에 인용된 학자들도 매우 다양하다. 이것이 강의였기에 그런 학자들이나 연구에 대한 참고 서지 정보도 강의노트에는 제대로 인용되어 있지 않다. 이런 의미에서 존 루퍼트 퍼스는 이 저서를 두고 "잘 알려져 있지만 거의 이해되지 않는" 책이라고 했으며, 이 강의에 대한 해석은 다르지만, 로이 해리스는 "읽히지 않는 소쉬르"라고 했는지도 모른다. 옮긴이는 가능한 한 언급된 당시 학자들에 대한 간단한 정보를 제공했다. 독서에 참조하기를 바란다.

초판 서문

페르디낭 드 소쉬르 선생이 언어학을 특징짓는 원리와 방법이 불충분하다고 개탄하는 말을 자주 들었다. 선생의 천재성은 언어학의 토양에서 발휘되었고, 평생 동안 그처럼 혼란한 가운데서도 언어 사상의 방향을 이끌어 갈 지도적指導的 법칙을 끈기 있게 추구했다. 선생은 1906년에 제네바대학에서 조제프 베르트하이머Joseph Wertheimer의 자리를 계승한 후에, 여러 해 동안 깊이 숙고해 왔던 언어학에 대한 개인적 견해를 공개했다. 그는 1906~1907년, 1908~1909년, 1910~1911년에 걸쳐 세 차례 일반언어학을 강의했다. 커리큘럼 때문에 매년 강의의 절반은 인도유럽제어와 이 언어들의 역사와 기술記述에 대해 설명하는 데 할애할 수밖에 없었고, 그로 인해 강의 주제의 본질적인 내용은 크게 줄어들었다.

그처럼 내용이 풍부한 강의를 청강할 수 있는 특전을 누렸던 모든 제자들은 선생이 단 한 권의 책도 출간하지 않은 것을 애석하게 여겼다. 스승이 타계한 후 고맙게도 사모님이 넘겨준 수기手記 원고에서, 그의 천재적 강의를 충실하게 그대로 보여 주는 모습을 만나거나 최소한 원래 강의의 모습을 충분히 발견할 것으로 기대했다. 그래서 학생들이 기록한 노트를 서로 연결하여 페르디낭 드 소쉬르 선생이 쓴 개인의 노트에 초점을 맞추기만 하면 출판이 가능할 것으로 막연하게나마 예상했다. 하지만 우리는 크게 실망했다. 제자들의 강의를 받아 적은 노트에 상응하는 소쉬르 선생의 강의노트뿐 아니라, 어떤 노트도 전혀 찾지 못했기 때문이다. 소쉬르 선생은 그날그날의 강의 설명을 대충 기록했던, 급히 쓴 원고를 모두 없애 버렸다. 그의 책상 서랍에는 아주 오래전에 쓴 강의 초고만 남아 있었는데, 이것들은 물론 귀중한 것이었지만 이용할 수 없었고, 세 강의 자료와 연관 지을 수도 없었다.

이런 사실을 확인하자 업무상의 책무로 인해 우리 편집자들이 직접 이 마지막 3차에 걸친 강의에 거의 전혀 참여할 수 없었던 만큼 실망은 그만큼 더 컸다. 사실상 소쉬르 선생의 생애에서, 이 일반언어학 강의는 이미 오래전에 『인도유럽어 원시 모음 체계에 관한 논고』가 세상에 나왔던 시절만큼이나 빛나는 시기를 장식하기 때문이다.

따라서 우리 편집자들은 이 세 차례에 걸친 강의를 들은 학생들이 기록한 강의노트만을 이용할 수밖에 없었다. 루이 카이유Louis Caille, 레오폴드 고티에Léopold Gautier, 폴 르가르Paul Regard와 알베르 리들링제가 첫 두 강의를 기록한 거의 완벽에 가까운 강의노트가 우리 편집자 손에 넘어왔고, 가장 중요한 제3차 강의노트는 알베르 세슈에 부인과 조르주 데갈리에George Dégallier와 프랑시스 조제프Francis Joseph에게서 넘어왔다. 루이 브뤼취Louis Brütsch 덕택에 특수 사항들에 대한 노트도 구했다. 이 모든 이들에게 심심한 사의를 표하지 않을 수 없다. 또한 인쇄에 앞서 수고手稿를 기꺼이 재검토하고, 귀중한 충고를 해 준 뛰어난 로망제어학자 쥘 롱자Jules Ronjat 씨에게도 진심으로 감사한다.

우리 편집자들은 이 강의 자료를 어떻게 다루었을까? 일차 자료에 대한 비판 작업이 절실히 요청되었다. 각 강의마다 강의의 세부 사항 하나하나에 대해 모든 노트의 이본異本을 비교하고, 때로는 일관성 없이 막연한 메아리로만 남아 있는 소쉬르 선생의 궁극적 사상을 포착해야 했다. 첫 두 차례의 강의는 가장 진지한 흥미를 가지고 선생의 사상을 추종했던 제자들 중의 한 사람인 알베르 리들링제의 협력을 받았고, 이 점에서 그의 작업은 매우 유익했다. 제3차 강의는 우리 편집자 중의 한 사람인 세슈에가 아주 꼼꼼하게 강의노트들을 대조하고 수정하는 작업을 맡았다.

그러나 그다음의 작업은 어떻게 진행했을까? 구술 강의 형식은 책을 저술하는 형식과는 흔히 상반되기 때문에 아직도 가장 큰 난관이 남아 있었다. 더욱이 페르디낭 드 소쉬르 선생은 끊임없이 자기 혁신을 꾀하는 그런 사람이었다. 그분의 사고는 막힘없이 모든 방향으로 뻗어 나갔지만, 그렇다고 해서 그 사고 자체에 모순되는 것은 전혀 없었다. 세 차례에 걸친 강의 전체를 원래의 형태로 출판하기란 불가능했다. 그렇게 한다면 이 강의 출판은 자유롭게 설명한 강의에서 어쩔 수 없이 나타날 수밖에 없는 중언부언, 중복 사항, 여러 가지 설명 표현들로 인해 분명 잡다한 모습이 될 것이고, 단지 어느 한 강의에만 국한해서 강의를 출판한다면(그러면 어느 강의를 선택할 것인가?) 이 편집본에선 다른 두 강의에 광범위하고 풍부하게 담겨져 있는 모든 강의의 소재와 재원이 아주 빈약해질 뿐이었다. 결정적으로 중요한 제3차 강의조차도, 단지 이 강의만으로는 페르디낭 드 소쉬르 선생의 이론과 방법을 완전히 파악할 수도 없었다.

　그리하여 특히 선생의 독창적인 강의 단편들을 그대로 발간하려는 생각도 했다. 처음에는 이 생각이 마음에 들기도 했지만, 전체적으로 봐야만 진면목의 가치가 드러나는 건물을 어느 일부분만 제시한다면 선생의 사상을 그르칠 수도 있다는 것이 즉시 분명해졌다.

　그리하여 우리 편집자들은 더 과감하지만 더 합리적으로 생각되는 해결책을 택하기로 마음을 굳혔다. 제3차 강의에 기초해서 페르디낭 드 소쉬르 선생의 개인노트와 함께 이용할 수 있는 모든 자료를 이용해서 강의를 재구성하는 것, 즉 종합을 시도하는 것이었다. 그래서 강의를 재창작하는 작업이 필요했고, 이 종합적 작업은 매우 객관적이어야 했던 만큼 더욱 쉽지가 않았다. 모든 사항들 하나하나에 대해 특정 이론의 심층부까지 통찰하고, 이론의 전체 체계에 비추어서 그 이론을 온전한 형태로 파악하려고 노력했다. 구술 강의에만 고유하게 나타나는 변동 사실이나 유동 사실을 제거하고, 원래의 강의 체제에 자연스럽게 통합시키려고 했다. 원저자 선생의 의도가 겉으로는 드러나지 않고, 은연중에 간파되는 경우에도 강의의 전체 부분을 원저자 선생의 의도에 일치하도록 순서대로 배열하여 제시했다.

　이처럼 강의를 원형대로 복원하려는 동화同化와 재구성 작업을 통해 이 책이 탄생했고, 불안한 느낌이 전혀 없지는 않지만, 지성계와 언어학을 연구하는 동학들에게 이 책을 발표하게 되었다.

　우리 편집자들의 주된 생각은 강의의 어떤 사항 하나라도 소홀하게 다루지 않고, 총체감을 주면서 유기적 통일체를 구성하는 것이었다. 그렇지만 바로 이 점 때문에 아마도 두 가지 비판을 받게 될 것도 같다.

우선 이 유기적 '총체'가 불완전한 것이라고 비판받을 수도 있다. 선생의 가르침에는 언어학의 모든 분야를 다루려는 의도도, 이 전 분야를 모두 똑같이 강하게 설명하려는 의사도 없었다. 더욱이 선생은 실제로 그렇게 할 수도 없었다. 그의 관심사는 전혀 다른 곳에 있었기 때문이다. 그의 강의 곳곳에서 발견되는 아주 다양하고 질긴 이 직組織造의 올을 이루는 몇 가지 독자적인 기본 원리에 따라서 선생은 심도 있게 연구했고, 그 기본 원리가 적용되는 놀랄 만한 대상을 발견하거나 그것을 위태하게 하는 이론을 대하는 경우가 아니면 표면상으로는 그렇게 상세히 설명하지 않았다.

그가 어떤 분야, 예컨대 의미론을 거의 다루지 않은 것도 이와 같은 맥락에서 설명된다. 그렇지만 이 결함으로 이 책의 전체 체제가 훼손받는다는 느낌은 전혀 들지 않는다. 또한 **발화의 언어학**이 빠진 것이 눈에 확연히 드러난다. 제3차 강의를 듣기로 한 청중들에게 약속했던 이 분야의 연구는 후속 강의에서는 아마도 최고 지위를 차지했을 것이다. 그런데도 이 약속을 지킬 수 없었던 이유는 익히 모든 사람들이 너무나도 잘 알고 있다. 선생은 전체 윤곽만 겨우 잡아 놓은 이 강의 계획에서 그때그때 지적할 사항들을 함께 모아 정리하는 것으로 만족해야 했고, 그 이상의 후속 작업은 수행할 수 없었다.

이와 반대로 우리 편집자들은 페르디낭 드 소쉬르 선생 이전 시기에 이미 잘 알려져 있던 사항들과 관련된 설명만 자세히 재론한 것이라고 비난받을 수도 있다. 이처럼 광범위한 설명에서 나오는 모든 사항들이 항상 새로운 것일 수는 없다. 그런데 언어학자들에게 잘 알려져 있는 이 기본 원리들이 이 저서 전체의 이해에 정말 필요한 것이라면, 그것들을 제외하지 않았다고 비난받을 수 있을까? 예컨대 음성변화에 대한 장에는 이미 잘 정리된 사실들 ── 그래서 아마 더 결정적이다 ── 이 포함되어 있다. 하지만 이 음성변화의 설명 부분에는 독창적이고 귀중한 세부 사항들이 많이 숨어 있을 뿐만 아니라, 이 설명 부분을 대충 읽어 보더라도, 이 부분을 제외하게 되면 페르디낭 드 소쉬르 선생이 정태언어학 체계의 기초 구축에 이용한 원리들을 이해하는 데 분명 지장이 생겨날 것으로 생각된다.

우리 편집자들은 이러한 비판에 책임을 느끼고 있고, 아마도 이 책의 출간을 허락하지 않았을 선생에게도 크게 책임을 느낀다.

우리 편집자들은 이 책임을 전적으로 인정하며, 여기에 대한 책임을 전적으로 지려 한다. 이러한 비판이 선생과 그 해석자 누구를 향한 것인지 과연 구분할 수가 있을까? 이 비난으로 더없이 귀중하게 생각되는 선생의 명성이 부당하게 짓밟힐 우려가 있으므로 차라리 우리 편집자들이 비난을 받는다면 더는 고마울 게 없겠다.[1]

1915년 7월 제네바

샤를 바이, 알베르 세슈에

---

1 소쉬르의 이 사후 편집본의 저본이 된 작업에 대해서는 Estanislao Sofia, *La "Collation Seche-haye" du Cours de linguistique générale de Ferdinand de Saussure*, ed., introduction and notes. Leuven – Paris – Bristol, C. T. : Peeters, 2015 참조.

재판 서문

이 재판은 초판 텍스트의 본질적 부분은 전혀 고치지 않았다. 편집자들은 몇 가지 사항에 대해 초판의 글을 더 명료하고 정확하게 표현할 목적으로 단지 세부 사항만 손대고 고치는 것에 그쳤다.

샤를 바이, 알베르 세슈에

3판 서문

몇 가지 세부적인 사항을 교정한 것을 제외하고는 3판은 재판과 같다.

차례

서론

부록: 음운론의 원리

제1부   일반 원리

제2부   공시언어학

제3부　통시언어학

제4부   지리언어학

제5부 회고언어학의 문제, 결론

서론

제1장 언어학사 일별

언어 사실을 중심으로 형성된 언어과학은 그 진정하고 유일한 연구 대상이 무엇인지를 인식하기 전에 차례로 세 단계를 거쳐 왔다.

처음에는 소위 '문법'으로 부르던 분야를 연구했다. 그리스인들이 시작한 이 문법 연구[1]는 주로 프랑스인에게 계승되었다. 문법 연구는 논리학에 바탕을 두었지만, 과학적 시각이 전혀 없었고, 언어 자체에 대한 순수한 관심도 결여되었다. 이 문법 연구는 오로지 올바른 형태와 틀린 형태를 구별하는 규칙을 세우는 것을 목표로 삼았다.[2] 그래서 문법은 규범적이었고, 순수한 언어 관찰과는 아주 거리가 먼 학문이었으며, 관점도 편협할 수밖에 없었다.

그다음 시기에는 문헌학이 출현하였다. 알렉산드리아에는 '문헌학파'가 있었지만, 이 용어는 특히 1777년 프리드리히 아우구스트 볼

---

1 대표적으로 아폴로니우스 디스콜루스(서기 130년경) 같은 문법학자들이다.
2 17, 18세기에는 라틴어 문법에 근간을 두고 이성의 바탕이 되는 논리적 형식을 프랑스어에 적용하여 문법을 기술하였다. 그 기준이 되는 올바른 언어 변이체는 궁정, 문법가, 작가 들이 사용하는 프랑스어였다.

프[3]가 창안하였고, 오늘날에도 지속적으로 연구되는 학문 경향을 가리켰다. 언어만이 문헌학의 유일한 연구대상은 아니다. 왜냐하면 문헌학은 무엇보다도 텍스트를 확정하고, 해석하고, 주석하는 것이기 때문이다. 이러한 일차적 연구를 통해 문헌학은 문학사, 풍속, 제도 등도 다룬다. 또 문헌학은 그 어디서건 문헌 비판이라는 고유한 방법을 사용한다. 문헌학이 언어 문제를 다루는 것은 특히 여러 시대의 텍스트를 비교하고, 개별 작가의 특유한 언어를 확정 짓고, 고대어나 미지의 언어로 기록된 명문銘文을 판독하고 설명하기 위한 것이다. 이 문헌학적 연구는 분명 역사언어학의 길을 예비했다. 예컨대 플라우투스에 대한 리츨[4]의 문헌학적 연구는 언어학적 연구로 부를 수도 있다. 그러나 이 언어학 분야에서 볼 때 문헌학적 비판은 한 가지 결함이 있다. 그것은 문자로 기록된 언어에 너무 지나치게 집착해서 실제 일상에서 사용되는 살아 있는 언어[5]를 무시했다는 것이다. 더구나 문헌학은 그리스와 라틴의 고대 문헌에만 거의 전적으로 몰입했다.

　셋째 시기는 언어학자들이 언어를 서로 비교할 수 있다는 사실을 발견하면서 시작되었다. 이것이 비교문헌학 또는 '비교문법'의 기원이다. 1816년에 프란츠 보프[6]는 『산스크리트어의 활용 체계』라는

3　Friedrich August Wolf(1759~1824). 독일 고전학자로서 근대 문헌학의 창시자로 알려져 있다.

4　Friedrich Wilhelm Ritschl(1806~1876). 독일 고전학자로서 특히 라틴 희곡작가 플라우투스(기원전 254?~기원전 184) 연구로 유명하다. 프리드리히 니체는 고전 문헌학을 공부했는데, 리츨은 그의 스승이기도 하다.

5　생동하는 살아 있는 언어(langue vivante)는 사용 화자들이 있고, 생활에서 실제 상용되는 언어인 구어 변이체를 가리킨다.

6　Franz Bopp(1791~1867). 독일의 역사비교언어학자. 저서는 『그리스어, 라틴어, 고대 페르시아어, 게르만어와 비교한 산스크리트어 활용 체계 연구』(*Über das Conjugationssystem der*

책에서 게르만어, 그리스어, 라틴어 등과 산스크리트어의 관계를 연구했다. 이 언어들의 친근성親近性을 확인하고, 이 모든 언어들이 같은 어족에 속한다고 인정한 최초의 학자가 보프는 아니었다. 이는 그 이전에 이미 규명된 사실로서, 특히 영국 동양어학자인 존스[7](1794년 사망)가 확인한 사실이다. 그러나 이 주장들은 산발적이었고, 1816년 당시에는 언어학자들이 일반적으로 이 언어들의 친근성 발견의 의미와 중요성을 제대로 이해한 것으로는 볼 수 없었다. 그리하여 보프는 산스크리트어가 유럽과 아시아의 개별어들[8]과 친근성이 있다는 사실을 발견했다는 공적은 없지만, 친근성이 있는 언어들 사이의 관계가 독립 학문의 소재가 된다는 사실은 알았던 것이다. 한 언어를 다른 언어를 통해 조명하고, 한 언어의 형태를 다른 언어의 형태로 설명하는 이 비교 연구는 그 당시에는 연구하지 않았던 새로운 분야였다.

산스크리트어가 발견되지 않았더라면 보프가 비교문법이란 학문을 그렇게 빨리 창시할 수 있었을지 의심스럽다. 산스크리트어는 라틴어, 그리스어에 더해 친근성에 대한 제3의 증거로서 출현하였기에 이 언어는 보프에게 더 광범하고도 확고한 비교 연구의 기반을 마련해 주었다. 더욱이 이 같은 이점은, 산스크리트어가 이 두 고전어의 비교를 설명하는 데 극히 유리한 조건이었다는 뜻밖의 행운 덕분에

Sanskritsprache in Vergleichung mit jenem der griechischen, lateinischen, persischen und germanischen Sprache)를 가리킨다.

7 William Jones(1746~1794). 영국 웨일스 출신의 문헌학자이자 벵갈 대법원 판사. 아시아학회 3주년 기념 연설(1786)에서 산스크리트어가 그리스어, 라틴어와 뿌리가 같으며, 심지어 고트어, 켈트어, 페르시아어도 연관이 있다고 주장하였다. 이는 인도유럽어 비교언어학의 출발을 알리는 신호탄이 되었다.

8 보다 정확히는 인도유럽어의 동부 방언(사템어)에 속하는 서부 아시아 권역의 언어들이다.

한층 배가되었다.

예를 들어 보자. 라틴어 genus종족의 계열체(genus, generis종족의, genere종족에게, genera종족을, generum종족들의 등)와 그리스어 génos 종족의 계열체(génos, géneos종족의, géneï종족에게, génea종족을, genéōn종족들의 등)를 고찰해 보면, 이 두 단어 계열을 별개로 다루건 서로 비교하건 이들이 특별히 알려 주는 것은 없다. 그렇지만 여기에 대응하는 산스크리트어 단어 계열(ǵanas종족, ǵanasas종족의, ǵanasi종족에게, ǵanassu종족을, ǵanasām종족들의 등)[9]을 추가하면 사정이 달라진다. 그리스어와 라틴어의 두 단어 계열체의 관계를 단번에 확실히 알아차릴 수 있다. 설명의 편의를 위해 ǵanas가 원시 상태를 나타내는 것으로 잠정적으로 인정한다면, s가 두 모음 사이에 위치하면 s는 그리스어형 géne(s)os 등에서는 탈락한다고 결론지을 수 있다. 다음으로, 같은 조건하에서 s는 라틴어에서는 r이 된다고 말할 수 있다. 그리고 문법적 관점에서 볼 때, 산스크리트어 단어 계열체는 어간radical 개념을 명확히 보여 주는데, 그것은 이 어간 요소가 분명히 한정된 고정 단위(ǵanas-)에 완전히 대응하기 때문이다. 라틴어와 그리스어는 오직 기원 상태에서만 산스크리트어가 보여 주는 상태를 지닌다. 따라서 이 형태들의 비교에서 산스크리트어가 유용하다는 것은 이 언어가 인도유럽어[10]의 모든 s를 고이 간직하기 때문이다. 그러나 다른 형태

---

9 ǵ는 유성 경구개 파찰음[dʑ]으로서 보통 janas에서처럼 j로 표기한다.

10 indo-européen에는 단수와 복수가 있는데, 단수는 공통 조어(인도유럽조어)를 가리키고, 복수는 이 원시 언어에서 파생된 각 어군이나 어파에 속하는 개별어들(인도유럽제어, 인도유럽 개별어, 방언)을 가리킨다. 맥락에 따라 공통 조어인지, 하위 어군인지, 이 어군의 개별어인지 그 층위를 잘 구별해야 한다. 경우에 따라 단수 l'indo-européen이 총칭적 의미로 사용되기도

들의 비교에서는 산스크리트어가 이 원형의 특성을 제대로 보존하지 못하는 것도 사실이다. 예컨대 산스크리트어는 인도유럽조어祖語의 모음 체계를 완전히 변화시켰다. 그렇지만 일반적으로 산스크리트어가 간직한 최초의 음성 요소들은 이 모음 체계 연구에 놀랄 정도로 크게 도움이 된다. 산스크리트어는 또 다른 많은 경우에도 다른 언어를 분명히 밝히는 데 가장 적합한 언어가 되는 행운을 누렸다.

이 시기의 초부터 보프 외에도 탁월한 언어학자들이 등장하는 것을 볼 수 있다. 예컨대 게르만어 연구의 창시자인 야콥 그림[11]은 1822년에서 1836년에 걸쳐 『독일어 문법』을 출간했고, 포트[12]는 어원 연구를 통해 언어학자들에게 엄청나게 방대한 언어 자료를 제공했으며, 쿤[13]은 언어학과 비교신화학에 큰 업적을 남겼다. 인도산스크리트어학자로는 벤파이[14]와 아우프레흐트[15]가 있었다.

한다.

11 Jacob Grimm(1785~1863). 독일 문헌학자, 법률가, 신화학자, 사전 편찬자. 그림의 법칙, 즉 게르만어 자음 추이를 발견한 학자이다. 『독일어 문법』(*Deutsche Grammatik*, 초판 1819), 『독일어 사전』(*Deutsches Wörterbuch*, 1854) 등의 저서가 있다.

12 August Friedrich Pott(1802~1887). 베를린대학 보프 문하에서 인도유럽어학을 연구하였고, 로망문헌학의 선구자이다. 저서로 『인도게르만어의 어원 연구』(*Etymologische Forschungen auf dem Gebiete der Indo-Germanischen Sprachen*)가 있다.

13 Adalbert Kuhn(1812~1881). 독일 문헌학자이자 민속학자. 신화를 많이 연구했고, 저서도 많이 남겼다. 『불과 신주의 도래』(*Die Herabkunft des Feuers und des Göttertranks*, 1859)가 대표적이다. 인도유럽족의 원거주지와 관련해서, 아돌프 픽테의 선사고생물학의 방법을 이용한 저서는 『인도게르만족의 상고사』(*Zur ältesten Geschichte der Indogermanischen Völker*, 1845)이다.

14 Theodor Benfey(1809~1881). 독일 문헌학자이자 산스크리트어 전문가. 『그리스어 어근 사전』(*Griechisches Wurzellexikon*, 1839), 『산스크리트어-영어 사전』(*A Sanskrit-English Dictionary*, 1866)을 편집하고, 문법 서적도 집필했다.

15 Theodor Aufrecht(1822~1907). 막스 뮐러와 함께 영국에서 산스크리트어를 연구하였고, 독일 본대학에 재직하면서 수많은 산스크리트어 문헌 수고(搜攷) 자료집을 편집, 출간하였다. 저서로 『산스크리트어 문헌 자료 목록』(*Catalogus Catalogorum*, 1891, 1896, 1903)이 있다.

마지막으로 비교문법학파 최후의 대표 학자들 중 막스 뮐러,[16] 쿠르티우스,[17] 아우구스트 슐라이허[18]를 특히 지적하지 않을 수 없다. 이 세 학자는 모두 다양한 방법으로 언어 비교 연구에 지대한 공헌을 했다. 막스 뮐러는 뛰어난 강연을 통해 비교 연구를 대중화시켰다(『언어과학 강의』*Leçons sur la science du langage*, 1861, 영어판). 그러나 그의 잘못은 양심 불량에 있다. 특히 『그리스어 어원의 원리』 *Principes d'étymologie grecque*(1879)로 널리 알려진 저명한 문헌학자 쿠르티우스는 비교문법과 고전 문헌학을 조화시킨 선구자의 한 사람이었다. 고전 문헌학은 이 새로운 과학(비교문법)의 발전을 불신했고, 이 두 학문은 서로를 불신했다. 또 슐라이허는 세부적인 언어 비교 연구의 결과를 집대성하려고 노력한 최초의 학자였다. 그의 『인도게르만어의 비교문법 요강』*Abrégé de grammaire comparée des langues indo-germaniques*(1861)은 보프가 창시한 비교문법을 체계화하는 작업의 일환이었다. 이 저서는 오랫동안 비교문법에 지대하게 공헌했으며, 다른 어느 저서보다도 첫 시기의 인도유럽어학에서 비교문법학파의 면모를 훌륭하게 잘 보여 준다.

그러나 이 비교문법학파는 새롭고 풍부한 연구 영역의 개척에는

---

16 Max Müller(1823~1900). 주로 영국에서 활동한 독일 태생 문헌학자이자 동양어학자. 산스크리트어와 인도학 전문가로 비교종교학을 창시하였고, 종교학의 아버지로 불린다. 저서로 『언어과학강의』(*Lectures on the Science of Language : Delivered at the Royal Institution of Great Britain*,1866)가 있다.

17 Georg Curtius(1820~1885). 독일 문헌학자로서 문헌학과 관련지어 그리스어와 라틴어의 비교문법을 주로 연구하였다. 저서로 『고전 문헌학과 관련한 언어 비교』(*Die Sprachvergleichung in ihrem Verhältniss zur classischen Philologie*, 1845)가 있다.

18 August Schleicher(1821~1868). 독일 언어학자. 『비교문법 요강』에서 재구 방법을 창안하였고, 인도유럽어족의 언어들의 계보에 대해 수지설(Stammbaumtheorie)을 제시했다.

의심의 여지가 없이 큰 공적을 세웠지만, 진정한 언어과학을 구축하는 데는 이르지 못했다. 이 학파는 연구대상의 본질을 분석하는 데 전념하지 않았기 때문이다. 그런데 이 과학의 기초를 구축하는 작업이 없다면, 과학은 방법론을 세울 수 없다.

그 첫째 오류(이는 다른 모든 오류의 싹이 된다)는 비교문법이 조사한 연구가 인도유럽제어에만 국한되었기 때문에, 이 언어 비교 작업이 무엇으로 귀착되는지, 발견한 언어들의 관계가 무엇을 의미하는지를 전혀 캐묻지 않았다는 것이다. 비교문법은 역사적인 것이 아니라 전적으로 언어들을 비교만 하는 것이었다. 물론 언어 비교는 모든 언어의 역사 재구再構의 필수 조건이다. 그러나 언어 비교만으로는 어떤 결론도 내릴 수 없다. 더욱이 비교언어학자들이 마치 박물학자가 두 가지 식물의 성장을 생각하듯이 두 언어의 발달을 고찰했기 때문에, 이 언어학자들은 결론을 포착할 수 없었다. 예컨대 슐라이허는 항상 인도유럽조어로부터 출발하라고 촉구했기 때문에 어떤 의미에서는 거의 역사가인 것처럼 보이지만, 실제로는 그리스어 e와 o가 인도유럽조어의 모음 체계의 두 '계제'階梯, Stufen라고 거침없이 주장하기도 했다.[19] 그것은 산스크리트어가 이 계제의 개념을 암시하는 모음 교체의 체계를 보여 주기 때문이었다. 그리하여 슐라이허는 같은 종種에 속하는 식물이 독자적으로 같은 성장 단계를 거치듯이 이 계제는 각 개별어가 동일한 발달과정을 거친다고 가정했고, 산

---

19 모음(e, o)의 형태음운론적 변이의 단계로서, 제로계제(＝영모음), 완전(약)계제(＝단모음), 장(강)계제(＝장모음)가 있다. 그리스어 patēr(주격, 장계제), patros(속격, 영계제), patéra(대격, 완전계제)에서 이 모음 변이를 볼 수 있다. 그리스어 모음 교체 e, o는 산스크리트어에서는 모두 a로 출현한다.

스크리트어 ā를 ă의 강계제로 간주했듯이 그리스어 o를 e의 강계제로 보았다. 사실상 이는 인도유럽조어의 모음 교체가 그리스어와 산스크리트어에서 다른 방식으로 반영된 것으로, 이 모음 교체로 인해 이 두 언어가 발달한 문법적 결과가 반드시 같아야 한다는 법은 없다. (284쪽 이하 참조)

오직 언어 비교에만 의존한 이 방법은 언어 사실과 전혀 부합하지 않았고, 따라서 인간언어 전체의 진정한 조건과 상관없는 일련의 모든 잘못된 견해를 초래했다. 언어학자들은 이 언어를 특수한 영역, 즉 제4의 자연계로 간주했던 것이다. 여기에서 다른 과학이라면 깜짝 놀랄 추리 방식이 나왔다. 오늘날 우리는 이들의 기이한 사고방식과 이를 정당화하기 위해 사용했던 용어에 당혹감을 느끼지 않고선 당시에 작성한 글을 단 몇 줄도 읽을 수 없다.

그러나 방법론적 관점에서 이 오류를 아는 것은 도움이 된다. 왜냐하면 어떤 과학이든 초창기에 저지른 잘못은 최초의 과학적 연구에 관여한 개인들이 범한 잘못이 확대된 모습이기 때문이다. 그래서 이를 설명하는 과정에서 그 오류들 중 몇 가지를 지적할 것이다.

언어학자들이 언어의 생태 조건이 무엇인지에 대해 최초로 의구심을 가진 것은 1870년경이었다. 그리하여 언어들을 연관 짓는 대응 사실은 단지 언어 현상의 여러 양상 중 한 양상에 지나지 않는다는 것, 다시 말해서 언어 비교는 언어 사실을 재구하기 위한 수단이자 방법일 뿐이라는 것을 알게 되었다.

이 비교 방법에 정확한 제자리를 정해 준 고유한 의미의 언어학은 로망제어와 게르만제어의 연구에서 탄생했다. 디츠[20]가 개척한 로망제어 연구(『로망제어 문법』, 1836~1838)는 언어학의 진정한 연구대상에 접근하는 데 크게 기여했다. 그것은 로망제어학자에겐 인도 유럽어학자에게는 없던 아주 유리한 연구 상황이 있었기 때문이다. 로망제어 학자는 로망제어의 원형인 라틴어를 알고 있었으며, 또 풍부한 문헌 자료로 개별어의 진화를 세부 사항까지 추적할 수 있었다. 이 두 정황은 막연한 추측에만 의존하던 연구 영역을 축소시켰고, 이 언어 연구 전체가 아주 구체적인 모습을 갖게 되었다. 게르만어학자도 이와 유사한 유리한 상황에 있었다. 분명 원시 게르만어는 직접 알려진 것은 아니었지만, 이 조어에서 유래한 게르만제어의 역사는 많은 문헌 자료를 이용해 장구한 세기에 걸쳐 추적할 수 있었다. 그리하여 게르만어 학자는 원시 게르만어의 실체에 더 근접해 있었던 만큼, 최초의 인도유럽어학자와는 다른 견해를 표명하게 되었던 것이다.

여기에 최초로 과학적 언어 연구를 자극한 학자는 『언어의 생태』(1875)를 쓴 미국 언어학자 휘트니[21]였다. 그 후 곧 새로운 언어학파인 소장문법학파Junggrammatiker가 형성되었고, 그 주요 학자들은 모두 독일인이었다. 예컨대 브루크만,[22] 오스토프,[23] 게르만어학자 브라

---

20 Friedrich Christian Diez(1794~1876). 독일 고전 문헌학자이자 언어학자로서 로망제어학을 창시한 학자이다. 주저로 총 3권의 『로망제어 문법』(*Grammatik der romanischen Sprachen*, 1836, 1838, 1843)이 있다. 프랑스어 번역본(*Grammaire des langues romanes*)은 1874~1876년 출간되었다.

21 William Dwight Whitney(1827~1894). 미국의 언어학자이자 문헌학자. 소쉬르는 그의 사회제도, 관습으로서의 언어관과 자의성에 대한 논의를 여러 차례 인용했다. 주저로 『언어의 삶과 성장: 언어과학 개요』(*The Life and Growth of Language: An Outline of Linguistic Science*, 1875)가 있다. 『언어의 생태』(*La vie du langage*, 1875)는 프랑스어 번역본이다.

22 Karl Brugmann(1849~1919). 독일 라이프치히대학의 문헌학자이자 역사비교언어학자, 소장문법학자이다. 주저로 『인도게르만어 비교문법 요강』(*Grundriss der vergleichenden Grammatik der indogermanischen Sprachen*, 1886~1893)이 있다.

23 Hermann Osthoff(1847~1909). 브루크만, 레스킨과 더불어 독일 소장문법학파의 일원이

우네,[24] 지페르스, 파울,[25] 슬라브어학자 레스킨[26] 등이다. 이들의 공적은 모든 언어 비교에서 얻은 결과를 모두 역사적 관점에서 보게 했고, 이 역사적 시각을 통해 언어 사실을 그 본연의 질서 내에 안착하게 만든 것이었다. 이들 덕택에 더 이상 언어를 스스로 발달하는 유기체가 아니라 언어 집단이 만들어 낸 집단정신의 산물로 생각하게 되었다. 동시에 언어학자들은 문헌학과 비교문법의 관념이 얼마나 잘못되고 불충분한지도 즉시 이해하게 되었다.[27] 그렇지만 이 소장문법학파의 공헌이 아무리 크다고 하더라도 이 소장학파가 언어 연구의 문제 전체를 밝혔다고는 말할 수 없으며, 따라서 오늘날에도 일반언어학의 근본 문제는 여전히 해결이 되지 않고 있다.

며 인도유럽 역사비교언어학자이자 고전 문헌학자. 브루크만과의 공저 『인도게르만어 형태론 연구』(*Morphologische Untersuchungen auf dem Gebiete der indogermanischen Sprachen*, 6권, 1878~1910)가 있다.

24 Wilhelm Braune(1850~1926). 대표적 소장문법학자로서 문헌학자이자 게르만어학자. 하이델베르크대학 교수를 역임했다. 고대 고지 독일어와 고트어 전문가이기도 하다.

25 Hermann Paul(1846~1921). 독일의 역사언어학자로서 대표적인 소장문법학자의 한 사람. 주저로 『언어사 원리』(*Prinzipien der Sprachgeschichte*, 1880)가 있다.

26 August Leskien(1840~1916). 독일 역사비교언어학자이자 소장문법학자. 특히 발토슬라브어학을 전공했다.

27† 이 새 언어학파는 언어 실체에 더 가까이 밀착되었기 때문에 비교언어학자의 전문용어와 특히 이 용어에 사용된 비논리적 은유를 공격했다. 그 후로 언어학자들은 감히 "언어가 이러저러한 것을 한다"고 말하거나 '언어의 생태' 등을 말하려 하지 않았는데, 그것은 언어는 개체가 아니어서 화자에게서만 존재하기 때문이다. 하지만 지나치게 앞서가서는 안 되고, 서로 말을 이해하는 것만으로도 충분하다. 언어학자들이 사용하지 않을 수 없는 비유도 있다. 인간언어의 실체에 부합하는 용어만을 사용하도록 요구하는 것은 인간언어의 실체에 더 이상 신비한 점들이 없다고 주장하는 것과도 같다. 그런데 실제로는 전혀 그렇지 않다. 따라서 우리는 필요한 경우, 그 당시에 비난을 받았던 그러한 표현을 주저 없이 사용할 것이다.

제2장　언어학의 주제와 과제: 인접 과학과의 관계

언어학의 주제는 무엇보다 인간언어langage에 속한 모든 현상이며, 이는 미개민족이건 문명국가이건, 고대이건 고전 시대이건 쇠락 시대이건 상관없다. 또 각 시대에서도 올바르고 '정확한 언어'뿐만 아니라 모든 종류의 표현 형태도 똑같이 고찰해야 한다. 이것뿐만이 아니다. 인간언어는 대부분 직접 관찰할 수 없으므로 언어학자는 문자로 기록된 텍스트도 고찰해야 한다. 왜냐하면 이 문헌을 통해서만 과거에 사용된 특유 개별어나 거리가 먼 지방의 개별어를 파악할 수 있기 때문이다.

따라서 언어학의 과제는 다음이 될 것이다.

a) 언어학이 접하는 모든 언어들을 기술하고, 그 역사를 쓰는 것이다. 다시 말해서 어족의 역사를 쓰고, 가능한 한 각 어족의 조어를 재구하는 작업이다.

b) 모든 언어에서 한결같이 작용하는 보편적인 힘을 찾아내고, 언어사의 독특한 현상을 모두 설명하는 일반 법칙을 추출한다.

c) 언어학 자체의 범위를 한정하고, 그 정의를 내린다.

언어학은 다른 학문들과 아주 밀접한 관계를 맺는데, 이 학문들은 때로는 언어학에서 자료를 빌리기도 하고, 때로는 언어학에 자료를 제공하기도 한다. 이 인접 학문들과 언어학의 구별 경계는 항상 명확히 드러나는 것은 아니다. 예컨대 언어학을 민속학, 선사학과 조심스레 구별해야 한다. 그것은 이들 학문은 언어를 단지 기록물로만 이용하기 때문이다. 또 인류학과도 구별해야 하는데, 인류학은 인간을 종種의 견지에서만 연구하지만, 인간언어는 사회 현상이기 때문이다. 그렇다면 언어학을 사회학에 포함해야 할까? 언어학과 사회심리학은 어떤 관계일까? 사실 언어에서는 모든 것, 심지어 음성변화와 같은 물질적이고 기계적인 현상도 심리적이다. 또한 언어학이 사회심리학에 이처럼 귀중한 자료를 제공하니까 결국 사회심리학과 합쳐지는 것은 아닐까? 이처럼 많은 문제를 여기서는 간단히 언급만 하고, 뒤에 가서 자세히 다루려고 한다.

언어학과 생리학의 관계는 구별하기 그리 어렵지 않다. 왜냐하면 이들의 관계는 일방적이기 때문이다. 그것은 언어 연구가 음성생리학에 해명을 요구하지만, 이 분야에 대해 아무것도 설명하지 않는다는 의미에서 그렇다. 어쨌든 이 두 학문을 혼동할 수 없다. 차후에 살펴보겠지만, 언어의 본질은 언어기호의 음성적 특성과는 무관하기 때문이다.

문헌학에 대한 언어학의 입장은 이미 확고하다. 두 과학이 서로 겹치는 접점도 있고, 문헌학과 언어학은 서로 도움도 되지만, 분명하게 구별된다.

그렇다면 결국 언어학의 효용은 무엇일까? 이 점에 대해 견해가 명확한 언어학자들은 극히 드물다. 여기에서 이 견해를 밝힐 계제는 못 되지만, 분명한 것은 언어 문제가 역사가와 문헌학자 등 문헌을 다루는 모든 사람들과 관련된 문제라는 것이다. 더욱 분명한 것은 언어학이 교양 일반에 중요하다는 점이다. 개인생활과 사회생활에서 인간언어는 무엇보다도 중요한 역할을 하는 요소이기 때문이다. 그러한 언어 연구를 전문가들만이 해야 할 일로 국한하면 동의할 수 없을 것이다. 사실상 모든 사람들은 크건 작건 언어에 관여한다. 그런데 역설적 결과지만, 언어 연구에 관심이 많은 만큼 이곳보다 더 불합리한 견해와 편견이 많고, 망상과 허구가 무성한 영역도 없다. 심리적 견지에서 볼 때, 이 오류들은 결코 무시할 수 없다. 그렇지만 언어학자의 과제는 무엇보다 이 오류들을 찾아내고, 가능한 한 이들을 철저히 제거하는 일이다.[1]

---

1   여기서 말하는 오류는 다음과 같은 의미이다. "오류 분석은 논의 중인 언어과학을 부정적인 측면에서 고찰하는 것이다. 언어 오류는 베이컨이 말한 언어 동굴(오해)이나 언어학의 우상으로 부르는 것과 같은 것이다"(페르디낭 드 소쉬르, 『소쉬르의 1차 일반언어학 강의: 1907』, 김현권 옮김, 그린비, 2021, 31~32쪽, 「예비적 고찰」 제2절 '언어 오류의 분석').

제3장 언어학의 대상

§1. 언어, 그 정의

언어학의 구체적이고도 완전한 연구대상은 무엇인가? 이 문제는 아주 어렵다. 그 이유는 나중에 알게 될 것이다. 여기서는 이 어려움이 무엇인지 파악하는 것으로 그치겠다.

　다른 과학은 미리 주어진 연구대상을 가지고 작업하고, 그 후에 이 대상을 여러 가지 관점에서 고찰한다. 그러나 언어학 분야는 사정이 전혀 다르다. 누군가가 프랑스어 단어 nu벌거벗은를 발음한다고 가정해 보자. 피상적으로 관찰하는 관찰자는 거기서 한 가지 구체적인 대상을 보려고 할 것이다. 그러나 좀 더 주의 깊게 조사하면, 고찰하는 방식에 따라 완전히 다른 서너 가지 현상을 잇달아 발견할 것이다. 즉 음성, 관념의 표현, 라틴어 nūdum벌거벗은에 대응하는 단어 등의 현상이다. 연구대상이 관점에 선행하는 것이 아니라 이 연구대상을 만들어 내는 것은 오히려 관점이라고 말할 수 있다. 더욱이 이 nu란 언어 현상을 고찰하는 여러 방식 중에서 어느 방식이 다른 방식에 선행한다거나 우월하다는 것을 사전에 미리 알려 주는 것은 전혀 없다.

게다가 어느 고찰 방식을 채택하든, 언어 현상은 언제나 양면을 보여 주며, 이 양면은 서로 대응하면서 어느 한 면은 오직 다른 면에 의해서만 가치를 갖는다. 예를 들어 보자. 1. 분절되는 음절은 귀에 감지되는 청각 인상이지만, 음성은 음성기관 없이는 존재하지 못한다. 그러므로 n은 이 양면이 대응함으로써만 존재한다. 따라서 언어를 음성으로 환원하거나 구강 분절과 분리할 수 없다. 거꾸로 청각 인상을 제거하면, 음성기관의 운동도 규명할 수 없다. (91쪽 이하 참조)

2. 그러면 음성이 단순한 현상이라고 가정해 보자. 그렇다고 해서 그것이 언어 활동을 나타내는가? 아니다. 음성은 사고思考의 도구일 뿐이고, 스스로를 위해 존재하는 것이 아니다. 여기서 놀랄 만한 새로운 상응이 또 생겨난다. 청각-음성의 복합 단위인 음성이 이제는 관념과 결합해서 생리적이고 정신적인 복합 단위를 형성한다. 그렇지만 이것도 아직 전부는 아니다.

3. 인간언어는 개인적 측면과 사회적 측면이 있으며, 어느 한 측면을 다른 면 없이는 생각할 수 없다. 게다가

4. 매 순간 인간언어는 확립된 체계와 진화를 동시에 내포한다. 그래서 언어는 각 시기마다 현행의 제도이자 과거의 산물이다. 언뜻 보기에는 인간언어의 체계와 역사, 현재 상태와 과거 상태를 구별하는 것이 아주 간단한 것처럼 보이지만, 사실은 이 두 가지를 연결하는 관계가 너무나 긴밀해서 분리하기가 매우 어렵다. 언어 현상을 발생론적 기원에서 고찰하면, 예컨대 아동 언어를 연구하면, 문제가 더욱 간단해질까? 그렇지는 않다. 왜냐하면 인간언어에 관한 한, 언어의 기원 문제를 언어의 항구적 조건 문제와 다른 것으로 생각한다면

아주 잘못된 생각이기 때문이다. 그리하여 결국 이 문제들은 풀리지 않고 제자리를 맴돌게 된다.

따라서 언어 현상이라는 문제를 어떤 측면에서 다루든지 언어학의 완전한 연구대상은 그 어느 곳에서도 나타나지 않으며, 어디서나 이 딜레마에 봉착하게 된다. 그래서 이들 각 문제에 대해 어느 한 측면에만 전념하면, 앞에서 지적한 인간언어의 이원적 측면은 보지 못할 위험이 있다. 아니면 언어 활동을 여러 측면에서 동시에 함께 연구하면, 언어학의 대상은 서로 전혀 관계가 없는 현상들이 쌓인 잡다한 집체集體로 나타날 것이다. 이런 방식으로 언어를 처리하면 언어학과는 분명히 구별되는 여러 과학, 즉 심리학, 인류학, 규범문법, 문헌학 등에 문을 열어 주는 것이고, 이 인접 학문들은 잘못된 방법을 이용하여 언어가 그들의 연구대상이라 주장할 수도 있다.

우리의 견해로는 이 모든 난점에 대한 단 한 가지 해결책만 있을 뿐이다. 즉 우선 무엇보다 언어la langue라는 영역에 위치해서 이 언어를 인간언어le langage의 다른 모든 현상에 대한 규범으로 간주해야 한다는 것이다.[1] 사실 이처럼 많은 이원적 현상 가운데서 언어만이 자율적인 정의가 가능하며, 또 언어만이 사고에 만족할 만한 지주支柱를 제공한다.

그러면 언어란 무엇인가? 우리로서는 이 언어가 인간언어와 혼동되지 않는다. 언어는 인간언어의 특정한 부분, 사실상 본질적인 부분일 뿐이다. 그것은 언어능력의 사회적 산물인 동시에 필요한 규약

---

1 일반화가 가능한 추상적 대상으로서 언어(= la langue)와 이 언어의 구체적 실현체로서의 언어(= une langue)의 개념을 잘 구별해야 한다. 소쉬르는 다양한 언어 연구를 통해서 이 언어들의 본질을 추구했고, 나아가 인간정신과 마음의 현상으로서 인간언어를 탐구했다. une langue/des langues → la langue → le langage.

의 총체이며, 사회 집단은 이 규약을 채택하여 개인에게 언어능력을 발휘하게 한다. 인간언어를 전체로 포착하면 그것은 다양하고 잡다하다. 물리적이고 생리적이고 정신적인 여러 영역에 걸쳐 있고, 또 개인적 영역과 사회적 영역에 속한다. 그리하여 인간언어는 인간 현상의 어떤 범주에도 속하지 않는데, 그것은 동질적인 통일체를 어떻게 분석할 것인지 모르기 때문이다.

이와 반대로 언어 그 자체는 하나의 전체이자 분류 원리이다. 언어 현상들 중 이 언어에 첫째 지위를 부여하자마자 어떤 방식으로도 분류되지 않는 이 총체에 자연적 질서를 세우는 것이다.

이 분류 원리에 반대해서, 인간언어의 실행은 천부적으로 타고난 능력에 의존하는 반면, 언어는 후천적이고 규약적이어서 자연적 본능보다 우위에 있는 게 아니라 거기에 종속하는 것이라고 반론을 펼 수도 있다.

이에 대해 다음과 같이 대답할 수 있다.

우선 말할 때 나타나는 모습 그대로의 인간언어가 지닌 기능은 전적으로 자연적[선천적]이라는 것, 다시 말해서 다리가 걷기 위해 있는 것처럼 발성기관은 말하기 위해 생겼다는 것은 미증명의 사실이다. 언어학자들은 이 점에 의견이 전혀 일치하지 않는다. 가령 휘트니는 언어를 다른 모든 사회제도와 마찬가지로 사회제도로 간주하고, 발성기관을 언어의 수단으로 사용하는 것은 단지 우연히 그렇게 되었다는 것, 즉 편리성이라는 간단한 이유 때문이라고 한다. 다시 말해서 인간은 몸짓을 수단으로 선택해서 청각영상 대신 시각영상을 사용했을 수도 있다는 것이다. 이 주장은 분명 너무나도 단호하다. 언어는 다른 사회제도와 모든 점에서 똑같은 사회제도는 아니다.

(145쪽 이하와 149쪽 참조) 게다가 휘트니가 발성기관을 우연히 선택한 것이라고 말한 것은 너무 지나친 면이 있다. 말하자면 이 발성기관의 선택은 자연이 강요했다는 것이다. 그러나 그 본질에서는 이 미국 언어학자의 말이 옳은 것 같다. 즉 언어는 규약이며, 사람들이 합의한 기호의 성질은 관계가 없다는 것이다. 따라서 발성기관의 문제는 인간언어의 문제에서는 부차적인 것이 된다.

소위 **분절 언어**langage articulé에 대한 정의가 어느 면에서 이 생각을 확증해 줄 수 있다. 라틴어 articulus는 '지체肢體, 부분, 연속 물체의 세분된 부분'을 의미한다. 인간언어의 분절分節은 발화 연쇄를 음절로 세분한 부분을 가리키거나 의미 작용의 연쇄를 의미 단위로 세분한 부분을 가리킬 수 있다. 독일어 gegliederte Sprache〔분절 언어〕라는 표현은 이런 의미이다. 이 둘째 정의에 의하면, 인간에게 선천적인 것은 발화된 인간언어가 아니라 언어를 구성하는 능력, 즉 개별 관념에 대응하는 개별 기호의 체계를 구성하는 능력이라고 할 수 있다.

브로카[2]는 말하는 능력이 두뇌의 좌뇌 전두엽의 제3회전부에 위치한다는 것을 발견했다. 그래서 언어학자들은 인간언어의 선천성을 부여하려고 역시 이 점을 내세웠다. 그러나 두뇌의 이 좌뇌 전두엽 부위는 문자법을 포함해서 인간언어와 관련된 **모든 것**을 통제하는 것으로 확인되었다. 이러한 확인은 이 중추 위치의 상해로 생겨난 여러 유형의 실어증에 대한 관찰과 결부해 보면 다음 사실을 알려 주는 것 같

---

2 Paul Broca(1824~1880). 프랑스 외과의, 해부학자이자 인류학자. 대뇌의 좌뇌 전두엽에 언어를 담당하는 중추가 있다고 보고, 이 부위에 장애가 있는 실어증 환자들을 연구한 바 있다. 브로카 실어증은 표현 장애 실어증이며, 말을 이해하는 데는 별 어려움이 없다. 이와 대조적으로 베르니케(Wernicke) 영역에 손상을 입은 실어증 환자는 언어 이해에 어려움이 있다.

다. 즉 1. 구두口頭언어의 각종 장애는 문자언어의 장애와 매우 복잡하게 얽혀 있다는 것, 2. 실어증과 실서증失書症을 보이는 모든 환자가 손상을 입는 것은 음성을 발성하고, 기호를 쓰는 능력이 아니라 어떤 도구든 이용해서 정상언어의 기호를 환기하는 능력이라는 것이다. 이 모든 증거들 덕택에 우리는 발성기관의 기능 작용을 초월해서 기호를 통제하는 보다 더 일반적 능력, 즉 전형적인 언어능력으로 생각되는 일반적인 인지능력이 존재하는 것으로 믿게 되었다. 그리하여 우리는 위에서 내린 결론과 똑같은 결론을 내리게 되었다.

인간언어의 연구에서 언어에 첫 번째 지위를 부여하려면, 끝으로 다음 주장을 내세울 수 있다. 즉 발화를 분절하는 능력은 선천적이든 후천적이든 사회 집단이 제정해서 제공하는 도구를 이용해야만 발휘된다는 것이다. 그러므로 인간언어에서 동질적 통일체를 만드는 것이 언어라고 말해도 허황한 것은 아니다.

§ 2. 인간언어 현상에서 차지하는 언어의 위치

인간언어 전체 내에서 언어langue의 영역을 찾아내려면 발화parole의 순환을 구성하는 개인의 행위를 우선 살펴봐야 한다. 이 개인적 발화 행위는 적어도 두 사람을 전제로 한다. 이 두 사람은 발화 순환이 완전한 것이 되려면 요구되는 최소의 숫자이다. A, B의 두 사람이 서로 대화를 주고받는다고 가정하자.

이 발화 순환의 기점은 한 사람, 예컨대 A의 두뇌 속에 있는데, 이 두뇌 속에서는 앞으로 개념concept으로 부를 의식 현상이 언어기

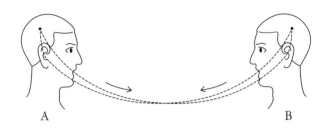

호의 표상과 연합하거나 언어기호의 표현에 사용되는 청각영상과 연합한다. 주어진 개념이 두뇌 속에서 이에 상응하는 청각영상을 불러일으킨다고 가정하자. 그러면 그것은 완전히 **정신적** 현상이며, 뒤이어 **생리적** 과정이 뒤따른다. 즉 뇌는 청각영상과 연관되는 자극을 발성기관에 전달한다. 그다음에 음파는 A의 입에서 B의 귀로 전파된다. 이는 순수히 **물리적** 과정이다. 그리고 나서 발화 순환은 이와 역순으로 B에서 계속 이어진다. 즉 귀에서 뇌까지 청각영상이 생리적으로 전달되고, 이 청각영상은 이에 상응하는 개념과 두뇌 속에서 정신적으로 연합한다. 이번에는 B가 말하면, 이 새로운 발화 행위는 B의 두뇌에서 A의 두뇌까지 첫 번째 행위와 완전히 똑같은 진행과정을 따르면서 연속적으로 같은 단계를 거친다. 이를 다음 도식으로 나타낼 수 있다.

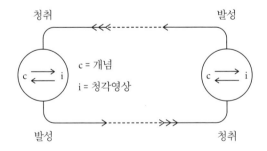

이 발화 순환의 분석은 완전한 것이 아니다. 그래서 다음처럼 구별할 수도 있다. 즉 순수한 청각, 이 청각과 잠재적 청각영상이 동일한지의 확인, 발성의 근육운동의 영상 등으로 구별할 수 있는 것이다. 여기에서는 단지 본질적인 것으로 판단되는 요소만을 고려했다. 그렇지만 위의 도식에서 물리적 부분(음파)은 생리적 부분(발성과 청취), 정신적 부분(언어영상과 개념)과 즉각 구별된다. 사실상 언어영상은 음성 자체와도 혼동되지 않으며, 이와 연합된 개념과 똑같이 정신적이라는 것에 유념하는 것이 매우 중요하다.

위에서 도표로 표현한 발화 순환은 또 다음과 같이 구분할 수도 있다.

a) 외부(입에서 귀까지의 음성 진동)와 그 나머지 모든 것을 포함하는 내부.

b) 정신적 부분과 비정신적 부분. 후자에는 개인 외부에 있는 물리적 현상뿐만 아니라 발성기관이 중추를 이루는 생리적 현상도 포함된다.

c) 능동 부분과 수동 부분: 한 발화자의 연합중추에서 다른 발화자의 귀에 이르기까지의 모든 과정은 능동적이고, 후자의 귀에서 연합중추에 이르기까지의 모든 과정은 수동적이다.

마지막으로, 두뇌 속에 위치한 정신적 부분에서 능동적인 모든 것($c \rightarrow i$)은 실행적이라 부를 수 있고, 수동적인 모든 것($i \rightarrow c$)은 수용적이라 부를 수 있다.

연합 능력과 배열 능력도 여기에 추가해야 한다. 이 두 능력은 기호가 고립된 상태가 아니면 발휘되는 능력이다. 그래서 이 연합 능력과 배열 능력은 체계로서의 언어를 조직하는 데 가장 큰 역할을 한다.

(225쪽 이하 참조)

그러나 이 역할을 잘 이해하려면, 인간언어의 태생적 형태에 불과한 이 개인적 발화 행위를 넘어서 사회 현상에 접근해야 한다.

따라서 인간언어로 이처럼 맺어진 모든 개인들 사이에는 일종의 평균치가 설정될 것이다. 그리하여 모든 사람은 동일한 개념과 결합한 동일한 기호를, 똑같지는 않지만 거의 비슷하게 재현할 것이다.

이 인간언어의 사회적 결정結晶 작용의 기원은 무엇인가? 발화 순환의 여러 부분 가운데 어느 부분이 여기에 관여하는가? 모든 부분이 여기에 똑같이 관여하지 않는다는 사실은 매우 확실한 것 같다.

일차적으로 물리적 부분은 제거할 수 있다. 미지의 언어를 말하는 것을 들을 때, 음성은 잘 감지하지만 언어는 이해하지 못하므로 결국 이 사회 현상〔언어〕의 외부에 있는 것이다.

정신적 부분도 역시 전체가 작용하는 것은 아니다. 그것은 실행적 측면을 도외시해서인데, 이 언어 실행은 집단이 행하는 것이 아니기 때문이다. 언어 실행은 개인적이므로 개인은 늘 이 언어 실행의 주체이다. 우리는 이것을 발화parole로 부를 것이다.

이 수용 능력과 배열 능력의 기능 작용으로 언어는 화자에게 각인되고, 모든 사람의 두뇌 속에 거의 동일하게 저장된다. 그러면 언어를 그 나머지 요소들과 완벽하게 분리해서 나타내려면 이 사회적 산물인 언어를 어떻게 표상해야 할까? 만약 모든 개인의 머릿속에 저장된 언어영상의 총합을 포괄할 수만 있다면, 언어를 형성하는 사회관계에 접근할 수도 있다. 언어는 발화 수행을 통해서 동일 공동체에 속한 화자들의 머릿속에 저장된 보고寶庫이며, 각 화자의 두뇌 속에, 좀 더 정확히 말해 개인들 전체의 두뇌 속에 잠재하는 문법 체계이다. 왜냐하면 언어는 그 어느 개인에게서도 완전할 수는 없고, 오직 집단 내에서만 완전히 존재하기 때문이다.

언어와 발화를 분리하면 다음 것도 동시에 분리하게 된다. 1. 사회적인 것과 개인적인 것, 2. 본질적인 것과 부수적이고 다소 우연적인 것.

언어는 화자의 기능이 아니라 개인이 수동적으로 습득하는 산물이다. 그래서 언어는 결코 사전의 예비적 숙고 행위를 전제하지 않고, 오로지 분류 활동(이에 대해서는 225쪽 이하에서 논의할 예정이다)만을 위한 깊은 성찰이 여기에 개입한다.

이와 반대로 발화는 의지적이고 지적인 개인의 행위이며, 이 발화 행위에 있어서 다음 사실을 구별할 필요가 있다. 1. 화자가 개인적 사고를 표현하려고 언어코드를 사용할 때 행하는 결합과, 2. 이 언어코드의 결합을 표출하게 만드는 화자의 정신물리적 메커니즘.

우리는 용어를 정의한 것이 아니라 사상事象을 정의했다는 점에 유의해야 한다. 그래서 우리가 설정한 이 구별 사항을 가리키는 용어가 각 언어마다 서로 불일치하고 모호하다고 해서 불안해 할 이유는 없다. 예컨대 독일어 Sprache는 프랑스어 'langue'언어와 'langage'인간언어를 뜻하고, Rede는 'parole'발화에 거의 대응하는 것이지만, 'discours'담화라는 특수한 의미가 추가된다. 라틴어 sermo는 'langage'와 'parole'을 의미하지만, lingua는 'langue'를 지칭한다 등이다. 이 중에서 그 어느 단어도 위에 명세한 개념 중 어느 개념과도 일치하지 않는다. 이러한 이유로 용어에 대한 이러한 전체 정의는 공허하다. 따라서 사상을 정의하기 위해 단어에서 출발한다는 것은 틀린 방법이다.

언어의 특성을 요약해 보자.

1. 언어는 인간언어의 잡다한 현상들의 총체 내에서 분명하게 정의된 대상이다. 그래서 이 언어를 청각영상이 개념과 결합하는 발화순환의 특정 부분에 위치시킬 수 있다. 언어는 인간언어의 사회적 부분이며, 개인의 외부에 있으므로 개인 혼자서는 이를 창조하거나 변화시킬 수 없다. 또 언어는 공동체 성원 사이에 맺어진 일종의 계약으로만 존재한다. 한편, 개인이 언어 작용을 알기 위해서는 언어를 습득해야 한다. 어린아이는 언어를 극히 조금씩만 자기 것으로 소유한다. 언어는 아주 특이해서 발화 운용 능력이 없는 사람도 음성기호를 듣고 이해만 하면 언어를 그대로 보존한다.

2. 언어는 발화와는 뚜렷이 구별되므로 별도로 연구할 수 있는 대상이다. 사어死語는 구어로는 사용하지 않지만, 그 언어 조직은 아주 잘 습득할 수 있다. 언어의 과학은 인간언어의 다른 요소들 없이도 연구할 수 있고, 또 이 다른 요소들과 섞이지 않는 경우에만 성립할 수 있다.

3. 인간언어는 이질적이지만, 이처럼 경계가 분명히 한정된 언어는 동질적이다. 즉 그것은 기호의 체계로서, 의미와 청각영상의 결합만이 그 본질이며, 또 기호의 이 두 부분도 똑같이 정신적 체계이다.

4. 언어는 발화와 마찬가지로 구체성을 지닌 대상이며, 따라서 이 점은 연구의 큰 이점이다. 언어기호는 본질적으로는 정신적이지만 추상물은 아니다. 또 집단적 동의로써 수용되며, 언어를 구성하는 이 언어기호의 연합 전체는 두뇌 속에 자리하는 실재實在 현상이다. 게다가 언어의 기호는 말하자면, 거의 촉감으로 느낄 수 있다. 문자법은 이 언어기호를 관례적 모습으로 고정할 수 있지만, 발화 행위는 모든 세부 사항까지 사진으로 찍어도 파악이 불가능하다. 그리하

여 단어는 아무리 작아도 발성하면 무수히 많은 근육운동이 개입되며, 이 근육운동을 파악해서 형상화하기는 극히 어렵다. 반대로 언어에는 청각영상만 존재하며, 일정한 시각영상으로 표현될 수 있다. 왜냐하면 이 청각영상의 실현에 필요한 수많은 근육운동을 발화에서 제거하면, 앞으로 살펴보겠지만, 각 청각영상은 한정된 수의 요소, 즉 음소의 합에 지나지 않으며, 또 이 음소는 문자 표기에서 상응하는 수만큼의 기호로써 환기되기 때문이다. 언어와 관련된 사실을 고정하는 이러한 가능성 때문에 사전과 문법은 언어를 충실하게 반영하는 표상이 될 수 있다. 언어는 청각영상의 축적물이고, 문자법은 감지할 수 있는 청각영상의 형태가 된다.

§ 3. 인간 현상 내에서 언어의 위치, 기호학

이러한 언어의 특성으로 인해 더 중요한 또 다른 언어의 특성을 발견한다. 인간언어 현상의 총체 내에서 이처럼 경계가 명확히 획정된 언어는 인간 현상 중의 하나로 분류되지만, 인간언어는 그렇지 않다.

우리는 방금 언어가 사회제도라는 것을 살펴보았다. 그렇지만 언어는 몇 가지 특징 때문에 정치, 법률 등의 다른 사회제도와는 구별된다. 이러한 언어의 특수성을 이해하려면 새로운 사실을 도입해야 한다.

언어는 관념을 표현하는 기호의 체계이며, 따라서 문자법, 수화법手話法의 알파벳, 상징 의식, 예법, 군용신호 등에 비견할 수 있다. 언어는 단지 이들 기호 체계 중에서 가장 중요한 것일 뿐이다.

그러므로 우리는 **사회생활 내에서 기호의 삶을 연구하는 과학**을 상정할 수 있다. 그것은 사회심리학의 한 영역을 차지하며, 따라서 일반 심리학의 한 영역이다. 이 과학을 **기호학**sémiologie[3]('기호'를 의미하는 그리스어 sēmeîon에서 유래)으로 부르고자 한다. 아마도 기호학은 기호가 무엇으로 구성되며, 어떤 법칙에 지배받는지 가르쳐 줄 것이다. 기호학은 아직 존재하지 않기에 그것이 어떤 과학이 될 것인지 말할 수 없다. 그러나 그것은 당연히 존재할 타당성이 있고, 그 지위는 벌써 정해져 있다. 언어학은 이 일반 과학의 한 영역일 뿐이며, 기호학이 발견하는 법칙은 언어학에도 적용될 수 있다. 그리하여 언어학은 인간 현상의 총체 내에서 분명히 정의된 영역과 결부된 것으로 드러날 것이다.

기호학의 정확한 위치를 결정하는 일은 심리학자가 할 일이다.[4] 그렇다면 언어학자의 임무는 전체 기호 현상 내에서 무엇이 언어를 특수한 기호 체계로 만드는가를 규정하는 것이다. 이 문제는 차후에 재론할 예정이다. 여기서는 단지 다음 사항만 유념하자. 즉 여러 과학 내에서 언어학에 일정한 자리를 최초로 부여할 수 있었던 것은 언어학을 기호학과 결부시켰기 때문이다.

왜 기호학은 다른 모든 과학처럼 고유한 연구대상을 가진 자율과학으로 아직 인정받지 못하는 것일까? 그것은 순환논리에 빠져 맴돌기 때문이다. 다시 말해서, 한편으로는 기호학적 문제의 성격을 이

3† 기호학을 의미론과 혼동하지 않도록 주의해야 한다. 의미론은 의미 작용의 변화를 연구하며, 소쉬르는 이 의미론을 체계적으로 설명하지 않았다. 그러나 근본 원리는 148쪽에서 표명한 것을 볼 수 있다.

4† Adrien Naville, *Classification des sciences*(『학문의 분류』), 2nd ed., p. 104 참조.

해하는 데는 언어보다 더 적절한 것은 없다. 그러나 이 문제를 올바로 제기하려면, 언어를 그 자체로 연구해야 한다. 그런데 지금까지 거의 언제나 언어를 다른 사상事象과 관련해서, 다른 관점에서 다루었다.

첫째, 언어에 대한 일반 대중의 피상적 견해가 있다. 대중은 언어를 어휘 목록으로만 생각하는데(133쪽 참조), 이는 언어의 진정한 본질에 대한 연구 전체를 말살하는 것이다.

다음으로, 심리학자의 관점으로서 이는 개인의 기호 메커니즘을 연구한다. 이것은 가장 손쉬운 방법이지만, 개인적 실행의 수준을 넘어서지 못하고, 따라서 기호 자체에는 이르지 못한다. 그것은 기호가 본질적으로 사회적이기 때문이다.

또 기호를 사회적으로 연구해야 한다는 것을 인식했지만, 언어와 다른 제도, 예컨대 다소간 의지에 의존하는 제도와 결부된 언어의 특징만을 취한 결과, 일반적으로는 기호 체계에, 특수하게는 언어에만 특유한 특성을 무시했기에 목표를 빗나갔다. 기호는 사회적이거나 개인적 의지를 어느 정도 늘상 벗어나기 때문이다. 바로 이 점이 기호의 본질적 특성이다. 그러나 얼핏 보아서는 이 특징은 거의 눈에 띄지 않는다.

이처럼 기호의 본성은 언어 내에서만 분명히 드러나지만, 거의 연구하지 않는 현상에만 출현하기 때문에 결국 언어학자들은 기호과학의 각별한 필요성이나 유용성을 알지 못한다. 이와 반대로 우리에게 언어학적 문제는 무엇보다도 기호학적인 문제이며, 따라서 우리의 모든 논지 전개의 의의는 이 중요한 사실에서 가져왔다. 만약 언어의 진정한 본질을 밝히려면, 우선 언어가 이와 동일한 차원의 다른 모든 기호 체계와 공유하는 공통점을 포착해야 한다. 또 일차적으로 제일 중요한 것으로 보이는 언어적 요인(예컨대 발성기관의 작용)도 언어를 다른 기호 체계와 구별하기 위해서 이용한다면 부차적인 것으로 간주해야 한다. 이렇게 하면 언어 문제를 설명할 수도 있다. 또한 의식儀式, 관습 등도 기호로 고려하면 이 현상들은 새로운 모습을 드러낼 것이고, 이들을 기호학 내에 분류해서 기호과학의 법칙에 따라 설명할 필요를 느낄 것이다.

제4장 언어의 언어학과 발화의 언어학

인간언어 연구 내에서 언어과학의 참된 자리를 찾아 줌으로써 결과적으로 언어학 전체의 위치가 설정되었다. 인간언어의 다른 모든 요소는 발화를 구성하므로 이들은 이 첫 번째 과학에 저절로 종속되며, 이 종속관계로 인해 언어학의 모든 영역이 본연의 위치를 찾게 되었다.

일례로 발화에 필요한 음성 발생을 생각해 보자. 발성기관은 언어에는 외적인 것이다. 그것은 마치 모르스 알파벳의 전달에 사용되는 전기기계가 이 알파벳에 외적인 것과 마찬가지이다. 또 발성, 즉 청각영상의 실행은 언어 체계 자체에 아무 영향을 미치지 않는다. 이와 관련해서 언어를 교향악과 비교할 수 있는데, 교향악의 실체는 연주 방식과는 무관하다. 교향악을 연주하는 음악가가 범하는 실수는 교향악이라는 실체에 조금도 손상을 입히지 않는다.

언어학자들은 발성과 언어의 구별에 반대하면서도 아마 음성 변형, 즉 발화에서 생겨나서 언어 자체의 운명에 영향을 크게 미치는 음성변화를 내세우려고 할 것이다. 과연 언어는 이 음성변화와 무관하게 존재한다고 주장할 근거가 있을까? 있다. 왜냐하면 음성변화는 단어의 물질적 실체에만 영향을 미치기 때문이다. 음성변화가 기호 체계로서의 언어에 영향을 미친다면, 그것은 단지 간접적으로, 음성변화의 결과로 생겨난 해석상의 변화를 통해 영향을 미칠 뿐이다. 그런데 이 현상은 전혀 음성적인 것이 아니다. (164쪽 참조) 이 음성변화의 원인을 규명하는 것은 흥미로운 일이고, 음성 연구는 이런 점에서 도움이 된다. 그렇지만 이것은 본질적인 일이 아니다. 언어과학은 항상 음성 변형을 확인하고, 그 결과를 측정해 보는 것만으로도 충분하다.

그런데 발성에 대한 이러한 얘기는 발화의 다른 모든 부분에도 해당된다. 화자의 행위는 오직 언어와 관련되는 한에서 언어학 내의 자리를 차지하는 학문 전체 내에서 연구되어야 한다.

그리하여 인간언어의 연구에는 두 영역이 있다. 즉 한 영역은 본질적인 것으로서 언어를 연구대상으로 한다. 언어는 본질상 사회적이며, 개인과는 독립해 있다. 또 이 언어의 연구는 전적으로 정신적이다. 또 다른 영역은 부차적인 것으로서 인간언어의 개인적 측면, 즉 발성을 포함한 발화를 연구대상으로 한다. 발화는 심리·물리적이다.

분명 이 두 대상은 밀접하게 연관되고, 서로를 전제로 한다. 다시 말해서 발화가 이해되고 효과를 발휘하려면 언어가 필요하지만, 또 한편 언어가 성립하려면 발화가 필요하다. 역사적으로 보면 발화 현상이 언제나 언어에 선행한다. 만약 우선 관념과 언어영상의 연합을 발화 행위에서 포착하지 못하면, 어떻게 이 둘을 연합할 수 있을까? 또 한편, 우리는 다른 사람이 말하는 것을 들으며 모국어를 습득한다. 모국어는 수많은 언어 경험을 겪은 결과로서만 두뇌 속에 저장된다. 마지막으로, 언어를 진화시키는 것은 발화이다. 즉 언어습관을 변경하는 것은 다른 사람의 말을 들을 때 받는 인상이다. 따라서 언어와 발화 사이에는 상호 의존관계가 있다. 언어는 발화의 도구인 동시에 그 산물이다. 그렇지만 이 모든 사실에도 불구하고 이 두 사상事象은 전혀 별개의 것이다.

언어는 각 개인의 두뇌 속에 저장된 언어 인상의 총체적 형태로 사회 집단 내에 존재한다. 이는 마치 모든 개인이 똑같은 사전을 한 부씩 공유한 것과 거의 흡사하다. (52쪽 참조) 따라서 언어는 모든 사람에게 공통적이며, 그 보유자의 의지를 벗어나 있지만, 개인 각자에게 존재하는 그 무엇이다. 이러한 언어의 존재 양식은 다음과 같은 공식으로 나타낼 수 있다.

$$1 + 1 + 1 + 1 + \cdots = I \text{ (집단 모델)}$$

그러면 발화는 이와 같은 사회 집단 내에서 어떤 방식으로 존재하는 것일까? 발화는 사람들이 말하는 바의 총합이며, 거기에는 다음 사항들이 포함된다. a) 말하는 사람의 의지에 의존하는 개인적 결합체, b) 이 결합체를 생성하는 데 필요한 의지적 발성 행위.

그러므로 발화에는 집단적인 것이 전혀 없다. 그래서 발화 현상은 개인적이고 순간적이다. 다음 공식처럼 발화에는 특정 사례의 총합만이 있을 뿐이다.

$$(1 + 1' + 1' + 1''' \cdots)$$

이러한 모든 이유로 언어와 발화를 동일한 관점에서 함께 묶는다는 것은 망상이다. 인간언어의 총체는 동질적이지 않기 때문에 모두 알 수는 없지만, 앞에서 제시한 상호 구별과 종속관계는 모든 사실을 밝혀 줄 것이다.

바로 이러한 것이 인간언어에 대한 이론을 구축하려고 할 때 즉각 부딪히는 최초의 분기점이다. 이 두 길을 동시에 택하는 것은 불가능하므로 어느 한 길을 선택해야 하며, 이 두 길을 별개로 나누어 추구해야 한다.

부득이한 경우에 이 두 학문 분야 각각에 언어학이란 명칭을 부여하고, 그 한 분야를 발화의 언어학이라고도 말할 수 있겠다. 그러나 발화언어학을 언어만을 유일한 연구대상으로 하는, 엄밀한 의미의 언어학과 혼동해서는 안 된다.

우리는 오직 이 후자, 즉 언어의 언어학만을 다루며, 논증과정상 발화 연구를 설명하는 경우에도 이 두 영역을 구분하는 경계선을 결코 없애지 않도록 노력할 것이다.

제5장 언어의 내적 요소와 외적 요소

언어에 대한 우리의 정의는 언어 조직과 언어 체계에 외적인 모든 것, 한마디로 말해서 '외적 언어학'이라는 용어로 지칭하는 모든 것을 언어에서 배제한다는 것을 전제로 한다. 그러나 외적 언어학도 중요한 사실을 다루며, 인간언어를 연구할 때 고려하는 것은 특히 외적 언어학에 속하는 사실이다.

첫째로, 언어 외적 사실은 언어학과 민속학이 접하는 모든 사실, 다시 말해서 언어사와 민족사 또는 문화사 사이에 존재하는 모든 관계이다. 이 두 역사는 서로 뒤섞여서 상호관계를 유지한다. 이는 엄밀한 의미의 언어 현상들 사이에 확인되는 대응형對應形을 다소 연상시킨다. (44쪽 이하 참조) 한 민족의 풍속은 언어에 반영되기도 하지만, 다른 면에서 보면, 대개 언어가 민족을 형성하기도 한다.

둘째로, 언어와 정치사 사이의 관계를 언급해야 한다. 로마 정복과 같은 위대한 역사적 사건은 수많은 언어 사실에 막대한 영향을 미쳤다. 정복의 한 가지 형태인 식민지화로 토착 개별어가 여러 지역에 분산되면, 이로 인해 개별어가 변화한다. 그 증거로는 모든 종류의 언어변화 현상을 들 수 있다. 예컨대 노르웨이는 정치적으로 덴마크에 합병되면서 덴마크어를 채용했다. 그래서 오늘날 노르웨이인이 덴마크어의 영향에서 벗어나려고 하는 것도 사실이다. 한 국가의 국내 정치 역시 언어 생태에 아주 중요하다. 예컨대 스위스 정부는 다수의 개별어가 공존하는 것을 허용한다. 반대로 프랑스와 같은 나라는 언어 통일을 갈망한다. 또 높은 문화 수준은 특수어(법률어, 학술어 등)를 발달시키기도 한다.

여기서 셋째 사항으로 접어드는데, 언어와 교회, 학교 등의 모든 종류의 제도와의 관계이다. 이 제도는 언어를 기록한 문헌 발달과 밀접하게 연결된다. 이 문헌 발달은 그 자체로 정치사와 불가분의 관계를 갖는 만큼 더욱더 보편적 현상이다. 도처에서 문헌어[1]는 문학이 설정해 놓은 문학어의 한계를 뛰어넘는다. 언어에 미치는 살롱과 궁정,[2] 아카데미[3]의 영향을 생각해 보면 충분하다. 다른 한편 문헌어 자체와 지역방언 사이[4]에 야기되는 갈등이라는 큰 문제가 문헌어로 인해 제기된다. (348쪽 이하 참조) 그리하여 언어학자는 책에 글로 써진 언어와 말로 통용되는 언어의 상호관계 또한 조사해야 한다. 왜냐하면 문

---

1 '문헌어'(langue littéraire)는 단지 문학의 언어뿐만 아니라 더 일반적인 의미에서 한 공동체 전체에 사용되는, 공식이든 아니든 모든 종류의 '교양 언어'를 의미한다. (348쪽 각주 1 참조)

2 규범주의자는 궁정의 '올바른 용법'(주로 문어)에 기반한 프랑스어 이외의 프랑스어 변이체는 타락한 형태이며, '틀린 프랑스어'이며, 프랑스어가 아니라고 생각하기까지 했다.

3 일례로 아카데미 프랑세즈(Académie française)를 들 수 있다. 1634~1635년 리슐리외 경이 창설한 이 국가기관은 프랑스어를 규범화하고 잘 갈고닦아 문학과 정신을 고결하게 만드는 것을 설립 목적으로 한다.

4 프랑스어에는 '언어 변이체'를 가리키는 여러 용어가 여럿 있다. langage, langue, dialecte(local), sous-dialecte, idiome, parler(local), patois 등이다. 흔히 문맥에 따라 이 변이체를 엄밀히 구별할 때도 있고, 구별하지 않고 총칭적으로 부를 때도 있다.

화의 소산으로서 생겨난 모든 문헌어 자체의 존재 영역은 자연적 영역인 구어口語 영역과 결국은 분리되기 때문이다.

마지막으로, 언어의 지리적 확장과 방언 분화와 관련되는 모든 것이 외적 언어학에 속한다. 이 외적 언어학과 내적 언어학의 구별이 가장 역설적인 듯이 보이는 점은 분명 이 점일 것이다. 지리적 현상이 언어의 존재 전체와 밀접하게 연관을 맺기 때문이다. 그렇지만 실제로는 그러한 지리적 현상은 개별어의 내부 조직에는 전혀 관여하지 않는다.

언어학자들은 이 모든 문제를 고유한 의미의 언어 연구와 분리한다는 것은 불가능하다고 주장했다. 특히 이 주장은 이 외적 '실체'Realia[5]를 아주 강력하게 강조한 이후부터 우세한 관점이다. 식물이 토양, 기후 등의 외적 요인에 의해 내부 조직이 바뀌듯이 문법 조직도 언어변화의 외적 요인에 항상 좌우되는 것은 아닐까? 언어 속에 수없이 많은 전문 기술어나 차용어의 출처를 고려하지 않고서는 이를 제대로 설명하지 못할 것으로 생각된다. 개별어의 자연적이고 조직적인 발달과, 외적 요인에서 기인하므로 결국 비조직적일 수밖에 없는 개별어의 인위적 형태 ─ 예컨대 문헌어 ─ 를 과연 구분할 수 있을까? 지역방언과 나란히 공통어가 끊임없이 발달하는 것을 왜 알지 못하는가?

우리는 언어 외적 현상에 대한 연구가 매우 유익하다고 생각한다. 그러나 이 언어 외적 현상이 없이는 언어 내적 조직을 알 수 없다

---

5 언어 내적인 기호 체계에 대응하는 언어 외적 실체나 현실, 사물 등을 가리킨다.

고 말하면 잘못이다. 외국 단어의 차용을 예로 들어 보자. 먼저 이것이 언어 생태에 항구적 요소가 결코 아니라는 것을 우선 확인할 수 있다. 외부에서 유입된 단 하나의 인위적 용어도 절대로 받아들이지 않는 산간벽지의 지역어[6]들이 있다. 이 토착 개별어들은 인간언어의 정상적 조건에서 벗어나 있기에 언어에 대한 어떠한 개념도 주지 못한다는 것, 다시 말해서 언어혼합을 겪어 본 일이 없었기 때문에 이들에 대한 '기형적'畸形的 연구가 필요하다고 말해야 할까? 그러나 특히 차용어를 언어 체계 내에서 연구하면, 그것은 이미 차용어로서 고려된 것이 아니다. 차용어는 다른 어떠한 토착기호와 마찬가지로 결합하는 다른 단어들과의 관계와 대립으로서만 존재한다. 일반적으로 말해서 언어가 발달한 환경을 반드시 알아야 할 필요는 전혀 없다. 젠드어[7]와 고대 슬라브어와 같은 개별어는 어떤 민족이 그러한 언어를 사용했는지조차 정확히 알지 못한다. 그렇지만 이를 모른다고 해서 그 언어들을 내적으로 연구하거나, 그 언어들이 겪은 변화를 이해하는 데 방해를 받는 것은 아니다. 여하튼 이 두 관점을 분리하는 것은 필수적이며, 이들 관점을 더욱 엄격히 분리할수록 더욱 가치가 있을 것이다.

　　이에 대한 가장 훌륭한 증거는 이 관점이 각기 별개의 방법을 만

6　『프랑스어 보고 사전』(*Trésor de la langue française*, 이하 TLF)의 정의에 따르면 지역어(patois)는 "문화적·사회적으로 안정된 지위 없이 일정 지점이나 제한된 지리적 공간에서 기능하는 소언어 체계로서, 음운, 형태통사, 어휘적으로 그것이 속한 방언(dialecte)과 구별된다". 이를 하위 지역방언으로 이해할 수 있다.

7　조로아스터교 경전인 『아베스타경』을 해석하고 주해한 언어이다. 흔히 중기 페르시아 시대에 기록한 문헌들이 많이 남아 있으며, 이러한 이유로 이 중기 페르시아어를 가리키기도 한다.

들어 낸다는 점이다. 외적 언어학은 체계라는 족쇄에 묶인 느낌을 받지 않고서도 세부 사항을 하나하나 축적할 수 있다. 예컨대 개개 언어학자는 자신이 의도하는 바대로 언어 영토를 넘어서는 언어 확장과 관련된 외적 사실을 수집할 것이다. 또 방언과 대립하는 문헌어를 만들어 낸 요인들을 찾으려 한다면, 열거하는 방법을 간단히 사용할 수도 있다. 이 사실들을 다소 체계적 방법으로 정리하는 데는 오직 명료성만 요구된다.

하지만 내적 언어학은 사정이 전혀 다르다. 내적 언어학은 이러한 배치가 전혀 필요 없기 때문이다. 언어는 자기 고유의 질서만을 인정하는 체계이다. 체스 놀이와 비교해 보면 이 사실을 더 잘 알 수 있다. 체스 놀이에서는 외적인 것과 내적인 것을 구별하기가 비교적 쉽다. 예컨대 체스 놀이가 페르시아에서 유럽으로 들어온 사실은 외적인 것이다. 이와 반대로 체스 놀이의 체계나 규칙과 관련된 모든 것은 내적인 것이다. 만약 나무말을 상아말로 교체하더라도 이 변화는 체스 체계와는 무관한 것이다. 그러나 말의 수를 줄이거나 늘리면, 이 변화는 체스 놀이의 **문법**에 큰 영향을 미친다. 이러한 종류의 구별을 하려면 상당히 주의가 필요하다는 것은 진정 사실이다. 따라서 각 개별적 경우마다 매번 언어 현상을 대할 때, 그 성질은 어떤 것인가 하는 문제를 제기해야 하며, 이 문제를 해결하기 위해서는 다음 규칙을 따라야 할 것이다. 즉 언어변화의 정도가 얼마나 되든지 상관없이 언어 체계를 변화시키는 모든 것은 언어 내적인 것이라는 규칙이다.

제6장　문자법에 의한 언어의 표기

§1. 이 주제를 연구할 필요성

따라서 우리가 연구하는 구체적 대상은 각 개인의 두뇌 속에 저장된 사회적 산물인 언어langue이다. 그러나 이 산물은 언어 집단에 따라 차이가 난다. 왜냐하면 우리에게 주어진 것은 개별 언어langues[1]이기 때문이다. 언어학자는 이 개별 언어의 관찰과 비교를 통해 언어들 간에 존재하는 보편소universel를 추출해 내기 위해 가능한 한 많은 개별 언어를 알아야 한다.

　그런데 일반적으로 이 개별 언어는 문자écriture를 통해서만 알려

---

1 언어학의 과학적 연구대상인 언어로서의 la langue와 이 언어의 역사적 · 지리적 평면에서 통용되는 실체로서의 개별 언어(복수 des/les langues)는 구별된다. 한 국가 내에서 공통어, 일반어로서 정착된 표준어는 언어(une langue)이고, 그 대립 개념은 방언(dialecte)이다. 이 공통어가 한정을 받으면 정관사가 붙는다(예 : 프랑스어 = 'la' langue française). 이러한 언어 외적인 규범이나 기준 등의 차별 없이 언어 평등의 관점에서 어느 제한된 지방에서 사용되는 특유의 지역어를 개별어(idiome)라고 한다.

진다. 모국어 자체에도 언제나 문헌이 개입한다. 상당히 멀리 떨어진 곳에서 사용되는 개별어인 경우에는 기록 증거에 한층 더 의존해야 한다. 하물며 현재 존재하지 않는 소멸된 개별어는 두말할 필요도 없다. 어떤 경우든지 문헌을 직접 마음대로 다루기 위해서는 현재 빈과 파리에서 수행하는 작업, 즉 모든 언어의 녹음 표본을 수집하고 채집하는 작업을 늘 수행해야 한다. 그렇지만 이런 방식으로 보관된 텍스트도 다른 사람들에게 알리려면 문자에 의존해야 한다.

따라서 문자법은 그 자체로는 언어의 내적 체계와 관계가 없지만, 언어는 이 문자법이라는 절차로 끊임없이 형상화되므로 이를 연구에서 배제하기란 불가능하다. 그래서 문자의 유용성, 결점과 위험성을 사전에 미리 알아 둘 필요가 있다.

§ 2. 문자의 위력, 구어 형태보다 우월한 원인

언어와 문자는 별개의 두 기호 체계이다. 이 문자의 유일한 존재 이유는 언어를 표상하는 것이다. 언어학의 대상은 문자로 써진 단어와 발화된 단어의 결합으로 정의되지 않는다. 언어학의 대상은 이 후자 단독으로도 구성할 수 있다. 그러나 문자로 기록된 단어는 발화된 단어의 영상으로서, 이 발화 단어와 아주 밀접하게 섞여서 결국 주도적 역할을 빼앗아 버린다. 그리하여 언어학자들은 이 음성기호의 표상〔문자〕을 이 음성기호 자체만큼이나, 아니면 그 이상으로 중요시한다. 이것은 마치 사람을 알기 위해서 얼굴을 직접 대면하기보다 사진을 보는 게 더 낫다고 생각하는 것과도 같다.

이러한 착각은 언제나 있었고, 언어에 대해 유포되는 일반적 견해도 이 착각에 오염되어 있다. 그리하여 언어학자들은 일반적으로 문자가 존재하지 않으면, 개별어는 더 빨리 변질할 것이라고들 생각한다. 그러나 이는 정말 잘못된 생각이다. 물론 어떤 상황에서는 문자 기록이 언어변화를 지체시킬 수도 있지만, 이와 반대로 문자가 없다고 해서 언어 보존이 위태로워지는 것도 아니다. 리투아니아어는 오늘날에도 동부 프러시아와 러시아 일부 지방에서 여전히 사용되지만, 이 언어는 1540년에 와서야 기록 문헌에서 비로소 알려졌다. 그러나 이렇게 뒤늦은 시기에도 리투아니아어는 전체적으로 볼 때, 기원전 3세기의 라틴어만큼이나 충실하게 인도유럽조어의 모습을 그대로 보여 준다. 이 사실 하나만으로도 언어가 문자와 얼마나 무관한지를 충분히 입증할 수 있다.

아주 사소한 어떤 언어 현상은 표기법의 도움 없이도 보존된다. 고대 고지高地 독일어의 전체 역사에서 사람들은 tōten죽은, fuolen채우다, stōzen밀다, 부딪히다으로 표기했고, 12세기 말엽에 와서 stōzen은 그대로 썼지만, 나머지 두 단어는 töten죽은, füelen채우다으로 표기했다. 이 차이는 어디에서 생겨난 것일까? 이 차이가 생겨난 모든 단어의 뒷음절에 y가 있었기 때문이다. 원시 게르만어에서 후자의 두 단어는 *daupyan죽은, *fōlyan채우다으로 나타나지만, 전자의 단어는 *stautan밀다, 부딪히다으로 출현한다. 문헌어 시기로 막 접어드는 800년경에 y는 아주 약화되었고, 그 후 3세기 동안 문자법에는 이에 대한 흔적이 전혀 남아 있지 않았다. 하지만 발음에는 그 희미한 흔적이 남았다. 그 결과 위에서 보듯이 1180년경에 와서 그것은 '모음 변이'umlaut의 형태로 기적적으로 되살아났다! 이처럼 문자법의 도움 없이도 미묘한 발음 차이는 정확하게 전달되었다.

따라서 언어는 문자와는 독립된, 훨씬 확고한 구어 전통이 있다. 그러나 기록 형태가 위세를 부리기 때문에 이 점을 제대로 깨닫지 못하는 것이다. 초기의 언어학자들은 그 이전의 인문주의자처럼 이 점을 착각했다. 보프 자신도 문자와 음성을 명확히 구별하지 못했다. 그의 저서를 읽어 보면, 언어는 마치 알파벳과 분리할 수 없다는 듯이 생각한다. 그의 직계 제자들도 그와 똑같은 함정에 빠졌다. 그래서 그림은 마찰음 þ를 나타내는 철자 th로 인해 이 음성 þ를 이중음이자 유기有氣 폐쇄음으로 생각했다. 이로 인해 그 자신이 발견한 자음 교체의 법칙인 게르만어 '자음 추이'Lautverschiebung[2]에서 이 음성에 그와 같은 위치를 부여했던 것이다. (260쪽 참조) 오늘날에도 여전히 교양인들은 언어와 정서법을 혼동한다. 예를 들어 가스통 데샹[3]은 베르텔로[4]가 정서법 개혁에 반대했기 때문에 그가 "프랑스어가 파괴되는 것을 막았다"라고 말하지 않았던가?

그러면 이 문자의 위력을 어떻게 설명할 수 있을까?

1. 우선 단어가 갖는 철자의 모습은 영구적이고 견고한 대상이어서 세월을 통해 언어를 통일하는 데는 음성보다 훨씬 더 적절하다는

---

2 인도유럽조어(PIE)에서 원시 게르만어(Protogermanic)로 넘어오면서 일어난 규칙적 자음 변화. p, t, k는 ph[f], th[θ], kh[χ]로 변하고, b, d, g는 p, t, k로 변하고, bh, dh, gh는 b, d, g로 변하는 연쇄적인 변화다. 1차 자음 추이는 그림(Grimm)의 법칙이라고도 한다.

3 Gaston Deschamps(1861~1931). 프랑스 고고학자이자 작가.

4 Marcellin Berthelot(1827~1907). 프랑스 화학자로도 유명하지만 인문학에도 조예가 깊어 1900년 아카데미 프랑세즈에 가입했다. 르낭, 플로베르, 공쿠르 형제, 로댕, 아나톨 프랑스 등과 교유했다. 정서법과 관련하여 그의 이름이 Marcellin이 맞는가, Marcelin이 맞는가 하는 논쟁을 불러일으키기도 했다.

인상을 강하게 준다. 하지만 이 관계는 피상적이며, 순전히 허구적인 통일성을 만들어 낸다. 더욱이 유일하고 진정한 관계라 할 수 있는 자연적 관계, 즉 음성관계보다 파악하기가 훨씬 더 쉽다.

　　2. 대부분의 개인에게는 시각 인상이 청각 인상보다 더 명료하고 지속적이다. 따라서 사람들은 시각 인상에 더 우선적으로 집착한다. 철자의 모습이 음성을 희생시키고, 마침내는 사람들에게 강제된다.

　　3. 문헌어는 부당하게도 문자법의 중요성을 더욱 부각시킨다. 문헌어는 고유한 사전과 문법이 있다. 학교에서 가르치는 언어는 문법책에 따라서, 문법책에 의해서 이루어진다. 언어는 규약에 지배받는 것처럼 보인다. 그런데 이 규약 자체는 엄격한 용법을 따르는, 글로 기록된 규칙인 정서법이며, 따라서 이 점 때문에 문자법이 가장 중요한 것으로 간주된다. 그래서 글 쓰는 것을 배우기 전에 말하는 것을 배운다는 사실을 잊어버리고, 결국 이 자연적 관계가 전도되었다.

　　4. 끝으로 언어와 정서법이 불일치할 때, 보통 언어학자 외에는 그 어떤 방식으로도 이들의 불일치에 대한 논란을 종식하기가 어렵다. 그러나 언어학자는 발언권이 없으므로 기록 형태가 거의 운명적으로 이기는데, 그것은 기록 형태를 준거로 내세우는 해결책이 그 어떤 것보다 훨씬 더 손쉽기 때문이다. 이러한 이유로 문자법은 자신의 권리가 전혀 없는 중요한 것을 자기 것으로 가로채 버린다.

§3. 문자 체계

문자 체계는 두 가지가 있을 뿐이다.

1. 표의 체계. 이 표의문자 체계에서는 각 단어가 구성되는 음성과는 관계없이 단일 기호로 표기된다. 이 단일 기호는 단어 전체와 관련되며, 이로 인해 단어가 표현하는 개념과 간접적으로 관련된다. 이 표의 체계의 전형적인 예는 중국어의 한자 체계이다.

2. 일반적으로 말하는 '표음' 체계. 표음문자 체계는 단어에서 연속되는 일련의 음성을 재생하는 것이 목표이다. 표음 체계는 음절 체계이거나, 때로는 알파벳 체계, 다시 말해서 더 분석할 수 없는 발화 요소에 기초하는 문자 체계이다.

나아가 표의문자 체계는 쉽사리 혼합 문자 체계가 된다. 그것은 표의문자가 그 일차적 가치에서 벗어나 결국 단독으로 음성을 표기하기 때문이다.

앞에서 문자로 기록된 단어가 머릿속에서 발화된 단어를 대체하는 경향이 있다고 말했다. 이 말은 이 두 가지 문자 체계에 모두 해당하지만, 이 경향은 특히 전자의 표의 체계에 더욱 두드러지게 나타난다. 중국인에게 표의문자와 발화된 단어는 똑같은 자격을 지니면서 개념을 나타내는 기호이다. 그래서 중국인에게 문자는 이차적 언어지만, 대화에서 발화된 두 단어의 음성이 같을 때, 자기 생각을 설명하기 위해서 문자로 기록된 단어를 이용한다. 그렇지만 글로 대치하는 것이 절대적일 수 있기 때문에 표음 체계처럼 유감스러운 결과는 초래하지 않는다. 여러 중국 방언의 단어가 동일한 개념을 나타낼 때, 이들은 한결같이 똑같은 문자기호를 이용하며 표기가 일치한다.

우리는 표음문자 체계에 연구를 국한하려고 한다. 특히 오늘날 사용되는 이 표음 체계의 원형은 그리스 알파벳이다.

이러한 종류의 표음문자 알파벳이 확립되었을 당시, 이 알파벳이 차용되어 모순이 없을 경우에, 그것은 꽤 합리적으로 언어를 있는 그대로 반영했다. 94쪽에서 살펴보겠지만, 논리적 관점에서 그리스어 알파벳은 특히 놀랄 만한 것이다. 그러나 문자법과 발음 사이의 이러한 조화는 오래 지속되지 않았다. 그 원인은 무엇일까? 바로 이 점이 검토를 요하는 문제이다.

§4. 문자법과 발음의 불일치 원인

이 원인은 여러 가지이다. 그중 가장 중요한 것만 살펴보자.

우선, 언어는 끊임없이 진화하는 데 반해 문자 체계는 변화하지 않은 채로 남아 있는 경향이 있다. 그 결과 문자는 마침내 그것이 표기해야 하는 발음과 더는 일치하지 않게 된다. 일정한 시기에 일관성이 있던 표기도 한 세기가 지나면 불합리해진다. 한동안 문자기호를 발음변화에 일치시키기 위해 문자법을 변경했지만 그 후에는 문자법 변경을 포기한다. 이러한 현상이 프랑스어 oi에서 실제로 일어났다.

	당시의 발음	당시의 표기
11세기	1. rei, lei	rei왕, lei법
13세기	2. roi, loi	roi왕, loi법
14세기	3. roè, loè	roi, loi
19세기	4. rwa, lwa	roi, loi

사람들은 제2시기인 13세기까지는 발음변화를 고려하여 표기했

다. 그래서 문자법 역사의 각 단계는 프랑스 언어사의 각 단계와 일치한다. 그러나 14세기 이후부터 문자 체계는 정체된 반면, 프랑스어는 계속해서 진화했고, 이 시기부터 언어와 정서법의 불일치가 계속 심화되었다. 마침내 불일치하는 사항을 관련지으면서 이로 인해서 문자 체계에 반향이 일어났다.[5] 그 결과 문자 표기 oi는 그 구성 요소와는 상관없는 음성 가치를 갖게 되었다.

이러한 예를 수없이 들 수 있다. 예컨대 [mé], [fé][6]로 발음하는 것을 왜 mais그러나와 fait사실로 쓰는가? 프랑스어에서 c는 왜 흔히 s의 음가를 갖는가? 그 이유는 프랑스어에는 이제 존재 이유가 없는 문자법이 그대로 보존되어 있기 때문이다.

이와 같은 원인은 모든 시기에 적용된다. 예컨대 오늘날 프랑스어에서 습음mouillé l은 과도음jod으로 바뀌고 있다. 그래서 éveiller깨우다, mouiller적시다는 글자는 여전히 éveiller, mouiller 그대로 쓰고 있지만, 단어 essuyer닦다, nettoyer청소하다[7]처럼 [éveyer], [mouyer]로 발음한다.

문자법과 발음의 불일치가 생겨난 또 다른 이유는 다음과 같다. 즉 어느 민족이 다른 민족에게서 알파벳을 차용하는 경우, 문자 체계의 재원이 새로운 기능에 제대로 맞지 않는 수가 흔히 있다. 그러면

---

5 위의 표에서 roè[rwɛ] 참조. 16~17세기에 oi[wɛ]는 [ɛ]로도 발음되었는데, 그 후 발음과의 격차로 19세기에 철자법이 개혁되었다(connoistre → connaître). 다른 한편 oi[wɛ]는 18세기까지 일반적으로 사용되다가 19세기에 공식적으로 대중적 발음형 oi[wa]로 바뀌었다.

6 본문에서 대괄호([ ]) 속의 음성기호는 국제음성기호로 표기한 발음은 아니다. 원문에는 대괄호가 없으나 독자들이 철자기호와 혼동하지 않도록 편의를 위해 대괄호 속에 넣었다.

7 각기 [esɥije], [nɛtwaje]로 발음된다.

임시방편에 의지할 수밖에 없다. 예컨대 하나의 음성을 나타내기 위해 두 개의 문자를 사용할 수 있다. 게르만어 þ(무성 치찰음)가 이 경우이다. 라틴어 문자에는 이 음성을 표기하는 기호가 없기 때문에 th로 표현한 것이다. 메로빙거의 왕 킬페리크[8]는 이 음성을 나타내려고 라틴 문자에 특수기호를 추가하려고 했다. 그러나 이 시도는 성공하지 못했고, 관용으로 th가 인정되었다. 중세 영어에는 폐음 e(예: sed 종자)와 개음 e(예: led인도하다)가 있었다. 알파벳에는 이 두 음성에 대응하는 별개의 문자기호가 없었기 때문에, seed종자와 lead인도하다를 고안해 내었다. 프랑스어에서는 슈음 š를 표기하기 위해 ch 등의 이중기호를 사용했다.

또 어원에 대한 고려도 있었다. 어느 시기, 예컨대 문예 부흥기 같은 시기에는 이 현상이 아주 두드러졌다. 흔히 틀린 어원이 문자법을 강제하는 수가 있었다. 예컨대 프랑스어 단어 poids무게가 마치 라틴어 pondus무게에서 온 것인 양 d가 들어갔지만, 사실상 poids는 라틴어 pensum양모의 무게에서 유래한다. 그렇지만 어원 원리를 적용하는 것이 옳으냐 그르냐 하는 것은 별로 중요하지 않다. 어원의 문자법의 원리 자체가 틀린 것이기 때문이다.

그 밖에도 발음과 문자법이 불일치하는 원인은 분명하지 않다. 몇몇 까다로운 사항은 어원 때문이라는 변명도 통하지 않는다. 독일어는 tun으로 쓰지 않고 왜 thun행하다으로 썼는가? h는 자음 뒤에 오는 기음氣音을 표시하는 것이라고들 한다. 그렇다면 이 기음이 똑같

---

8 Chilperic I세. 프랑크족 메로빙거 왕조의 왕으로서 그리스어 알파벳의 발음을 나타내기 위해 게르만어에서 사용되는 기음 h를 첨가했다. χ = ch, θ = th, φ = ph.

이 나타나는 모든 곳에는 h가 있어야 하는데, h가 없는 단어도 많다 (Tugend덕, Tisch책상 등).

§5. 문자와 발음의 불일치의 결과

문자법의 모순을 분류하면 너무 장황해질 것이다. 가장 심각한 불일치 중 하나는 같은 음성을 나타내는 기호가 여러 개 있다는 것이다. 예컨대 프랑스어에서 [ž]는 j, g, ge(joli예쁜, geler얼리다, geai어치)로 표기되고, [z]를 나타내는 z, s가 있고, [s]는 c, ç, t(nation국민), ss(chasser사냥하다), sc(acquiescer동의하다), sç(acquiesçant동의하는), x(dix10)로 표기되고 있으며, [k]는 c, qu, k, ch, cc, cqu(acquérir획득하다) 등으로 표기된다. 반면에 여러 음가가 하나의 같은 기호로 표상되기도 한다. 예컨대 t는 음성 [t], [s]를 표시하고, g는 음성 [g], [ž]를 표시한다.

'간접문자'도 또한 지적해 보자. 독일어 Zettel종이쪽지, Teller접시에는 중복자음이 없지만, 단지 선행모음이 단음이자 동시에 개음이라는 것을 가리키기 위해서 tt, ll을 쓸 뿐이다. 영어에서 선행모음을 길게 발음하기 위해 어말에 묵음 철자 e를 추가하는 것도 이와 같은 유형의 착오 때문이다. made만들었다([mēd]로 발음)와 mad미친([măd]로 발음)를 비교해 보라. 이 어말 e는 사실상 단일 음절의 구성에 관여하지만, 우리 눈에는 제2의 음절을 구성하는 것처럼 보인다.

비합리적 문자는 여전히 언어 내의 무엇인가에 대응한다. 그렇지만 또 어떤 문자는 어떤 발음에도 대응하지 않는다. 오늘날 프랑스어에는 고래古來의 미래형 mourrai나는 죽을 것이다와 courrai나는 달릴 것이다를 제외하고는, 중복자음이 없다.[9] 그렇지만 프랑스어 정서법에는 불법적 중복자음이 많다(bourru거친, sottise어리석음, souffrir참다 등).

또한 문자법이 고정되지 않아 규칙을 모색하는 중이기 때문에 문자법이 미결정되는 수도 있다. 그 결과, 유동적 정서법이 생겨났으며, 이 정서법 유동은 음성을 표기하려고 여러 시기에 노력한 시도를 보여 준다. 예컨대 고대 고지 독일어 ertha흙, 땅, erdha흙, 땅, erda흙, 땅나 thrī흙, 땅, dhrī흙, 땅, drī흙, 땅에서, th, dh, d는 동일한 음성 요소를 나타낸다. 그러나 어떤 음성 요소를 나타내는가? 문자법만으로는 알 수 없다. 여기에서 다음과 같은 복잡한 문제가 생겨난다. 즉 동일한 한 형태에 대해 두 가지 문자법이 있는 경우, 발음이 실제로 두 가지로 발음되었는지는 결정할 수 없다. 서로 인접한 방언을 기록한 문헌에서, 같은 단어를 어느 방언에서는 asca로 기록하고, 다른 방언에서는 ascha로 기록한다(둘 다 무의미 철자 단어). 만약 이들이 동일한 음성이었다면, 이것은 유동적 정서법의 사례가 된다. 그렇지 않으면 그 문자법의 차이는 그리스어 paízō나는 경기한다, paízdō나는 경기한다, paíddō나는 경기한다처럼 음운론적이며, 방언적 차이가 된다. 그게 아니라면, 연속하는 두 시대가 문제시되는 수도 있다. 예컨대 영어 hwat무엇, hweel바퀴은 후대에 what무엇, wheel바퀴로 바뀌었는데, 이는 문자법의 변화일까, 아니면 음성변화일까?

이 모든 사실에서 귀결되는 명백한 결론은 문자법이 언어의 시야를 은폐한다는 것이다. 그리하여 문자법은 언어의 의복이 아니라

---

9 단지 이 두 형태에서만 중복자음 글자는 중복자음 courrai[kuʀʀɛ], mourrai[muʀʀɛ]로 발음된다.

오히려 위장술이 된다. 이 사실은 프랑스어 단어 oiseau새의 철자법에서 잘 볼 수 있다. 여기서는 이 단어의 발음 [wazo]의 어느 음성도 고유의 문자기호로 적은 것이 없다. 거기에는 언어의 영상이 남아 있는 게 전혀 없다.

또 다른 귀결은 문자법이 나타내야 하는 음성을 제대로 표상하지 못하면 못할수록 문자법을 기본으로 삼으려는 경향이 더욱 강해진다는 것이다. 그래서 문법학자들은 기록 형태에 주의를 환기시키려고 애를 쓴다. 심리적으로 볼 때, 이 사태는 아주 쉽사리 설명되지만, 아주 난처한 결과가 초래된다. 사람들이 사용하는 '발음하다'prononcer와 '발음'prononciation이라는 단어의 용법은 이 폐습을 용인하고, 문자법과 언어의 합법적이고 실제적인 관계를 전도시킨다. 이 글자는 이렇게 발음해야 한다고 말할 때, 누구나 그 글자의 영상을 발음 모델로 취한다. oi를 [wa]로 발음하려면, 문자는 그 자체의 문자기호로 존재해야만 하는데, 실제로 발음 [wa]는 oi로 적혀 있다. 이 기이한 현상을 설명하려고 학자들은 이 경우에는 o와 i가 예외적 발음이라고 덧붙여 설명한다. 그런데 이 설명은 또 틀린 표현이다. 왜냐하면 언어가 문자로 기록된 형태에 의존한다는 것을 함축하기 때문이다. 마치 문자기호가 규범인 양 생각해서 문자법에 반하는 짓을 하는 것처럼 보인다.

이러한 허구는 심지어 문법 규칙, 예컨대 프랑스어 h의 규칙에도 드러난다. 단어의 어두는 기氣가 없는 모음이지만, 라틴어 형태의 흔적 때문에 h가 있는 단어들이 있다. 예컨대 라틴어 homo사람 때문에 (예전에는 ome사람로 표기하던 것이) homme사람가 되었다. 하지만 게르만어에서 유래하는 단어들 중 h가 실제로 발음된 단어도 물론 있다. hache도끼, hareng청어, honte치욕 등과 같은 단어이다. 이 단어들은 기가 그대로 발음되던 시기에 어두자음과 관련되는 법칙을 따랐다. 그래서 deu haches도끼 두 자루, le hareng청어으로 말했고, 모음으로 시작되는 단어는 (발음/표기) 법칙에 따라 deu-z-hommes두 사람, l'omme 사람로 말했다.[10] 이 시기에는 '연독과 모음생략은 기음 h 앞에는 일어나지 않는다'는 규칙은 정확한 것이었다. 그러나 오늘날 이 공식은 의미가 없다. 기음 h는 이미 존재하지 않기 때문이다. 음성으로도 발음되지 않고, 연독도 모음자 생략도 할 수 없는 h를 기음이란 명칭으로만 지칭한다면 몰라도 말이다. 따라서 이는 악순환이며, 따라서 h는 문자법에서 생겨난 허구적 존재에 불과하다.

단어의 발음을 고정시키는 것은 정서법이 아니라 그 역사이다. 어느 특정 시기에 나타나는 단어 형태는 언어 진화의 한 시기를 보여주고, 단어는 일정한 법칙에 지배받는 언어 진화를 따르지 않을 수 없다. 진화의 각 단계는 선행 단계에 의해 결정된다. 그래서 고려해야 할 유일한 사실은 ── 이는 가장 쉽게 잊어버리는 사실이다 ── 단어의 조상, 즉 어원이다.

오슈Auch시市의 명칭은 음성전사轉寫로는 [oš]이다. 이것은 프랑스어 정서법에서 ch가 어말에서 [š]로 발음되는 유일한 사례이다. 그런데 '어말 ch가 이 단어에서만 [š]로 발음된다'고 설명하면 타당한 것이 아니다. 유일한 문제는 어떻게 라틴어 Auscii오슈가 변해서 [oš]로

---

10 게르만어에서 차용된 h가 발음되는 경우에, 리에종(liaison)과 엘리지옹(élision)이 되지 않고, deu haches, le hareng으로 발음/표기되었다. 라틴어에서 유래한 homme의 h는 이미 라틴어에서 묵음이 되었고, 고대 프랑스어 omme에서도 묵음으로 표기되지 않다가 후에 라틴어 어원을 고려하여 h가 복원되면서 표기되었다. deux [z] hommes, l'homme.

발음되었는지를 아는 것이다.[11] 그래서 정서법은 중요하지 않다.

gageure내기의 eu를 [ö]로 발음해야 하는가 아니면 [ü]로 발음해야 하는가? 어떤 학자들은 heure시간가 [ör]로 발음되므로 [gažör]로 발음해야 한다고 말한다. 또 어떤 학자들은 그게 아니라 ge는 geôle 감옥처럼 [ž]에 대응하므로 [gažür]로 발음해야 한다고 말한다. 이것은 쓸데없는 논쟁이다. 진정한 문제는 어원이다. 즉 tournure표현가 tourner돌리다에 기초해서 구성된 것처럼 gageure는 gager단언하다에 기초해서 구성되었다. 그래서 이 두 단어의 파생 유형이 동일하다. 따라서 [gažür]만이 정당하다.[12] [gažör]는 단지 문자법이 모호해서 생겨난 발음일 뿐이다.

그러나 글자의 횡포는 여기에서 끝나지 않고 더 나아간다. 글자는 대중에 강압적으로 강요되어 언어에 영향을 주고, 언어를 변경해 버린다. 이 현상은 문자로 기록된 문헌이 중요한 역할을 하는, 문헌어 성격을 지닌 개별어에서만 일어난다. 이 경우에 문자의 시각적 모습은 잘못된 발음을 만들어 내기까지 한다. 이것이 고유한 의미의 병리학적 현상이다. 이 현상은 프랑스어에서 흔히 볼 수 있다. 예컨대 Lefèvre르페브르(라틴어 faber만들다에서 유래)라는 성姓은 원래 문자법이 두 가지였는데, 하나는 단순한 대중적 표기 Lefèvre였고, 다른 하나는 학술적 어원 표기 Lefèbvre였다. 옛 문자법에서 v와 u가 혼동되어

---

11 Auch의 옛 라틴어 지명은 Ausci이다.

12 ga-geure에서 geu는 [œ], [y] 중 어느 것으로 발음되는가? heure를 따르면 [œ], j'ai eu를 따르면 [y]이므로 미결정이다. 그러나 geai에서 ge-는 [ž]로 발음되므로 ge-ure는 [žyr](= jure)로 발음되어 [ga-žyr]가 된다.

Lefèbvre를 Lefebúre로 읽었다.[13] 여기서 b는 실제로 이 단어에 전혀 없었던 것이고, u는 모호해서 생겨난 것이다. 그렇지만 지금은 이 형태가 실제로 발음되고 있다.

이러한 왜곡형은 더욱더 빈번해질 것이고, 사람들은 점차 더 쓸데없는 글자를 발음할 가능성이 농후해진다. 파리 사람들은 이미 sept femmes에서 t를 발음한다. 다르메스테테르[14]는 정서법의 진정한 괴물이라 할 수 있는 vingt20의 끝 두 글자 gt도 발음하는 날이 올 것으로 예견한다.

이러한 음성의 왜곡 현상은 당연히 언어에 속하지만, 이들은 자연스러운 언어 작용에서 나온 것이 아니라 언어와는 무관한 요인에서 기인한다. 언어학은 이들을 다른 특수 분야에서 관찰해야 한다. 이들은 기형적 사례이기 때문이다.

---

13 라틴어 v는 [u/w]로 발음되었다(murum[u], vivere[w]). 그 후 대중 라틴어 시기에 [w] > [ß]로 변했고, 로망제어 시기에 [ß] > [v]로 변했다(vivere[wiwere] > [ßißer] > [vivr]).

14 Arsène Darmesteter(1846~1888). 프랑스의 고대 프랑스어 전문학자로서 가스통 파리 밑에서 수학하였다. 아돌프 하츠펠트(Adolf Hatzfeld), 앙투안 토마스(Antoine Thomas)와 함께 『17세기 초부터 현재까지의 프랑스어 일반 사전』(Dictionnaire général de la langue française du commencement du xviie siècle jusqu'à nos jours, 2권, 1895~1900)을 지었다.

제7장 음운론

§1. 정의

문자를 제거한다고 상상하면, 감지할 수 있는 문자영상을 빼앗긴 사람은 어찌해야 할지 모르는 무정형無定形의 덩어리만 알아볼 위험이 있다. 이것은 마치 수영 초보자에게서 구명대를 빼앗는 것과도 같다.

　이 인위적 문자법을 곧바로 자연적인 것으로 바꿔야 한다. 그러나 언어 음성을 사전에 연구하지 않았기 때문에 이것은 불가능하다. 왜냐하면 음성은 문자기호와 분리되면 단지 막연한 개념만을 나타낼 뿐이고, 사람들은 믿을 수 없는 이 문자법의 기반을 여전히 선호하기 때문이다. 그리하여 초기의 언어학자들은 조음 음성의 생리를 전혀 알지 못했기 때문에 언제나 이 함정에 빠졌다. 글자를 놓아 버린다는 것은 그들에게는 발판을 잃는 것이었다. 그러나 우리에게는 이것이 진리를 찾는 첫걸음이다. 왜냐하면 음성 자체에 대한 연구로부터 언어 연구에 도움을 받기 때문이다. 근대의 언어학자들은 마침내 이 점을 이해하였다. 그들은 다른 학자들(생리학자, 성악 이론가 등)이 시작한 연구를 자신들을 위해 재수용하고, 언어학을 문자로 기록된 단어에서 해방시킨 이 보조 과학〔음성학〕을 언어학과 결부 지었다.

음성생리학(독일어 Lautphysiologie 또는 Sprachphysiologie)은 흔히 '음성학'phonétique(독일어 Phonetik, 영어 phonetics)으로 불린다. 이 용어는 부적당한 것 같다. 그래서 그것을 음운론phonologie이란 명칭으로 교체하려고 한다. 왜냐하면 음성학은 애초에 음성 진화의 연구를 지칭했고, 지금도 계속해서 음성 진화를 연구하기 때문이다. 같은 명칭을 사용하면 전혀 별개의 이 두 연구를 혼동할 수도 있다. 음성학은 역사과학이다. 이 학문은 사건, 즉 음성변화를 분석하므로 시간 내에서 움직인다. 음운론은 시간 밖에 있다. 조음 메커니즘 그 자체는 언제나 동일한 것이기 때문이다.

이 두 분야의 연구는 서로 혼동되지도 않지만 대립하지도 않는다. 음성학은 언어과학의 본질적 분야 중 하나이다. 되풀이해서 말하지만, 음운론은 단지 보조 학문에 불과하며, 오직 발화에만 속한다. (59쪽 참조) 언어가 존재하지 않으면, 발성운동이 무엇에 소용되는지 도무지 알 수 없다. 발성운동은 언어를 구성하지 않으므로 각기 청각 인상을 만드는 데 필요한 모든 발음기관의 운동을 설명했다고 하더라도 언어 문제를 해명한 것은 아니다. 마치 양탄자가 여러 색상의 실들이 시각적으로 대조되면서 짜인 예술품인 것처럼 언어도 청각 인상의 정신적 대립에 바탕하는 체계이다. 그런데 언어 분석에 중요한 것은 이 대립의 역할이지 색상을 만드는 방식은 아니다.

음운론 체계의 개요에 대해서는 91쪽의 부록을 참조하고, 여기서는 단지 언어학이 문자법의 환상에서 벗어나려면, 이 음운론에서 어떤 도움을 받을 수 있는지를 살펴보려고 한다.

§2. 음운론적 문자법

언어학자는 무엇보다도 문자법의 모호성을 완벽하게 없애 줄 조음 음성의 표기 수단을 제공받기를 요구한다. 사실상 수많은 문자 표기 체계가 제안되었다.

진정한 음운론적 문자 표기 체계의 원리는 무엇인가? 그것은 발화 연쇄의 각 요소를 하나의 기호로 표시하는 것을 목표로 한다. 하지만 언어학자들이 이 요청을 항상 고려하는 것은 아니다. 예컨대 영국의 음운학자들은 음성 분석보다는 오히려 음성 분류에 몰두하여 한음성을 나타내기 위해 두 개, 심지어는 세 개의 글자로 된 기호를 사용했다. 그 밖에, 뒤에서 얘기하겠지만, 외파음과 내파음(109쪽 이하참조)도 엄격히 구분해야 한다.

통상적인 정서법을 음운론적 알파벳으로 교체할 이유가 있을까? 여기서는 이 흥미로운 문제를 단지 간략히 다룰 수밖에 없다. 우리의 견해로는 음운론적 문자 체계는 오직 언어학자만 이용해야 한다. 무엇보다도, 영국인, 독일인, 프랑스인이 어떻게 똑같은 문자 체계를 채택하도록 강요할 수 있겠는가! 더욱이 모든 언어에 적용할 수있는 알파벳은 구분기호를 이용하면 더 혼잡해질 위험도 있다. 나아가 그러한 혼잡스러운 텍스트의 한 페이지가 보여 주는 난감한 모습은 말할 것도 없고, 정교하게 표기하려던 나머지 문자법이 명확히 드러낼 수 있는 것도 모호하게 만들어 독자들을 혼란에 빠트릴 수도 있다. 이러한 불편한 점들은 이점利點이 충분하다고 하더라도 보상받지 못한다. 과학의 범위를 벗어나서는, 이 음운론적 정확성은 그리 바람직한 것이 못 된다.

또 독서의 문제도 있다. 우리는 글자를 두 가지 방식으로 읽는다. 처음 보거나 모르는 단어는 글자를 한 자 한 자 읽는다. 하지만 상용하는 익숙한 단어는 단어를 구성하는 글자와는 관계없이 한눈에 전체로 포괄적으로 읽는다. 그래서 단어영상은 표의문자와 같은 가치를 갖는다. 바로 이런 점에서 전통적인 정서법은 정당한 권리를 주장할 수 있다. 예컨대 tant그렇게 많이과 temps시간, et그리고, est그는 ~이다와 ait그는 가진다, 접속법, du해야 하는와 dû당연한, il devait그는 해야 했다와 ils devaient그들은 해야 했다 등 〔유사한 발음을〕 구별하는 표기법은 유익하다. 단지 상용하는 문자법에 극히 불합리한 점이 없기를 바랄 수밖에 없다. 언어교육에는 음운론적 알파벳이 유용할 수도 있겠지만, 그것을 일반적으로 널리 사용할 수는 없다.

§ 3. 문자법의 증언에 대한 비판

문자가 지닌 기만성을 인식한 후 맨 먼저 할 일은 정서법을 개혁하는 것이라고 생각하면 잘못이다. 음운론이 가져다주는 진정한 효용성은 문자로 기록된 형태 ── 이 기록 형태를 통해서만 언어에 도달할 수 있다 ── 에 주의하게 만든다는 것이다. 문자 체계는 해석되는 조건에서만 증언의 가치를 갖는다. 각 경우마다 연구하는 개별어의 **음운 체계**, 즉 개별어가 사용하는 음성의 목록표를 작성해야 한다. 각 언어는 잘 분화된 일정한 수의 음소를 운용하기 때문이다. 이 음운 체계는 언어학자의 관심을 사로잡는 유일한 실체이다. 문자기호는 단지 이 실체의 영상에 불과하며, 이 음운영상을 표상하는 정확도를 결정해야 한다. 그런데 이 정확도를 결정할 때 어려운 점은 개별어에 따라서, 그리고 여러 정황에 따라서 달라진다는 것이다.

과거에 사용된 옛 언어를 다룰 때 결국은 간접적인 자료에 의존할 수밖에 없다. 그렇다면 음운 체계를 확립하기 위해 이용할 수 있는 수단은 무엇일까?

1. 우선 **외적 지표**, 특히 그 시대의 음성과 발음을 기술한 당대인의 증거이다. 예컨대 16, 17세기의 프랑스 문법가, 특히 외국인들에게 프랑스어의 음성 정보를 제공하기를 원했던 문법가들은 재미있는 고찰을 많이 남겨 놓고 있다. 그러나 이 저자들에게는 음운론적 기술 방법이 없었기 때문에 이 음성 정보의 출전은 매우 불확실하다. 이들의 음운 기술은 과학적 엄밀성이 없는 임시방편의 용어로 작성되었다. 따라서 문법가의 증거를 나름으로 잘 해석해야 한다. 음성에 붙인 명칭은 아주 흔히는 해석이 모호한 지표를 던져 주기 때문이다. 예컨대 그리스 문법가는 (b, d, g 같은) 유성음은 mésai'중간 자음란 용어로 지칭했고, (p, p, k 같은) 무성음은 psīlaí밋밋한, 없는라는 용어로 지칭했다. 그런데 로마 문법가는 이 무성음을 tenuēs가는, 약한로 번역했다.

2. 이 같은 일차 자료를 **내적 지표**와 결합하면, 더 확실한 정보를 얻을 수 있다. 이 내적 지표를 두 항목으로 분류할 수 있다.

a) 음성 진화의 규칙성에서 얻는 지표.

문자의 음가를 결정할 때, 그 글자가 나타내는 음성이 그전 시대에는 어떤 것이었는지를 아는 것이 매우 중요하다. 글자의 현재 가치는 음성 진화의 결과이므로, 이 진화는 어떤 가설은 단숨에 배제한다. 예컨대 산스크리트어 ç의 음가를 정확히 알 수 없지만, 그것이 인도유럽조어의 구개음 k를 계승한 것이므로 이 같은 자료는 추측의 영역을 분명히 줄일 수 있다.

음성 진화의 출발점 외에도 동시대에 속하는 동일한 언어 속 유사한 음성들의 평행적인 진화를 알면, 유추를 이용하여 추리함으로써 비례식을 끌어낼 수 있다.

음성 진화의 출발점과 도착점을 둘 다 알고 그 중간의 발음을 결정하는 것이 과제라면, 물론 이 문제는 더욱 쉽다. 프랑스어(예컨대 sauter뛰어오르다에서) au는 중세기에는 틀림없이 이중모음이었다. 그것이 고대 프랑스어 al과 근대 프랑스어 o의 중간에 위치하기 때문이다.[1] 그리고 다른 경로를 통해서 이 이중모음 au가 어느 일정한 시기에 존재한 것을 알게 되면, 그 이전 시기에도 역시 존재했던 것이 분명하다. 고대 고지 독일어 wazer물에서 이 단어의 z가 나타내는 음가가 무엇인지는 정확히 알지 못한다. 그러나 그 준거는 한편으로는 가장 고형인 water물와, 다른 한편으로는 근대형인 wasser물이다. 그러므로 이 z는 t와 s의 중간자음임에 틀림없다. 따라서 단지 t와 양립하거나 단지 s와 양립했을 것이라는 가설은 거부할 수 있다. 예컨대 z가 경구개음을 표기한 것으로 생각하기란 불가능한데, 그 이유는 이 두 치조음 t와 s 사이에서는 오직 치음만 상정할 수 있기 때문이다.

b) 동시대의 지표. 이들에는 몇 가지 유형이 있다.

예컨대 문자의 다양성이다. 고대 고지 독일어에서 어떤 시기는 wazer물, zehan10, ezan먹다으로 기록한 것을 볼 수 있고, wacer물, cehan10 등으로는 쓰지 않았다. 한편 esan먹다과 essan먹다, waser물와

---

1 라틴어 saltare(춤추다)에서 l의 모음화로 au가 되었고, 이중모음 au으로 발음되던 시기를 거쳐 [o]로 단모음화되었다.

wasser물 등의 형태도 볼 수 있다. 이로부터 z는 s와 아주 비슷한 음성이었지만, 그 당시 c로 표기한 음성과는 아주 달랐다고 결론지을 수 있다. 그러나 후에 wacer 등과 같은 형태도 나타나는데, 이는 이 두 음소가 과거에는 분명히 구별되었지만 그 후 다소 혼동되었다는 것을 증명한다.

시詩 텍스트는 발음 지식을 얻는 데 귀중한 문헌이다. 작시법의 체계가 음절 수, 음성의 장단, 음성의 일치(두운, 모음압운, 각운) 중 어디에 기초하느냐에 따라 기념비적 시작품은 이 여러 사항에 대한 정보를 제공해 준다. 그리스어는 어떤 장모음은 문자로 구별하지만 (예컨대 ω로 표기되는 장음 ō), 다른 장모음은 이처럼 정밀하게 표시하지 않는다. 그래서 a, i, u의 장단음 정보는 시인에게 문의해 봐야 한다. 또 고대 프랑스어 gras기름기 있는와 faz나는 만든다(라틴어 faciō나는 만든다)의 끝자음[2]이 어느 시기까지 달랐는지, 어느 시기부터 유사해져 혼동되었는지는 각운脚韻이 알려 준다. 또 고대 프랑스어에서 각운과 모음압운은, 라틴어 a에서 유래하는 e(예컨대 patrem아버지 > père 아버지, talem그러한 > tel그러한, mare바다 > mer바다)는 또 다른 e와 음성이 전혀 달랐음을 알려 준다. 이들 단어는 elle그녀(< illa그녀), vert녹색의(< viridem녹색의), belle아름다운(< bella예쁜) 등과는 각운이나 모음압운을 결코 형성하지 않기 때문이다.

마지막으로, 외국어에서 차용된 단어의 글자, 말놀이, 횡설수설 등에 대해 언급해 보자. 고트어 kawtsjo경계, 신중는 후기 라틴어 cautio

---

2 faciō의 c가 고대 프랑스어 시기에 구개음화하여 ts가 되고, 단음화하여 s가 된다.

경계, 신중에 대한 발음 정보를 알려 준다. 다음 일화에 의하면, roi왕가 나타내는 발음 [rwè]는 18세기 말로 확인된다. 이 일화는 니롭[3]의 『프랑스어의 역사문법』 I[3], 178쪽에 인용되어 있다. 혁명 재판소에서 어느 부인이 증인들 앞에서 왕roi이 필요하다고 말한 적이 있는지 심문을 받고는, "카페Capet 왕이나, 그 밖의 왕 같은 roi[rwe]에 대해서는 말한 적이 없고, 실을 잣는 도구인 rouet물레[rwe] maître주인, 주요한(= 주主물레)에 대해서는 얘기했다"고 답변했다.

이 모든 발음 정보 제공 방식은 한 시기의 음운 체계를 어느 정도 알고, 또한 문자 체계의 증거를 이용하면 교정에 도움이 된다.

살아 있는 구어를 다루는 경우에 유일한 합리적인 방법은 a) 직접 관찰을 통해 인지한 바대로 음성 체계를 세우는 것, b) 이 음성을 불완전하게 표기하는 데 사용되는 기호 체계를 주시하는 것이다. 많은 문법가들은 앞에서 비판한 고래의 방법 ── 기술하려는 언어에서 각 글자가 어떻게 발음되는지를 기술하는 방법 ── 을 여전히 고집한다. 이 방법으로는 개별어의 음운 체계를 명확하게 제시할 수 없다.

그렇지만 이 음운론 영역에서 눈부신 발전이 이루어졌다는 점과, 음운학자가 문자 체계와 정서법에 대한 우리 생각을 쇄신하는 데 크게 기여했다는 점은 분명하다.

---

3 Kristoffer Nyrop(1858~1931). 덴마크 출신의 문헌학자이자 로마니스트. 빌헬름 톰센(Vilhelm Thomsen) 밑에서 수학하고 코펜하겐대학 교수가 되었으며, 프랑스어 연구로 유명하다. 이 역사문법서의 원제는 *Grammaire historique de la langue française*(6 vols., Copenhague, Leipzig, Paris, 1899~1930, 1979년 제네바에서 재판)이다. 1917년 아카데미 프랑세즈에서 생투르상을 수상했으며 또 다른 저서로 『프랑스어 문법 연구』(*Études de grammaire française*, 7 vols., Copenhague, 1919~1929)가 있다.

부록: 음운론의 원리

제1장 음운종(音韻種)

§1. 음소의 정의

이 부분에 대해서 편집자들은 소쉬르 선생이 1887년 음절 이론에 대해서 한 3회의 강연 속기록을 이용했다. 여기서 그분은 제1장의 일반 원리도 다루고 있다. 나아가 그분의 개인노트의 상당 부분이 음운론과 관련된다. 이 개인노트는 제1차 강의와 제3차 강의가 제공하는 자료 중 많은 사항들을 해명하고 보충한다. ─ 편집자

많은 음운학자들은 발성 행위, 즉 발성기관(후두, 입 등)이 산출하는 음성에만 전적으로 몰두하여 청각적 측면을 무시한다. 이 방법은 옳지 않다. 그것은 귀에 들어오는 청각 인상은 발성기관의 운동영상처럼 직접 주어질 뿐만 아니라 또 모든 음운 이론의 자연적 토대도 청각 인상이기 때문이다.

음운 단위를 취급할 때는 청각 자료는 이미 무의식적으로 존재한다. 또 우리는 b, t 등이 무엇인지 청각을 통해서 알 수 있다. 만일 음

성 연쇄를 발생시키는 입과 후두의 모든 운동을 영사기를 이용하여 재생하더라도 이 조음운동의 연속동작에서 일어나는 하위운동을 개별적으로 하나하나 구분하기는 불가능할 것이다. 그래서 한 음성이 어디서 끝나고, 뒤따라 나오는 다른 음성이 어디서 시작되는지를 알 수 없다. 청각 인상이 없다면, fāl(독일어 fahl창백한)이 세 단위이며, 둘이나 네 단위가 아니라고 어떻게 단정할 수 있는가? 귀로 듣는 발화 연쇄에 한 음성이 있는지 아니면 그 음성과 다른 음성이 또 있는지는 즉각 지각할 수 있다. 그래서 음성이 동질적인 것이라는 인상을 받는한, 그 음성은 단일한 음성이다. 중요한 것은 그 음성이 갖는 8분음표나 16분음표의 길이(fāl과 fāl(독일어 Fall낙하) 참조)가 아니라 청각 인상의 성질이다. 청각 연쇄는 동일한 시간으로 등분等分되는 것이 아니라 인상 단위라는 특성을 지닌 동질적 시간으로 분할된다. 이 점이 음운 연구의 자연스러운 출발점이다.

이런 점에서 원시 그리스어 알파벳은 감탄을 자아낸다. 이 알파벳에서 단일한 음성 하나하나는 단일 글자기호로 표기되고, 역으로 각 글자기호는 항상 동일한 하나의 음성에 대응한다. 이것은 천재적 발견이며, 라틴 민족이 이를 계승했다. 단어 bárbaros이방의, 야만의의 표기 B A P B A P O Σ에서 각 글자는 동질적 시간을 갖는다.

위의 그림에서 가로선은 음성 연쇄를 나타내고, 작은 세로선은 한 음성에서 다른 음성으로 전이하는 것을 나타낸다. 원시 그리스어 알파벳에는 [š]를 표기하는 프랑스어 'ch' 같은 복합문자는 없으며, [s]를 표기하는 'c'와 's'처럼 단일 음성을 나타내는 이중 표기도 없고, [ks]를 표기하는 'x'처럼 이중 음성을 표상하는 단일 기호도 없다. 그리스인들은 훌륭한 음운적 문자 체계의 필요충분조건이 되는 이 원

리를 거의 완벽하게 구현했다.[1]

그러나 다른 민족들은 이 원리를 깨닫지 못했고, 그들의 알파벳은 발화 연쇄를 동질적 청각 단편으로 분석하지 않았다. 예컨대 키프로스인은 pa, ti, ko와 같은 더욱 복잡한 단위를 분석하는 것으로 그쳤다. 이 표기법은 성절적成節的 표기로 불린다. 이 명칭은 다소 부정확한데, 음절이 pak, tra 등과 같은 또 다른 음절 유형에 기초해서 구성될 수도 있기 때문이다. 셈족은 단지 자음만 표기했다. 그래서 bárbaros이방의, 야만의 같은 단어는 이들의 표기에 따르면 BRBRS로 표기된다.

따라서 발화 연쇄상의 음성의 경계구분은 오직 청각 인상에 의존할 수밖에 없다. 그러나 음성 기술에서는 문제가 달라진다. 음성 기술은 조음 행위를 바탕으로 할 수밖에 없는데, 그 이유는 각 발화 연쇄에서 포착되는 청각 단위는 분석이 불가능하기 때문이다. 그래서 발성운동의 연쇄에 의존해야만 한다. 이 경우, 동일한 음성에는 동일한 발성 행위가 대응하는 것을 알 수 있다. 즉 b(청각적 시간) = b'(조음적 시간)가 된다. 그리하여 발화 연쇄를 분석하여 얻는 최초의 단위는 b와 b'로 구성될 것이다. 우리는 이를 **음소**phonèmes로 명명할 것

---

[1]† 사실 이들은 kh, th, ph를 Χ, Θ, Φ로 적었다. 그래서 phérō는 ΦΕΡΩ(나는 나른다)를 나타낸다. 그러나 이것은 후대에 생긴 혁신 사항이다. 옛 명문에는 ΚΗΑΡΙΣ(기쁨, 호의)로 적고 있으며, ΧΑΡΙΣ로 적지 않았다. 이 명문은 또 k를 나타내는 두 기호를 보여 주는데, 카파(kappa)와 **코파**(koppa)이다. 그러나 사실은 이와 다르다. 즉 k는 때로는 경구개음이고, 때로는 연구개음이기 때문에 이 발음의 실제적인 두 뉘앙스의 차이를 적기 위한 방안이다. 더욱이 **코파**는 그 후 사라졌다. 끝으로 더 까다로운 점은, 그리스어와 라틴어의 원시 명문은 흔히 중복자음을 단일 문자로 적었다는 사실이다. 예컨대 라틴어 단어 fuisse(~이었다)를 FUISE(~이었다)로 기록했다. 따라서 이는 표기 원리 위반이다. 왜냐하면 이후 살펴보겠지만 이 중복 s는 별개의 인상을 주는 비균질적 두 순간을 지속하기 때문이다. 그러나 이는 허용될 수 있는 오류이다. 그것은 이 두 음성이 서로 혼동되지 않고, 공통 특징을 보여 주는 까닭이다. (112쪽 이하 참조)

이다. 따라서 음소는 서로를 조건 짓는 청각 인상과 조음운동의 총체, 즉 듣는 단위와 말하는 단위의 총체이다. 그러므로 음소는 이 두 연쇄 각각에 발을 딛고 있는, 그 자체로 이미 복합 단위이다.

발화 연쇄의 분석으로 우선 얻을 수 있는 요소는 이 발화 연쇄의 고리들과 같은 것이다. 이 고리는 발화 연쇄에서 차지하는 시간을 벗어나면 생각할 수 없는 축소 불가능한 순간이다. 예컨대 ta 같은 전체는 항상 매 순간을 합친 것으로서, 약간의 시간 폭이 있는 하나의 단편과 다른 하나의 단편을 합친 것이다. 이와는 반대로 축소 불가능한 단편 t는 이것만 별도로 보면, 시간을 벗어나서 추상 상태에서 고려할 수 있다. 오직 변별적 특성에만 몰두하여 연속 시간에 의존하는 것을 모두 무시하면, 음운종 T(음운종은 대문자로 지칭하기로 한다)를 지칭할 수 있는 것처럼 t 일반에 대해 말할 수도 있고, 음운종 I를 지칭할 수 있는 것처럼 i 일반에 대해서도 말할 수 있다. 마찬가지로 도, 레, 미라는 음계는 단지 시간상에서 실현되는 구체적 계열로만 다룰 수 있겠지만, 이 축소 불가능한 요소들 중 한 요소를 취하면, 이는 추상 상태에서 고찰할 수 있다.

여러 언어에 속하는 상당수 발화 연쇄를 분석한 후에는 이들 언어가 운용하는 음성 요소를 알 수 있고, 또 이들을 분류할 수 있다. 이때 청각적으로 차이가 없는 뉘앙스를 무시하면, 주어진 음운종 수가 제한되는 것을 확인할 수 있다. 이 음운종 목록과 상세한 기술은 전문 서적에서 찾아볼 수 있다.[2] 여기서 우리는 이런 유형의 분류 전체가

2† 에두아르트 지페르스(Eduard Sievers), 『음성학 원론』(*Grundzüge der Phonetik*, 제5판, 1902); 오토 예스페르센(Otto Jespersen), 『음성학 강독』(*Lehrbuch der Phonetik*, 재판, 1913); 레온스 루데

일정하고 아주 단순한 어떤 원리에 기반함을 보여 주려고 한다.

그러나 맨 먼저 우선 발성기관과 각 발성기관의 가능한 작용, 이 발성기관이 음성의 생산기관으로서 가진 역할에 대해 얘기하려고 한다.

§2. 발성기관과 그 기능[3]

1. 발성기관에 대한 기술은 도식 그림으로 국한하겠다. 그림에서 A는 비강, B는 구강, C는 후두를 가리키며, 두 성대 사이의 성문 ε가 포함되어 있다.

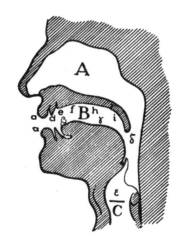

<hr />

(Léonce Roudet), 『일반음성학 요강』(*Elément de phonétique générale*, 1910) 참조.

3† 소쉬르가 말한 약간 간략한 이 기술은 예스페르센의 『음성학 강독』에 의거해서 보충되었다. 이 저서에서 아래에 설정한 음운 공식의 원리를 차용했다. 그러나 그것은 형식의 문제, 즉 정리 작업의 문제이며, 따라서 독자는 이 수정으로 소쉬르 선생의 사상이 조금도 바뀌는 것이 아님을 납득할 것이다.

구강에서는 입술 α와 a, 혀 β~γ(β는 설첨, γ는 그 나머지 부분을 가리킨다), 윗니 d, 입천장 — 여기에는 뼈가 있는 고정된 앞부분 f~h와 부드럽고 움직이는 뒷부분인 연구개 i가 포함된다 — 과 목젖 δ를 필수적으로 반드시 구별해야 한다.

그리스어 문자는 조음의 능동기관을 나타내고, 라틴어 문자는 수동기관을 가리킨다.

두 근육으로 나란히 배열된 성대의 성문 ε가 분리되면 열리고, 수축되면 닫힌다. 완전 폐쇄는 고려할 필요가 없다. 성문 개방은 넓을 수도 있고, 좁을 수도 있다. 전자의 경우, 공기는 자유롭게 성문을 통과하므로 성대는 진동하지 않는다. 후자의 경우, 공기 통과는 음성 진동을 결정한다. 정상적인 음성 발생에는 그 밖의 다른 방법은 없다.

비강은 전혀 움직이지 않는 기관이다. 단지 목젖 δ가 들리면 공기 통과가 막힐 뿐이고, 이것이 전부이다. 그래서 비강은 열리거나 닫히는 문과도 같다.

구강은 아주 다양하게 작용한다. 입술로 구강 통로의 길이를 늘일 수도 있고, 뺨을 팽창시키거나 수축시킬 수도 있고, 입술과 혀를 한없이 다양하게 움직여 구강을 좁히거나 심지어 폐쇄할 수도 있다.

음성의 생산기관으로서 조음기관의 역할은 움직일 수 있는 가능성과 정비례한다. 예컨대 후두와 비강의 기능은 균일하지만, 구강의 기능은 다양하다.

허파에서 나온 공기는 우선 성문을 통과하는데, 이때 성대가 접근하면 후두음(유성음)이 발생한다. 그러나 언어 음성을 구별하고 분류하는 음운적 변이음을 발생시키는 것은 후두의 작용이 아니다. 이와 관련해서 후두음은 균일하다. 성문을 통해 발생한 그대로의 후두음을 직접 지각하면, 후두음의 성질은 거의 불변하는 것처럼 보인다.

비강 통로는 이곳을 통과하는 음성의 진동을 공명하는 공명기관으로만 사용될 뿐이다. 따라서 비강 통로도 음성 산출기관의 역할은 하지 않는다.

이와는 반대로 구강은 음성 산출기관과 공명기관으로서, 이 두 기능을 함께 갖는다. 성문이 넓게 열리면 후두는 전혀 진동하지 않으며, 음성은 단지 구강에서만 생겨나서 지각된다(이것이 음성인지 단지 소음인지를 결정하는 일은 물리학자에게 맡기자). 반대로 두 성대가 접근하여 성문이 진동하면, 입은 주로 후두음을 변경시키는 음성기관으로서 개입한다.

이렇게 음성 산출에 작용하는 요인은 날숨, 구강의 조음, 후두의 진동과 비강의 공명이다.

그러나 이처럼 음성 산출의 요인을 열거해도 이것이 음소의 차별적 요소를 결정하는 것은 아니다. 이 음소를 분류하려면 음소가 무엇으로 구성되는가보다 이들을 서로 구별해 주는 것이 무엇인지 아는 것이 훨씬 중요하다. 그래서 음소 분류에서 부정적 요인이 적극적 요인보다 더 중요할 수 있다. 가령 발성 행위 전체에 관여하는 날숨은 적극적 요소이지만, 음소를 분화한다는 가치는 없다. 반면 비강 공명의 부재는 부정적 요인이지만, 비강 공명의 존재와 똑같이 음소를 특징짓는 데 이용된다. 따라서 중요한 것은 앞에 든 요인들 중 다음 두 요인이 음성 산출에 항구적이고도 필요 충분한 요인이라는 점이다.

a) 날숨
b) 구강의 조음

반면 다음의 두 가지 다른 요인은 없을 수도 있고, 위의 두 가지 요인에 추가될 수도 있다.

c) 후두의 진동
d) 비강의 공명

다른 한편, a), c), d)는 변함이 없지만, b)는 엄청나게 다양하게 변할 가능성이 있다는 것을 이미 알 수 있다.

그 외에 음소는 발성 행위를 규정하면 그 정체가 밝혀진다는 것, 또 거꾸로 모든 발성 행위의 정체를 밝히는 것으로 이미 모든 종류의 음소를 결정한다는 점을 기억해야 한다. 그런데 발성 행위는 음성 발생에 작용하는 요인들의 분류가 보여 주듯이 단지 뒤의 세 요인으로만 구별된다. 따라서 각 음소에 대해 다음 사실을 확정해야 한다. 각 음소의 구강 조음이 어떤 것인지, 후두음이 포함되는지(〰〰) 아닌지([ ]), 비강 공명이 포함되는지(……) 아닌지([ ])를 확정해야 한다. 이 세 요소들 중 어느 한 요소라도 결정하지 않으면, 음성을 확인하는 것은 불완전하다. 그러나 이 세 요소를 모두 알면, 이들의 다양한 결합으로 모든 종류의 필수적인 발성 행위를 즉각 정의할 수 있다.

그리하여 다음과 같은 가능한 음성 변이의 도식을 얻게 된다.

칸 I은 **무성음**, 칸 II는 **유성음**, 칸 III은 비음화된 무성음, 칸 IV는 비음화된 유성음을 가리킨다.

그러나 아직 지적하지 않은 사실이 남아 있는데, 구강 조음의 성질이다. 따라서 이 구강 조음의 가능한 변이음을 결정하는 것이 중요하다.

	I	II	III	IV
a	날숨	날숨	날숨	날숨
b	구강의 조음	구강의 조음	구강의 조음	구강의 조음
c	[]	~~~~	[]	~~~~
d	[]	[]	……	……

§3. 구강 조음에 따른 음성 분류

음성은 일반적으로 조음 위치에 따라 분류된다. 그러나 우리 출발점은 이와 다르다. 조음 장소가 어디든 조음은 언제나 일정한 간극, 즉 완전 폐쇄와 최대 개방이라는 양극 사이에 있는 개방의 정도를 보여 준다. 이 기준에 바탕해서, 최소 간극에서 최대 간극으로 옮겨 가면, 음성은 0, 1, 2, 3, 4, 5, 6의 숫자로 표시되는 일곱 가지 범주로 분류된다. 음소를 고유의 조음 위치에 따라 여러 유형으로 분류하는 것은 오직 이들 각 범주 내에서만 가능하다.

　몇 가지 점에서 현행 용어가 불완전하고 부정확하지만, 이 기존의 용어를 사용할 것이다. 예컨대 인후음, 구개음, 치음, 유음 등의 용어는 모두 다소 비논리적이다. 입천장을 몇 개의 구역으로 나누면 더 합리적이다. 이런 방식으로 구역으로 나누고 혀의 조음을 고려하면, 각 경우 어느 조음 지점에 대응해서 혀가 집중적으로 수축되는지 말할 수 있다. 이 생각에 착안하고, 또 97쪽 그림의 문자를 이용하여 각 음소의 조음을 공식으로 표현하려고 한다. 이 조음 공식에서 간극의 숫자는 능동기관(왼쪽)을 가리키는 그리스어 문자와 수동기관(오른쪽)을 지칭하는 라틴어 문자 사이에 있다. 예컨대 $\beta\,0\,e$의 간극 정도는 완전 폐쇄이고, 혀끝 β는 윗니 e의 잇몸에 붙는다는 것을 의미한다.

결국 각 조음 내에서 여러 종류의 음소는 공존 요소인 후두 진동과 비강 공명에 의해 구별된다. 공존 요소의 존재와 마찬가지로 이들의 부재도 똑같이 분화 요소가 된다.

우리는 이 원리에 입각해서 음성을 분류하려고 시도한다. 이것은 음성의 합리적 분류를 보여 주는 단순한 도식일 뿐이다. 따라서 그 실제적 중요도가 어떠하든, 복잡하고 특수한 성질을 지닌 음소, 예컨대 유기음(ph, dh 등), 파찰음(ts, dž, pf 등), 경구개화된 자음, 약화모음(ə 또는 묵음 e)을 이 분류에서 찾으려고 기대해서는 안 된다. 반대로 실제적 중요성도 없지만 분화된 음성으로 볼 수 없는 단일 음소도 찾으려고 기대해서는 안 된다.

A. 간극 0: 폐쇄음

이 부류에는 구강의 완전 폐쇄, 즉 순간적으로 밀폐된 폐쇄로 생겨나는 모든 음소가 포함된다. 음성이 폐쇄 순간에 발생되는지 개방 순간에 발생되는지는 조사할 필요가 없다. 사실상 음성은 이 두 가지 방식으로 발생된다. (112쪽 이하 참조)

조음 위치에 따라 주요한 세 유형의 폐쇄음이 구별된다. 순음 유형(p, b, m), 치음 유형(t, d, n), 속칭 인후음 유형(k, g, ṅ)이다.

첫째 유형은 두 입술로 조음된다. 둘째 유형은 혀끝이 입천장의 앞부분에 닿는다. 셋째 유형은 혓등이 입천장의 뒷부분과 접촉한다.

많은 언어, 특히 인도유럽어에서 인후 조음은 명백히 두 가지로 구별되는데, 하나는 그림의 f~h에서 조음되는 경구개음이고, 다른 하나는 i에서 조음되는 연구개음이다. 그러나 다른 언어, 예컨대 프랑스어는 이 차이를 무시하고, 청각은 court짧은에서와 같은 후설 [k]와 qui누가의 전설 [k]를 동일시한다.

다음 도표는 여러 종류의 음소에 대한 공식을 보여 준다.

순음			치음			후음		
p	b	(m)	t	d	(n)	k	g	(n)
a0a	a0a	a0a	β0e	β0e	β0e	γ0h	γ0h	γ0h
[]	~~~	~~~	[]	~~~	~~~	[]	~~~	......
[]	[]	......	[]	[]	......	[]	[]	......

비음 [m, n, ṅ]〔ṅ = ŋ〕은 고유한 의미에서 비음화된 유성 폐쇄음이다. 〔무의미 철자 단어〕amba를 발음하면 목젖이 들려서 [m]에서 [b]로 전이되는 순간에 비강이 폐쇄된다.

이론상으로 이 각 유형의 폐쇄음에는 성대 진동이 없는 비음, 즉 무성 비음이 포함된다. 이러한 이유로 스칸디나비아어의 무성음 뒤에는 무성 m이 존재한다. 프랑스어에서도 그러한 실례를 찾아볼 수 있지만, 화자들은 거기에서 차별적 요소를 보지 못한다.

도표에서 비음은 괄호 속에 표시했다. 사실 비음 조음에는 구강의 완전 폐쇄가 수반되지만, 비강 통로의 개방으로 비음은 간극이 더욱 커지는 특성이 있다. (부류 C. 참조)

B. 간극 1: 마찰음 또는 협착음

이 음성은 공기가 통과하는 구강이 불완전하게 폐쇄되는 것이 특징이다. spirante협착음라는 용어가 아주 일반적이지만, fricative마찰음라는 용어도 폐쇄 정도는 암시하지 않지만, 공기 통과로 마찰이 발생한다는 인상을 환기한다(라틴어 fricāre문지르다, 마찰하다).

이 부류는 첫째 범주처럼 세 유형의 분류로 만족할 수 없다. 우선 고유한 의미에서 (폐쇄음 [p]와 [b]에 대응하는) 순음은 아주 드물게 사용된다. 그래서 이들은 제외하겠다. 이 순음은 보통은 아랫입술과 윗니가 접근하여 발생하는 순치음으로 대체된다(프랑스어 [f]와 [v]). 치음은 혀끝이 윗니를 압착할 때 취하는 형태에 따라 몇 가지 변이음으로 나뉜다. 혀끝의 형태를 자세히 구별하지 않고 이들을 β, β′, β″로 나타내고자 한다. 입천장과 관련되는 음성은 일반적으로 청각적으로는 전방 조음(경구개)과 후방 조음(연구개)만이 구별된다.[4]

순치음		치음						
f	v	þ	đ	s	z	š	ž
α 1 d	a 1 d	β 1 d	β 1 d	β′ 1 d	β′ 1 d	β″ 1 d	β″ 1 d
[]	〰〰	[]	〰〰	[]	〰〰	[]	〰〰
[]	[]	[]	[]	[]	[]	[]	[]

경구개음		후음		
χ′	γ′	χ	γ	
γ 1 f	γ 1 f	γ 1 i	γ 1 i	
[]	〰〰	[]	〰〰	
	[]	[]	[]	

þ = 영어 thing사물의 th   ž = 프랑스어 génie영, 정령의 g
d = 영어 then그때의 th   x′ = 독일어 ich나의 ch
s = 프랑스어 si아주의 s   γ′ = 북부 독일어 liegen놓여 있다의 g
z = 프랑스어 rose장미꽃의 s   χ = 독일어 Bach바흐의 ch
š = 프랑스어 chant노래의 ch   γ = 북부 독일어 Tage날들의 g

4† 단순화 방법을 충실히 따랐던 소쉬르는 인도유럽어에서 두 계열의 K_1, K_2가 아주 중요하지만, 부류 A에 대해서도 이를 똑같이 구별해야 한다고는 생각하지 않았다. 여기에서 이 구별의 생략은 전적으로 의도적이다.

폐쇄음 [n, m, ŋ] 등에 해당하는 음성이 마찰음에도 있을까? 예컨대 마찰 비음 [v], [z] 등과 같은 것 말이다. 이를 상정하기는 쉽다. 예컨대 프랑스어 inventer창조하다에서 마찰 비음 [v]를 들을 수 있지만, 보통 마찰 비음은 프랑스인 언어 의식에 지각되는 음성은 아니다.

C. 간극 2: 비음(위의 103쪽 참조)
D. 간극 3: 유음

두 종류의 조음이 이 부류에 속한다.

1) **설측** 조음: 혀를 입천장의 앞부분에 대고 혀의 좌우를 개방시키는 조음으로, 음운 공식표에는 [l]로 표시된 위치이다. 조음 위치에 따라 치음 [l], 경구개음 또는 '습음' [l'], 인후음 또는 연구개음 [ł]가 구별된다. 거의 모든 언어에서 이들 음소는 [b], [z] 등과 마찬가지로 유성음이다. 그렇다고 무성 설측음이 불가능한 것은 아니다. 이 무성 설측음은 프랑스어에 존재한다. 무성음 뒤의 [l]은 후두음(유성) 없이 발음된다(예컨대 bleu파란와 대립하는 pluie비).[5] 그러나 프랑스인은 이 유성/무성의 차이를 의식하지 못한다.

비음 [l]은 특히 비음 뒤에서 소리 날 수 있지만 매우 드물며, 분화되지 않아 언급할 필요가 없다(예컨대 프랑스어 branlant흔들리는).

2) **진동** 조음: 혀는 [l]보다 입천장에 더 떨어져 있다. 혀는 진동하지만 진동수가 일정치 않고(공식에서는 기호 [ɼ]), 이로써 설측음

---

5 pluie의 l은 무성음 p로 인해 무성음화되어 무성 l이고, bleu의 l은 유성 l이다.

개방에 맞먹는 정도의 간극이 생긴다. 이 진동은 두 방식으로 발생한다. 혀끝이 잇몸에 닿아 앞에서 진동하거나(프랑스어의 소위 '굴리는' [r]), 아니면 후설이 뒤에서 진동한다(후설 목젖음 [r]). 무성 진동음이나 비음 진동음에서는 위 설측음에 대한 설명이 그대로 적용된다.

l	l'	ł	r	
$\beta^{\text{I}} 3\, e$	$\gamma^{\text{I}} 3\, f{\sim}h$	$\gamma^{\text{I}} 3\, i$	$\beta^{\text{v}} 3\, e$	$\gamma\, 3\, \delta^{\text{v}}$
~~	~~~~~	~~~~~	~~~~~	~~~~~
[]	[]	[]	[]	[]

간극 3을 넘어서면, 다른 영역에 들어서게 된다. 즉 **자음**에서 **모음**으로 옮겨 간다. 지금까지 자음과 모음의 차이를 미리 알리지 않았는데, 그 이유는 발성 메커니즘이 동일하기 때문이다. 즉 모음의 공식은 모든 유성자음의 공식과도 정확히 비교할 수 있다. 구강 조음의 관점에서 볼 때도, 구별되는 것이 전혀 없다. 단지 청각 효과만 다를 뿐이다. 일정한 간극 정도를 넘어서면 구강은 주로 공명기관으로 기능한다. 후두 진동음〔유성음〕의 음색이 분명하게 나타나고, 구강의 소음이 사라진다. 즉 입이 닫힐수록 후두 진동음이 차단되고, 반대로 입이 열리면 열릴수록 구강의 소음은 줄어든다. 이러한 방식으로 후두 진동음은 자동적으로 모음에서 더 강하게 나타난다.

E. 간극 4: i, u, ü

다른 모음과 관련해서 볼 때, 이 음성들은 아직도 상당히 폐쇄되어 있다. 즉 거의 자음의 폐쇄에 가까운 폐쇄를 이룬다. 여기에서 생

겨난 결과는 뒤에 나오지만, 일반적으로 이들 음소에는 **반모음**이라는
명칭이 합당하다.

[i]는 입술을 양옆으로 당겨(기호 ‾) 전설 조음으로 발음되고,
[u]는 입술을 둥글게 하여(기호 ˚) 후설 조음으로 발음되며, [ü]는 [u]
의 입술 위치에서 [i]를 조음하면 발음된다.

다른 모든 모음처럼 [i], [u], [ü]도 비음화된 발음이 있다. 그러나
이들은 희귀해서 무시할 수 있다. 특기할 것은 프랑스어 정서법에서
in과 un으로 표기되는 음성은 이와 다르다는 점이다.

무성음 [i], 즉 후두 진동 없이 조음되는 [i]가 존재할까? 이와 똑
같은 질문을 [u], [ü]와 모든 모음에 제기할 수 있다. 이 음소들은 무
성자음에 대응하겠지만, 무성으로 속삭이는 모음, 즉 성문을 이완시
켜 조음하는 모음과 혼동하면 안 된다.

i	u	ü
‾γ4f	˚γ4i	˚γ4f
~~	~~~~	~~~~
[]	[]	[]

이 무성모음을, 모음 앞에서 발음되는 유기음 [h]와 동일시할 수
있다. 예컨대 hi에서, 먼저 성대 진동이 없는 [i]를 들은 후에 정상적인
[i]를 들을 수 있다.

F. 간극 5: e, o, ö

이 음성들의 조음은 각기 [i], [u], [ü]의 조음과 대응한다. 비음

화된 모음은 많이 나타난다(예컨대 프랑스어 pin소나무, pont다리, brun
갈색의[ẽ, õ, ö̃]). 이들 음성의 무성 형태는 〔무의미 철자〕he, ho, hö에서
조음되는 유기음 [h]이다.

노트:

많은 언어는 이 부류의 간극 내에서 몇 가지 간극 정도를 구별한
다. 예컨대 프랑스어에는 적어도 두 계열의 모음이 있는데, 한 계열은
폐음 계열 [e̩], [o̩], [ö̩](예컨대 dé주사위, dos등, deux2)이고, 다른 계열은
개음 계열 [ɛ̩], [ɔ̩], [ö̩](예컨대 mer바다, mort죽은, meurt그는 죽는다)이다.

e	o	ö	ē	ō	ȫ
⁻γ5f	°γ5i	°γ5f	⁻γ5f	°γ5i	°γ5f
~~	~~~~	~~~~	~~~~	~~~~	~~~~
[]	[]	[]	……	……	……

G. 간극 6: a

[a]는 최대 개방 조음으로서, 좀 더 간극이 좁아져 비음화된 형태
[ã](예컨대 grand큰)과 무성 형태 ha〔무의미 철자 단어〕의 [h]가 있다.

a	ã
γ6h	γ6h
~~	~~~~
[]	……

제2장　발화 연쇄의 음소

§1. 음성을 발화 연쇄에서 연구해야 할 필요성

전문 서적들과 특히 영국 음성학자들의 저서[1]에서 언어 음성에 관한 세밀한 분석을 찾아볼 수 있다.

　　음운론이 언어학의 보조 과학으로 자기 사명에 부응할 만큼 음성들이 충분하게 분석되었는가? 축적된 많은 세부 사실은 그 자체로는 가치가 없고, 단지 이들을 종합한 것만이 중요하다. 언어학자는 노련한 음운학자가 될 필요는 없다. 그는 단지 언어 연구에 필요한 많은 자료를 제공받기를 요구할 따름이다.

　　음운론의 방법은 한 가지 점에서 아주 잘못되었다. 즉 음운론은 언어에는 음성만이 아니라 발화된 음성의 음역音域도 있다는 것을 거

1　1차 강의의 음성학 부분(『소쉬르의 1차 일반언어학 강의: 1907』, 64쪽)에서 언급된 알렉산더 멜빌 벨(1819~1905), 헨리 스위트(1845~1912) 같은 음성학자들의 저서를 말한다. 벨의 『발화 과학』(*The Science of Speech*, 1897), 스위트의 『음성학 핸드북』(*A Handbook of Phonetics*, 1877), 『음성학 요론』(*A Primer of Phonetics*, 1906) 등이 있다.

의 망각했다는 점이다. 또한 음운론은 음성들의 상호관계에도 아직 관심을 별로 기울이지 않는다. 그런데 이 음역이나 음성들의 관계 같은 사실들은 처음부터 주어져 있는 것은 아니다. 그래서 음절은 이 음절을 구성하는 음성보다 더욱 직접 제시된다. 앞에서 원시 문자 체계가 음절 단위를 표시하는 것을 살펴보았는데, 알파벳 문자 체계를 갖게 된 것은 이보다 훨씬 나중의 일이다.

더욱이 언어학에서 단일한 단위는 결코 성가신 존재가 아니다. 예컨대 일정한 시기의 어느 언어에서 a가 모두 o로 변했다면, 거기서 생겨난 결과는 아무것도 없다. 이 현상을 음운적으로 설명하지 않고, 사실을 확인하는 것만으로 그칠 수도 있다. 음성 과학은 둘 또는 다수의 요소들이 내적 의존관계로 연관될 때만 귀중한 가치가 있다. 왜냐하면 다른 요소의 변동에 따라 변하는 요소의 변동에는 한계가 있기 때문이다. 두 요소가 존재한다는 사실만으로도 관계와 규칙이 생겨난다. 이는 어떤 요소의 존재를 단지 확인하는 것과는 전혀 별개의 문제이다. 따라서 음운 원리를 탐구하는 데서 음운론은 고립된 개별 음성을 선호하므로 잘못된 연구를 하는 것이다. 이를 어떻게 처리할지를 알려고 하면 두 음소만으로도 충분하다. 예컨대 고대 고지 독일어에서 hagl우박, balg가죽, wagn수레, lang긴, donr천둥, dorn가시은 후대에 hagal우박, balg가죽, wagan수레, lang긴, donnar천둥, dorn가시으로 변했다. 그래서 음소군音素群을 이루는 음소의 성질과 계기적 순서에 따라 그 결과는 다르게 나타난다. 모음이 두 자음 사이에서 발달하기도 하고, 또 음소군이 밀집된 채 그대로 남아 있기도 한다. 그렇다면 음성 변화의 법칙을 어떻게 세워야 할까? 그 차이는 어디에서 유래할까? 분명 그 차이는 이 단어에 포함된 자음군(gl, lg, gn 등)에서 유래한다.

이 자음군은 폐쇄음으로 구성되는데, 위의 사례들 중 어떤 예에서는 유음과 비음에 후행하고, 또 어떤 예에서는 이들에 선행한다. 그러나 그 결과는 어떤가? g와 n을 음량이 동일한 것으로 상정하면, 연속하는 g-n이 왜 n-g와 그 결과가 다른 것인지 알 수 없다.

따라서 음성의 종류를 연구하는 음운론 외에도 두 음소로 구성되는 이원적 음소군과 음소 연속체를 연구 출발점으로 삼는 과학도 있어야 한다. 따라서 이 과학은 음운론과는 전혀 별개의 분야이다. 개별 음성의 연구는 발성기관의 위치를 확인하는 것만으로 충분하며, 음소의 청각적 성질은 문제가 되지 않는다. 이 청각적 성질이 귀에 고정되어 있기 때문이다. 하지만 사람들은 자기 마음대로 아주 자유로이 조음한다. 그렇지만 두 음성을 결합해서 발음할 때는 문제가 그리 간단하지 않다. 그것은 바라던 효과와 생겨난 결과가 일치하지 않기 때문인데, 이 문제를 고려하지 않을 수 없다. 우리가 원한 바를 발음하는 것이 언제나 우리 뜻대로 되는 것은 아니다. 음운종을 연결하는 자유가 있느냐 없느냐 하는 것은 조음운동을 연결할 수 있는 가능성에 제약을 받는다. 음소군에서 일어나는 현상을 이해하려면, 음소군을 수학의 방정식처럼 생각하고 음운론을 세워야 한다. 이원적 음소군은 서로를 조건 짓는 일정한 수의 기계적이고 청각적인 요소를 내포한다. 그래서 이 음소군 중에서 한 음소가 변하면, 이 변동은 다른 음소에 반드시 반향을 일으키므로 이 반향을 계산할 수 있다.

발성 현상에서 나타나는 현상이 음소의 지역 변이를 모두 초월할 것으로 생각되는 보편성을 보여 주면, 그것은 분명 방금 문제시한 규칙적 메커니즘이다. 바로 이 지점에서 음소군을 연구하는 음운론이 일반언어학에서 얼마나 중요한지 알 수 있다. 음운론은 모든 음성,

즉 언어의 가변적이고 우연적인 요소의 조음 규칙을 일반적으로 제시하면 끝나지만, 결합음운론은 음소군의 가능성을 경계 짓고, 상호 의존적인 음소들 간의 일정한 관계를 규정한다. 예컨대 hagl, balg 등의 예(110쪽 참조)는 수없이 논의된 인도유럽조어의 **향음**sonantes[2] 문제를 제기한다. 이 분야는 이런 방식으로 구상하는 음운론이 가장 절실히 필요하다. 그 이유는 음절 구분은, 말하자면 이 결합음운론이 처음부터 끝까지 철저히 이용하는 유일한 언어 사실이기 때문이다. 이것이 이 방법으로 해결해야 할 유일한 문제는 아니다. 그렇지만 한 가지 분명한 사실은 음소 결합을 지배하는 법칙에 대한 정확한 평가가 없이 향음 문제를 해결하기는 거의 불가능하다는 것이다.

§ 2. 내파와 외파

한 가지 근본적인 관찰에서 시작해 보자. 〔무의미 철자 단어〕 음소군 appa를 발음하면, 두 p의 차이를 지각할 수 있다. 즉 첫 p는 폐쇄음이고, 둘째 p는 개방음에 상응한다. 이 두 가지 청각 인상은 매우 유사해서 연속된 pp를 하나의 p로 표기할 정도이다. 그렇지만 이 차이는 appa의 두 p를 특수기호(⌒⌣)로 구별하고(app͡a), 또 발화 연쇄에서 이

---

2 인도유럽조어에서 향음은 음성 환경에 따라 자음(비성절적)이나 모음(성절적) 역할을 하는 음성들로, 유음 *r, *l, 비음 *m, *n, 전이음 *y, *w이다. 소쉬르는 이를 향음계수(coefficient sonante)로 부르고, 인도유럽조어에서 원시 모음 체계의 모음 교체 현상을 합리적으로 설명하기 위해 가설적으로 후음 *H를 설정하였다. 소위 후음 이론으로 부르는 논쟁의 한 장을 장식한 이론이다.

들이 연속하지 않더라도 각 음성을 특징지을 수 있다(apta, atpa). 이 구별은 폐쇄음을 넘어서 파찰음(affa), 비음(amma), 유음(alla), 일반적으로 a를 제외한 모음(aooa)에 이르기까지 모든 음소에 적용할 수 있다.

폐쇄는 내파內破로 부르고, 개방은 외파外破로 부른다. 그래서 p를 내파음(p̑) 또는 외파음(ṕ)으로 부른다. 이와 동일한 의미로 **폐쇄**음이나 **개방**음으로도 말할 수 있다.

분명 appa와 같은 음소군에서 내파와 외파 외에도 폐쇄가 자유로이 연장되는 휴지 순간을 구별할 수 있다. 그래서 [무의미 철자 단어] alla와 같은 음소군처럼 더 큰 간극을 지닌 음소의 경우, 발성기관이 부동하는 상태에서 음성이 지속적으로 발생한다. 일반적으로 모든 발화 연쇄에는 중간 단계가 있는데, 이를 **지속음** 또는 **정지 조음**으로 부른다. 그러나 이 중간 단계는 내파 조음과 동일시할 수 있는데, 이들은 청각 효과가 같기 때문이다. 다음에는 오직 내파와 외파만 고찰할 것이다.[3]

이 방법은 완벽한 음운론 논저에는 수용되지 못하겠지만, 음절 구분 현상의 기본 요인만 고찰하여 이 현상을 가능하면 간단한 도식

3† 이 점은 가장 논란의 소지가 있는 이론적 쟁점 가운데 하나다. 반론에 대비하기 위해 다음을 지적할 수 있다. 즉 f의 조음처럼 모든 정지 조음은 두 힘의 결과이다. 즉 1) 공기압력에 맞서는 구강 내벽에 가해지는 공기압력, 2) 이 압력에 균형을 이루기 위해 긴장하는 구강 내벽의 저항력. 따라서 지속음은 지속된 내파에 지나지 않는다. 이러한 이유로 내파음과, 같은 종류(내파)의 지속음을 연속시키면, 내파 효과는 처음부터 끝까지 지속한다. 이런 까닭에 이 두 종류의 조음을 기계적이고 청각적인 단위로 통합시키는 것이 비논리적인 것은 아니다. 이와 반대로 외파는 통합된 이 두 조음 각각과 대립한다. 그것은 외파가 정의상 일종의 개방이기 때문이다. 또한 6절 참조.

으로 축약하는 설명에는 타당한 방법이다. 발화 연쇄를 음절로 분할할 때 제기되는 모든 난점을 이런 방식으로 해결하려는 것보다는, 단지 이 문제를 연구하기 위해 합리적 근거를 제시하려는 것이다.

지적 사항이 한 가지 있다. 음성 발생에 필요한 폐쇄운동과 개방운동을 이 음성 자체의 간극과 혼동해서는 안 된다는 점이다. 어떤 음소든지 외파음이나 내파음이 될 수 있다. 그러나 음성 간극이 더 커지면 폐쇄와 개방의 두 운동을 구별하는 것이 그만큼 불명확하다는 의미에서 사실상 간극은 내파와 외파에 영향을 미친다. 예컨대 i u ü에서는 두 운동의 차이를 아주 잘 지각해서 aiia에서 폐쇄 i와 개방 i를 파악할 수 있다. 마찬가지로 auua, aüüa에서도 우리는 내파음과 뒤이어 나오는 외파음을 확연히 구별한다. 관례와는 반대로 때로 문자로 이 구별을 표시할 정도로 이 차이는 아주 명확하다. 그래서 영어 w, 독일어 j, 흔히 프랑스어 y(yeux눈들 등에서)는 〔폐쇄음〕 û와 î의 표기에 쓰이는 u와 i와 대립하는 개방음(û, î)을 나타낸다. 그러나 간극 정도가 더 큰 음성(e와 o)은 이론적으로는 내파와 외파를 생각할 수 있지만(aeea, aooa 참조), 실제로는 구별하기 매우 어렵다. 마지막으로, 위에서 살펴본 것처럼 최상위의 간극 정도에 있는 a는 내파도 외파도 없는데, 그 이유는 이 음소는 간극이 커서 이 개방/폐쇄의 차이가 완전히 사라지기 때문이다.

따라서 a를 제외하고, 음소표를 이분하여 축소 불가능한 단위 목록을 다음과 같이 작성할 수 있다.

p̂ p̌ 등

f̂ f̌ 등

$$\overset{>}{m}\ \overset{<}{m}\ \text{등}$$

$$\overset{>}{r}\ \overset{<}{r}\ \text{등}$$

$$\overset{>}{i}\ \overset{<}{y}\ \text{등}$$

$$\overset{>}{e}\ \overset{<}{e}\ \text{등}$$

$$a.$$

　우리는 문자법이 인정하는 구별(y, w)을 제거하지 않고, 오히려 이를 신중하게 지켜 나갈 것이다. 이 관점이 정당하다는 것은 뒤의 제7절에서 나올 것이다.

　우리는 이제 처음으로 추상적인 것에서 벗어났다. 발화 연쇄 내에 자리를 차지하면서 한순간을 나타내는, 구체적이고 더 분해할 수 없는 최소 요소가 최초로 나타난다. 그래서 P는 $\overset{>}{p}$와 $\overset{<}{p}$ —— 현실에서는 오직 이들만이 발견된다 —— 의 공통 특성을 합친 추상적 단위일 뿐이다라고 말할 수 있다. 이는 B P M이 상위의 추상체인 순음에 통합되는 것과도 같다. 우리는 P가 동물학적 종種인 양 이처럼 말하는 것이다. 이 동물종의 암수 표본은 실제로 있지만, 이상적 표본은 없다. 지금까지 구별하고 분류한 것은 이 추상체이다. 하지만 이 추상체를 뛰어넘어 구체적 요소에 도달해야 한다.

　음운론이 저지른 큰 오류는 단위의 정의를 더욱 면밀히 검토하지 않고 이 추상체를 실재적 단위로 간주한 것이었다. 그리스어 알파벳은 이 추상적 요소를 이미 구별했고, 그리스어 알파벳이 전제한 분석은 앞에서 말했듯이 가장 괄목할 만한 성과였다. 그렇지만 이것도 철저한 분석은 아니었고, 어느 정도 분석하다가 그만두었기에 불완전한 것이었다.

사실상 별다른 특별한 한정이 없는 p는 과연 무엇인가? p를 발화 연쇄의 구성 요소로 시간 선상에서 고찰해 보면, 그것은 특별히 p̑도 아니고 p̑도 아니며, p̑p̑는 더욱 아니다. 이 음소군은 명확히 분해될 수 있기 때문이다. 또 p를 발화 연쇄 밖이나 시간의 개입 없이 취하면, 그것은 고유의 존재가 없는, 전혀 처리할 수 없는 것이 된다. l + g와 같은 음소군이 그 자체로 무엇을 의미하는가? 두 추상체는 시간상의 한 순간을 구성하지 못한다. ĩǩ, ĩǩ, ĩǩ, ĩǩ를 논의할 때, 발화의 진정한 요소를 이처럼 결합하는 것은 전혀 별개의 문제이다. 단지 두 요소로도 족히 전통적 음운론을 난처하게 할 수 있고, 따라서 전통적 음운론처럼 추상적 음운 단위로는 연구를 더 이상 수행할 수 없다는 것이 입증되었다.

발화 연쇄에서 고찰된 모든 단일한 음소, 예컨대 pa, apa의 p처럼 내파와 외파가 연속으로 발생한다(ap̂a)는 학설이 표명되었다. 분명 모든 개방에는 폐쇄가 선행한다. 또 다른 실례를 들면, r̂p를 발음할 때, r를 폐쇄한 후 개방 r을 목젖으로 조음하고, 그동안 입술에서 p가 폐쇄된다. 그러나 이 반론에 응수하려면 우리 관점을 명세히 하는 것으로 충분하다. 분석하려는 발성 행위에서 청각에 똑똑히 지각되고, 또 발화 연쇄에서 청각 단위의 경계획정에 이용되는 차별적 요소만을 고려하는 것이다. 단지 이 청각·운동 단위만을 고려해야 한다. 그래서 외파음 p의 조음을 동반하는 외파음 r의 조음은 존재하지 않는다. 왜냐하면 이 조음은 지각 가능한 음성을 발생시키지 않거나 적어도 음소 연쇄에서는 중요하지 않기 때문이다. 이 점이 핵심이며, 따라서 뒤에 나오는 설명을 이해하려면 이 점을 철저히 잘 인식해야 한다.

§3. 발화 연쇄에서 일어나는 외파와 내파의 결합

이제 외파와 내파의 연속에서 야기되는 결과가 무엇인지 이론상으로 가능한 네 가지 결합에서 살펴보자. 즉 1. < >, 2. > <, 3. < <, 4. > >.

1. 외파-내파군(< >). 발화 연쇄를 절단하지 않고서도 첫째는 외파음이고, 둘째는 내파음인 두 음소는 항상 결합할 수 있다. 예 : k̂r, k̂i, ym̂ 등(산스크리트어 k̂rta-만들다, 프랑스어 k̂ite⟨quitter떠나다⟩, 인도유럽어 ym̂to-잡다 등 참조). 분명 k̂t 등과 같은 결합체는 실제로 실현되는 청각 효과가 없다. 그렇지만 개방 k를 조음한 후, 발성기관이 어느 지점에서 수축에 필요한 자세를 취하는 것은 사실이다. 이 두 발성 단계는 서로 방해하지 않고 연속할 수 있다.

2. 내파-외파군(> <). 동일한 조건과 동일한 제약하에서 첫째는 내파음이고, 둘째는 외파음인 두 음소가 결합하지 못할 가능성은 없다. 예컨대 îm, k̂t 등(그리스어 haîma피, 프랑스어 actif활기찬 등 참조).

물론 연속 조음 순간이 앞의 경우처럼 그렇게 자연스럽게 연계되지는 않는다. 첫 내파음과 첫 외파음이 오는 두 음소군 사이에 다음의 차이가 있다. 즉 외파는 입이 중립 자세로 되는 경향이 있으므로 후속 순간을 끌어들이지 않는 반면, 내파는 외파의 출발점이 될 수 없는 일정한 위치를 만들어 낸다. 따라서 둘째 음소의 조음에 필요한 발성기관의 위치를 취하려면 언제나 조정운동이 필요하다. 예컨대 음소군 ŝp의 s를 발음하는 동안에 개방음 p를 준비하기 위해 입술을 다물어야 한다. 그러나 경험에 의하면, 이 조절운동은 눈에 띌 만한 것을 산출하지 않는다. 단지 그것은 고려할 필요 없이 그냥 지나치는, 따라서 발화 연쇄의 연속을 전혀 방해하지 않는 음성들 중 하나에 지나지 않는다.

3. **외파 연쇄**(< <). 두 외파가 연속으로 일어날 수 있다. 그러나 만약 둘째 외파가 간극이 더 좁은 음소이거나 첫째 외파와 간극이 같은 음소라면, 단위라는 청각 인상은 없을 것이다. 이 느낌은 그 반대의 경우에 볼 수 있고, 또 앞의 두 경우가 이를 이미 보여 주었다. 그래서 p̂k는 발음될 수 있지만(p̂ka), 이 음성들은 연쇄를 형성하지 못한다. 음운종 P와 K가 동일한 간극이기 때문이다. 이는 〔무의미 연쇄〕 cha-p̂ka의 첫째 a 뒤에 정지하면 생겨나는 아주 부자연스러운 발음이다.[4] 이와는 반대로 p͞r는 연속 인상을 준다(prix값 참조). 더욱이 r͞y도 큰 어려움을 야기하지 않는다(rien아무것도 참조). 왜 그럴까? 그 이유는 첫째 외파가 발생하는 순간에 발성기관은 둘째 외파를 실행하기에 적합한 조음 위치를 취하고, 첫째 외파의 청각 효과는 방해받지 않기 때문이다. 예컨대 prix에서 p가 발음되는 동안 발성기관은 이미 r의 위치에 있다. 그렇지만 그 반대의 계열 r͞p를 연속 연쇄로 발음하는 것은 불가능하다. 그것은 개방음 r̂를 조음하면서 동시에 p̂의 위치를 취하는 것이 기계적으로 불가능하기 때문이 아니라, r̂의 조음운동이 간극이 더 작은 p̂와 만나면 지각될 수 없기 때문이다. 따라서 r͞p를 잘 들으려면 두 번 조음해야 하는데, 이때 음성 발생은 단절된다.

연속적 외파 연쇄는 좁은 개방에서 더 큰 개방으로 이행하면 둘 이상의 요소를 포함할 수 있다(예컨대 [k͞r͞wa]〔crois나는 믿는다〕). 특수

4† 분명 이 범주에 속하는 음소군은 몇몇 언어에서는 아주 많이 이용된다(예컨대 그리스어 어두의 kt : kteínō〈소유하다〉 참조). 하지만 이들은 발음하기는 쉽지만 청각적 단위가 될 수는 없다. (다음 각주 참조)

한 경우(여기서 이를 상론할 수는 없다)를 제외하면,[5] 외파를 실행하는 잠재적인 수치의 자연적 한계는 실제로 구별할 수 있는 간극 정도의 수치와 동일하다.

4. 내파 연쇄(> >). 이는 정반대의 법칙에 지배된다. 한 음소가 후행 음소보다 더 개방되면 연속적 인상을 받고(예컨대 îr, r̂t), 이 조건이 충족되지 않으면, 즉 후행 음소가 선행 음소보다 더 개방되거나 동등한 간극이면, 발음은 가능하지만 연속적 인상은 더 이상 없다. 예컨대 〔무의미 연쇄〕asͬ̂rta의 s͡r는 〔무의미 연쇄〕cha-pka(117쪽 이하 참조)의 음소군 p̂k와 특성이 동일하다. 이 현상은 이미 외파 연쇄에서 분석했던 것과 완전히 대등하다. 즉 r̂t에서 t는 더 좁은 간극 때문에 r의 외파가 면제된다. 또 동일한 지점에서 조음되지 않는 두 음소, 예컨대 r̂m 같은 연쇄를 보면, m은 r의 외파를 방해하지 않지만, 더 폐쇄된 조음으로 이 외파를 완전히 덮는다. (그래서 결국은 마찬가지 결과가 된다.) 그렇지 않으면 반대의 경우 m͡r처럼, 기계적으로는 필수적이지만 슬쩍 이루어지는 외파가 발화 연쇄를 단절한다.

내파 연쇄는 외파 연쇄와 마찬가지로 둘 이상의 요소를 포함하는데, 그것은 각 요소가 후행 요소보다 간극이 더 큰 경우에 그렇다

5† 여기서 단순화하기 위해 우리는 의도적으로 음소에서 간극만을 고려하고, 조음 위치나 조음 특성(그것이 무성음인지 유성음인지, 진동음인지 설측음인지 등)은 고려하지 않는다. 따라서 간극이라는 단일 원리로만 이끌어 낸 결론은 모든 실제 사례에 예외 없이 적용될 수는 없다. 예컨대 〔무의미 연쇄〕trya와 같은 음소군에서 첫 세 요소는 이 연쇄의 단절 없이는 발음하기 어렵다. tͬ̂rya(ŷ가 r에 융합되어 이것을 구개음화하지 않는 한). 하지만 이 세 요소 try는 완전한 연쇄를 형성한다. (한편 129쪽의 meurtrier〔살인자〕 참조) 이와 반대로 trwa〔trois(3)〕는 어려움이 없다. 또한 〔무의미 연쇄〕pmla와 같은 연쇄를 예로 들어 보면, 여기서 비음을 내파로 발음하지 않기는 매우 어렵다(p̂m̂la). 이 변칙적 예들은 특히 외파에서 나타나는데, 그것은 외파가 본래 순간적 행위여서 지속되지 않기 때문이다.

([무의미 연쇄] $\overset{>>>}{\text{arst}}$ 참조).

발화 연쇄의 단절을 제외하고, 이제 정상적인 연속 연쇄를 살펴보자. 이 연쇄를 '생리적' 연쇄로도 부를 수 있다. 이 연쇄는 프랑스어 단어 particulièrement특히, 즉 $\overset{<>><<>}{\text{partikülyerma}}$에서 관찰된다. 이 연쇄는 구강기관의 개방과 폐쇄의 연속에 대응하는, 단계적인 외파 연쇄와 내파 연쇄가 연속하는 것이 특징이다.

이렇게 정의된 정상적 연쇄로부터 다음의 사실이 확증되며, 그 중요성은 엄청 크다.

§ 4. 음절 경계와 모음점

음성 연쇄에서 내파에서 외파로 바뀔 때(>|<) 예컨대 particulièrement 특히의 $\overset{>}{\text{ik}}$처럼 특수 효과, 즉 **음절 경계**의 지표를 얻는다. 이 기계적 조건과 특정한 청각 효과의 규칙적인 일치로 인해 내파-외파군은 음운 질서에서 고유한 독자적 존재가 된다. 즉 내파-외파군을 구성하는 음운종이 무엇이든 상관없이 그 특성은 그대로 지속된다. 이것은 가능한 결합의 수만큼 많은 음운종 유형을 구성한다.

어떤 경우에 음절 경계는 내파에서 외파로의 이행이 빠르냐 느리냐에 따라 동일한 음소 계열상의 다른 두 지점에 놓일 수 있다. 예컨대 음소군 ardra를 $\overset{>>}{\text{ardra}}$로 나누든 $\overset{>>>}{\text{ardra}}$로 나누든 이 연쇄는 단절되지 않는다. 그것은 내파 연쇄 $\overset{>>}{\text{ard}}$가 외파 연쇄 $\overset{<}{\text{dr}}$와 똑같이 단계적으로 배열되기 때문이다. 이 점은 particulièrement특히의 -ülye에서도 마찬가지이다($\overset{<}{\text{ülye}}$ 또는 $\overset{<<}{\text{ülye}}$).

둘째로, artiste예술가의 a͡rt처럼 침묵에서 첫째 내파(>)로 옮겨 가는 곳이나 particulièrement특히의 p͡art처럼 외파에서 내파(< >)로 옮겨 가는 곳에서, 이 첫째 내파가 일어나는 음성은 그 고유의 효과인 모음성 효과로 인해 인접 음성과는 구별된다는 점을 지적하자. 이 모음성 효과는 음성 a가 지닌 가장 큰 개방 정도에서 생겨난 것은 아니다. 그 이유는 p͡rt에서 r도 이 효과를 내기 때문이다. 그리하여 음운종에 상관없이, 즉 간극 정도에 상관없이 모음성 효과는 첫째 내파에 고유한 것이다. 또 이 내파가 침묵 뒤에 오건 외파 뒤에 오건 그것은 별로 중요하지 않다. 첫째 내파음이라는 특성으로 이 인상을 주는 음성을 **모음점**으로 부를 수 있다.

언어학자들은 이 단위에 또 **향음**이란 명칭을 부여했고, 동일한 음절에서 이것에 선행하거나 후행하는 음성을 **공명음**共鳴音으로 지칭했다. 모음과 자음이라는 용어는 이미 106쪽에서 살펴본 바대로 다른 음운종을 가리킨다. 이와 반대로 향음과 공명음은 음절에서 갖는 기능을 지칭하는 용어이다. 이 이원적 용어법은 오랫동안 널리 퍼져 있던 혼동을 막아 준다. 예컨대 fidèle충성스러운와 pied발에서 음운종 I는 동일하다. 그것은 모음이다. 하지만 fidèle에서 i는 향음이고, pied에서는 공명음이다. 이 분석은 향음은 항상 내파음이며, 공명음은 때로는 내파음이고(예컨대 영어 'boy'소년로 표기되는 bo͡i의 i͡), 때로는 외파음(예컨대 프랑스어에서 'pied'로 표기되는 p͡ye의 y͡〔외파음 y͡이지만 원문은 내파음 표기〕)이라는 것을 잘 보여 준다. 이 사실은 이 두 차원 사이에 이미 확립된 구별을 확증해 준다. e o a가 보통 향음인 것은 사실이다. 그러나 그것은 우연한 일치에 불과하다. 이들 음성은 다른 음성보다 간극이 더 크므로 항상 내파 연쇄의 시작점에 있다. 반대로 최소 간극을 지닌 폐쇄음은 항상 공명음이다. 실제로는 이들은 간극 2, 3, 4에 속하는 음소(비음, 유음, 반모음)이며, 음성 환경과 조음 성질에 따라 역할이 다르다.

§5. 음절 구분 이론에 대한 비판

청각은 모든 발화 연쇄에서 음절 구분을 지각하고, 또 모든 음절에서 향음을 지각한다. 이 두 사실은 잘 알려져 있지만, 그런 현상이 생기는 근거가 무엇인지 질문해 보자. 이에 대해 여러 설명이 제시되었다.

　1. 어떤 음소가 다른 음소보다 더 잘 울리는 점에 착안하여, 음절을 음소의 공명도에 기반해서 정의했다. 그렇다면 왜 i와 u 같은 유성 음소는 늘 음절을 구성하지 못할까? 또 pst에서 s 같은 마찰음도 음절을 구성할 수 있으므로 과연 이 공명도는 어디까지 적용되는 것일까? 단지 접촉하는 음성의 상대적 공명도만이 문제라면, 가장 공명도가 낮은 요소가 음절을 구성하는 w̑l̑ 같은 음소군은 어떻게 설명할까(예: 인도유럽조어 *wlkos늑대)?

　2. 모음으로 분류된 음성이 모음 인상을 주지 않을 수도 있다는 것(예컨대 y와 w는 i와 u와 같다는 것을 이미 살펴보았다)을 최초로 확립한 학자는 지페르스[6]였다. 그러나 이중 기능 또는 이중의 청각 효과('기능'이라는 용어는 바로 이것을 의미하므로)가 어디에 근거해서 생

6　Eduard Sievers(1850~1932). 독일 고전 문헌학자이자 언어학자. 특히 음성학에 관심을 가지고 언어를 연구했다. 라이프치히학파의 소장문법학자로서 지페르스의 법칙으로 유명하다.

기는지 물어보면, 음성이 '성절적 악센트'accent syllabique를 가졌는지의 여부에 따라 그 기능이 생긴다고 한다.

이것은 순환론이다. 즉 만약 향음을 만들어 내는 성절적 악센트를 임의로 모든 경우에 자유로이 부여하면, 이 악센트를 향음 악센트가 아니라 성절적 악센트로 부를 이유가 없다. 아니면 성절적 악센트가 어떤 의미가 있다면, 그것은 분명 성절적 악센트가 음절 법칙을 요구하기 때문이다. 하지만 이 음절 법칙은 제시되지 않았을 뿐만 아니라 마치 음절 형성의 여부가 악센트에 의존하는 듯이 향음성에 '성절적'silbenbildend이라는 이름을 붙였다.

우리 방법은 위의 두 방법과 어떻게 대조되는지 잘 알 수 있다. 즉 음절이 발화 연쇄에 나타나는 그대로 분석하여, 축소 불가능한 단위, 즉 개방음과 폐쇄음을 얻었고, 그다음에는 이 단위들을 결합시켜 음절 경계와 모음점을 정의하기에 이른 것이다. 그리하여 이제 청각 효과가 어떤 생리 조건에서 발생하는지 알게 되었다. 그러나 위에서 비판한 두 방법은 이와 정반대의 방식을 따르고 있다. 즉 개별 음운 종을 취하고, 여기에서 음절 경계와 향음의 위치를 추출해 내려고 한 것이다. 그런데 어떤 음소 계열이 있을 때, 이 음소를 다른 방법보다 더 자연스럽게, 더욱 편리하게 조음하는 방법이 있다. 그러나 개방 조음과 폐쇄 조음의 선택 능력은 대부분 그대로 남아서 음절 구분은 이 조음 선택에 의존하는 것이지 음운종에 직접 의존하는 것은 아니다.

분명 이 이론이 모든 문제를 다 규명하거나 해결한 것은 아니다. 예컨대 아주 빈번히 사용되는 모음충돌hiatus은 의지가 개입되든 않든 단절된 내파 연쇄에 지나지 않는다. 예컨대 i-a(il cria그는 외쳤다에서) 나 a-i(ébahi깜짝 놀란에서). 이 모음충돌은 간극이 큰 음운종에서 더 잘

일어난다.

또 단절된 외파 연쇄의 경우도 있는데, 이는 단계적인 것은 아니지만 정상적인 음소군과 마찬가지로 음성 연쇄에 속한다. 118쪽 각주에서 그리스어 kteínō소유하다를 논하면서 이 경우를 다루었다. 예컨대 〔무의미 연쇄〕음소군 pzta가 있다고 하자. 이 음소군은 정상적으로는 p͎zta로만 발음된다. 따라서 이것은 두 개의 음절이다. 따라서 후두 진동음 z를 분명히 들리게 조음하면, 두 음절이 된다. 그렇지만 z는 최소의 개방만 필요한 음소이기 때문에 무성음화되는 경우, z와 a의 대립으로 이들이 한 음절로만 지각되어 마치 p͎zta처럼 들리는 것이다.

이런 유형에 속하는 모든 경우에, 의지와 의도를 개입시켜서 조음을 바꾸면서 생리적 필요성을 약간 변경할 수도 있다. 이 두 차원의 각 요인이 어떤 역할을 하는지를 정확히 말하기란 때로는 매우 어렵다. 하지만 어쨌든 발성은 내파와 외파의 연속을 전제로 하며, 이것이 음절 구분의 근본 조건이 되는 것이다.

§6. 내파와 외파의 지속

음절을 외파와 내파의 작용으로 설명함으로써 중요한 고찰을 하기에 이른다. 이 고찰은 사실은 운율 현상을 일반화한 것이다. 그리스어와 라틴어의 단어는 두 종류의 장음을 구별한다. 즉 본래적de nature 장음 (māter어머니)과 위치적de position 장음(făctus만들어진)이다. făctus에서 fac-이 왜 길게 측정되는가? 언어학자들은 음소군 ct 때문이라고 답변한다. 그러나 이 장음이 이 음소군 자체에서 기인한다면, 두 자음으로 시작되는 어떤 음절이라도 장음이 된다. 그렇지만 사실은 그렇지 않다(clĭens손님 등 참조).

지속과 관련해서 볼 때, 그 진정한 이유는 외파와 내파가 근본적으로 성질이 다르기 때문이다. 전자의 외파는 항상 매우 빨리 이루어져 청각에는 지각 불가능한 음량으로 남는다. 이러한 이유로, 외파는 결코 모음 인상을 주지 않는다. 단지 내파만이 길이를 측정할 수 있다. 이 때문에 내파가 시작되는 모음에 더 오래 지속하는 듯한 느낌을 받는다.

다른 한편, '폐쇄음 또는 파찰음 + 유음'으로 형성된 음소군 앞에 놓인 모음은 두 가지로 취급된다는 것을 잘 알고 있다. patrem아버지를에서 a는 장음이거나 단음일 수 있는데, 이것은 동일한 원리에서 기인한다. 사실상 t͞r와 t͜r은 둘 다 똑같이 발음하는 것이 가능하다. 첫째 조음 방식은 a를 단음으로 발음하는 것이고, 둘째 조음 방식은 장음절로 조음하는 것이다. 그러나 factus의 a는 이처럼 이중적으로 처리하기가 불가능하다. ct는 c͜t가 아니라 오직 t͡만 발음할 수 있기 때문이다.

§7. 간극 4의 음소, 이중모음, 문자의 문제점

마지막으로, 간극 4의 음소는 고찰이 필요하다. 114쪽에서, 다른 음성에서 확인한 바와 반대로 관용에 의해 음소는 이중문자가 인정된다는 사실을 살펴보았다(w = u̯, u = u̯; y = i̯, i = i̯). 〔무의미 음성 연쇄〕 aiya, auwa 같은 음소군에서 '와'로 구별을 표시하면 다른 어느 곳보다 더 잘 지각되기 때문이다. 그래서 i̯와 u̯는 모음 인상을 명확하게 주고,

ǐ와 ŭ는 자음 인상을 명확히 준다.[7] 우리는 이 현상을 설명하려는 것이 아니라, 이 자음 i가 폐쇄음의 모습으로는 결코 존재하지 않는다는 사실에 주목한다. 그래서 ǐ가 aiya의 y와 효과가 동일한 ai는 불가능하다 (영어 boy소년와 프랑스어 pied발를 비교해 보라). 따라서 y가 자음이 되고, i가 모음이 되는 것은 위치 때문이다. 그것은 음운종 I의 변이음이 어디서나 똑같이 나타날 수는 없기 때문이다. u와 w, ü와 w̆에 대해서도 이와 동일한 지적을 할 수 있다.

　　이 사실은 이중모음의 문제를 밝혀 준다. 이중모음은 내파 연쇄의 특수 경우에 지나지 않는다. (무의미 음성 연쇄) 음소군 a͡rta와 a͡uta는 완전히 평행하다. 이들에게는 오직 둘째 요소의 간극 차이가 있을 뿐이다. 이중모음은 두 음소의 내파 연쇄로서, 둘째 음소가 상대적으로 개방 연쇄이며, 이로 인해 특수한 청각 인상이 생겨나는 것이다. 말하자면 향음이 이 음소군의 둘째 요소에서 연속하는 것과도 같다. 이와 반대로 (무의미 음성 연쇄) t͡ya와 같은 음소군은 마지막 외파음의 간극이 아니고서는 (무의미 음성 연쇄) t͡ra 같은 음소군과는 전혀 구별되지 않는다. 이는 음운학자가 상승 이중모음으로 명명한 음소군을 이중모음이 아니라 외파-내파의 음소군이라고 하는 것과 같다. 이 음소군의 첫째 요소는 상대적으로 개방적이지만, 이 때문에 청각적 관점에서는 아무 특이점이 생기지 않는 음소군이다((무의미 음성 연쇄) t͡y͡a). 독일어 방언에서 발견되는 것처럼(buob소년, liab사랑 참조) ǔ와 ǐ에 악센트가 있는 u͡o, i͡a 유형의 음소군도 유사 이중모음에 지

7ᅡ 간극 4의 이 요소와 연구개 마찰음(북부 독일어 liegen〈놓여 있다〉)을 혼동해서는 안 된다. 이 음운종은 자음에 속하며, 자음의 모든 특성을 지닌다.

나지 않는다. 이들은 o͡u, a͡i 등처럼 단위라는 인상을 주지 않기 때문이다. 그래서 u͡o는 이 연쇄를 절단하지 않고서는 내파+내파로 발음할 수 없다. 이 음소군에 원래 없던 단위를 작위적 방법으로 억지로 부과하지 않는 한 말이다.

이러한 이중모음의 정의는 이중모음을 내파 연쇄라는 일반 원리로 귀결시키기 때문에 언어학자들이 생각하듯이 음운 현상으로 분류하지 못할 부적합 사실은 아니라는 것을 보여 준다. 이중모음을 별도의 사례로 분류할 필요가 없다. 이중모음 고유의 특성은 현실적으로 아무 관심도 끌지 못하며 중요성도 없다. 중요한 것은 향음의 끝점이 아니라 시작점에 주의를 기울이는 것이다.

지페르스와 많은 언어학자는 i, u, ü, r̥, n̥ 등과 i̯, u̯, ü̯, r, n 등을 문자를 이용하여 구별하고서(i̯ = '비성절적' i, i = '성절적' i), mirta죽은, mairta죽은, mi̯arta죽은로 표기했지만, 우리는 mirta죽은, mairta죽은, myarta죽은로 표기한다. 언어학자들이 i와 y가 동일한 음운종이라고 확인한 후에, 동일한 총칭기호를 원했던 것이다(이것은 음성 연쇄가 병치된 음운종으로 구성된다는 생각과 여전히 동일한 생각을 하기 때문에 그렇다). 그러나 이 표기법은 청각 증거에 의거하지만 상식에 역행하며, 중요한 구별을 오히려 지워 버린다. 이로 인해 1. 개방 i, u(= y, w)와 폐쇄 i, u를 혼동하고, 예컨대 newo~도 아니다와 neuo~도 아니다를 전혀 구별하지 못한다. 2. 반대로 폐쇄 i와 u를 둘로 나누기도 한다(mirta, mairta 참조). 이 문자법의 단점을 예로 들어 보자. 고대 그리스어 dwís2, dusí2와, 또 한편 rhéwō흐르다, rheûma흐름, 강가 있다고 하자. 이 두 대립은 동일한 음운 조건에서 정확히 발생하며, 보통 동일한 문자법으로 그 대립을 표현한다. 예컨대 u는 더 개방된 음소가 후행하는지 덜 개방된 음소가 후행하는지에 따라 개방음(w)이 되기도 하고, 폐쇄음(u)이 되기도 한다. 그런데 du̯is2, dusi2, rheu̯o̯흐르다, rheu̯ma흐름, 강로 쓰면, 이 모든 구별이 없어진다. 마찬가지로 인도유럽어에서 māter어머니, mātrai어머니에게, māteres어머니들, mātrsu어머니를와 sūneu̯ 아들, sūnewai아들에게, sūnewes아들들, sūnusu아들을의 두 계열은 한편으로 r, 다른 한편으로 u를 각각 나란히 이중적으로 처리한다. 그렇지만 적어도 둘째 계열에는 내파와 외파의 대립이 표기법에서 확연히 드러나는 반면, 지금 우리가 비판하는 문자법에는 이 대립이 불명확하다(sūnu̯e아들, sūneu̯ai아들에게, sūneu̯es아들들, sūnusu아들을). 관용으로 생겨난 개방음과 폐쇄음의 구별(u : w 등)을 보존할 뿐 아니라, 이 구별을 문자 체계 전체로 확장해서 māter어머니, māto̯ai어머니에게, māteo̯es 어머니들, mātrsu어머니를로 표기해야 할 것이다. 그러면 음절 구분의 작용이 명백히 드러나고, 모음점과 음절 경계도 저절로 추출된다.

이 음절 구분 이론은 많은 문제점을 밝혀 주는데, 소쉬르는 그중 몇 가지 문제를 이 강의에서 다루었다. 이제 그 몇 가지 예를 제시하려고 한다. ──편집자

1. 지페르스는 동일한 음성이 두 번은 향음으로, 두 번은 공명음으로 번갈아 가면서 기능하는 사실에 대한 전형적 실례로 berit̥n̥n̥n̥(독일어 berittenen말을 탄)을 제시한다(실제로 n은 여기에서 단지 한 번만 향음으로 기능하므로 berit̥n̥n̥으로 표기해야 한다. 하지만 이 점은 중요하지 않다). '음성'과 '음운종'이 동의어가 아니라는 것을 증명하기 위해 이 사례보다 더 좋은 것은 없다. 사실 만약 하나의 동일한

n에만 계속 머물면, 즉 내파와 정지 조음에만 머문다면, 단지 장음절만 얻을 수밖에 없다. 향음 n과 공명음 n이 교체되려면, 내파(첫째 n)에 외파(둘째 n)가 후행한 후에, 내파(셋째 n)가 다시 와야 한다. 이 두 내파에는 다른 내파가 선행하지 않으므로 이 두 내파는 향음성을 지닌다.

2. meurtrier살인자, ouvrier노동자 유형의 프랑스어 단어에서 어말 음절 -trier, -vrier는 옛날에는 한 음절이었다(발음이 어떠했는지는 중요하지 않다). (119쪽 각주 참조) 그 후에 이들이 두 음절로 발음되기 시작했다(모음충돌을 하거나 피하면서, meur-tri-er살인자를 -trie나 $\overset{\smile\smile\smile}{\text{triye}}$로 발음). 이 변화는 요소 i에 '성절적 악센트'를 부과해서 일어난 것이 아니라 외파 조음을 내파 조음으로 바꾸면서 일어난 것이다.

발화 대중은 ouvrier노동자를 ouvérier노동자로 발음한다. 이것도 이와 아주 유사한 현상인데, 단지 셋째 요소가 아니라 둘째 요소가 조음 변경으로 향음이 되었다. 즉 $\overset{\smile\smile\smile}{\text{uvrye}} \rightarrow \overset{\smile\smile\smile}{\text{uvrye}}$이다. 그 후에 e는 향음 r 앞에서 생겨날 수 있었다.

3. 또 프랑스어에서 잘 알려진 사례로 후행자음이 있는 s 앞의 어두모음을 들어 보자. 라틴어 scūtum방패 → iscūtum방패 → 프랑스어 escu에퀴, écu에퀴의 예이다. 118쪽에서 살펴보았듯이 음소군 $\overset{\frown}{\text{sk}}$는 단절된 연쇄이며, $\overset{\frown}{\text{sk}}$가 훨씬 자연스럽다. 그러나 이 내파 s가 어두에 있거나 선행 단어가 간극이 좁은 자음으로 끝날 때는, 분명 모음점을 구성한다. 어두의 i나 e는 향음성을 과장한다. 이렇게 거의 지각되지 않는 모든 음운 특성을 보존하려면 과장하는 경향이 생겨난다. esclandre추문와 esquelette골격, estatue조각상의 대중어 발음에도 이와 동일한 현상이 나타난다. 또 ed로 전사되는 전치사 de의 저속어 발음, 예컨대 un

œil ed tanche잉어 눈에서도 이 현상을 다시 관찰할 수 있다. 모음 소실로 de tanche가 d'tanche로 되는 것이다. 그러나 이 위치에서 d를 지각하려면 d는 내파음, 즉 d̂tanche가 되어야 하는데, 그러면 앞의 경우처럼 그 앞에 모음이 하나 더 생겨난다.

　　4. 인도유럽조어의 향음 문제를 재론하면, 예컨대 balg가죽는 변치 않고 그대로 남아 있는데, 왜 고대 고지 독일어 hagl우박이 hagal우박로 변했는지 자문할 필요는 거의 없다. balg의 l은 내파 연쇄의 둘째 요소(balĝ)로 공명음의 역할을 하므로 기능을 바꿀 이유가 없었던 것이다. 이와 반대로 hagl의 l도 내파음이지만 모음점을 형성했다. 이것은 향음이기 때문에 그 앞에 더 개방된 모음(문자의 증거를 믿는다면 a)이 생길 수 있었다. 더구나 이 모음은 시간이 흐르면서 더 흐려졌다. 왜냐하면 오늘날 Hagel우박은 다시 haĝl로 발음되기 때문이다. 이 단어와 프랑스어 aigle독수리의 발음 차이가 생겨난 것도 이러한 사실 때문이다. 그래서 이 게르만어 단어에서 l은 폐쇄음이지만, 프랑스어 단어에서 l은 어말의 묵음 e가 와서 개방음이 되었다(eĝle).

제1부 일반 원리

제1장   언어기호의 성격

§1. 기호, 기의, 기표

언어를 그 기본 원리로 환원해 보면, 어떤 학자들은 그것이 어휘 목록, 다시 말해서 사물들의 숫자만큼 많은 언어 사항의 목록이라고들 한다. 예컨대 아래 그림처럼.

 : ARBOR　나무

 : EQUOS　말

등　　　　　　　등

이 견해는 여러 점에서 비판할 수 있다. 우선 그것은 단어에 앞서 미리 존재하는 기성既成의 관념을 전제한다. (이 점에 대해서는 뒤의 208쪽 참조) 또 이 견해는 명칭이 음성적 성질인지 아니면 심리적 성질인지를 명확하게 밝혀 주지 않는다. 왜냐하면 arbor나무를 이 두 측면 중 어느 측면으로도 고찰할 수 있기 때문이다. 마지막으로, 이 견해는 명칭과 사물을 결합하는 관계가 극히 단순한 작용이라고 상정하는데, 이는 사실과는 거리가 아주 멀다. 그렇지만 이 단순한 시각은 언어 단위가 두 가지 사항이 결합한 이원적 사상事象이라는 점을 보여 주기 때문에 진리에 근접해 있다.

우리는 50쪽에서 발화 순환과 관련해서 언어기호와 관련된 두 사항은 모두 정신적이며, 두뇌 속에 연합관계로 결합된다는 점을 이미 살펴보았다. 이 점을 여기서 다시 강조하자.

언어기호가 결합하는 것은 사물과 명칭이 아니라 개념과 청각영상[1]이다. 이 청각영상은 순수히 물리적 사물인 질료적 음성이 아니라 음성의 정신적 각인, 즉 감각이 나타내 주는 음성에 대한 표상이다. 그리하여 청각영상은 감각적인 것이며, 이것을 '질료적'이라고 하는 경우에도 이와 같은 의미로 사용한 것이고, 또 이와 연합하는 다른 사항인 개념 — 일반적으로 더 추상적인 것이다 — 과 대립적으

---

[1] 이 청각영상이라는 용어는 너무 협소할 수도 있는데, 단어의 음성 표상 이외에도 음성 분절의 표상, 즉 발성 행위의 근육이라는 이미지도 있기 때문이다. 그러나 소쉬르에게서 언어는 본질적으로 저장물, 즉 외부에서 받아들인 사상(事象)이다. (52쪽 참조) 청각영상은 잠재적 언어 사실로서 특히 단어의 자연적 표상이며, 발화의 모든 실현과 상관이 없다. 따라서 근육 운동의 측면은 함의되거나 아니면 그 어떠한 경우에도 청각영상에 비해 단지 종속적 지위를 차지할 뿐이다.

로 사용한 것이다.

청각영상의 정신적 특성은 우리 자신의 언어를 관찰해 보면 분명하게 드러난다. 입술이나 혀를 움직이지 않고서도 자신에게 말하거나 시구 한 구절을 마음속으로 암송할 수 있다. 언어를 이루는 단어들이 청각영상이기 때문에 단어를 구성하는 '음소'라고 말해서는 안된다. 이 음소란 용어는 음성 행위라는 개념을 함의하므로 단지 발화된 단어, 즉 마음의 심적 영상을 담화discours로 실현한 것에만 적절하다. 단어의 **음성**과 **음절**이라고 하는 경우에도, 청각영상이 문제시된다는 사실만 기억하면 그러한 오해는 피할 수 있다.

따라서 언어기호는 양면을 지닌 정신적 실체로서 다음 그림으로 나타낼 수 있다.

이 두 요소는 밀접하게 결합해 있고, 서로를 필요로 한다. 만약 라틴어 단어 arbor나무의 뜻을 찾거나 라틴어로 '나무'라는 개념을 지칭하는 단어를 찾으려고 할 때, 라틴어가 인정하는 결합체만이 이 실체에 부합한다는 점은 확실하다.

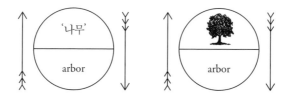

따라서 상상 가능한 그 외의 다른 어떤 결합체도 배제된다.

이 정의는 매우 중요한 용어상의 문제를 제기한다. 우리는 개념과 청각영상의 결합체를 **기호**signe라고 부른다. 그러나 현행 용법에서 이 기호라는 용어는 일반적으로 청각영상, 예컨대 단어(arbor나무 등)만 가리킨다. arbor를 기호로 부르는 것은, 이것이 '나무'라는 개념을 지니기 때문이고, 그 결과 기호의 감각 부분의 개념이 기호 전체의 개념을 함축하는 것을 망각하기 때문이다.

이제 서로 대립하면서 서로를 필요로 하는 이 명칭들로 지금 여기서 논의하는 세 개념을 가리키면, 모호성이 사라진다. 그래서 그 전체를 가리키는 데는 **기호**라는 용어를 그대로 사용하고, **개념과 청각영상**은 각각 **기의**signifié와 **기표**signifiant로 대체할 것을 제안한다. 후자의 두 용어는 때로는 양자를 구분하기도 하고, 때로는 그 전체 기호와 이 둘을 구별하고 대립시킨다는 이점이 있다. 한편 기호라는 용어로 만족하는 것은 일상언어에서 이를 대체할 다른 용어가 전혀 없으므로 어떤 용어를 써야 할지 모르기 때문이다.

이처럼 정의된 언어기호는 두 가지 근본 특성을 지닌다. 이 두 특성을 기술하면서 이런 부류의 연구 전체의 원리를 제시해 보자.

§2. 제1원리: 기호의 자의성

기표를 기의와 결합하는 관계는 자의적이다. 다시 말해서 기호가 기표와 기의가 연합한 결과로서 전체를 의미하기 때문에 **언어기호는 자의적**이라고 훨씬 간단히 말할 수 있다.

예컨대 'sœur'누이라는 관념은 기표로 사용되는 s-ö-r라는 일련의 음성과는 아무 내적 관계도 맺지 않는다. 그래서 이 관념은 다른 음성 연쇄로도 잘 표현된다. 그 증거로 언어들이 차이가 나고, 서로 다른 언어들이 존재한다는 사실 자체를 들 수 있다. 예컨대 'bœuf'황소라는 기의는 프랑스 국경의 이쪽에서는 기표가 b-ö-f인데, 국경의 저쪽 독일에서는 기표가 o-k-s(Ochs소)이다.

그 누구도 기호의 자의성 원리에 대해 이의를 제기한 바 없다. 그러나 진리를 발견하는 일이 그 진리에 정당한 위치를 지정해 주는 일보다 더 용이한 경우가 허다하다. 위에서 말한 이 자의성 원리는 언어langue의 언어학 전반을 지배한다. 이 원리로부터 무수히 많은 결과가 생겨난다. 그렇지만 그 결과들은 모두 똑같이 명료하게 즉각 드러나지는 않는다는 것도 사실이다. 이 결과들은 수없이 많은 우회로를 거친 뒤에 발견할 수 있고, 또한 자의성의 원리가 갖는 근본적인 중요성도 드러내 준다.

한 가지 사실을 지적하고 넘어가자. 기호학이 학문으로 조직되는 때에 전적으로 자연적 기호에만 근거하는, 무언극無言劇 같은 표현 양식도 당연히 기호학에 속하는지를 질문해야 한다. 하지만 기호학이 그러한 표현 양식을 자기 분야로 받아들인다고 가정하더라도 주된 연구대상은 여전히 기호의 자의성에 입각한 이 기호 체계 전체이다. 사실상 한 사회에 수용된 전체 표현 수단은 원칙적으로 집단적 습관, 다시 말해서 규약(또는 관례)에 토대를 둔다. 예컨대 흔히 자연스러운 표현을 갖춘 예절기호(머리가 땅에 닿도록 무릎을 꿇고 황제에게 아홉 번 큰절을 하는 중국인을 생각해 보자)도 역시 규칙으로 정해진 것이다. 그리하여 이 예절기호를 사용하도록 강제하는 것은 이 예절 규칙이지 이 예절기호에 내재하는 가치는 아니다. 따라서 전적으로 자의적인 기호는 자의적이지 않은 다른 기호들보다 기호학적 이상理想을 훨씬 잘 실현한다고 말할 수 있다. 이런 이유로 표현 체계 가운데서 가장 복잡하고 가장 널리 퍼진 언어는 모든 표현 체계 중에서 가장 특징적인 것이다. 이러한 의미에서, 언어는 표현 체계의 한 가지 특수 체계이지만, 언어학은 기호학 전체의 일반적 모형이 될 수 있다.

언어기호, 좀 더 정확히 말하자면 기표로 부르는 것을 가리키기 위해 **상징**symbole이라는 용어도 사용되었다. 이 용어를 받아들이는 데는 불편한 점이 있다. 그 이유는 우리가 정한 제1원리인 자의성 때문이다. 상징은 전적으로 자의적인 것만은 아니라는 특성이 있다. 그것은 내용이 비어 있지 않고, 기표와 기의 사이에 맺어진 자연적 관계의 흔적이 있다. 정의의 상징인 저울을 아무것으로, 예컨대 마차로 대체할 수는 없다.

자의적이라는 단어도 또한 주의를 요한다. 이 단어는 기표가 화자의 자유로운 선택에 달려 있다는 생각을 갖게 해서는 안 된다(뒤에가서, 언어 집단 내에 일단 확립된 기호를 바꿀 수 있는 힘이 개인에게는 없다는 사실을 알게 될 것이다). 그래서 기표가 **무연적**無緣的이라는 것, 즉 기의에 대해 자의적이라는 것, 현실에서 기의와는 아무런 자연적 연관관계가 없다는 것을 말하고 싶다.

이제 이 제1원리를 설정하는 데 제기되는 두 가지 반론을 지적하면서 논의를 끝내자.

1. 의성어에 근거해서 기표의 선택이 반드시 자의적인 것만은 아니라고 말할 수도 있다. 그러나 의성어는 언어 체계의 조직적 요소는 결코 아니다. 더구나 의성어의 수는 흔히 생각하는 것보다 훨씬 적다.

fouet채찍나 glas조종(弔鐘) 같은 단어는 무언가를 암시하는 음향으로 청각을 자극할 수 있다. 그러나 이 의성어가 원래부터 이런 특성이 없었다는 점은 라틴어 형태로 거슬러 올라가면 확실히 밝혀진다(fouet는 fāgus너도밤나무에서 파생했고, glas는 classicum신호 나팔음에서 유래한다). 그리하여 이들이 오늘날 지닌 음가, 다시 말해서 사람들이 이 음성들에 부여하는 음가는 음성 진화의 우연한 결과에 지나지 않는다.

진정한 의미의 의성어(glou-glou꼴꼴, tic-tac똑딱 등과 같은 유형의 의성어)는 수가 극소수일 뿐만 아니라 그 선택도 이미 어느 정도 자의적이다. 그것은 이들이 이미 규약에 따라 소리를 비슷하게 모방한 것에 지나지 않기 때문이다(프랑스어 ouaoua야옹야옹와 독일어 wauwau 야옹야옹를 비교해 보라). 게다가 이들 의성어도 일단 언어에 도입되면, 정도의 차이는 있지만, 다른 단어들과 마찬가지로 음성과 형태의 진화를 겪는다(pigeon비둘기 참조. 이는 대중 라틴어 pīpiō삐삐 울다에서 유래하며, 이 라틴어 단어는 의성어에서 생겨났다). 이 사례는 의성어는 원래의 의성적 특성을 상실하고, 무연적 언어기호가 가진 일반적 특성을 다시 띠게 되었다는 데 대한 뚜렷한 증거가 된다.

2. 의성어와 매우 비슷한 **감탄사**에 대해서도 비슷한 지적을 할 수 있다. 감탄사도 우리 주장에 더 이상 위협적인 요소가 못 된다. 언어학자들은 이 감탄사를 현실을 반영하는 자연적 표현, 말하자면 자연에 의해 생겨난 표현으로 생각하려고들 했다. 그러나 대부분의 감탄사를 통해 기의와 기표 사이에 필연적인 연관성이 있다는 사실을 부인할 수 있다. 이와 관련해서 두 언어를 비교만 해 봐도 이 감탄 표현이 언어마다 얼마나 다른지를 충분히 알 수 있다(예컨대 프랑스어 aïe!아야는 독일어 au!아야에 대응한다). 더욱이 많은 감탄사가 원래

는 특정한 의미가 있는 단어에서 시작되었다는 것도 잘 알려져 있다 (diable!제기랄 mordieu!빌어먹을 = mort Dieu죽은 신 등 참조).

요약하자면, 의성어와 감탄사는 이차적인 중요성만 있으며, 그 기원이 상징이라는 데는 부분적으로 논란의 여지가 있다.

§3. 제2원리: 기표의 선적 특성

기표는 청각적 성질을 지니므로 오직 시간 선상에서 전개되며, 따라서 시간의 속성에서 그 특징을 가져온다. a) 기표는 시간적 길이를 표상하고, b) 이 시간의 길이는 일차원 —— 이는 곧 선線을 의미한다 —— 에서 측정이 가능하다.

이 원리는 명백하지만 그것을 명확히 진술하는 것을 늘 경시하는 듯이 보이는데, 그것은 분명 이 원리를 너무 단순한 것으로 생각했기 때문이다. 그러나 이 선적 특성의 원리는 기본적일 뿐 아니라, 또 그 결과는 매우 중요해서 평가하기가 어렵다. 이 원리의 중요성은 앞의 제1법칙인 자의성의 중요성에 버금간다. 언어의 메커니즘 전체가 이 원리에 의존하기 때문이다. (225쪽 참조) 다차원에서 동시에 공존하는 복합적 사실을 제공하는 시각적 기표(해상신호 등)와는 반대로, 청각적 기표는 단지 시간적 선線만 이용한다. 그리하여 이 청각적 기표 요소는 하나씩 차례로 출현하면서 연쇄를 형성한다. 이 선적 특성은 이 기표 요소를 문자로 나타내거나 시간 연속을 문자기호로 된 공간적 선으로 대치해 보면 즉각 드러난다.

그러나 어떤 경우에는 이 선적 특성이 명확하게 나타나지 않는다. 예컨대 어느 음절에 강세를 주면, 상이한 의미 요소들을 같은 한 지점에 축적하는 것처럼 보인다. 그러나 그것은 잘못된 생각이다. 음절과 거기에 주어지는 악센트는 단일한 발성 행위이다. 이 발성 행위 내부에는 이 같은 이원성이 아니라 단지 인접 요소와의 다양한 대립만이 있을 뿐이다. (이 주제에 관해서는 236쪽 참조)

제2장　기호의 불변성과 가변성

§ 1. 불변성

기표는 그것이 표상하는 관념과 관련해서 자유로이 선택된 것처럼 보이지만, 실제로는 그 반대로 기표를 사용하는 언어 공동체와 관련해서 자유롭지 못하고 강제된 것이다. 사회 집단의 견해는 참조되지 않으므로 언어에 선택된 기표는 다른 기표로 대체될 수 없을 것이다. 이 사실은 모순을 내포하는 듯이 보이기 때문에 잘 아는 말로 '요술쟁이 카드'로 불릴 수 있다. 언어에게 "선택해 보라!"라고 말하면서 "이 기호라야지 다른 기호는 안 돼"라고 토를 다는 식이다. 개인이 혹시 원하더라도 이미 선택된 기호는 어떤 식으로든지 변경할 수 없을 뿐만 아니라 대중 집단도 단 한 단어에 대해서도 지배권을 행사하지 못한다. 그래서 대중 집단은 현존하는 언어에 구속을 받는다.

　따라서 언어는 순수한 계약과 동일시할 수 없다. 언어기호를 연구하는 것이 특별히 흥미로운 점은 바로 이런 측면이다. 그 이유는 한 언어 집단에 수용된 법칙은 사람들이 자유로이 동의한 규칙이 아니라 어쩔 수 없이 받아들인 강제라는 점을 입증하려면, 곧 언어가 가장 명백한 입증 증거를 제공하기 때문이다.

그러므로 이제 언어기호가 어떻게 인간의 의지를 벗어나는지 살펴보고, 그 후 이 현상에서 야기되는 중요한 결과를 이끌어 내자.

어떤 시대든지, 아무리 과거로 까마득히 거슬러 올라가더라도 언어는 언제나 그 이전 시대로부터 물려받은 유산으로 나타난다. 어느 특정 시기에 각 사상事象에 이름을 부여하는 행위, 즉 개념과 청각영상을 맺어 주는 이 계약 행위를 상상해 볼 수는 있지만, 한 번도 확인된 적이 없다. 사정이 어쩌면 이처럼 전개되었을 것이라는 생각은 기호의 자의성에 대한 생생한 우리 느낌에서 생겨난 것이다.

사실상 그 어느 사회도 언어를 그 이전 세대로부터 물려받은 유산으로서, 물려받은 대로 수용할 수밖에 없는 것으로 인정했고, 또 그렇게 인정해 왔다. 이러한 이유로 언어의 기원起源 문제는 언어학자들이 일반적으로 중요하게 생각하는 만큼 그렇게 중요하지 않다. 그것은 제기할 가치조차 없는 문제이기 때문이다. 그래서 언어학의 진정하고도 유일한 연구대상은 이미 형성된 개별어의 정상적이고 정규적인 생태 자체이다. 주어진 언어 상태는 항상 역사적 요인의 산물이며, 이 역사적 요인은 왜 기호가 불변적인 것인지, 다시 말해서 왜 모든 임의적으로 대치代置하는 것에 저항하는지를 잘 설명해 준다.

그러나 이보다 한 걸음 더 나아가지 못하면, 언어가 이전 세대의 유산이라는 말로는 아무것도 설명하지 못한다. 이전 시기로부터 물려받은 이 기존의 법칙을 여느 때라도 정말 변경할 수 없는 것인가?

그 반론으로 언어를 사회적인 틀 내에 위치시키고, 다른 사회제도에 던지는 질문과 똑같은 질문을 제기할 수 있다. 이 사회제도는 어떻게 전승되는 것인가? 이 질문은 불변성의 문제를 포함하는, 보다 일반적인 문제이다. 우선, 다른 사회제도가 누리는 최대의 자유나 최소의 자유를 잘 평가해야 한다. 그러면 각 사회제도에는 강제적 전통과 사회의 자유 행위 사이에 일정하게 균형을 이루는 차이가 있다는 것을 알게 된다. 다음으로, 주어진 영역에서, 왜 이 첫 부류의 강제 요인이 둘째 부류의 자유 요인보다 더 강력한 것인지 아니면 더 강력하지 않은 것인지를 찾아봐야 한다. 마지막으로, 언어 문제로 되돌아와서, 왜 역사적 전승 요인이 언어 전반을 지배하며, 급작스레 일어나는 일반적인 언어변화를 모두 배제하는지를 질문해야 한다.

이 문제에 답변하려면 많은 논거를 내세울 수 있다. 예컨대 언어 변경이 세대들 간의 연계와 관계없다고 말할 수도 있다. 그것은 이 세대들이 가구의 서랍장처럼 차곡차곡 쌓이는 것이 아니라 서로 뒤섞이고, 서로 침투하며, 또한 각 세대에는 모든 연령층의 개인들이 다 포함되기 때문이다. 그리고 모국어 습득에 요구되는 전체적 노력을 환기시키고, 여기에서 일반적인 언어변화가 불가능하다는 결론을 끌어낼 수도 있다. 또한 사람들이 개별어의 실행을 깊이 성찰하지 않는다는 점도 추가하고, 화자들이 대개는 언어 법칙을 의식하지 않는다는 사실도 덧붙일 수 있다. 그러면 화자들이 이 언어 법칙을 이해하지 못하면서 어떻게 이 법칙을 변경할 수 있는가? 설사 화자들이 이 법칙을 의식하더라도 각 민족은 일반적으로 물려받은 언어에 만족한다는 의미에서 언어 사실을 좀처럼 비판하지 않는 것도 상기해야 한다.

이러한 고찰은 중요하지만, 문제의 핵심을 찌르는 것은 아니다. 그리하여 더 근본적이며, 더 직접적인 다음 몇 가지 고찰을 오히려 선호하는데, 그것은 다른 모든 고찰이 여기에 의존하기 때문이다.

1. 기호의 자의성. 앞에서 우리는 이 자의성으로 인한 언어변화가 이론적으로 가능하다는 것을 인정했다. 더 깊이 들어가 보면, 사실은 기호의 자의성 자체가 언어를 변경하려는 모든 시도로부터 언어를 보호한다는 점을 알게 된다. 대중 집단이 지금보다 더 언어에 의식적이 된다고 해도 언어를 문제 삼을 수는 없다. 왜냐하면 어떤 언어 사상을 문제시하려면 타당한 규범에 근거해야 하기 때문이다. 예컨대 일부일처제가 일부다처제보다 더 타당한 것인지를 논의하고, 이 양자 가운데 어느 한 가지 혼인제도를 지지하기 위한 논거를 내세울 수도 있다. 또 상징은 의미하는 대상과 합리적 관계를 맺는 까닭에 상징 체계를 논의할 수도 있다. (138쪽 참조) 그러나 자의적 기호 체계인 언어는 이런 토대가 없으며, 따라서 언어만으로는 확고한 논의의 기반을 확보하지 못한다. 그리하여 sister누이보다 sœur누이를 선호하고, bœuf황소보다 Ochs소를 선호해야 할 근거가 전혀 없다.

2. 모든 언어 구성에 필요한 기호의 다수성. 이 사실은 엄청나게 중요하다. 20개 내지 40개 문자로 구성된 문자 체계는 부득이한 경우에는 다른 문자 체계로 대체할 수 있다. 만일 언어가 제한된 수의 요소만 가진다면, 언어도 이와 마찬가지로 대체할 수 있다. 그러나 언어기호의 수는 무수하게 많다.

3. 언어 체계의 과도한 복합성. 언어는 체계를 이룬다. 뒤에 가서 살펴보겠지만, 언어가 이 점에서 완전히 자의적이 아니라 상대적으로 근거가 있는 것이라면, 이 또한 대중 집단이 언어를 변화시킬 수 없는 무능력이 드러나는 곳이다. 왜냐하면 언어 체계는 복잡한 메커니즘이기 때문이다. 이 언어 체계는 단지 성찰을 통해서만 포착할 수 있지만, 언어를 일상으로 사용하는 화자들은 이 점을 깊이 인식하지 못한

다. 언어변화는 문법학자나 논리학자 같은 전문가들이 개입하지 않으면 생각조차 할 수 없다. 그러나 경험을 통해서 이런 성질의 간섭은 성공한 적이 없다는 것이 증명되었다.

4. 모든 언어 혁신에 대한 언어 집단의 무기력한 저항. 이 고찰은 앞의 세 가지 고찰보다 월등하게 중요하다. 언어는 매 순간마다 모든 사람이 관심을 가지는 사상이다. 그리고 언어는 대중 집단 속에 널리 퍼져서 언어 집단이 구사하고, 모든 개인이 온종일 사용하는 사상이다. 이런 점에서 언어는 다른 제도와 절대 비교할 수 없다. 법규, 종교 의식, 해상신호 등과는 동시에 그리고 제한된 시간 내에 오직 소수의 개인만이 관련된다. 이와 반대로 언어는 각 개인이 늘상 참여하며, 이러한 이유로 모든 사람들의 영향을 끊임없이 받는다. 이 주요한 사실은 언어 혁명이 불가능하다는 것을 보여 주기에 충분하다. 언어는 모든 사회제도 가운데서 주도권 장악이 가장 어려운 제도이다. 언어는 사회의 대중 집단의 생태와 혼연일체를 이루며, 대중 집단은 원래 무기력하기 때문에 무엇보다도 보수적 요인으로 나타난다.

그렇지만 언어가 자유로운 것이 아님을 명확히 알기 위해, 언어가 사회세력의 산물이라고 말하는 것으로는 불충분하다. 언어가 항상 그 이전 시기의 유산이라는 점을 상기하면, 이 사회세력은 시간에 따라 작용한다는 점을 첨언해야 한다. 언어가 고정성이라는 특징을 갖고 있다면, 그것은 언어가 대중 집단이라는 무게와 결부되어 있을 뿐만 아니라, 또한 시간 선상에도 위치하기 때문이다. 이 두 가지 사실은 불가분의 관계에 있다. 과거와의 유대관계가 언제나 선택의 자유를 가로막는다. 앞선 세대가 homme사람, chien개이라고 말했기에 우리도 따라서 마찬가지로 homme, chien이라고 말한다. 그렇지만 이 현상 전체에서 이 두 가지 이율배반적 요인 사이에 아무런 관계가 없다고는 할 수 없다. 즉 선택을 자유롭게 만드는 자의적 규약과 이 자유로운 선택을 고정하는 시간은 밀접한 관계가 있다. 기호는 전통 이외의 다른 법칙을 갖지 않기 때문에 자의적이며, 또 기호가 자의적이 되는 것도 그것이 전통에 기반을 두기 때문이다.

§2. 가변성

시간은 언어의 지속성을 보장하기 때문에 또 다른 효력을 갖는다. 이는 첫째 불변성의 효력과는 표면상으로 모순되는 듯이 보인다. 그것은 언어기호를 다소간 빠르게 변질시키는 효력으로서, 어떤 의미에서 기호의 불변성과 가변성을 한꺼번에 같이 말할 수 있다.[1]

결국 이 두 현상은 유대관계가 있다. 기호는 지속적이므로 변질할 수밖에 없다. 모든 기호 변질에서 지배적인 현상은 옛날의 질료가 그대로 지속한다는 것이다. 그래서 과거의 옛것을 충실히 지속하고 지속하지 않는 것은 단지 상대적인 문제일 뿐이다. 이러한 이유로 기호 변질의 원리는 기호 지속의 원리에 기반을 둔다.

시간 선상에 일어나는 언어 변질에는 여러 형식이 있는데, 이 변질의 개별적 형식은 언어학의 중요한 각 장章의 주제가 된다. 세부 사

1† 소쉬르가 이 두 가지 모순되는 성질을 언어에 부여했다고 해서 그를 비논리적이라거나 역설적이라고 비난한다면 잘못일 것이다. 분명한 두 사항의 대립을 통하여 그는 단지 화자들이 변경시킬 수는 없지만 언어는 변한다는 진리를 강력하게 지적하기를 원한 것이다. 언어는 감히 범할 수는 없지만 변질될 수 없는 것도 아니라고 말할 수 있다.

항은 논하지 않고, 규명할 중요한 사실만 제시하면 다음과 같다.

무엇보다도 먼저, 여기서 변질이라는 용어가 갖는 의미를 오해하지 말아야 한다. 이 언어 변질이라는 용어로 인해 여기에서는 특히 기표가 겪는 음성변화나 기의의 개념에 영향을 미치는 의미변화가 문제시되는 것으로 생각할 수 있다. 그러나 이 견해는 불충분한 것 같다. 기호의 변질 요인이 무엇이건, 개별적으로 작용하건 결합해서 함께 작용하건, 이 요인은 언제나 **기의와 기표 사이의 관계를 이전하기에** 이른다.

몇 가지 실례를 살펴보자. '죽이다'를 의미하는 라틴어 necāre는 프랑스어에서 noyer죽이다가 되었고, 우리가 잘 아는 ('물에 빠뜨리다'란) 의미를 가진다. 청각영상과 개념이 둘 다 변했지만, 이 변화의 두 부분을 구별하려는 것은 쓸모없는 일이다. 그리하여 관념과 기호의 연계가 느슨해졌다는 것, 이 관계가 이전되었다고 **전체적으로** 확인하는 것만으로 충분하다. 고전 라틴어 necāre와 프랑스어 noyer를 비교하는 대신에, 이것을 'noyer'물에 빠뜨리다를 의미하는 4, 5세기의 대중 라틴어[2] necare물에 빠뜨리다와 대립하면, 문제는 약간 달라진다. 그렇지만 이 경우에도 눈에 띄는 기표의 변질은 없지만, 관념과 기호의 관계는 전이되었다.[3]

---

2 대중 라틴어는 기원전 1세기부터 로마제국에서 사용되던 구어 변이체이며, 문어로 주로 사용되던 고전 라틴어와는 기원 2세기경부터 큰 차이를 보이기 시작한다. 4~5세기경에는 이 차이가 더욱 크게 벌어져 7~8세기경에는 소위 로망제어의 지역적 변이의 모습을 띠고, 프랑스어, 이탈리아어, 에스파냐어, 카탈루냐어 등 별개의 개별어로 발달한다.

3 라틴어 necāre는 '죽이다'를 의미하나 대중어에 와서는 '물에 빠뜨려 죽이다'라는 뜻으로 의미가 특수화되었다.

고대 독일어 dritteil3분의 1은 근대 독일어 Drittel3분의 1이 되었다. 이 경우에 개념은 변치 않고 그대로 남아 있지만, 기표와 기의의 관계는 두 가지로 변했다. 즉 기표의 질료적 측면만 변한 것이 아니라 문법 형태도 변했다. 그리고 그것은 이미 Teil부분의 관념은 함의하지 않고, 단일한 개념어가 되었다. 이 둘 중 어느 것이든 두 관계가 전이된 것이다.

앵글로색슨어에서 문헌어 이전의 형태 fōt발는 fōt(근대 영어 foot 발)으로 그대로 남아 있지만, 복수형 *fōti발들는 fēt(근대 영어 feet발들)가 되었다. 이것이 상정하는 변질이 무엇이든 한 가지 사실만은 확실하다. 즉 기표와 기의의 관계가 전이되었다는 점이다. 음성 질료와 관념 사이에 여러 다른 대응관계가 생겨난 것이다.

언어는 기의와 기표의 관계를 매 순간 이전시키는 요인에 맞서서 스스로를 방어하기에는 근본적으로 무기력하다. 그것은 기호의 자의성이 낳은 결과 가운데 하나이다.

관습, 법률 등과 같은 다른 인간제도는 모두 정도의 차이는 있지만, 사상事象의 자연적 관계에 기반을 둔다. 이러한 제도는 사용된 수단이 추구하는 목적과 필연적으로 반드시 일치한다. 복장을 결정하는 유행조차 완전히 자의적인 것은 아니다. 왜냐하면 인간의 신체가 규정하는 조건의 범위 그 이상은 벗어날 수 없기 때문이다. 이와 반대로 언어는 사용 수단을 선택하는 데 아무 제약이 없다. 왜냐하면 임의의 개념과 임의의 음성 연쇄를 연합하지 못하도록 막는 것은 없기 때문이다.

언어가 순수한 제도라는 점을 잘 인식시키기 위해 휘트니는 기호의 자의적 특성을 아주 적확하게 강조했다.[4] 그렇게 해서 그는 언어학을 진정한 방향으로 가는 궤도 위에 올려놓았다. 그러나 그는 이 작업을 끝까지 밀고 가지 못했고, 이 자의성으로 인해 언어가 다른 모든 제도와 근본적으로 구별된다는 사실을 파악하지 못했다. 이 점을 언어가 진화하는 방식을 통해 잘 알 수 있다. 언어 진화보다 더 복잡한 현상은 없다. 한편으로 개인은 사회의 대중 집단 내에 있으면서도 동시에 시간상에 위치하므로 여기서는 그 누구도 언어를 변경할 수 없기 때문이고, 또 다른 면으로 이 기호의 자의성이 이론적으로는 음성 질료와 관념 사이에 어떤 관계라도 자유로이 구축할 수 있기 때문에 그렇다. 여기에서, 기호 내에 결합된 이 두 요소는 그 어느 곳에서도 볼 수 없는 균형을 이루면서 각자 독자적인 생태를 영위한다. 따라서 언어는 음성이나 의미에 영향을 주는 모든 요인의 영향을 받아 변질한다, 보다 정확하게 말해서 진화한다는 결론이 나온다. 이 언어 진화는 숙명적이어서 거기에 저항하는 언어의 사례는 찾아볼 수 없다. 시간이 한참 흐른 뒤에야 언제나 언어가 현저히 변화한 것을 확인할 수 있다.

이 현상은 정말 진眞이어서 그 원리가 인공언어에서도 분명하게 증명된다. 인공언어를 만들어 낸 사람은 그것을 유포하지 않으면, 손에 그것을 장악하고 있다. 그러나 인공언어가 사명을 수행하면서 만인의 소유가 되는 순간 그 사람의 통제력은 빠져나간다. 에스페란토어는 이 부류에 속하는 시도이다. 그런데 그것이 성공하더라도 이 숙

---

4 예컨대 "모든 인간언어에 전해 내려온 단어들은 모두 자의적이고 약정적인 기호이다"(*The Life and Growth of Language*, 1875, p. 19), "존재하는 인간 발화는 자의적이고 약정적인 기호 군이며, 이는 전통이란 형식으로 한 세대에서 다음 세대로 전수된 것이다"(*Language and the Study of Language*, 1867, p. 32).

명적인 변질의 법칙을 벗어날 수 있을까? 에스페란토어는 최초의 시기가 지나면, 거의 틀림없이 자신의 기호학적 삶을 살기 시작할 것이다. 그리하여 이 인공언어는 깊은 숙고를 거쳐 고안하고 창조한 때의 법칙과는 아무 공통성도 없는 법칙에 따라 전승되며, 더 이상 과거 상태로 다시 회귀할 수 없다. 불변하는 언어를 만들고 이를 후손들이 그대로 수용해야 한다고 주장하는 사람들은 마치 오리알을 품은 암탉과도 흡사하다. 그가 창제한 이 언어도 싫건 좋건 상관없이 모든 언어를 휩쓸어 가는 흐름에 떠내려갈 것이기 때문이다.

시간 선상에서 갖는 기호의 지속성은 시간 선상에 일어나는 기호의 변질과 연결되면 일반기호학의 원리가 된다. 이 원리를 문자 체계, 농아언어 등에서 확증할 수 있다.

그러나 언어변화의 필연성은 과연 무엇에 기반을 두는 것일까? 이 점에서 언어기호의 불변성의 원리만큼 명료한 입장을 밝히지 않으면 비난을 받을 수 있다. 그것은 우리가 언어 변질의 여러 다른 요인을 구별하지 않았기 때문이다. 그리하여 이 변질 요인이 어느 정도로 필연적인 것인지를 알려면 이 변질 요인의 다양한 양상을 고찰해야 한다.

기호의 지속성의 원인은 선험적으로 관찰자가 포착할 수 있는 범위 내에 있다. 그러나 시간을 통해 일어나는 이 기호 변질의 원인은 그렇지 않다. 이 문제를 정확히 설명하는 것은 잠시 보류하고, 이 두 가지 관계의 이전에 대해 일반적인 사실을 단지 언급만 하는 것이 더 나을 것이다. 시간은 삼라만상의 모든 것을 변질시키며, 따라서 언어도 이 보편 법칙을 벗어날 이유가 없다.

서론에서 이미 확정한 원리를 참조하여 우리가 제시한 논증 단계를 한 단계씩 요약해 보자.

1. 우리는 단어에 대한 무의미한 정의를 피하면서 **인간언어**가 나타내는 전체 언어 현상 내에 두 가지 요인인 **언어**langue와 **발화**parole를 우선 구별하였다. 우리로서는 언어는 인간언어에서 발화를 제외한 부분이다. 그것은 화자가 타인을 이해하고, 타인에게 자신을 이해시키는 언어 관습 전체를 가리킨다.

2. 그러나 이 정의는 여전히 언어를 사회 현실의 외부에 둔다. 그래서 이 정의는 언어를 비현실적인 것으로 만든다. 이 정의가 현실의 여러 국면 중 단지 한 국면인 개인적 국면밖에는 포괄하지 못하기 때문이다. 언어가 존재하기 위해서는 **발화 대중**이 필요하다. 그 어느 시기에서도, 겉보기와는 달리 언어는 사회적 현상의 외부에서는 존재하지 않는데, 그것은 언어가 기호학적 현상이기 때문이다. 언어의 사회성은 언어의 내재적 특성이다. 아래 도식이 보여 주는 바와 같이, 언어에 대한 완벽한 정의는 분리할 수 없는 두 사상事象을 정면으로 보여 준다.

그러나 이와 같은 조건에서 언어는 생존할 수 있을 뿐이지 살아 있는 것은 아니다. 그리하여 이는 사회적 현실만 고려한 것이며, 역사

적 사실은 고려하지 않았다.

　3. 언어기호는 자의적이므로 이처럼 정의된 언어는 의지에 따라 조직할 수 있고, 오직 합리적 원리에만 의존하는 자유로운 체계인 것처럼 보인다. 언어의 사회성 자체만 고려하면, 이 관점과 정확히 대립되는 것은 아니다. 분명 집단적 심리는 순전히 논리적인 소재에만 작용하는 것은 아니기 때문이다. 개인과 개인이 맺는 실제적 관계에서 이성을 왜곡하는 모든 것도 고려해야 한다. 그렇지만 언어를 이해당사자가 마음대로 수정할 수 있는 단순한 규약으로 간주하지 못하게 방해하는 것은 사회성이 아니라 이 사회적 요인의 작용과 결부된 시간의 작용이다. 그리하여 시간의 지속을 벗어나서는 언어 현실은 완벽할 수 없으며, 어떤 결론도 내리기 불가능하다.

　만약 언어를 발화 대중 없이 시간 선상에서만 파악한다면(예컨대 수세기 동안 홀로 살아가는 개인을 가정해 보자), 아마도 어떠한 언어 변질도 확인할 수 없고, 따라서 시간은 언어에 작용하지 않을 것이다. 역으로 시간의 요인 없이 발화 대중만을 고려하면, 언어에 작용하는 사회적 요인이 미치는 효력은 알 수 없다. 따라서 언어 현실을 정확히 파악하려면, 앞에 제시한 첫째 도식에 시간의 진행을 나타내는 기호를 덧붙여야 한다.

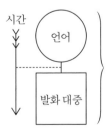

그러면 이제부터 언어는 자유롭지 못하다. 그것은 시간과 사회적 요인이 언어에 영향력을 행사하여 그 효력을 발휘하기 때문이다. 그리하여 이제 언어에서 자유를 제거하는 언어 지속성의 원리에 이르게 되었다. 그렇지만 이 언어의 지속성은 필연적으로 변질, 즉 다소간 상당히 많은 관계의 이전을 내포할 수밖에 없다.

제3장 정태언어학과 진화언어학

§1. 가치를 다루는 모든 과학의 내적 이중성

극소수의 언어학자들만이 시간 요인의 개입으로 언어학에 독특한 난점이 발생한다는 것과, 또 이 시간의 개입으로 언어학이 완전히 상반되는 두 방향으로 연구된다는 점을 예상한다.

대부분의 다른 과학은 근본적으로 이러한 이원성이 없다. 그리고 시간이 이들 학문에서는 특별한 효력을 발휘하지 않는다. 천문학은 천체가 격변을 겪는 현상을 확인하지만, 그렇다고 해서 천문학을 두 학문 분야로 구분하는 것은 아니다. 지질학은 거의 언제나 계기적 지질 현상을 추론하지만, 고정 상태의 토양을 다루면서도 이것을 근본적으로 별개의 대상으로 연구하지 않는다. 기술記述법학이 있고, 법의 역사가 있지만, 아무도 이 두 분야를 대립시키지 않는다. 국가의 정치사는 시간 선상에서 움직인다. 그렇지만 역사학자가 역사의 어느 한 시대를 기술하는 경우에도 역사에서 벗어난다는 느낌은 갖지 않는다. 역으로 정치제도를 연구하는 학문은 본질적으로는 기술적이지만, 이 분야는 경우에 따라 통일성을 유지하면서도 역사적인 문제를 훌륭히 잘 다룬다.

　이와 반대로 우리가 여기서 애기하는 이중성은 이미 경제학에서는 어쩔 수 없이 강제로 수용하고 있다. 경제학 분야는 앞의 여러 사례들과는 반대로, 경제학과 경제사가 동일한 학문 내에서 확연히 분리된 두 분야를 구성한다. 그리하여 이러한 주제를 다룬 최근 저서들은 이 두 분야의 구별을 두드러지게 강조한다. 경제학자들은 이런 방식으로 연구를 하면서도 이것을 정확히 이해하지 못하지만, 이들은 내적 필연성에 따라 연구한다. 이와 같은 필연성 때문에 언어학도 각기 고유한 원리를 지닌 두 분야로 구분해야 한다. 그것은 경제학처럼 언어학도 가치의 개념을 연구대상으로 하기 때문이다. 이들 두 과학에서 문제시되는 것은 **서로 다른 질서에 속하는 두 사상 사이의 등가 체계**이다. 경제학에서는 노동과 임금이고, 언어학에서는 기의와 기표의 두 사상이 그것이다.

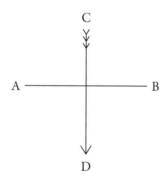

　모든 과학이 이들이 다루는 사상이 위치하는 축軸에 관심을 기울이고 좀 더 신중하게 이를 지적해야 한다는 것은 분명하다. 그리

하여 모든 분야에서 그림처럼 두 축을 구별해야 한다. 1. 동시성의 축(AB). 이것은 공존하는 사실들 사이의 관계에 관여하며, 따라서 시간의 개입이 완전히 배제된다. 2. 계기성의 축(CD). 이 축에서는 한 번에 한 가지 사실만 고려하지만, 앞의 AB축의 모든 사실이 변화 요소와 함께 위치한다.

가치를 다루는 과학에서 이 두 축의 구별은 실제적으로 필요하지만, 어떤 경우에는 절대적으로 필요하다. 가치과학의 영역에서 두 축을 고려하지 않으면, 다시 말해서 그 자체로 고찰한 가치 체계와 시간과 관련해서 고찰한 가치를 구별하지 않으면, 학자들은 엄밀하게 연구를 추진하려고 해도 추진할 수 없다.

이 두 축의 구별은 언어학자에게는 아주 절대적으로 강제된다. 왜냐하면 언어는 순수한 가치 체계이므로 이 체계를 구성하는 사항들의 순간 상태를 벗어난 외부에서는 그 어떤 것으로도 언어를 규정할 수 없기 때문이다. 가치는 여러 측면 중 어느 한 측면으로 인해 사상과, 이 사상의 자연적 관계에 근거하므로(예컨대 경제학처럼, 토지는 발생하는 수익에 비례해서 가치가 정해진다), 이 가치는 동시기의 가치 체계에 매 순간 의존한다는 사실을 잊지 않으면 시간 선상에서 이 가치를 어느 정도 추적할 수 있다. 어쨌든 가치는 사상과의 연관을 통해 자연적 토대를 제공받으며, 이 사실로 인해 가치에 대한 평가는 완전히 자의적인 것만은 아니게 된다. 더욱이 가치평가의 변동 폭도 제한된다. 그러나 우리가 살펴본 것처럼, 언어학에는 자연적 소재素材가 들어설 자리가 전혀 없다.

가치 체계가 복잡하고 엄밀하게 조직되면 될수록, 이러한 복잡성 때문에 가치 체계를 두 축에 따라 차례대로 연구할 필요성이 더 절실해진다는 점을 첨언하자. 그런데 어느 체계도 언어 체계에 필적할 만큼 이처럼 복잡하지 않다. 그 어느 분야에서도 이처럼 정밀하게 작용하는 가치, 다시 말해서 이처럼 아주 엄밀하게 상호 의존하는, 엄청난 수의 다양한 사항을 찾아볼 수 없다. 언어의 지속성을 설명하려고 이미 내세운 기호의 다수성多數性으로 인해 시간 선상의 관계와 체계상의 관계를 절대로 동시에 연구할 수 없다.

이러한 이유로 우리는 두 종류의 언어학을 구별한다. 그러면 이 두 언어학을 어떻게 명명할 것인가? 현재 제시된 용어는 모두 이 구별을 제대로 나타내 주기에는 하나같이 부적합하다. 예컨대 역사와 '역사언어학'이라는 용어는 지나치게 모호한 개념을 불러일으키므로 사용할 수 없다. 정치사가 사건의 서술뿐만 아니라 시대의 기술記述도 포함하는 것처럼, 언어의 계기 상태를 기술하면서도 동시에 시간축에 따라 언어를 연구하는 것을 생각할 수 있다. 그러기 위해서는 언어가 한 상태에서 다른 상태로 이행하는 현상을 별도로 고찰해야 한다. **진화**와 **진화언어학**이라는 용어가 좀 더 정확하므로 이들을 자주 사용할 것이다. 이와 대립적 용어로 언어 상태의 과학 또는 **정태언어학**이라는 용어를 사용할 것이다.

그렇지만 동일한 대상을 다루지만 다른 두 질서에 속하는 현상의 대립과 교차를 더 잘 나타내기 위해, **공시언어학**과 **통시언어학**이란 용어를 더 선호할 것이다. 언어과학의 정태적 국면과 관계되는 모든 것은 공시적이고, 진화와 관련되는 모든 것은 통시적이다. 마찬가지로 **공시태**와 **통시태**는 각각 언어 상태와 언어 진화의 국면을 지칭할 것이다.

§2. 언어의 내적 이중성과 언어학사

언어 사실을 연구할 때 가장 놀라운 것은 시간 선상에 위치한 이 언어 사실의 연속성이 화자에게는 실제로 존재하지 않는다는 점이다. 화자는 언어의 어느 한 상태에 위치한다. 따라서 언어 상태를 이해하려는 언어학자는 이 언어 상태를 산출한 모든 것을 제거하고, 통시태를 무시해야 한다. 언어학자는 과거를 제거해야만 화자의 의식 속으로 들어갈 수 있다. 역사를 개입시키면 언어학자는 그릇된 판단을 할 여지가 있을 뿐이다. 쥐라산맥의 여러 정상[1]에서 알프스산맥의 전경全景을 한꺼번에 포착해 그림을 그리는 것은 불합리하다. 전경은 한 지점에서만 포착해야 하기 때문이다. 언어도 마찬가지이다. 즉 어느 한 언어 상태에 위치해야만 언어를 기술할 수 있고, 관용을 위한 규범을 규정할 수 있다. 언어학자가 언어 진화를 추적할 때, 그는 마치 전망의 위치 이동을 기록하기 위해 쥐라산맥의 어느 끝지점에서 다른 끝지점으로 이동하는 관찰자와도 같다.

근대 언어학이 성립된 이래 언어학은 철저히 통시태에 몰입했다고 말할 수 있다. 인도유럽어 비교문법은 이전 시기의 언어 유형을 가설적으로 재구再構하기 위해 기존에 이용하던 언어 자료를 사용한다. 그래서 비교문법에서 비교는 과거를 재구성하는 수단에 지나지 않았다. 비교 방법은 하위 어군(로망제어, 게르만제어 등)에 대한 특정 연

---

1 르레퀼레산(프랑스 앵도)은 고도 1,718미터로 제2의 높은 산이고, 라돌산(스위스 보주)은 고도 1,677미터의 산이며, 샤스랄산(스위스 베른주)은 고도 1,606미터의 높은 산이다. 모두 쥐라산맥에 위치한 고산이며, 이 산들의 정상을 의미한다.

구에도 여전히 동일하다. 그래서 언어 상태는 단지 단편적으로만 개입되었고, 매우 불완전하게 개입되었을 뿐이다. 이 언어 비교 연구의 경향은 보프가 창시했지만, 언어에 대한 그의 견해는 잡다했으며, 명확하지 못했다.

한편 언어학적 연구가 성립되기 전에 언어를 연구한 학자들, 다시 말해서 전통적 방법에 의거했던 '문법학자들'은 이 언어를 어떻게 처리했던가? 지금 우리 관심을 끄는 이 문제에 대한 문법학자들의 관점을 전혀 비난할 수만은 없다는 것을 확인하면 참으로 신기하다. 문법학자들의 연구는 그들이 언어 상태를 기술하려고 했다는 것을 명백히 보여 준다. 그래서 그들의 계획은 엄밀하게 공시적이었다. 예컨대 포르루아얄 문법[2]은 루이 14세 치하의 프랑스어 상태를 기술하고, 이 상태의 가치를 규정하려고 했다. 포르루아얄 문법은 이를 위해 중세기의 프랑스어를 필요로 하지 않았으며,[3] 오로지 수평축(156쪽 참조)을 충실히 따랐고, 여기에서 결코 벗어나지 않았다. 그러나 그들의 연구 방법은 옳았지만, 이 방법을 적용하는 것이 완벽했다는 것을 의미하는 것은 아니다. 전통문법은 언어의 어느 부분, 예컨대 단어 형성과 같은 것은 전적으로 무시했다. 전통문법은 규범적이었으며, 언어 사실을 확인하는 대신 규칙을 정해야 한다고 생각했다. 전통문법

---

2 수도원 포르루아얄에서 신학자이자 논리학자인 앙투안 아르노와 신학자이자 문법학자인 클로드 랑슬로가 지은 『일반이성문법』(*Grammaire générale et raisonnée*, 1660)을 가리킨다. 이 저서는 언어가 인간사고를 반영하며(이런 이유로 **이성문법**이라 불린다), 라틴어가 보편적인 인간사고를 표현한다(이런 이유로 **일반문법**으로 불린다)고 했다. 191쪽의 각주 1 참조.

3 중세기 9~13세기까지의 프랑스어는 고대 프랑스어, 17~18세기의 프랑스어는 근대 프랑스어이다.

은 총체적 시각이 결여되었고, 기록 단어와 발화 단어를 구별하지 못한 경우도 종종 있었다.

고전문법은 비과학적이라는 비판을 받아 왔다. 그러나 고전문법의 토대는 보프가 창시한 언어학보다는 비판의 여지가 적었고, 연구 대상은 더 명확히 정의되었다. 보프의 언어학은 영역의 경계가 부정확해서 어떤 목표를 지향해야 할지를 정확히 알지 못했다. 보프의 언어학은 두 영역에 걸쳐 있었고, 언어의 상태와 계기를 확연히 구별할 줄 몰랐다.

언어학은 역사에 지나치게 중요한 지위를 부여한 후에, 전통문법의 정태적 관점으로 복귀했다. 그것은 새로운 정신과 다른 절차를 통해 복귀했으며, 이 복원에는 역사적 방법이 기여했다. 그런데 언어 상태를 더 잘 이해하게 된 것은 거꾸로 이 역사적 방법 덕택이었다. 옛 전통문법은 단지 공시적 사실만 관찰했다. 그러나 역사언어학은 새로운 차원의 현상을 밝혀 주었다. 하지만 그것만으로는 불충분했다. 두 차원의 현상이 대립한다는 점을 인식하고, 이로부터 이 두 차원의 대립이 내포하는 결과를 끌어내야만 했다.

§3. 실례를 통해서 본 언어의 내적 이중성

이 두 관점, 즉 공시적 관점과 통시적 관점의 대립은 절대적이며, 타협을 허용하지 않는다. 언어 사실은 이 차이가 어디에 있는지, 왜 이 차이가 불가피한지를 보여 준다.

라틴어 cripus물결진, 구불구불한, 곱슬곱슬한는 프랑스어에 어간

crép-를 제공했고, 여기에서 동사 crépir모르타르를 바르다와 décrépir모르타르를 벗겨 내다가 생겨났다. 한편, 어느 시기에 라틴어 단어 dēcrepitus늙어 빠진가 프랑스어에 차용되었고, 그 어원은 알 수 없지만 여기에서 décrépit늙은가 생겨났다. 그런데 오늘날 화자 집단은 un mur décrépi허물어진 벽와 un homme décrépit늙은 사람가 역사적으로는 아무 관련이 없지만, 이 두 단어 사이에 모종의 관계를 설정하는 것이 확실하다. 그래서 흔히 집의 façade décrépite낡은 정면이라고들 한다. 여기서는 프랑스어에 공존하는 두 사항의 관계가 문제시되므로 정태적 현상이다. 필시 진화 현상들이 협력해서 이 관계가 생겨났을 것이다. 예컨대 crisp-가 변하여 결과적으로 crép-로 발음되었고, 또 특정 시기에 라틴어에서 새로운 단어를 차용해야 했다. 이러한 통시적 사실 ── 언어학자들은 이 사실들을 분명히 알고 있다 ── 은 여기에서 생겨난 정태적 사실과 아무런 관련이 없다. 이들 현상은 서로 다른 차원에 속하기 때문이다.

아주 일반적으로 중요한 의미가 있는 또 다른 실례가 있다. 고대 고지 독일어에서 gast손님의 복수는 gasti손님들였고, hant손의 복수는 hanti손들였다. 그 후 -i가 모음 변이를 일으켜 그 결과 앞음절의 a가 e로 변화했다. gasti손님들 → gesti손님들, hanti손들 → henti손. 그 후에 -i가 음색을 상실했고, 이로써 gesti손님들 → geste손님들가 되었다. 그 결과, 오늘날에는 Gast손님 : Gäste손님들, Hand손 : Hände손들가 되었으며, 이와 같은 부류에 속하는 단어들 전체의 단수와 복수가 이러한 차이로 변했다. 이와 거의 같은 사건이 앵글로색슨어에도 일어났다. 처음에는 단수 fōt발, 복수 *fōti발들, 단수 tōþ이빨, 복수 *tōþi이빨들, 단수 gōs거위, 복수 *gōsi거위들 등이 있었는데, 그 후에 일차적 모음 변이로 일어난 음성변화로 *fōti가 *fēti발들가 되었다. 이차적 변화로 *fēti의 어말 i가 탈락하여 fēt발들가 되었다. 이때부터 fōt의 복수는 fēt가 되었고, tōþ의 복수는 tēþ이빨들, gōs의 복수는 gēs거위들가 되었다(근대 영어 foot발 : feet발들, tooth이빨 : teeth이빨들, goose거위 : geese거위들).

과거에 gast손님 : gasti손님들, fōt발 : fōti발들가 단수와 복수를 표현했을 때, 복수는 단지 i를 첨가해서 표시했는데, Gast손님 : Gäste손님들, fōt발 : fēt발들는 복수를 표시하는 새로운 메커니즘이 생긴 것을 보여 준다. 이 두 사례에서 복수 표시의 메커니즘은 같지 않다. 고대 영어에서는 단지 모음만 대립하지만, 독일어에서는 모음대립에 어말 -e의 유무가 추가되었다. 그러나 이 차이는 여기에서는 별로 중요하지 않다.

단수와 복수의 관계는 그 형태가 어떠하든 각 시기마다 수평축으로 표현된다.

•⟵————⟶•   시대A
•⟵————⟶•   시대B

이와 반대로 한 형태에서 다른 형태로 이전되는 언어 사실은 어떤 것이든 수직축에 위치하며, 이는 전체적으로 다음과 같은 그림이 된다.

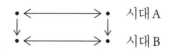

우리가 제시한 이 전형적 사례는 현재 다루는 주제와 직접 관련되는 성찰을 많이 제공해 준다.

1. 통시적 사실의 목표는 가치를 다른 기호로 표시하는 것이 아니다. gasti손님들가 gesti손님들, geste(Gäste)손님들로 변화한 사실은 이 명사의 복수와 아무 관계가 없다. tragit그는 나른다→trägt그는 나른다에서 모음 변이는 동사 굴절과 관련된다. 따라서 통시적 현상은 그 자체로 존재 이유가 있는 사건이다. 여기서 생겨나는 특정한 공시적 결과와는 전혀 상관이 없다.

2. 통시적 사실은 언어 체계를 변화시키는 경향도 없다. 어떤 관계의 체계로부터 또 다른 관계의 체계로 이전한 것이 아니다. 요소들의 배열이 변경된 것이 아니라 배열된 요소가 이처럼 변경되었다.

여기에서 우리는 앞서 표명한 원리를 다시 보게 된다. 즉 언어 체계는 결코 직접 변경되지 않는다는 것이다. 언어 체계 자체는 불변한다. 단지 이 체계의 요소만이 전체와 연결되는 연대와 상관없이 변질한다. 마치 태양 주위를 도는 위성들 중 어느 한 위성의 크기와 무게가 변하는 것과 흡사하다. 그래서 이 고립 현상이 전체 위성 체계에 영향을 미쳐 어떤 결과를 초래하고, 태양계 전체의 균형이 바뀔 수 있다. 복수를 표현하려면 두 사항의 대립이 필요하다. fōt발 : *fōti발들의 대립, fōt발 : fēt발들의 대립이다. 이 두 절차는 똑같이 가능하다. 하지만 말하자면 여기에서 수의 대립에 전혀 관여하지 않고서도 대립하던 어느 절차가 다른 절차로 바뀌었다. 복수의 대립 전체가 전이된 것도 아니고, 어느 복수 체계에서 다른 복수 체계가 만들어진 것도 아니다. 단지 최초의 복수 체계의 어느 요소가 변했고, 이것만으로도 다른 체계가 만들어지기에는 충분하다.

3. 이 고찰을 통해 언어 상태가 지닌 통상적인 **우연성**을 더 잘 이해할 수 있다. 언어에 대해 곧잘 갖는 잘못된 생각과는 반대로, 언어는 개념을 표현하기 위해 만들어지거나 배열된 메커니즘이 아니다. 오히려 언어변화에서 생겨난 언어 상태가 이 상태에 생겨나는 의미작용을 표시할 처지가 아니라는 사실을 알게 된다. 우연히 수의 상태 fôt발 : fêt발들가 주어지자 사람들이 이를 재빨리 취해서 이것으로 단수와 복수를 구별했다면, 그 상태는 단수와 복수를 구별하는 fôt : fêt 가 fôt발 : *fôti발들보다 더 잘 만들어진 메커니즘이기 때문이 아니다. 각 언어 상태에서 우리 정신은 주어진 질료 속으로 들어가서 이를 생동시킨다. 이 견해는 역사언어학이 고취한 것으로서 전통문법에는 없던 것이다. 전통문법 자체의 방법으로는 이 견해를 결코 얻을 수 없었다. 대부분의 언어철학자들도 이 견해를 알지 못했다. 그렇지만 철학적 관점에서 본다면, 이보다 더 중요한 것은 없다.

4. 통시 계열에 속하는 언어 사실은 적어도 공시 계열의 언어 사실과 동일한 차원에 속하는 것일까? 전혀 그렇지 않다. 왜냐하면 언어변화는 의도와는 상관없이 일어난다는 점을 이미 확정했기 때문이다. 이와 반대로 공시적 사실은 언제나 유의미한 사실이다. 그것은 언제나 동시적인 두 사항을 요구하기 때문이다. 그래서 단순히 Gäste손님들가 복수를 표현하는 것이 아니라 Gast손님 : Gäste손님들의 대립이 복수를 표현한다. 그러나 통시적 사실은 이와 정반대이다. 그것은 오직 한 사항에만 관계하며, 새 형태(Gäste손님들)가 출현하려면 과거 형태(gasti손님들)는 자리를 양보해야 한다.

따라서 이처럼 조화되지 않는 사실들을 하나의 동일한 학문에 담으려는 것은 망상이다. 통시적 관점에서는 언어 현상이 언어 체계를 조건 짓는 것이지만, 우리는 이 언어 체계와는 아무 상관없이 언어 현상을 다룬다.

처음 든 사례들에서 도출한 결론을 확인, 보완해 줄 또 다른 사례가 있다.

프랑스어에서 어말 음절이 묵음 e[ə]가 아니면, 악센트는 항상 이 어말 음절에 주어진다. 이는 공시적 사실로서, 프랑스어 단어와 악센트 사이의 관계이다. 이 사실은 어디에서 유래하는가? 과거의 언어 상태에서 유래한다. 라틴어 악센트 체계는 이와 달랐고 더 복잡했다. 악센트는 어말 제2음절이 장음인 경우에 이 음절에 주어지고, 어말 제2음절이 단음이면, 어말 제3음절로 이동한다(amícus친구가, ánĭma 영혼이 참조). 이 법칙은 프랑스어 악센트 법칙과는 전혀 다른 관계를 나타낸다. 분명 이 악센트가 같은 위치에 그대로 남아 있다는 의미에서, 그것은 동일한 악센트이다. 왜냐하면 프랑스어 단어의 악센트는 항상, 라틴어의 악센트가 있던 음절에 주어지기 때문이다. 예컨대 amícum친구를→ ami친구, ánimam영혼을→âme영혼와 같다. 그러나 이 두 시기에 이 두 가지 악센트 공식은 서로 다르다. 그것은 단어 형태가 변했기 때문이다. 프랑스어에서는 악센트 뒤의 모든 음성이 상실되거나 묵음 e로 축약된 사실을 우리는 잘 알고 있다. 이처럼 단어가 변한 결과로, 단어 전체를 볼 때는 악센트 위치가 이미 달라졌다. 이때부터 화자들은 이 새로운 관계를 의식하고, 악센트를 본능적으로 어말 음절에 두게 되었고, 문자를 통해서 들어온 차용어도 그랬다(facile쉬운, consul집정관, ticket표, burgrave성주 등). amícum → ami 같은 단어에서 악센트는 여전히 동일한 음절에 있기 때문에 사람들이 이 체계를 바꾸거나 새로운 악센트 공식을 적용한 것이 아니라는 점은 분명하다. 그런데 통시적 사실이 개입되었다. 즉 사람들이 전혀 관여하지도 않았는데도 악센트의 위치가 변했다. 언어 체계와 관련되는 모든 사실처럼 악센트 법칙도 언어 사항의 배치이며, 진화의 우연적이고 비의지적인 결과로 생겨난 것이다.

한층 더 현저한 사례를 살펴보자. 고대 슬라브어 slovo말는 도구격-단수 slovemъ말로, 주격-복수 slova말들이, 속격-복수 slovъ말들의 등으로 곡용한다. 이 명사 곡용의 각 격에는 고유의 굴절 어미가 있다. 그러나 인도유럽어 ĭ와 ŭ의 슬라브어 표현형인 '부드러운' 모음 ь, ъ는 오늘날 사라졌다. 여기에서, 체코어의 slovo말, slovem말로써, slova말들, slov말들의가 생겨났다. 마찬가지로 žena부인는 대격-단수 ženu부인을, 주격-복수 ženy부인들이, 속격-복수 žen부인들의이다. 여기에서 속격(slov, žen)의 표지는 영(0)이다. 따라서 관념을 표현하기 위해서 질료적 기호가 꼭 필요한 것은 아니라는 점을 알 수 있다. 그래서 언어는 어떠한 유무 대립으로도 만족한다. 예컨대 여기서 속격-복수 žen은 žena도 아니고, ženu도 아니며, 그 외의 다른 형태도 아니라는 오직 이 차이 때문에 인식할 수 있다. 첫눈에 보기에는 복수 속격의 개념과 같이 아주 특수한 개념이 영 기호를 가졌다는 것이 이상한 것처럼 보인다. 하지만 이 모든 것이 극히 우연한 사건에서 유래한다는 바로 그 증거이기도 하다. 언어는 손상을 입어도 그 기능을 계속 행하는 메커니즘이다.

이 모든 사실은 앞서 표명한 원리를 재차 확증해 주는데, 이는 다음과 같이 요약할 수 있다.

언어는 체계로서 이 체계의 모든 부분이 공시적 연대 내에서 고찰될 수 있고, 또 고찰되어야 한다.

언어 변질은 결코 언어 체계 전체에서 일어나는 것이 아니라 이 체계의 요소들 중 어느 한 요소에서 일어나므로 이 체계 밖에서만 연구할 수 있다. 분명 개개의 언어 변질은 언어 체계에 반향을 일으킨다. 그러나 최초의 변질 사실은 단지 한 점에만 영향을 미친다. 따라서 이 최초의 언어 사실은, 변화로 인한 전체 결과와는 아무런 내적 관계가 없다. 계기 사항과 공존 사항, 부분적 사실과 체계와 연관된 사실 사이의 본질적 차이로 인해 이 두 종류의 언어 사실을 단일한 과학의 소재로 삼을 수 없다.

§4. 비교를 통해 본 두 차원의 차이

공시와 통시의 자율성과 상호 의존성을 함께 보여 주기 위해 전자를 물체를 평면에 투사하는 것과 비교해 보자. 사실 모든 투사는 투사되는 피사체에 직접 의존하지만, 이 물체와는 다른 별개의 사상이다. 이 피사체가 없다면 투사를 연구하는 과학 분야는 존재하지 않을 것이다. 물체 자체만을 고찰하는 것으로도 충분하기 때문이다. 언어학에서도 역사적 실체와 언어 상태 사이에 이와 같은 관계가 성립한다. 후자의 언어 상태는 전자의 역사적 실체가 특정 시기에 투사된 것이기 때문이다. 우리가 공시 상태를 아는 것은 피사체, 즉 통시적 사건을 연구해서 되는 것이 아니다. 여러 종류의 물체를 아무리 세밀히 연구하더라도 기하학적 투사가 어떤지는 알 수 없는 것과도 같다.

마찬가지로 식물 줄기를 가로로 자르면, 자른 횡단면에 나타나는 상당히 복잡한 모습을 목격한다. 이는 세로로 난 섬유들의 투영도

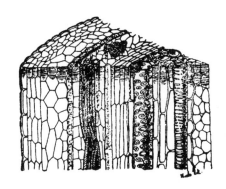

이며, 다른 어떤 것도 아니다. 그리고 이 가로의 횡단면에 대해서 세로의 종단면을 만들면, 수직으로 배열된 섬유를 볼 수 있다. 여기서도 이 두 전망 가운데 어느 한 전망은 다른 전망에 의존한다. 수직 종단면은 식물 줄기를 형성하는 섬유 자체를 보여 주며, 수평 횡단면은 줄기의 특정 평면에 있는 섬유의 구성 조직을 보여 준다. 그러나 후자는 전자와 구별된다. 왜냐하면 후자의 횡단 조직은 수직의 종단면에서는 결코 포착할 수 없는 섬유들의 관계를 확인시켜 주기 때문이다.

그런데 우리가 상상할 수 있는 모든 비교 가운데서 언어 작용과 체스 놀이의 비교가 가장 입증 능력이 뛰어나다. 이 둘 중 어느 것이든 그것은 가치 체계를 상대하며, 또한 가치의 변경도 목격할 수 있다. 체스 놀이는 언어가 자연적인 형식으로 보여 주는 것을 인위적으로 구현한 현상이다.

이것을 좀 더 자세히 살펴보자.

첫째로, 체스 놀이의 상태는 언어 상태와 잘 대응한다. 체스말 하나하나가 지니는 가치는 체스판 위의 위치에 의존하는데, 마찬가지로 언어도 각 사항이 다른 모든 사항과 대립함으로써 가치를 지닌다.

둘째로, 체계는 언제나 일시적이다. 그래서 말의 위치를 이동하면 체계도 가변적으로 바뀐다. 가치 역시 특히 불변의 규약, 즉 체스 놀이를 시작하기 전에 미리 정해져 있고, 한 수 한 수를 둔 후에도 변치 않는 체스 놀이의 규칙에 의존하는 것이 정녕 사실이다. 단 한 번으로 영구히 인정되는 규칙은 언어에도 있다. 이것이 기호학의 불변의 원리이다.

마지막으로, 한 균형 상태에서 다른 균형 상태로, 우리 용어법에 따르면, 한 공시태에서 다른 공시태로 이전하려면 말 한 마리만 이동하는 것으로 충분하다. 균형 상태의 전체적인 혼란은 일어나지 않는다. 여기서 통시 사실이 그 모든 특성과 함께 나타나는 것을 볼 수 있다. 사실상,

a) 체스의 각 수는 한 마리 말만 이동시킨다. 마찬가지로 언어변화도 단지 고립된 개별 요소에만 일어난다.

b) 그렇지만 체스의 각 수는 체계 전체에 영향을 미친다. 체스 놀이꾼은 이 영향으로 생겨나는 결과의 범위를 정확히 예견할 수 없다. 그 결과, 가치의 변화는 경우에 따라서 전혀 없을 수도 있고, 매우 심각할 수도 있고, 중간 정도로 중요할 수도 있다. 어떤 수는 체스 놀이판 전체를 뒤집어 놓고 그 순간 아무 관계가 없는 말에도 영향을 미칠 수 있다. 언어도 이와 거의 같다는 사실은 앞에서 살펴보았다.

c) 말의 이동은 선행하는 균형 상태와 후행하는 균형 상태와는 철저히 구별되는 별개의 현상이다. 말의 이동으로 일어난 변화는 이 두 상태 중 어느 상태에도 속하지 않는다. 여기서는 단지 상태만이 중요하다.

체스 놀이에서는 놀이판의 어떤 위치든 그것이 선행 상태에서

벗어난다는 특이한 성질을 지닌다. 그래서 어떤 경로를 통해 그러한 상태에 이르렀는지는 전적으로 무관하다. 체스 놀이를 처음부터 지켜본 사람이 결정적인 순간에 이 체스 놀이 상태를 살피려고 온 훈수꾼보다 더 유리한 점은 전혀 없다. 그래서 목하의 놀이판 위치를 서술하는 데는 방금 10초 전에 일어났던 사태를 상기할 필요가 전혀 없다. 이 모든 사실은 언어에도 똑같이 적용되며, 통시적인 것과 공시적인 것을 근본적으로 구별하는 근거가 된다. 발화는 단지 언어 상태에만 작용하며, 따라서 언어 상태들 사이에서 일어난 언어변화 자체는 거기에 자리를 차지하지 못한다.

그런데 이 비교가 적용되지 않는 단 한 가지 경우가 있다. 체스 놀이꾼은 말을 이동시켜 체계에 영향력을 행사하려는 **의도가** 있다. 반면 언어는 아무것도 사전에 계획하지 않는다. 언어 고유의 말이 이동하는 것, 정확히 말해서 언어에서 변경되는 요소는 자연 발생적이고 우연적이다. 예컨대 hanti손들에 대응하는 Hände손들, gasti손님들에 대응하는 Gäste손님들에 이용된 모음 변이(162쪽 참조)는 새 복수형을 만들어 냈지만, tragit그는 나른다 대신에 쓰인 trägt그는 나른다와 같은 동사형도 만들어 냈다. 체스 놀이가 언어 작용과 모든 점에서 똑같은 것이 되려면 의식이 없거나 재능 없는 놀이꾼을 가정해야 한다. 더구나 이 유일한 차이는 언어학에서 두 차원의 현상을 구별해야 하는 절대적 필요성을 보여 주므로 이 비교가 훨씬 교훈적이다. 왜냐하면 의지를 가지고 이 변화를 주도할 때, 통시 사실은 이것이 조건 짓는 공시 체계로 환원될 수가 없고, 또한 통시 사실이 기호 체계의 조직과 맹목적인 힘으로 대결할 때도 더 그렇다는 것은 말할 나위가 없기 때문이다.

§5. 방법과 원리가 대립하는 두 언어학

통시와 공시의 대립은 모든 점에서 확연히 나타난다.

가장 분명한 사실부터 제시해 보면, 이들이 지닌 중요성이 같지 않다. 이 점에서 공시적 국면이 통시적 국면보다 우월한 것이 확실하다. 그 이유는 발화 대중 집단에는 공시적 국면이 진정하고도 유일한 실체이기 때문이다. (159쪽 참조) 언어학자도 마찬가지이다. 만약 언어학자가 통시적 전망에 위치하면, 그가 지각하는 것은 이미 언어가 아니라 언어를 변경한 일련의 사건들이다. 언어학자들은 일정한 언어 상태의 기원을 아는 것만큼 중요한 것은 없다고들 흔히 주장한다. 이는 어떤 면에서는 사실이다. 왜냐하면 이 언어 상태를 만들어 낸 조건은 이 상태의 참된 성질을 명확히 밝혀 주며, 또 착각에 빠지지 않게 막아 주기도 하기 때문이다. (164쪽 이하 참조) 그러나 이 점은 또 통시태 자체로는 고유한 목적이 없다는 점도 즉각 입증해 준다. 저널리즘에 대해 말하는 것을 통시태에 대해서도 적용할 수 있다. 즉 통시태에서 벗어난다는 조건에서 통시태는 우리를 모든 곳으로 안내한다는 것이다.

이 두 차원의 방법 또한 다른데, 다음 두 가지 방식에 차이가 있다.

a) 공시태는 단 하나의 관점, 즉 화자의 관점만 인정하며, 따라서 모든 연구 방법은 화자의 증언을 수집하는 데 있다. 언어 사상이 얼마나 현실적 사실인지를 알려면 이것이 화자의 언어 의식에 어느 정도로 실재하는지 탐구해야 하고, 또 그것만으로 충분하다. 이와 반대로 통시언어학은 두 가지 관점, 즉 시간의 흐름을 따르는 **전망적** 관점과

시간의 흐름을 거슬러 올라가는 **회고적** 관점을 구별해야 한다. 여기서 제5부에서 논의할 방법이 양분화된다.

b) 둘째 차이는 두 학문 분야가 포괄하는 한계에서 기인한다. 공시적 연구는 동시적인 모든 것을 대상으로 연구하는 것이 아니라 단지 각 언어에 해당하는 언어 사실 전체만을 대상으로 연구한다. 그리하여 필요에 따라서 방언과 하위 방언에 이르기까지 언어 사실을 분석한다. 요컨대 **공시적**이라는 용어는 그리 정확한 것은 아니다. 그래서 사실 다소 용어가 길지만 **특정 공시적**이란 용어로 대체해야 한다. 이와 반대로 통시언어학은 이 같은 전문화가 필요 없을 뿐만 아니라 이를 배척하기도 한다. 또 통시언어학이 고찰하는 언어 사항은 반드시 동일한 언어에 속한 것도 아니다(인도유럽조어 *esti그는 ~이다, 그리스어 ésti그는 ~이다, 독일어 ist그는 ~이다, 프랑스어 est그는 ~이다를 비교해 보라). 다양한 개별어는 연속적인 통시적 사실과, 이 통시적 사실의 공간적 확장으로 생겨난다. 두 언어 형태의 비교가 정당하려면, 이 형태들이 간접적일지라도 서로 역사적 연관성만 있으면 충분하다.

이 공시와 통시의 대립은 가장 현저한 것도 가장 심오한 것도 아니다. 진화에 속한 사실과 정태에 속한 사실이 근본적으로 모순되는 것은 전자 또는 후자와 관련되는 모든 개념이 똑같은 자격으로 서로 환원하는 것이 불가능하기 때문이다. 이들 개념 중 어떤 것으로도 이 진리를 입증할 수 있다. 이러한 점에서 공시적 '현상'은 통시적 현상과 아무런 공통성도 없다. (165쪽 참조) 전자가 동시적 요소들 사이의 관계라면, 후자는 시간 선상에서 한 요소를 다른 요소로 대치하는 사건이다. 202쪽에서도 통시적 동일성과 공시적 동일성이 아주 판이한 두 사상이라는 점을 알게 될 것이다. 예컨대, 역사적으로 볼 때, 부정

사족定詞 pas아니다는 실사實辭 pas걸음와 동일한 것이었지만, 오늘날 프랑스어에서 보면 이 두 요소는 완전히 별개의 단어이다. 이 사실을 확인하는 것만으로도 이 두 관점을 혼동해서는 안 된다는 것을 충분히 이해할 수 있다. 그렇지만 이 둘을 구별할 필요성이 이제 구별하려는 곳보다 더 분명히 드러나는 곳은 어디에도 없다.

§6. 공시적 법칙과 통시적 법칙

언어학자들은 보통 언어 법칙에 대해 말한다. 그러나 언어 사실은 실제로 법칙의 지배를 받는가? 법칙의 지배를 받는다면 이 언어 사실은 어떤 성질인가? 언어는 사회제도의 일종이므로 언어가 사회 집단을 지배하는 규칙과 유사한 규칙에 통제받는 것으로 선험적으로 생각할 수 있다. 그런데 모든 사회 법칙은 두 가지 기본 특성이 있다. 그것은 **강제적**이며, **일반적**이라는 것이다. 사회 법칙은 강요되고, 따라서 제한된 시공간의 범위 내에서 모든 경우에 확장 적용된다.

언어 법칙은 이 정의에 부응하는가? 이 점을 알기 위해 방금 말한 바에 근거해서 해야 할 일차 작업은 공시 영역과 통시 영역을 다시 분리하는 것이다. 여기서 혼동해서는 안 되는 문제가 두 가지 있다. 즉 먼저 언어 법칙 일반에 대해 말하는 것은 곧 유령을 잡으려는 것과 다를 바 없다는 것이다.

그리스어에서 빌려 온 사례들을 여기에 제시하는데, 이들 사례에서 두 차원의 '법칙'이 의도적으로 혼동되고 있다.

1. 인도유럽조어의 유기 유성음은 유기 무성음이 되었다.

*dhūmos생기, 숨 → thūmós생기, *bherō나는 나른다 → phérō나는 나른다 등

2. 악센트는 절대로 어말 제3음절을 넘지 않는다.

3. 모든 단어는 모음이나 s, n, r로 끝나고, 그 외의 다른 자음은 모두 배제된다.

4. 어두 s는 모음 앞에서 h(유기)가 되었다.

*septm7(라틴어 septem7) → heptá7

5. 어말 m은 n으로 변했다.

*jugom멍에 → zugón멍에(라틴어 jugum멍에[4] 참조)

6. 어말 폐쇄음은 탈락했다.

*gunaik무릎 → gúnai무릎, *epheret그는 날랐다 → éphere그는 날랐다, *epheront그들은 날랐다 → épheron그들은 날랐다.

이 법칙 가운데 제1법칙은 통시적인 것이다. 즉 과거의 dh가 th로 변했다. 제2법칙은 단어라는 단위와 악센트의 관계를 표현하는 것으로 두 공존 사항 사이에 맺어진 일종의 계약이다. 이것은 공시 법칙이다. 제3법칙도 단어라는 단위 및 어말 위치와 관련되므로 공시 법

---

[4] 메이예 씨(Meillet, *Mém. de la Soc. de Lingu.*⟨『파리언어학회 논집』⟩, IX, p. 365 이하)와 고티요 씨(Gauthiot, *La fin de mot en indo-européen*⟨『인도유럽조어의 어말』⟩, p. 158 이하)에 의하면, 인도유럽조어는 어말음으로 -m을 배제하고, 단지 -n만을 가지고 있었다고 한다. 이 이론을 받아들인다면, 제5법칙은 다음과 같이 표현하는 것으로 충분할 것이다. 즉 인도유럽조어의 모든 어말음 -n은 그리스어에서는 보존되었다. 그러나 이 법칙의 논증적 가치가 감소되지는 않을 것이다. 왜냐하면 옛 상태의 보존이라는 결과로 귀착하는 이 음성 현상은 어떤 변화로 나타나는 현상과 성질이 같기 때문이다. (261쪽 참조)

칙이다. 그러나 제4, 5, 6법칙은 통시적이다. 과거의 s가 h가 되었고, m 이 n으로 교체되었고, t, k 등이 흔적 없이 상실되었다.

그 외에 제3법칙은 제5, 6법칙의 결과라는 것에 유념해야 한다. 두 가지 통시적 사실이 한 가지 공시적 사실을 만들어 내었다.

이처럼 두 범주의 언어 법칙을 일단 분리하면, 제2, 3법칙이 제1, 4, 5, 6법칙과 성질이 다르다는 것을 알 수 있다.

공시 법칙은 일반적이지만 강제적이지 않다. 이 공시 법칙은 분명 집단적 관용이라는 제약 때문에 개인에게 강요되지만(145쪽 참조), 여기서 화자들이 지켜야 할 의무를 고려한 것은 아니다. 규칙성이 언어 사항을 지배할 때, 언어의 어떤 힘도 규칙성을 유지하도록 보장하지 않는다는 것을 말하고 싶다. 공시 법칙은 기존 질서를 나타내는 단순한 표현으로서, 그것은 사상의 상태를 단지 확인만 해 줄 따름이다. 그래서 그것은 과수원의 나무가 5점형点型으로 배치되어 있다는 것을 확인하는 법칙과 성질이 같다. 또 공시 법칙이 규정하는 질서는 일시적인데, 그것은 이 질서가 강제적이 아니기 때문이다. 예컨대 라틴어 악센트를 지배하는 공시 법칙만큼 더 규칙적인 것은 없다(정확히 위의 제2법칙에 비교할 만한 법칙이다). 그렇지만 이 악센트 체제는 변질 요인을 견디지 못하고, 그 결과 새로운 법칙, 즉 프랑스어의 악센트 법칙에 굴복했다. (166쪽 이하 참조) 요컨대 공시태의 법칙을 말한다면, 그 법칙은 배열의 원리나 규칙성의 원리라는 의미이다.

이와 반대로 통시태는 역동적 요인을 가정하며, 이 요인에 의해 어떤 결과가 생겨나고, 사건이 일어난다. 그러나 이 강제성은 그리 강력한 것은 아니어서 언어 법칙의 개념을 진화 현상에 적용할 수 있을 정도는 아니다. 그래서 언어 사실 전체가 동일 법칙에 따를 때만 법칙이라고 말할 수 있다. 통시적 사건은 겉모습이 상반되기도 하지만, 항상 우연적이며, 특수한 성질을 지닌다.

의미 현상을 보면 이를 즉시 이해할 수 있다. 예컨대 프랑스어 poutre암말의 의미는 '나무토막, 대들보'인데, 이 의미변화는 특수한 원인에서 기인하며, 동일 시기에 일어났던 다른 의미변화에 따라 일어난 것이 아니다. 그것은 프랑스어의 역사가 등재한 모든 사건 중의 하나이다.

통사적 변형과 형태론적 변화에서는 이 문제가 당장은 그리 명확하게 드러나지 않는다. 어느 특정 시기에 프랑스어는 고대의 주격 형태를 거의 모두 상실했다. 그러면 여기서는 이 언어 현상 전체가 동일한 법칙을 따른 것이 아닐까? 아니다. 왜냐하면 이 모든 현상은 동일한 고립 사실이 표면상으로 다양하게 나타난 현상이기 때문이다. 변화한 것은 주격이라는 특정한 개념이며, 이 개념이 사라지면서 자연히 일련의 형태 전체가 소실되었다. 프랑스어의 외면만 보는 사람들 누구에게나 이 유일한 주격 소실 현상은 그것이 실현된 수많은 표현형에 침잠해 있는 것이다. 그러나 그 현상 자체의 근본 성질은 하나이며, poutre암말가 겪은 의미변화만큼이나 격이라는 질서 내에 고립된 역사적 사건이다. 그것이 법칙의 모습을 띠는 것은 오직 언어 체계 내에서 실현되기 때문이다. 이 언어 체계의 엄격한 배열로 인해 통시적 사실이 공시적 사실과 동일한 조건을 따르는 듯한 착각을 하기에 그러하다.

마지막으로 음성변화 역시 사정이 같다. 그렇지만 언어학자들은 보통 음성 법칙이라고들 한다. 사실상 주어진 시기에 특정 지역에서, 동일한 음성적 특성을 지닌 모든 단어는 동일하게 변하는 것을 확

인할 수 있다. 예컨대 앞의 제1법칙(*dhūmos생기 → 그리스어 thūmós
생기)은 유기 유성음이 있는 모든 그리스어 단어에 영향을 미쳤다
(*nebhos안개, 구름 → néphos안개, 구름, *medhu꿀 → méthu꿀, *anghō조르
다 → ánkhō조르다 등 참조). 제4법칙(*septm7 → heptá7)은 serpō기어가다
→ hérpo기어가다, *sūs돼지 → hûs돼지에 적용되며, 또 s로 시작하는 모
든 단어에 적용된다. 이 규칙성은 가끔 반박을 받기도 했지만, 우리가
보기에는 아주 확실히 확립된 것 같다. 더욱이 명백한 예외까지도 이
러한 성질의 음성변화가 가진 필연성을 약화시키지 못했다. 왜냐하
면 이 예외는 더 특수한 음성 법칙이나(184쪽의 예 tríkhes털 → thriksí
털 참조), 다른 차원에 속한 사실(유추 등)을 개입시키면 설명되기 때
문이다. 따라서 법칙이라는 용어는 위에 제시한 정의에 더 잘 어울리
는 듯하다. 그렇지만 음성 법칙이 입증되는 사례의 수가 아무리 많아
도 그 음성 법칙이 포용하는 언어 사실은 모두 특정한 단일한 사실의
표현형에 불과하다.

　　진정한 문제는 음성변화가 과연 단어에 영향을 미치는지 아니면
단지 음성에만 영향을 미치는지를 아는 것이다. 그 대답은 의심의 여
지가 없다. néphos안개, 구름, méthu꿀, ánkhō조르다 등에서 유기 무성음
으로 변한 것은 특정한 음소, 즉 인도유럽조어의 유기 유성음이며, h
로 변한 것은 원시 그리스어의 어두음 s이다. 그리하여 이 각각의 사
실은 고립된 것이고, 동일 차원의 다른 사건들과 무관한다. 또 이들이
생겨난 단어와도 무관하다.[5] 물론 이 모든 단어의 음성 질료는 변경되
었지만, 그것 때문에 음소의 진정한 성질을 오해해서는 안 된다.

　　그렇다면 무슨 근거로 단어 자체가 음성변화와 직접적인 연관성

이 없다고 주장할까? 이 음성변화는 실은 단어와는 무관하며, 이 단어의 본질에도 영향을 미치지 않는다는 매우 단순한 확인에 근거한다. 단어라는 단위는 단순히 구성 음소 전체로 구성된 것은 아니다. 그것은 질료적 성질 외의 다른 특성에도 기인한다. 피아노 건반 하나의 음정이 틀렸다고 가정해 보자. 그러면 곡을 연주하면서 그 건반을 건드릴 때마다 음정이 틀릴 것이다. 그러나 어디일까? 멜로디일까? 확실히 그것은 아니다. 멜로디가 틀린 것은 아니다. 피아노가 고장 났을 뿐이다. 음성학도 꼭 마찬가지이다. 음소 체계는 언어의 단어 분절에 사용되는 도구이다. 그리하여 이들 요소 중 하나가 변경되면, 그 결과는 매우 다양하게 나타난다. 그러나 이 현상 자체는 연주곡의 멜로디라고 할 수 있는 단어와는 아무 관계가 없다.

이처럼 통시 사실은 개별적이다. 사건의 작용 때문에 언어 체계의 변화가 일어나지만, 이 사건은 언어 체계와는 무관할 뿐만 아니라 (164쪽 참조), 고립적인 것이어서 체계를 이루지도 못한다.

요약하면, 공시 사실은 어떤 것이든 규칙성을 보여 주지만, 전혀 강제성이 없다. 이와 반대로, 통시 사실은 언어를 강제하지만, 일반성이 전혀 없다.

한마디로 말해서, 이것이 궁극적으로 말하려던 것인데, 통시 사

5† 위에 인용된 실례들이 순전히 도식적 성격을 지니는 것은 말할 필요도 없다. 왜냐하면 오늘날 언어학은 가능한 한 아주 광범한 계열의 음성변화들을 최초의 하나의 동일한 원리로 귀결시키려는 올바른 노력을 하고 있기 때문이다. 그리하여 메이에는 그리스어 폐쇄음의 모든 변화를 이 폐쇄음의 조음이 점진적으로 약화된 것으로 설명한다. (*Mém. de la Soc. de Lingu*, IX, p. 163 이하 참조) 음성변화의 특성에 대한 이러한 결론이 결국 적용되는 곳은 당연히 일반적 사실(물론 이들이 존재하는 경우에)이다.

실도 공시 사실도 위에 정의한 의미에서 법칙에 지배받지 않는다. 그렇지만 언어 법칙을 말하고 싶다면, 이 용어가 통시 차원과 공시 차원의 사상 중 어느 것에 적용되느냐에 따라 전혀 다른 의미를 가진다.

§ 7. 범시적 관점이 있는가?

지금까지 법칙이라는 용어를 법적인 의미로 사용했다. 그러나 물리학이나 자연과학이 이해하는 법칙, 다시 말해서 언제 어디서나 증명되는 관계가 언어에도 있을 수 있을까? 한마디로 언어를 범시적汎時的 관점에서 연구할 수 없는가?

분명 이를 연구할 수 있다. 예컨대 음성변화는 언제나 발생하고, 또 발생할 것이므로 이 일반적 현상을 인간언어의 영구한 모습 중의 하나로 간주할 수 있다. 따라서 그것은 언어 법칙 가운데 하나이다. 체스 놀이(169쪽 이하 참조)와 마찬가지로 언어학에서도 모든 사건을 넘어서 생존하는 규칙이 있다. 그러나 그것은 구체적 사실과는 상관없이 존재하는 일반적 원리이다. 그리하여 특수하고 감지할 수 있는 언어 사실을 얘기하면, 범시적 관점은 없다. 따라서 각 음성변화는 확장 범위가 어떠하든 일정한 시기와 일정한 장소에 국한된다. 모든 시간과 모든 장소에서 일어나는 음성변화란 없다. 그것은 오직 통시적으로만 존재할 뿐이다. 이것이 언어에 속한 것과 속하지 않은 것을 판가름하는 기준이다. 범시적 설명이 가능한 구체적 사실은 언어에 속할 수 없다. chose일라는 단어가 있다고 하자. 통시적 관점에서는 이것이 파생된 라틴어 causa일와 대립한다. 그러나 공시적 관점에서는 근대 프랑스어에서 이 단어와 연관되는 모든 언어 사항과 대립한다. 이 단어의 음성 자체([šǫz])만 취하면, 범시적 관찰이 가능하다. 그러나 그것은 언어적 가치는 없다. 범시적 관점에서도 [šǫz]가 [ün šǫz admirablə]('une chose admirable'놀랄 만한 일)와 같은 연쇄에서 파악되면, 그것은 하나의 단위가 아니라 그 어떤 것으로도 경계가 한정되지 않는 무형의 집체에 불과하다. 사실상 [ǫza]나 [nšǫ]가 아니라 왜 [šǫz]인가? 그것은 이들이 의미가 없으므로 가치가 아니기 때문이다. 범시적 관점은 언어의 특정 사실에는 결코 영향을 미치지 못한다.

§8. 공시와 통시의 혼동으로 생겨난 결과

이 혼동의 결과는 두 가지 경우이다.

a) 공시적 진리는 통시적 진리를 부정하는 것처럼 보이며, 따라서 이 사실을 피상적으로 보면, 어느 진리를 선택해야 하는 것으로 생각하게 된다. 그렇지만 사실 그럴 필요가 없다. 이 두 진리 중 어느 한 진리가 다른 진리를 배제하지 않기 때문이다. 프랑스어 dépit는 과거에는 '경멸'을 의미했지만, 오늘날 이 단어는 전혀 다른 의미를 지닌다.[6] 어원과 공시적 가치는 별개의 두 사상이다. 마찬가지로 전통문법은 근대 프랑스어의 현재분사가 어떤 경우에는 형태가 변해서 형용사처럼 〔명사의 성수와〕 일치한다고 가르치고('une eau courante'

---

6 라틴어 despectus에서 유래하나 오늘날은 '분함, 원통'이라는 의미이다. 고정성구 en dépit de < in despetu, despectui(누구를 경멸하는)에 남아 있다.

흐르는 물 참조), 또 어떤 경우에는 형태가 불변한다고 가르친다('une personne courant dans la rue'길에서 달리는 사람 참조).[7] 그러나 역사문법은 이것이 하나의 형태가 아니었음을 보여 준다. 첫째 분사 형태는 형태가 변하는 라틴어 현재분사(currentem흐르는, 달리는)를 계승한 형태인 반면, 둘째 분사는 형태가 불변하는 동명사(currendō흐르는 것, 달리는 것)의 탈격에서 유래한다.[8] 그러면 이 공시적 진리는 통시적 진리와 모순되는데, 역사문법의 이름으로 전통문법을 폐기해야만 하는가? 아니다. 왜냐하면 그것은 진상眞相의 일면만 보는 것으로 생각되기 때문이다. 역사적 사실만 중요하고, 그것만으로 언어를 충분히 구성하는 것으로 생각해서는 안 된다. 분명 기원의 관점에서 보면, 현재분사 courant에는 두 가지 사상이 있다. 그러나 언어 의식은 이 두 사상을 접근시켜 이제 한 가지 사상으로 인식한다. 따라서 이 진리는 통시적 진리만큼이나 절대적이고 명백하다.

b) 공시적 진리는 통시적 진리와 완전히 합치되어 사람들은 그 두 가지 진리를 혼동하거나 양분하는 것을 쓸데없는 일로 판단한다. 그래서 단어 père아버지의 현재 의미를 설명하려고 pater아버지가 père와 의미 작용이 동일하다고 말한다. 다른 예를 하나 들어 보자. 라틴어 단모음 a는 어두 위치가 아닌 개음절에서 i로 변했다. 그래서 faciō나는 만든다와 더불어 conficiō나는 맡긴다가 있고, amīcus친구와 함께

---

7 현재분사형 중에서 동사 기능을 하는 분사는 보어를 가지거나 부사로 수식을 받으며, 따라서 형태가 변하지 않는다.

8† 이 이론은 일반적으로 받아들이고 있다. 최근 레르히(M. E. Lerch, *Das invariable Participium praesenti*『불변의 현재분사』, Erlangen, 1913) 씨가 이에 반론을 제기했으나 성공하지 못한 듯하다. 따라서 어찌되었든, 교육적 가치는 지닌 이 예를 여기서 제외할 이유는 없다.

inimīcus적 등이 있었다. 흔히는 faciō의 a는 conficiō에서 i로 되는데, 여기서는 a가 첫 음절이 아니기 때문이라고 하면서 법칙을 만든다. 이 말은 정확한 것이 아니다. 왜냐하면 faciō의 a가 conficiō에서 i로 '된 것'이 결코 아니기 때문이다. 진실을 되찾으려면 두 시기와 네 언어 사항을 구별해야 한다. 애초에는 faciō나는 만든다 ─confaciō나는 맡긴다가 사용되었다. 그다음에는 confaciō가 conficiō로 변화했지만, faciō는 아무런 변화 없이 그대로 남았고, faciō ─conficiō로 발음되었다. 다시 말하자면, 다음과 같다.

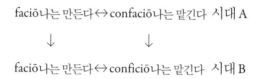

faciō나는 만든다 ↔ confaciō나는 맡긴다 시대 A

↓   ↓

faciō나는 만든다 ↔ conficiō나는 맡긴다 시대 B

'변화'가 일어났다면, 그것은 confaciō나는 맡긴다와 conficiō나는 맡긴다 사이에 일어난 것이다.[9] 그런데 이 규칙을 잘못 세워서 이 규칙에서 confaciō를 전혀 언급하지 않았다. 물론 이 통시적 변화 외에도, 앞의 첫 사실과 완전히 구별되면서 faciō나는 만든다와 conficiō 사이에 순전히 공시적 대립과 관련되는 또 다른 사실도 있다. 언어학자들은 이것이 언어 사실이 아니라 그 변화의 결과라고 말하려고 했다. 그렇지만 이는 엄연히 공시 차원에서 출현한 사실이다. 모든 공시 현상도 이와 성질이 동일하다. faciō ─conficiō가 대립하는 가치를 제대로 인

---

9 conficio는 cum(함께) + facere(만들다)의 합성어로, 음절 수 증가로 인해 악센트 위치가 이동하여 a > i가 된 것으로 볼 수 있다.

식하지 못한 것은 이 대립의 가치가 그렇게 유의미하지 않았기 때문이다. 그러나 Gast손님 ─ Gäste손님들, gebe나는 준다 ─ gibt그는 준다의 쌍을 고찰해 보면, 이 대립도 마찬가지로 음성 진화의 우연한 결과지만, 이것도 역시 공시 차원에서는 근본적으로 문법 현상이라는 것을 알 수 있다. 더욱이 이 두 차원의 현상은 서로를 조건 지우면서 긴밀하게 연관되어 있기 때문에, 이들을 서로 구별할 필요가 없다고 생각한다는 것이다. 사실상 언어학은 수십 년 동안 이 공시 현상과 통시 현상을 혼동했으며, 더욱이 그러한 언어학의 방법이 아무 쓸모가 없다는 것을 깨닫지 못했다.

이러한 오류는 몇몇 경우에 명백히 나타난다. 예컨대 그리스어 phuktós도망친를 설명하려고 언어학자들은 그리스어 g나 kh는 무성자음 앞에서 k로 변했다고 말하면서 이 사실이 phugeîn도망치다 : phuktós도망친, lékhos잠자리 : léktron잠자리, 야영 등과 같은 공시적 대응 사실로도 충분히 표현된다고 생각했다. 그러나 tríkhes털 : thriksí털와 같은 경우를 만나면서, t가 th로 '변화하는' 복잡한 사실을 확인하게 되었다. 이 단어의 형태는 오로지 역사적으로, 즉 상대적인 연대年代로만 설명할 수 있다. 즉 인도유럽조어의 어간 *thrikh-털는 굴절 어미 -si가 뒤에 붙어 thriksí가 되었으며, 이는 아주 오래된 현상이다. 이는 어근 lekh-에서 유래하는 léktron이 만들어진 현상과 동일하다. 후대에, 동일한 단어 내에서 유기음 뒤에 다른 유기음이 오면, 이 유기음은 모두 무기음으로 변했고, 그래서 *thríkhes는 tríkhes가 되었다. 그러니까 thriksí는 당연히 이 공시 법칙에서 벗어난 것이다.

§9. 결론

그리하여 언어학은 여기서 두 번째 분기점에 놓였다. 우선 언어와 발화 가운데 어느 하나를 선택해야 했다. (59쪽 참조) 이제 여기서 우리는 통시태로 가는 길과 공시태로 가는 다른 길의 교차로에 서 있다.

이러한 이중의 분류 원리를 일단 확보한 후 언어langue에서 통시적인 것은 모두 발화parole에 의해서만 그렇게 된다는 것을 첨언할 수 있다. 모든 언어변화의 싹은 발화 내에 있다. 각 언어변화는 사회적 관용에 편입되기 전에 우선 개인에게서 시작된다. 근대 독일어에서는 ich war 나는 ~이었다, wir waren 우리는 ~이었다으로 말하지만, 고대 독일어에서는 16세기까지 ich was 나는 ~이었다, wir waren 우리는 ~이었다과 같이 활용했다(영어에서는 여전히 I was 나는 ~이었다, we were 우리는 ~이었다로 말한다). 어떻게 was가 war로 대체되었을까? waren의 영향을 받은 소수의 사람들이 유추를 이용해 war를 만들어 냈다. 그것은 발화에 속한 사실이다. 이 형태가 자주 반복해서 사용되자 언어 집단이 이를 채택하면서 언어에 속한 사실이 되었다. 그러나 발화의 혁신 사실이 모두 이처럼 성공한 것은 아니다. 그리하여 언어 혁신에 속한 사실이 개인적인 것으로 머무는 한, 이를 고려할 필요가 없다. 그 이유는 우리는 언어를 연구하는 것이기 때문이다. 언어 집단이 이 언어 혁신을 받아들일 때만 우리의 관찰 영역〔랑그〕에 속하게 된다.

언어 진화에 속한 현상은 항상 하나의 사실, 다시 말해서 발화 영역에 있는 무수한 유사한 사실에 후행해서 나타난다. 이는 위에서 정립한 구별을 전혀 약화시키지 않으며, 오히려 이 구별을 확증한다. 왜냐하면 모든 언어 혁신 현상의 역사에서 항상 별개의 두 시점을 보기 때문이다. 즉 1. 언어 혁신이 개인에게 나타나는 [발화의] 시점과 2. 이 혁신이 외견상 동일하지만 언어 집단이 채택하여 언어에 속한 사실이 되는 시점이 그것이다.

다음 도표는 언어 연구가 취할 합리적 형식을 제시한다.

$$\text{인간언어} \begin{cases} \text{언어} \begin{cases} \text{공시태} \\ \text{통시태} \end{cases} \\ \text{발화} \end{cases}$$

과학의 이상적인 이론 형식은 항상 실천적 요구 조건이 강요하는 형식이 아니라는 것을 인정해야 한다. 그런데 언어학에서 이 요구 조건은 다른 어느 곳보다 더욱 강제적이다. 그리하여 이 조건으로 현재의 언어 연구에 만연된 혼란에 대해 어느 정도 책임을 면제받는다. 여기에서 확립한 구별 사항들을 결정적인 것으로 받아들이더라도 과학의 이상理想이라는 미명하에 아마도 언어 탐구의 정확한 방향을 강요할 수는 없을 것이다.

예컨대 고대 프랑스어에 대한 공시적 연구에서 언어학자는 18세기에서 20세기까지의 프랑스어 역사가 밝혀 줄 사실이나 원리와는 아무 공통성이 없는 사실과 원리를 다룬다. 이와 반대로 이 사실과 원리는 현재의 반투어나 기원전 400년의 아티카 그리스어, 오늘날 프랑스어의 기술記述이 밝혀 줄 사실 및 원리와 비교할 수 있다. 그것은 이 여러 설명이 모두 유사한 관계에 근거하기 때문이다. 각 개별 언어가 폐쇄 체계를 이룬다면, 모든 개별어 연구는 어느 한 언어에서 다른 언어로 옮겨 가더라도 발견되는 항구적인 원리를 상정한다. 그것은 우리가 여전히 동일한 차원에 있기 때문이다. 언어의 역사적 연구도 이와 다르지 않다. 예컨대 프랑스어의 어느 특정 시기(예를 들면 13세기에서 20세기)나 자바어나 그 외 언어의 어느 시기를 훑어보면, 어디서나 이와 유사한 사실을 다루게 되는데, 통시 차원의 일반 진리를 구축하려면 이 사실들을 비교하는 것으로 충분하다. 이상적 연구는 언어학자 개개인이 이 연구 분야들 중 어느 분야에 전념하여 이 차원에서 가능한 사실을 한껏 포괄하는 일이다. 그렇지만 이처럼 상이한 언어들을 과학적으로 완전히 파악하기는 매우 어려운 일이다. 다른 한편, 각 언어는 실제로 하나의 연구 단위를 이루기 때문에 언어학자들은 어쩔 수 없이 각 언어를 하나씩 정태적으로 그리고 역사적으로 고찰하게 된다. 어쨌든 이론상으로는 이 연구 단위가 피상적이지만, 개별 언어들의 차이가 심층의 단위를 감추고 있다는 점을 잊어서는 안 된다. 언어 연구에서 언어의 이런저런 측면을 관찰할 때, 그 어떤 경우에도 언어 사실을 제자리에 위치시키고, 연구 방법을 혼동해서는 안 된다.

이처럼 언어학의 두 분야의 경계를 정했기 때문에 이 각 분야는 차례로 우리 연구대상이 될 것이다.

공시언어학은 동일한 집단의식이 인지하는 바대로 공존하면서 체계를 이루는 언어 사항을 연결하는 논리적이고 심리적인 관계를 다룬다.

통시언어학은 이와 반대로 동일한 집단의식에 의해 인지되지 않으며, 따라서 체계를 형성하지 않고 서로 대치되는 계기적 언어 사항을 연계하는 관계를 연구한다.

제2부　공시언어학

제1장 개요

일반 공시언어학의 목적은 모든 특정 공시 체계의 근본 원리, 즉 언어 상태 전체의 구성 요인을 구축하는 데 있다. 이미 앞에서 설명한 많은 사실은 오히려 공시태에 속한다. 예컨대 기호의 일반적 속성은 두 가지 언어학을 구별할 필요성을 입증하기 위해 사용했지만, 이것을 공시태 전체의 필수 부분으로 간주할 수 있다.

언어학자들이 '일반문법'으로 부르는 모든 사실도 공시태에 속한다.[1] 왜냐하면 일반문법의 영역에 속하는 여러 관계는 오직 언어 상태에서만 성립할 수 있기 때문이다. 다음에서 우리는 단지 몇몇 본질적 원리만 고찰할 작정인데, 이 원리들이 없다면 정태론의 한층 특수

---

1 아르노와 랑슬로가 지은 『일반이성문법』(1660)을 염두에 둔 듯이 보인다. 이는 언어 자체를 연구하려는 것이 아니라 언어 내에서 이성적 논리 기반을 찾으려는 노력이며, 자연스럽고 명석하게 논리적으로 말하는 기법을 설명한 책이다. 나아가 당시 보편어로 간주되던 라틴어에 기반하여 인간언어의 보편적 속성을 찾으려는 시도이기도 하다. 이 문법은 아르노와 피에르 니콜이 지은 『논리학 또는 사고 기법』(*La logique ou l'art de penser*, 1683)과도 일맥상통한다. "특히 언어학이 논리학과 밀접하게 연관되는 사항이 포함된다"(『소쉬르의 3차 일반언어학 강의: 1910~11』, 김현권 옮김, 그린비, 2021, 321쪽).

한 문제를 다룰 수도 없고, 한 언어 상태의 세부 사실을 설명할 수도 없다.

　일반적으로 언어사 연구보다 정태언어학 연구가 훨씬 더 어렵다. 진화 사실은 더욱 구체적이고, 이것은 상상력에 더 크게 호소한다. 진화에서 관찰되는 관계는 별 어려움 없이 파악되는 계기적 사항들 사이의 관계이다. 그래서 일련의 변화를 추적하는 것은 쉽고, 또 때로는 재미도 있다. 그러나 가치와, 공존 사실의 관계를 연구하는 공시언어학은 훨씬 더 큰 난점을 보여 준다.

　실제로 한 언어 상태란 한 시점이 아니라 다소간 긴 시간 폭으로, 이 기간에 일어나는 언어변화의 전체적 총합은 극히 적다. 언어 상태는 10년, 한 세대, 한 세기일 수도 있고, 그 이상이 될 수도 있다. 언어가 긴 기간에 걸쳐 거의 변하지 않다가 그 후 몇 년 사이에 갑자기 상당히 많이 변할 수도 있다. 또 동일 시기에 공존하는 두 언어 중에 어느 한 언어는 크게 진화하는 반면, 다른 언어는 거의 진화하지 않을 수도 있다. 그리하여 후자의 경우에 언어 연구는 필연적으로 공시적이며, 전자의 경우는 통시적이다. 절대적 언어 상태는 언어변화의 부재不在로 정의된다. 하지만 언어는 조금이라도 변하기 때문에 언어 상태를 연구한다는 것은 결국 중요하지 않은 사소한 언어변화는 실제로 무시해야 하는 것이다. 이는 수학자들이 대수학의 계산과 같은 수치 계산에서 극소치를 무시하는 것과도 같다.

　정치사에서는 시점時點인 **시대**époque와 짧은 기간期間을 뜻하는 **시기**période를 구별한다. 하지만 역사가가 안토니우스 시대나 십자군 시대라고 말할 때는 이 시점 동안 변치 않고 남아 있는 특성들 전체를 고려한 것이다. 또한 정태언어학이 시대를 다룬다고도 말할 수 있다. 그러나 시대보다 **상태**라는 용어가 더 바람직하다. 한 시대의 시작과 끝은 일반적으로 기존 사상의 상태를 변경하는 경향이 있고, 다소 급격하며, 알 수 없는 혁명으로 표시된다. 상태란 용어는 언어에도 이와 비슷한 사태가 일어나는 것으로 생각지 못하게 막아 준다. 더구나 시대란 용어가 역사에서 차용되었다는 이유로 언어학자들은 언어 자체보다는 언어를 둘러싸고 조건 짓는 역사적 정황을 먼저 생각한다. 한마디로 말하면, 시대는 우리가 외적 언어학으로 부른 개념(63쪽 참조)을 환기시킨다.

더구나 시간의 구분만이 언어 상태의 정의에서 생기는 유일한 난점은 아니다. 이 같은 문제가 공간의 경우에도 제기된다. 요컨대 언어 상태의 개념은 대략적인 근사치 개념에 불과하다. 대부분의 과학처럼 정태언어학도 언어 자료를 관례대로 단순화하지 않으면, 과학적 논증이 불가능하다.

제2장 언어의 구체적 실재체

§1. 실재체와 단위, 정의

언어를 구성하는 기호는 추상물이 아니라 실재적 대상이다. (54쪽 참조) 그리고 언어학이 연구하는 것은 이 기호들과 이들의 관계이다. 그래서 이들을 언어학의 **구체적 실재체**entité concrètes로 부를 수 있다.

우선 이 문제를 전체적으로 지배하는 두 가지 원리를 상기해 보자.

1. 언어 실재체는 오직 기표와 기의의 연합으로 존재한다. (135쪽 참조) 그래서 이 두 요소 중 어느 하나만 취하면 언어 실재체는 사라져 버린다. 그리하여 구체적 대상 대신에 순수한 추상물만 우리 앞에 남는다. 우리는 이 실재체를 전체적으로 포괄한 것으로 생각하지만, 그 일부만 포착할 위험성이 언제나 있다. 예컨대 발화 연쇄를 음절로 나누면 그러한 일이 생길 수 있다. 그런데 음절이란 음운론에서만 가치가 있다. 일련의 음성은 관념의 지주支柱 역할을 할 때만 언어적인 것이 된다. 이 음성 자체만 취하면, 그것은 생리학적 연구의 소재일

뿐이다.

기의를 기표와 분리한다면, 기의도 이와 마찬가지이다. '집', '흰', '보다' 등과 같은 개념 자체만 고찰하면, 그것은 심리학에 속한다. 그래서 개념은 청각영상과 연합해야만 언어 실재체가 된다. 언어에서, 개념은 음성 실질이 갖는 특성인데, 이는 일정한 음향이 개념이 갖는 특성인 것과도 같다.[1]

언어학자들은 흔히 이 양면성을 지닌 기호 단위를 육체와 영혼으로 구성된 인간의 단일성과 비교했다. 이 비교는 전혀 만족스럽지 못하다. 오히려 예컨대 물과 같은 화학적 화합물과 비교하는 것이 더 옳을 수 있다. 물은 수소와 산소의 결합체이다. 그래서 이 두 요소를 따로 분리하면, 그중 어느 것도 물의 속성을 전혀 지니지 못한다.

2. 언어 실재체는 음성 연쇄를 둘러싸는 모든 것으로부터 분리하고, **경계를 구분할 때** 완전히 결정된다. 언어의 메커니즘에서 서로 대립하는 것은 이 경계가 구분된 실재체, 즉 **단위**이다.

첫눈에 언어기호를 시각기호와 동일시하려고 하는데, 이는 이 시각기호가 공간에서는 서로 혼동되지 않고 공존하기 때문이다. 그리하여 언어학자들은 유의미 요소도 이 같은 방식으로, 즉 정신 작용이 전혀 없어도 분리할 수 있다고들 상상한다. 유의미 요소를 지칭하기 위해 흔히 사용하는 '형태'란 용어('동사 형태', '명사 형태' 등의 표현 참조) 때문에 이 같은 오류에 계속 빠진다. 그러나 아는 바와 같이 음성 연쇄의 첫째 특성은 선적線的인 것이다. (140쪽 참조) 음성 연쇄

---

1 "개념은 청각적 실질의 특질이 되는데, 이는 마치 음향이 개념적 실질의 특질이 되는 것과도 같다"(『소쉬르의 3차 일반언어학 강의: 1910~11』, 257쪽 참조).

자체만 고찰하면, 선이나 띠에 불과하므로 청각은 여기에서 분할을 충분하고 분명하게 감지할 수 없다. 그리하여 이 연쇄의 분할을 감지하려면 의미 작용의 도움을 받아야 한다. 미지의 언어를 들을 때, 음성 연속체를 어떻게 분석하는지 말할 수 없다. 그 이유는 언어 현상의 음성 측면만 고려한다면, 이 분석은 불가능하기 때문이다. 그러나 음성 연쇄의 각 부분의 의미와 역할을 알면, 각 부분이 분리되고, 무형태의 띠가 조각으로 분할되는 것을 알 수 있다. 그런데 이와 같은 음성 연쇄의 분석은 전혀 물질적인 것이 아니다.

요컨대 언어는 미리 경계가 구분된 기호의 총체로 제시되는 것이 아니므로 이 기호의 의미 작용과 배열을 연구하는 것만으로는 만족할 수 없다. 그것은 분별이 안 된 덩어리로서, 오직 주의력과 습관으로 개별 요소를 찾아낼 수 있다. 언어 단위는 특수한 음성 특징이 전혀 없으므로 이를 규정할 수 있는 유일한 정의는 다음과 같다. 즉 발화 연쇄상에서 그 전후의 요소를 제외하고 한 개념에 대한 기표가 되는 음향 단편이다.

§2. 단위 구분의 방법

한 언어에 정통한 사람은 극히 간단히 방법으로, 최소한 이론적으로는, 언어 단위를 구별한다. 이 방법은 발화parole가 언어langue의 자료로 간주되기 때문에 여기에 입각해서 이 발화를 평행하는 두 연쇄, 즉 개념의 연쇄(a)와 청각영상의 연쇄(b)로 표상하는 것이다.

올바른 단위의 경계구분에서는 청각 연쇄에서 확정한 분할체(α

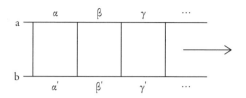

βγ⋯)가 개념 연쇄의 분할체(α'β'γ'⋯)와 반드시 대응해야 한다.

예컨대 프랑스어에 [sižlaprā]이 있다고 하자. 이 연쇄를 l 뒤에서 잘라 [sižl]을 단위로 제시할 수 있을까? 아니다. 이 분할이 틀렸다는 것을 알려면 개념만 고려하면 충분하다. [siž-la-prā]처럼 음절로 분할해도 선험적으로 전혀 언어적 요소가 없다. 유일하게 가능한 분할은 1. [si-ž-la-prā]('si je la prends' 내가 그것을 갖는다면), 2. [si-ž-l-aprā]('si je l'apprends' 내가 그것을 배운다면)이며, 이 두 가지 분할은 이 발화의 의미로 결정된다.

이 분할 조작의 결과를 입증하고, 분명히 한 단위를 다룬다는 것을 확인하려면, 동일한 단위가 나타나는 일련의 문장을 비교하고, 각 예문에서 이 단위를 문맥의 나머지 요소들과 분리한 후, 의미가 이 분할을 허용하는지를 확인할 수 있어야 한다. 예컨대 문장의 두 구성 요소 [lafǫrsdüvā]('la force du vent' 바람의 세기)와 [abudfǫrs]('à bout de force' 어찌할 줄 모르다)가 있다고 하자. 두 예에서 동일한 개념이 동일한 음성 단편 fǫrs와 일치한다. 따라서 이것은 분명히 한 언어 단위이다. 그러나 [ilməfǫrsaparlę]('il me force à parler' 그는 내가 말하도록 강요한다)에서 [fǫrs]는 전혀 다른 의미를 가지며, 따라서 다른 단위가 된다.

§3. 단위 분할의 실제적 난점

이 방법은 이론상으로는 아주 간단하지만, 적용하는 것이 과연 쉬울까? 분할할 단위가 단어라는 견해에서 출발하면, 그렇게 생각할 수 있다. 문장이 단어의 결합체가 아니라면 무엇이겠는가? 이보다 더 즉각 파악할 수 있는 것은 무엇일까? 따라서 위의 예를 다시 들면, 발화 연쇄 [sižlaprã]는 우리의 분석에 따르면 네 개의 단위로 분할되며, 이 네 단위는 같은 수의 네 단어 si-je-l'-apprends내가 그것을 배운다면에 해당한다고 말할 것이다. 그렇지만 단어의 본질에 대해 수많은 논란이 있다는 것을 확인하면, 즉각 의문에 빠진다. 따라서 이 문제를 조금만 깊이 생각해 보면, 언어학자들이 의미하는 단어라는 것이 구체적 단위의 개념과 양립할 수 없다는 것을 알 수 있다.

　　이 점을 확인하려면 cheval말과 복수형 chevaux말들만 생각해 보자. 보통 이들이 동일한 명사의 두 형태라고들 말한다. 그렇지만 전체로 보면, 이들은 의미로나 음성으로나 당연히 별개의 두 사상이다.

　　[mwa]('le mois달 de décembre' 12월)와 [mwaz]('un mois après' 한달 후)도 역시 동일한 단어이지만 별개의 두 양상을 띠며, 구체적 단위는 문제시되지 않는다. 의미는 분명히 같지만, 음향 단편이 다르기 때문이다. 그리하여 구체적 단위와 단어를 동일시하면 즉각 딜레마에 봉착한다. cheval말과 chevaux말들, [mwa]와 [mwaz]를 연결하는 관계는 분명하지만, 이를 무시하고 이들이 다른 단어라고 하거나, 아니면 구체적 단위가 아니라 동일 단어의 여러 형태를 연결하는 추상체라고 해야 한다. 그래서 구체적 단위는 단어가 아니라 그 이외의 것에서 찾아야 한다. 더구나 많은 단어가 복합적 단위이며, 그 하위 단위(접미사,

접두사, 어간)는 쉽게 구별할 수 있다. 또 désir-eux원하는, malheur-eux 불행한 같은 파생어는 구별되는 두 부분으로 구성되고, 각 부분은 명백한 의미와 역할이 있다. 반대로 단어보다 더 큰 단위도 있다. 합성어(porte-plume펜대), 고정 숙어(s'il vous plaît실례지만), 굴절형(il a été그는 ~이었다) 등이다. 그러나 이들 단위도 분할하려면, 엄밀한 의미의 단어가 갖는 난점과 동일한 어려움에 마주친다. 그리하여 음성 연쇄 내의 단위의 작용을 이 음성 연쇄 내에서 분별해 내고, 언어가 어떤 구체적 요소에 작용하는지를 설명하기란 극히 어렵다.

분명 화자는 이러한 어려움을 인지하지 못한다. 화자에게 어느 정도 유의미한 것들은 모두 구체적 요소이며, 담화에서 이 요소들을 틀림없이 구별해 낸다. 그러나 이 단위의 미묘한 작용을 감지하는 것과 조직적 분석으로 이를 설명하는 것은 별개의 일이다.

꽤 일반화된 언어 이론에 따르면, 유일한 구체적 단위가 문장이라고 주장한다. 우리는 문장을 통해서만 말하며, 결국은 문장에서 단어를 추출한다는 것이다. 그러면 우선 문장은 어느 정도로 확실하게 언어에 속하는 것일까? (227쪽 참조) 문장이 발화에 속한다면, 그것은 언어 단위로 인정할 수 없다. 그렇지만 이 난점을 피했다고 하자. 발화 가능한 모든 문장을 상상해 보면, 가장 현저한 특성은 이 문장들이 서로 전혀 유사하지 않다는 것이다. 그래서 학자들이 맨 처음에는 엄청나게 다양한 문장을 엄청나게 다양한 개체들과 같은 것으로 간주하여 이들이 한 가지 종을 구성하는 것으로 생각했다. 그러나 그 것은 착각이다. 왜냐하면 동종同種의 동물에게는 공통 특성이 이들을 구별하는 차이보다 더욱 중요하기 때문이다. 이와 반대로, 문장에 압도적으로 나타나는 특성은 다양성인데, 이 다양성을 초월해서 문장을 연결하는 공통성을 찾으려고 한다면, 이를 찾지 못한 채 문법적 특성을 지닌 단어를 다시 만나게 되고, 결국은 같은 난점에 다시 봉착하게 된다.

§4. 결론

자연과학의 대상이 되는 대부분의 영역에서는 단위의 문제가 제기조차 되지 않는다. 왜냐하면 이 단위는 단번에 주어지기 때문이다. 예컨대 동물학에서는 처음부터 연구대상으로 주어지는 것은 동물이다. 천문학도 공간에서 분리된 단위, 즉 천체들을 다룬다. 화학에서는 중크롬산칼리가 명확히 정의된 대상인지를 조금도 의심하지 않고서도 성질과 성분을 연구한다.

과학이 즉각 인지 가능한 구체적 단위를 제시하지 않는 경우, 이 과학에서는 이 단위가 본질적이 아니기 때문이다. 예컨대 역사에서 단위는 개인인가, 시대인가, 국민인가? 이는 알 수 없지만, 그리 중요한 문제가 아니다. 이 점을 분명히 규정하지 않더라도 역사서는 쓸 수 있다.

그러나 체스 놀이가 전적으로 여러 종류의 말[馬]을 조합하듯이 언어도 구체적 단위들의 대립에 바탕하는 체계라는 특성이 있다. 언어 단위를 인지하지 않을 수는 없으며, 이 단위에 의지하지 않으면 언어 연구는 한 걸음도 진전할 수 없다. 그렇지만 이 단위 분할은 너무나 미묘한 문제여서 이 언어 단위가 실제로 주어져 있는 것인지를 자문하게 된다.

따라서 언어는 첫눈에는 지각 가능한 실재체를 제공하지 않는 이상하고 놀라운 특성을 보이지만, 이 실재체는 존재한다는 것, 또 이 단위라는 실재체의 작용이 언어를 구성한다는 것은 의심의 여지가 없다. 분명 이 점은 언어를 다른 모든 기호학적 제도와 구별 짓는 특징이다.

제3장   동일성, 실체, 가치

방금 확증한 사실은 훨씬 더 중요한 문제를 제기한다. 이는 정태언어학의 그 어떤 기본 개념도 우리가 제시한 단위 개념에 직접 의존하며, 심지어 이 개념과 혼동되기 때문에 더 중요하다. 이 점을 공시적 동일성, 공시적 실체, 공시적 가치의 개념을 차례로 논의하면서 지적하고자 한다.

A. 공시적 **동일성**identité이란 무엇인가? 여기서 문제시되는 것은 프랑스어 부정사 pas와 라틴어 passum을 연결하는 동일성이 아니다. 이 동일성은 통시 차원에 속하며, 다른 곳(323쪽)에서 논의할 것이다. 이 공시적 동일성은 통시적 동일성에 못지않게 흥미로운 것으로, 이 공시적 동일성 덕택에 두 문장 'je ne sais pas'나는 알지 **못한다**와 'ne dites pas cela'그건 말하지 마세요에 동일한 요소가 있다고 명확히 말하는 것이다. 쓸데없는 설명이라고들 말할 수도 있다. 두 문장에 동일성이 있다면, 그것은 두 문장에 나오는 동일한 음향 단편(pas)의 의미 작용이 같기 때문이라는 것이다. 그러나 이 설명으로는 부족하다. 왜냐하면 음성 단편과 개념의 대응은 이 동일성을 입증하지만(앞의 예 'la force du vent'바람의 세기 : 'à bout de force'어찌할 줄 모르다 참조), 그 역은 사실이 아니기 때문이다. 이러한 대응이 없어도 동일성은 있을 수 있다. 강연회에서 Messieurs!여러분!라고 여러 번 반복해서 말하는 것을 들으면, 매번 이것이 동일한 표현이라는 느낌을 받는다. 그렇지만 어조 변화와 억양으로 인해 연설의 여러 구절에 나오는 이 표현의 음성 차이는 현격하다. 이는 서로 다른 단어를 구별하는 음성 차이만큼이나 큰 음성 차이이다(pomme사과와 paume손바닥, goutte물방울와 je goûte나는 맛본다, fuir달아나다와 fouir땅을 파다 등 참조). 더구나 의미적 관점에서도 각 Messieurs!는 절대적인 동일성이 없지만, 동일성에 대한 느낌은 여전히 지속된다. 이는 단어가 동일성을 크게 훼손받지 않고서도 아주 다른 관념을 표현하는 것과도 같다('adopter une mode'유행을 따르다와 'adopter un enfant'양자로 택하다, 'la fleur de pommier'사과나무의 꽃과 'la fleur de la nobless'귀족의 정수 등 참조).

언어 메커니즘 전체는 동일성과 차이의 기반에서 작동하는데, 후자는 단지 전자와 대칭을 이루는 짝일 뿐이다. 따라서 동일성 문제는 어디서나 다시 나타난다. 다른 한편, 이 동일성 문제는 실재체 및 단위의 문제와 부분적으로 뒤섞여 있는데, 그것은 전자의 실재체 문제는 후자의 단위 문제가 한층 더 복잡해진 현상에 지나지 않기 때문이다. 인간언어 이외의 현상에서 취한 사례와 비교하면, 이러한 특성은 더 명확히 드러난다. 예컨대 24시간 간격으로 떠나는 '저녁 8시 45분 제네바발-파리행'의 두 급행열차를 같은 기차라고 말한다. 우리 눈에는 동일한 급행열차이지만, 아마도 기관차, 객차, 승무원 등 모든 것들이 다를 것이다. 또 길이 완전히 파괴된 후 복구되면, 파손되기 전의 길에 있던 자재가 전혀 남아 있지 않는데도 같은 길이라고들 말한다. 이 길이 예전과 여전히 똑같은 길인데 왜 길을 완전히 복구했다고 할까? 이 길을 구성하는 실재체가 순전히 재질로만 구성된 것이 아니기 때문이다. 그래서 길은 일시적 재질과는 무관하게 몇 가지 조건, 예컨대 다른 길과 관련해서 그 길이 처한 상황에 기초한다. 마찬가지로 급행열차를 구성하는 것은 발차 시간, 운행 노선, 일반적으로 이 급행열차와 다른 급행열차를 구별하는 모든 여건이다. 동일한 조건이 실현될 때마다 매번 동일한 실재체를 얻는 것이다. 그렇지만 이 실재체는 추상적인 것이 아닌데, 그것은 길이나 급행열차가 물질로 구현되지 않으면 생각할 수 없기 때문이다.

위의 경우와, 옷을 도둑맞고 이를 헌 옷 가게의 진열대에서 되찾은 경우——이는 위의 경우와 전혀 다르다——를 대조해 보자. 여기서는 질료적 실재체가 문제시된다. 의복은 불활성 물질, 즉 천, 안감, 소매 솔기 등의 재질로만 존재한다. 다른 옷은 도둑맞은 내 옷과 아무리 비슷해도 내 옷이 될 수 없다. 그러나 언어적 동일성은 이 옷의 동일성이 아니라 급행열차나 길의 동일성과 같다. 나는 Messieurs여러분라는 단어를 사용할 때마다 질료를 새로이 갱신하는 것이다. 그것은 매번 새로운 음성 행위와 새로운 심리 행위이다. 2회 사용된 동일한 단어를 연결하는 관계는 질료적 동일성이나 의미의 정확한 동일성에 근거하는 것이 아니라 언어 단위의 진정한 본질에 분명히 근접시키는 요소에 근거한다. 바로 이것을 연구해야 한다.

B. 공시적 **실체**réalité란 무엇인가? 언어의 구체 요소나 추상 요소 가운데 어느 것을 공시적 실체로 부를 수 있을까?

예컨대 품사의 구별을 보자. 실사, 형용사 등의 단어 분류는 어디에 근거를 두고 있는가? 이 분류는 지구의 경도와 위도처럼 순전히 논리적 원리, 즉 외부로부터 문법에 적용된 언어 외적 원리에 의거하는가? 아니면 이 품사 분류가 언어 체계 내에 자리하며, 이 언어 체계에 의해 조건화된 것인가? 한마디로 공시적 실체인가? 이 두 번째 가정이 옳은 듯하지만, 첫 번째의 가정을 지지할 수도 있다. 'ces gants sont bon marché'이 장갑은 싸다에서 bon marché값싸게는 형용사인가? 논리적인 면에서, 이 단어는 형용사의 의미이지만, 문법적인 면에서는 확실하지 않다. 왜냐하면 bon marché는 형용사처럼 기능하지 않기 때문이다(이것은 형태가 불변하며, 절대로 실사 앞에 오지 않는다). 더구나 그것은 두 단어로 구성되어 있다. 그런데 품사 구분은 정확히 언어의 단어 분류에 이용해야 한다. 그러면 어떻게 이 단어군은 **품사**들 중 어느 품사에 귀속될 수 있는가? 반대로, bon좋은은 형용사이고, marché매매, 시장는 실사라고 하면, 이 bon marché라는 표현은 설명할 수 없다. 따라서 품사 분류에 결함이 있거나 품사 분류를 불완전하게 다룬 것이다. 명사, 동사, 형용사 등의 단어 구분은 부인할 수 없는 언어 실체가 아닌 것이다.

그리하여 언어학은 문법학자들이 만들어 낸 개념을 끊임없이 다루지만, 이 개념들이 과연 언어 체계의 구성 요인에 실제로 상응하는 것인지는 알 수 없다. 그렇지만 어떻게 그것을 알 수 있는가? 이 개념들이 유령과 같은 것이라면, 어떤 실체를 이것과 대립시켜야 할까?

이 환상에서 벗어나려면, 우선, 언어의 구체적 실재체 스스로는 관찰되지 않는다는 것을 납득해야 한다. 이를 포착하려고 노력하면, 그 진정한 실체에 도달하게 된다. 이 실재체를 바탕으로 언어학은 제 영역에 속한 언어 사실을 정리하는 데 필요한 모든 분류를 할 수 있다. 다른 한편, 이 품사 분류를 구체적 실재체 외의 것에 기초해서 구축하면, 예컨대 품사가 논리적 범주에 상응한다는 단순한 이유로 이들 범주가 언어의 구성 요인이라고 말하면, 의미 요소로 음성이 분할되는 방식과 무관한 언어 사실이란 없다는 사실을 망각하는 것이다.

C. 마지막으로, 이 단락에서 다룬 모든 개념은 이미 다른 곳에서 가치로 부른 것과 근본적으로 같은 것이다. 체스 놀이와 다시 비교해 보면, 이를 이해할 수 있다. (169쪽 이하 참조) 기사騎士를 예로 들어 보자. 기사 말이 단독으로 체스 놀이의 요소가 될 수 있는가? 분명히 그렇게 될 수 없다. 왜냐하면 체스 칸과 그 외의 놀이 조건을 벗어나 순수히 질료의 측면에서 볼 때, 이 기사 말은 체스 놀이꾼에게는 아무것도 아니며, 가치를 지니고서 이와 혼연일체가 되어야만 체스 놀이의 실재적이고 구체적인 요소가 된다. 체스 놀이를 하는 도중에 기사 말이 부서지거나 분실되었다고 하자. 그러면 이 기사 말을 등가等價의 다른 말로 바꿀 수 있을까? 분명히 바꿀 수 있다. 다른 기사로 바꿀 수 있을 뿐만 아니라 여기에 동일한 가치를 부여하면 기사 말과 전혀 모양이 다르지만 동일한 말로 기능한다. 따라서 언어와 같은 기호 체계는 특정한 규칙에 따라 요소들이 균형을 이루면서 상호 연관되기 때문에, 동일성의 개념은 가치의 개념과 뒤섞이고, 가치의 개념도 동일성의 개념과 곧잘 뒤섞이는 것을 알 수 있다.

이러한 이유로 가치의 개념은 결정적으로 단위, 구체적 실재체, 실체의 개념을 모두 포괄한다. 그러나 이 여러 양상들 사이에 근본적 차이는 없지만, 결국 이 문제는 여러 가지 형태로 차례로 제기될 수 있다. 단위, 실체, 구체적 실재체, 가치를 결정하려고 하면, 이는 결국 정태언어학 전체를 지배하는 동일한 핵심 문제를 언제나 제기하는 것이다.

실제적 관점에서 볼 때, 언어 단위로부터 시작하여, 언어학적 분류를 통해 이 단위를 결정하고, 그 단위의 다양성을 설명하는 것이 유익하다. 단어 분류가 어디에 근거하는지도 연구해야 한다. 왜냐하면 단어는 정의하기는 어렵지만, 우리 정신에 부과되는 단위이며, 언어 메커니즘에서도 중심적 역할을 하기 때문이다. 하지만 이것만으로도 책 한 권을 써야 할 큰 주제이다. 다음으로 단어의 하위 단위를 분류하고, 그 후에 단어보다 더 큰 단위를 분류해야 한다. 언어과학이 다루는 요소를 이처럼 결정하면, 언어과학은 임무를 온전히 수행할 것이다. 왜냐하면 언어과학의 영역에 속한 모든 언어 현상을 제1의 원리로 귀착시키기 때문이다. 언어학자들이 이 핵심 문제에 직면한 적이 없었다거나 그 중요성과 난점을 모두 이해했다고는 말할 수 없다. 언어 문제에서 언어학자들은 언제나 명확히 정의되지 못한 언어 단위를 다루었기 때문이다.

　　그렇지만 이 언어 단위의 근본적인 중요성에도 불구하고 이 문제를 가치의 측면에서 접근하는 것이 바람직하다. 우리 생각에는 이것이 이 문제의 가장 중요한 측면이기 때문이다.

제4장   언어 가치

§1. 음성 질료로 조직된 사상으로서의 언어

언어가 순수한 가치 체계일 수밖에 없다는 것을 이해하려면, 언어의 기능 작용에 참여하는 두 요소, 즉 개념과 음성을 고찰하는 것으로 충분하다.

심리적으로 사고思考는 단어로 된 표현을 제거하면, 무형태의 분별되지 않는 덩어리에 불과하다. 철학자와 언어학자는 기호의 도움 없이 두 개념을 명확하고 항구적으로 구별할 수 없다는 생각에 항상 의견을 같이했다. 사고는 그 자체로 보면, 성운星雲과 같아서 경계를 전혀 구분할 수 없다.

이처럼 유동하는 사고의 왕국에서 음성 자체는 미리 경계가 정해진 실재체를 제공할까? 이는 더욱 그렇지 않다. 음성 실질은 더 확고하거나 더 단단한 것이 아니다. 그래서 음성 실질은 사고가 그 형태와 반드시 결합하는 틀이 아니라 사고가 필요로 하는 기표를 제공하기 위해 구별되는 부분들로 분할되는 조형적 질료이다. 따라서 언어 사실 전체, 즉 언어를 혼란스러운 관념의 무한대의 평면(A)과, 음성의 미결정된 평면(B)의 양쪽에 걸쳐 있는, 인접된 일련의 하위 분할체로 표상할 수 있다. 다음 도식처럼 이를 아주 개략적으로 형상화할수 있다.

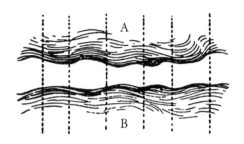

사고에 대한 언어의 특징적 역할은 관념의 표현을 위한 음성 질료 수단을 만드는 것이 아니라 사고와 음성의 중개 역할을 하며, 사고와 음성의 결합은 필연적으로 언어 단위를 분할하는 조건에서 이 중개 역할을 수행한다. 사고는 본질상 혼돈 상태이므로 그것이 분해되면 명료해질 수밖에 없다. 따라서 사고의 질료화도 없고, 음성의 정신화도 없다. 그러나 이 사실로부터 '사고-음성'은 분할을 함축한다는 것과, 또한 언어는 이 두 무형태의 덩어리 사이에 형성되면서 단위를 만들어 낸다는 것이 정말 신비롭게 느껴진다. 수면과 접촉한 대기를 상상해 보자. 기압이 변하면, 물의 표면은 일련의 구분된 실체인 물결로 분해된다. 이 파동이 사고와 음성 질료의 합일, 말하자면 이들의 짝 짓기에 대한 개념을 알려 준다.

언어는 분절 ── 이 분절이란 용어를 48쪽에서 정의한 의미로 취하면 ── 의 영역이라고 할 수 있다. 예컨대 각 언어 사항은 각기 작은 지체肢體, 즉 articulus분절로서, 이 분절 내에서 관념은 음성에 고정되고, 음성은 관념의 기호가 된다.

또 언어는 한 장의 종이와 비교할 수 있다. 그러면 사고는 종이의 앞면이고, 음성은 그 뒷면이다. 그래서 종이의 뒷면을 자르지 않고서는 앞면을 자를 수 없다. 마찬가지로 언어에서도 음성을 사고와 분리할 수도 없고, 사고를 음성과도 분리할 수 없다. 이 분리는 단지 추상을 통해서만 가능하며, 이 추상을 통해 이 둘을 분리한 결과, 사고는 순수 심리학이 연구하고, 음성은 순수 음운론이 연구한다.

따라서 언어학은 이 두 차원의 요소가 서로 결합하는 경계 지역을 다룬다. 그리고 이 결합은 실질이 아니라 형태를 산출해 낸다.

이러한 견해는 136쪽에서 기호의 자의성에 대해 논의한 바를 더 깊이 이해하게 한다. 언어 사실로 연결된 두 영역은 혼돈스럽고 무형태일 뿐만 아니라 관념에 대해 청각 단편을 선택하는 것도 완전히 자의적이다. 만약 그렇지 않다면, 가치의 개념은 그 특성의 일부를 잃는데, 이 가치에 외부로부터 강요된 요소가 포함되는 까닭이다. 그러나 사실상 가치란 전적으로 상대적이며, 이러한 이유로 개념과 음성의 관계는 근본적으로 자의적이 된다.

이제는 기호의 자의성을 통해 왜 사회적 사실만이 언어 체계를 만들어 내는지 더 잘 이해할 수 있다. 사회 집단은 언어 가치의 정립에 필수적인데, 언어 가치의 유일한 존재 이유는 언어 관용에 의해 일반적 동의를 얻기 때문이다. 그래서 개인 혼자만으로는 어떠한 언어 가치도 확정할 수가 없는 것이다.

더구나 이처럼 정해진 가치의 개념은 언어 사항을 단지 음성과 개념의 결합만으로 간주하는 것이 엄청난 착각임을 보여 준다. 언어 사항을 그런 식으로 정의한다면, 그것이 속한 언어 체계로부터 고립시키는 것이다. 또 그것은 결국 언어 사항으로부터 시작하여 이들을 합산해서 언어 체계를 구축할 수 있다고 믿는 것인데, 실상은 이와 반대로 연대적 전체에서 출발하여 여기에 포함된 요소를 분석을 통해서 얻는 것이다.

이 주장을 전개하기 위해 기의, 즉 개념의 관점(§ 2), 기표의 관점(§ 3), 기호 전체의 관점(§ 4)을 차례대로 취해 살펴보자.

우리는 구체적 실재체, 즉 언어 단위를 직접 파악할 수 없으므로 단어를 다루려고 한다. 이 단어는 언어 단위의 정의에 정확히 부합하는 것은 아니지만(198쪽 참조) 적어도 언어 단위에 대한 대략적 개념은 보여 주므로, 구체적이라는 이점이 있다. 따라서 우리는 단어를 공시 체계의 실재적 사항과 동등한 표본으로 간주하고, 이 단어에서 추출되는 원리가 일반적인 언어 실재체에도 유효할 것으로 생각한다.

§ 2. 개념적 측면에서 본 언어 사항의 가치

단어의 가치에 대해 말할 때, 일반적으로 그리고 무엇보다 먼저 말하려고 하는 것은 가치가 관념을 나타내는 속성이 있다는 것이다. 사실상 이것은 가치의 여러 양상 중의 하나이다. 사실이 그렇다면, 이 가치와 의미작용signification으로 부르는 것의 차이는 무엇인가? 이 두 용어는 동의어일까? 물론 이 둘은 쉽사리 혼동되지만, 우리는 동의어로 생각하지 않는다. 그 이유는 이 혼동이 두 용어가 유사해서 생긴다기보다는 이들이 나타내는 미묘한 구별로 인해 생기기 때문이다.

가치는 개념적 측면에서 보면 분명 의미 작용의 요소이며, 따라서 의미 작용은 가치에 의존하는데도 어떻게 가치와 구별되는 것인지 알기는 무척 어렵다. 그렇지만 언어를 단순히 어휘집으로 축소할 위험을 무릅쓰고(133쪽 참조) 이 문제를 명확히 할 필요성이 있다.

의미 작용을 우리가 상상하는 바대로, 또 135쪽에서 그림으로 나타낸 바대로 살펴보자.

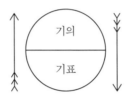

이 그림의 두 화살표가 보여 주듯이 의미 작용은 청각영상의 대칭 짝일 뿐이다. 스스로 존재하는, 폐쇄 영역으로 간주된 단어 경계 내의 청각영상과 개념 사이에서 모든 작용이 일어난다.

그러나 여기에 이 문제의 역설적 측면이 있다. 즉 한편으로 개념은 기호 내부의 청각영상의 대칭 짝이고, 다른 한편으로는 기호 자체, 즉 개념과 청각영상의 두 요소를 연결 짓는 관계도 언어의 다른 기호들에 대한 대칭 짝이라는 사실이다.

아래 도식이 보여 주듯이, 언어는 체계로서 이 체계의 모든 사항은 연대적이고, 또 한 사항의 가치는 다른 모든 사항들이 동시에 존재하므로 생겨나는 것이라고 할 때, 이처럼 정의된 가치가 청각영상의 대칭 짝인 의미 작용과 혼동되는 것은 어째서일까?

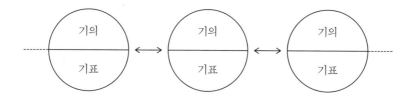

여기에서 수평의 화살표로 표시한 관계는 앞에서 수직의 화살표로 표시한 관계와 동일시할 수 없는 듯하다. 다시 말해서, 종이를 자르는 비유(210쪽 참조)를 다시 보면, 여러 개의 잘린 종잇조각 A, B, C, D 사이에 확인되는 관계가 종잇조각 한 장의 앞면과 뒷면의 관계, 즉 A/A′, B/B′와 왜 구별이 안 되는 것인지 알 수 없다.

이 의문에 대답하려면, 우선 언어 외의 다른 모든 가치도 이 역설적 원리에 지배받는 듯이 보인다는 점을 확인하자. 가치는 언제나 다음 두 가지로 구성된다.

1. 아직 미결정 상태의 가치를 지닌 사상事象과 **교환**할 수 있는 **다른** 사항.

2. 문제의 가치를 지닌 사상과 **비교**할 수 있는 **유사한** 사항.

이 두 요인은 가치의 존재에 필수적이다. 예컨대 5프랑짜리 동전의 값어치가 얼마인지 결정하려면 다음 사실을 알아야 한다. 1. 이 동전을 일정량의 다른 물건, 가령 빵과 교환할 수 있다는 것, 2. 이 동전을 동일한 화폐 체계의 유사한 가치, 예컨대 1프랑짜리 동전이나 다른 화폐 체계의 동전(1달러 등)과 비교할 수 있다는 것. 마찬가지로 단어도 상이한 것, 즉 개념과 교환할 수 있다. 뿐만 아니라 동일한 성질의 다른 것, 즉 다른 단어와 비교할 수 있다. 따라서 단어의 가치는 개념과 '교환'할 수 있다는 것, 즉 그것이 의미 작용이 있다는 것을 확인하는 것만으로 그친다면, 미결정된 것이다. 그리고 이 단어를 유사한 가치, 즉 대립할 수 있는 다른 단어와 비교해야 한다. 단어의 내용은 그 단어 외부에 있는 것의 도움을 받아야만 진정 결정된다. 단어는 체계에 속하므로 의미 작용뿐만 아니라 무엇보다도 가치를 지닌다. 그래서 이 둘은 별개의 것이다.

몇몇 사례는 이 원리가 정말 그렇다는 것을 증명해 준다. 프랑스어 mouton양은 영어 sheep양과 의미 작용은 동일하지만, 가치는 동일하지 않다. 이는 여러 이유 때문인데, 특히 요리해서 식탁에 음식으로 차린 양고기는 영어로 mutton양고기이라고 하지 sheep이라고 하지 않는다. sheep과 mouton의 가치 차이는 sheep은 이것 외에 제2의 언어 사항 mutton이 있지만, 프랑스어 단어 mouton은 그렇지 않다는 사실에서 기인한다.

동일한 언어 내에서도 유사한 개념을 표현하는 단어들은 서로의 가치를 한정한다. 예컨대 redouter두려워하다, craindre무서워하다, avoir peur겁내다 같은 유의어는 상호 대립에 의해서만 고유의 가치를 지닌다. 그래서 만일 redouter가 없어지면, 이 단어의 내용은 모두 이들 경쟁어로 옮겨 갈 것이다. 역으로 다른 언어 사항들과의 접촉으로 내용이 풍부해지는 언어 사항도 있다. 예컨대, décrépit노화된에 들어온 새로운 요소('un vieillard décrépit'늙은 노인. 162쪽 참조)는 décrépi노화된('un mur décrépi'허물어진 벽)와의 공존에서 유래한다. 이처럼 언어 사항의 가치는 그것을 둘러싼 사항들에 의해 결정된다. '태양'soleil을 의미하는 단어조차 이것 주위에 있는 단어들을 고려하지 않으면 그 가치를 즉시 정할 수 없다. 어떤 언어에서는 's'asseoir au soleil'양지에 앉다라고 표현할 수 없다.

단어에 대해 진술한 내용은 예컨대 문법적 실재체와 같은 언어 사항에도 적용된다. 이를테면 프랑스어 복수의 가치는 산스크리트어 복수의 가치와 일치하지 않는다. 물론 대부분의 경우에 그 의미 작용은 동일하지만 말이다. 산스크리트어의 수數는 두 가지가 아니라 세 가지이기 때문이다(산스크리트어에서 mes yeux내 눈, mes oreilles내 귀, mes bras내 팔, mes jambes내 다리 등은 쌍수로 표시된다). 그리하여 산스크리트어와 프랑스어의 복수에 동일한 가치를 부여하는 것은 잘못이다. 프랑스어에서 반드시 복수를 써야 하는 경우에 산스크리트어는 복수를 쓸 수 없기 때문이다. 따라서 복수의 가치는 분명히 복수의 외부에 있는, 그것을 둘러싸고 있는 수에 의존한다.

만약 단어가 미리 주어진 개념을 표상하는 것이라면, 이 단어는 언어마다 서로 의미적으로 정확히 대응하는 것이 있을 것이다. 그런데 사실은 그렇지 않다. 프랑스어에서는 '임차하다'와 '임대하다'를 나타내기 위해 louer (une maison)(집을) 빌리다을 아무런 차이 없이 쓰지만, 독일어에서는 두 언어 사항 mieten빌리다과 vermieten빌려주다을 사용한다. 따라서 가치가 정확히 대응하지 않는다. 동사 schätzen평가하다과 urteilen판단하다은 프랑스어 단어 estimer추정하다와 juger판단하다의 의미 작용에 거의 대응하는 의미 작용이다. 그렇지만 몇 가지 점에서 이 대응은 정확히 이루어지지 않는다.

굴절은 이에 대한 각별히 놀라운 예를 보여 준다. 우리에게 아주 친숙한 시제 구별이 어떤 언어에는 존재하지 않는다. 예컨대 히브리어에는 정말 근본적인 과거, 현재, 미래의 시제 구별조차 없다. 원시 게르만어에는 미래를 나타내는 고유한 형태가 없다. 그래서 원시 게르만어가 현재로 미래를 표현한다는 말은 부정확한 표현이다. 왜냐

하면 원시 게르만어에서 현재의 가치는 현재와 미래가 있는 언어와
는 다르기 때문이다. 슬라브어는 동사의 두 가지 상相을 규칙적으로
구별한다. 즉 완료상은 행위를 전체로, 점點으로 나타내고, 전체 생성
과정을 배제하고 표상한다. 반면 미완료상은 행위를 이루어지는 과
정으로 표상하고, 시간 선상에서 보여 준다. 프랑스인은 상의 범주를
이해하는 데 어려움을 겪는다. 프랑스어에는 상의 범주가 없기 때문
이다. 만일 이 상의 범주가 미리 결정되어 있다면, 이런 사태는 벌어
지지 않을 것이다. 그러므로 이 모든 사례에서 보듯이 우리는 미리 주
어진 관념이 아니라 언어 체계에서 발생하는 가치를 포착하는 것이다.
이 가치가 개념에 상응한다고 말할 때, 이 개념은 순수히 차별적이라
는 것, 즉 그 내용에 의해 적극적으로 정의되는 것이 아니라 체계의
다른 사항과 맺는 관계에 의해 소극적으로 정의된다는 것을 의미한
다. 이 개념의 가장 정확한 특징은 다른 개념이 아니라 바로 그 개념
자체라는 점이다.

　　이제야 우리는 기호 도식에 대한 진정한 해석이 무엇인지를 알
수 있다. 예컨대 다음 도식은 프랑스어에서 개념 'juger'판단하다는 청
각영상juger와 결합한다는 것을 의미한다.

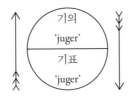

　　한마디로 말해서 이것은 의미 작용을 나타낸다. 그러나 개념은

애초에 지닌 것이 아무것도 없다는 것, 개념은 비슷한 다른 가치들과 맺은 관계에 의해 결정된 가치라는 것, 또 이 다른 가치들이 없다면 의미 작용은 없다는 것이 여기에 잘 함축되어 있다. 내가 단어가 어떤 것을 의미한다고 단순하게 주장한다면, 즉 청각영상과 개념의 연합으로만 나타내려 한다면, 그 실체에 대한 관념을 제공하는 꽤 정확한 조작을 하는 것이다. 그렇지만 이것은 그 어떤 의미로도 언어 사실의 본질과 그 광범위함을 표현하는 것은 아니다.

§ 3. 질료적 측면에서 본 언어 사항의 가치

가치의 개념 부분이 오직 언어의 다른 사항과 맺는 관계와 차이로만 구성된다면, 가치의 질료 부분에 대해서도 똑같은 사실을 말할 수 있다. 단어에서 중요한 것은 음성 자체가 아니라, 이 단어를 그 외의 모든 단어와 구별 짓는 음성 차이이다. 왜냐하면 이 차이가 의미 작용을 가지기 때문이다.

이 사실은 아마도 놀라울 것이다. 그렇다면 그 반대의 가능성은 진실로 어디에 있을까? 특정한 음성영상이 다른 음성영상보다 표현할 개념에 더 잘 부합하는 것이 아니기 때문에 언어의 음성 단편이 궁극적으로 이 단편과 나머지 단편들과의 불일치에 기초한다는 사실은 선험적으로 명백하다. 자의적인 것과 **차별적인** 것은 상관적인 두 성질이다.

언어기호의 변질은 이 상관관계를 잘 보여 준다. 언어 사항 a와 b가 각기 자체의 의미 작용과는 상관없는 법칙에 따라 자유로이 변경되는 것은 이 사항들 자체만으로는 언어 의식 ─ 언어 의식은 차이 a/b만을 영원히 인식하기에 ─ 의 영역에 도달하는 것이 근본적으로 불가능하기 때문이다. 체코어 복수 속격 žen아내, 부인들의은 적극적 기호로는 특징지을 수 없다. (167쪽 참조) 그렇지만 žena부인 : žen아내, 부인들의의 형태군은 과거에 선행했던 형태 žena부인 : žen아내,부인들와 똑같이 기능을 잘 발휘한다. 그 이유는 기호의 차이만이 작용하기 때문이다. žena는 오직 다르기 때문에 가치를 갖는 것이다.

이러한 음성 차이의 작용이 체계적이라는 것을 더 잘 보여 주는 또 다른 사례가 있다. 그리스어 éphēn하고 있었다과 éstēn~이었다은 동일한 방식으로 형태가 구성되었지만, 전자는 미완료imparfait이고, 후자는 부정과거aoriste이다. 전자는 직설법 현재 phēmí나는 말한다의 시제 체계에 속한 반면, 후자는 현재의 형태 *stēmi가 없기 때문이다. 그런데 현재와 미완료(deíknūmi밝히다, 설명하다-edeíknūn밝히고 있었다 참조)의 관계에 대응하는 것은 phēmi-éphēn의 관계이다. 따라서 이 기호들은 자체의 내재적 가치가 아니라, 언어 체계 내의 서로의 상대적 지위에 따라 작용하는 것이다.

더구나 질료 요소인 음성 자체는 언어에 속한다는 것이 불가능한 일이다. 음성은 언어에서는 부차적인 것, 즉 언어가 이용하는 소재일 뿐이다. 모든 규약적 가치는 지주로 사용되는, 감지할 수 있는 요소와 혼동되지 않는다는 특성이 있다. 예컨대 주화의 가치를 결정하는 것은 동전의 금속이 아니다. 명목상으로 5프랑의 가치를 지닌 1에퀴는 단지 이 금액의 절반 정도의 은을 함유한다. 이 주화에 어떤 초상이 새겨져 있냐에 따라, 프랑스 국경의 이쪽이냐 저쪽이냐에 따라 주화의 값은 더하거나 덜할 것이다. 언어 기표는 진실로 더욱더 그러하다. 언어 기표의 본질은 전혀 음성적이 아니며, 무형체이며, 질료적 실체로 구성된 것이 아니라 오직 기표의 청각영상과 그 외의 모든 청각영상을 구별하는 차이로 구성된다.

이 원리는 매우 본질적인 것이어서 음소를 포함하여 언어의 모든 질료 요소에도 적용된다. 각 개별어는 음성 요소 체계의 기반 위에서 단어를 구성한다. 이 음성 요소는 분명히 경계가 구별된 단위이며, 그 수도 완전히 제한되어 있다. 그런데 이 음성 요소를 특징짓는 것은 사람들이 생각하듯이 그 고유한 적극적 자질이 아니라, 서로 혼동되지 않는다는 아주 단순한 부정적 사실이다. 음소는 무엇보다도 대립적이고, 상대적이며, 부정적인 실재체이다.

음성들이 서로 구별되는 범위 내에서 이루어지는 화자들의 발음은 허용되는데, 이 사실은 바로 음소의 이러한 점을 증명한다. 예컨대 프랑스어 목젖음 r〔[ʀ]〕의 일반적 발음 관행에서는 많은 사람들이 설전음으로 발음하는 것이 허용된다. 그렇지만 프랑스어는 이로 인해 상호 이해에 전혀 혼란이 일어나지 않는다. 프랑스어에는 오직 이 음성 차이만 필요하며, 사람들이 상상하듯이 음성이 불변할 것을 요구하지 않는다. 심지어 프랑스어 r를 독일어 Bach바흐, doch그렇지만 등에서처럼 ch〔[x]〕로 발음할 수도 있지만, 독일어에서 r는 ch처럼 사용할 수 없다. 그것은 독일어에서는 이 두 요소를 인지하고 구별해야 하기 때문이다. 마찬가지로 러시아어에서는 t′(습음 t) 자리에 t를 허용할 수 있는 여지가 없다. 왜냐하면 그렇게 하면 러시아어가 구별하는 이 두 음성이 혼동되기 때문이다(govorit′말하다와 govorit그는 말하다). 그러나 th(유기음 t)는 훨씬 자유스럽다. 그건 러시아어의 음소 체계에서는 이 음성의 자리가 없기 때문이다.

문자 체계라는 또 다른 기호 체계에서 이와 동일한 사태를 확인할 수 있으므로 문자 체계를 비교하여 이 문제 전체를 밝히고자 한다.

1. 문자 체계의 기호는 자의적이다. 예를 들어 문자 t와 이것이 나타내는 음성 사이에는 아무 관계가 없다.

2. 문자의 가치는 완전히 소극적이며 차별적이다. 예컨대 똑같은 사람이 다음과 같은 여러 변이형으로 t를 쓸 수 있다.

단지 필수적인 것은 필체에서 이 기호가 l, d 등의 기호와 혼동되면 안 된다는 것이다.

3. 문자 체계의 가치는 한정된 수의 문자로 구성되고, 정의된 문자 체계 내에서 상호 간의 대립으로만 작용한다. 이 특성은 둘째 특성과 동일하지 않지만, 밀접한 관계가 있다. 왜냐하면 이 두 특성은 모두 첫째 특성에 의존하기 때문이다. 문자기호는 자의적이므로 그 형태는 거의 중요하지 않거나 오히려 문자 체계가 부과하는 범위 내에서만 중요하다.

4. 기호의 생산수단은 전혀 무관한데, 이는 문자 체계와는 아무 상관이 없기 때문이다(이 점 역시 첫째 특성에서 유래한다). 문자를 흰색으로 쓰든 검은색으로 쓰든, 음각으로 쓰든 양각으로 쓰든, 펜으로 쓰든 끌로 파든, 그것은 의미 작용에 중요하지 않다.

§4. 전체로 본 기호

앞에 말한 모든 것은 결국 언어에는 차이만이 있다는 사실을 천명하는 것이다. 뿐만 아니라 차이는 일반적으로 적극적 사항을 전제하며, 적극적 사항들 사이에서 성립된다. 그러나 언어에는 **적극적 사항이 없이** 차이만이 있다. 기의를 취하든 기표를 취하든 언어는 언어 체계에 선재先在하는 관념이나 음성을 포함하는 것이 아니라, 단지 언어 체계에서 나오는 개념의 차이와 음성의 차이만 포함할 뿐이다. 한 기호 내의 관념이나 음성 질료보다는 그 기호의 주위에 있는 다른 기호들 내의 관념이나 음성 질료가 더 중요하다. 그 증거로는 사람들이 언어 사항의 의미와 음성을 전혀 손대지 않더라도 그 언어 사항의 가치는 변할 수 있다는 것, 다시 말해서 인접한 다른 사항들이 변화를 겪기 때문에 그 언어 사항의 가치도 변한다는 사실이 있다. (214쪽 참조)

그러나 언어에서 모든 것이 부정적이라고 말하는 것은 기표와 기의를 각기 분리한 경우만 해당된다. 왜냐하면 기호를 전체로 고찰하면, 우리는 사상事象의 질서 내에 있는 적극적 사상 자체를 마주하기 때문이다. 언어 체계는 일련의 개념 차이와 일련의 음성 차이가 결합한 것이다. 그런데 이와 같이 청각기호와, 같은 수의 사고思考의 분할체를 대조하면, 가치 체계가 생성된다. 그리하여 이 가치 체계가 각 기호의 내부에서 음성 요소와 정신 요소 사이에 실제적인 연결관계를 구축한다. 기표와 기의를 별도로 분리하면 완전히 차별적이고 부정적이게 되지만, 이들을 결합하면 적극적 사실이 된다. 더구나 이것은 언어가 포괄하는 유일한 종류의 현상이다. 그것은 언어제도의 속성은 이 두 질서의 차이에 평행성을 유지시키는 것이기 때문이다.

통시적 사실은 이 점에서 매우 특징적이다. 예컨대 기표의 변질이 관념의 변질을 초래하여, 구별된 관념의 총합이 원리상 변별적 기호의 총합과 일치하는 경우가 무수히 많다. 두 언어 사항이 음성 변질로 인해 혼동되는 경우(예컨대 décrépit늙은 = decrepitus늙어 빠진와, crispus곱슬곱슬한에서 유래하는 décrépi모르타르가 벗겨진)[1], 이 관념도 혼동의 여지가 조금이라도 있으면 혼동되는 경향이 있다. 언어 사항은 분화되는가(예컨대 chaise의자와 chaire강단)?[2] 언어 사항은 갓 생겨난 차이로 인해 항상 그렇게 분화하지만, 즉시 그렇게 되는 것은 아니다. 분명히 유의미한 차이가 생겨나는 경향을 보일 것이다. 역으로 정신〔마음〕에 지각된 모든 관념의 차이는 별개의 기표로 표현되고, 또 정신이 더 이상 구별하지 못하는 두 관념은 동일한 기표로 서로 뒤섞인다.

적극적 사항으로서의 기호를 서로 비교하면, 차이를 더 이상 말할 수 없다. 이 표현은 부적합할 수도 있다. 왜냐하면 이 표현은 두 청각영상의 비교(예컨대 père아버지[pɛːʀ]와 mère어머니[mɛːʀ])나 두 관념의 비교(예컨대 'père'의 관념과 'mère'의 관념)에만 적용되기 때문이다. 기의와 기표를 각각 지닌 두 기호는 다른 것이 아니라 오직 변별적일 뿐이다. 이 기호들 사이에는 오직 대립만이 있다. 뒤에 가서 살필

---

1 décrépit는 라틴어 crepo의 파생어로서 과거분사형 dēcrepitus가 프랑스어에서 형용사가 된 것이고, décrépi는 crépir(라틴어 crispo)에서 파생된 décrépir의 과거분사형으로 이 둘의 음성이 유사해져 이미 혼동이 일어난 상태였다.

2 이 두 단어의 어원은 라틴어 cathedra이며, s, r은 방언적 교체형이다. 이러한 형태가 의미 분화를 일으켜 chaire는 주로 종교어로 분화해서 '설교, 설교단, 직책'을 의미하게 되었고, chaise는 '등받이의자'라는 뜻으로 분화했다.

인간언어의 전체 메커니즘은 이런 종류의 대립들과, 이들 대립이 가진 음성 차이와 관념 차이에 근거한다.

언어 가치에 진실인 것은 단위에도 역시 진실이다. (206쪽 참조) 이 단위는 개념에 대응하는 발화 연쇄의 단편이다. 이 양자는 모두 순전히 차별성이 있다.

이 분화 원리를 단위에 적용하면, 다음과 같이 표현된다. 즉 **단위의 특성은 단위 자체와 혼합된다.** 모든 기호 체계처럼 언어에서 어떤 기호를 구별해 주는 것 자체가 곧바로 이 기호 자체를 구성하는 것이다. 〔언어적〕 차이가 가치와 단위를 만드는 것처럼, 이러한 단위의 특성을 만드는 것도 차이이다.

이 원리에서 아주 역설적인 결과가 또 하나 생겨난다. 즉 언어학자들이 보통 '문법 사실'로 부르는 것은 결국 언어 단위의 정의와 부합하는데, 그 이유는 이 문법 사실은 언제나 언어 사항의 대립을 표현하기 때문이다. 이 대립은 특별히 의미가 있는데, 예컨대 독일어 복수형 Nacht밤 : Nächte밤들 유형이 그렇다. 문법 사실 내에 출현하는 이 사항(모음 교체와 어말 -e가 있는 복수와 대립하는, 모음 교체와 어말 e가 없는 단수)은 각기 수 체계 내의 대립 작용에 의해 구축된다. 이 대립 사항을 따로 분리하면, Nacht나 Nächte는 아무것도 아니다. 따라서 모든 것은 대립이다. 달리 말해서 Nacht : Nächte의 관계는 대수공식 a/b로 나타낼 수 있는데, 여기서 a와 b는 단순한 사항이 아니라 각자가 일련의 관계에서 생겨난 것이다. 말하자면 언어는 복합 항만을 가진 대수학이라고 할 수 있다. 언어가 내포하는 대립들 중 어떤 대립은 다른 대립보다 훨씬 더 유의미하다. 그러나 단위라는 용어와 문법 사실은 동일한 일반적 사실, 즉 언어적 대립 작용의 양상을 지칭하기 위한 또 다른 명칭에 지나지 않는다. 이 단위의 문제를 문법 사실로부터 접근해도 아주 잘 다룰 수 있다는 것은 정녕 사실이다. Nacht : Nächte 같은 대립을 제기하면서 이 대립에서 문제시되는 단위가 무엇인지 질문할 수 있다. 이들은 두 단어인가? 아니면 유사한 단어의 계열인가? 이들은 a와 ä인가? 아니면 단수와 복수인가? 등등.

언어기호의 구성이 차이 이외의 다른 것이라면, 단위와 문법 사실은 서로 혼동되지 않을 것이다. 그러나 언어는 존재하는 바의 언어 그 자체이므로 어느 측면으로 언어를 다루더라도 거기서는 단순한 것을 결코 발견할 수 없을 것이며 언제 어디서나 상호적으로 조건 짓는 사항들의 복합적인 균형을 발견할 것이다. 달리 말하면, **언어는 형식이지 실체가 아니다.** (210쪽 참조) 언어학자들은 이 진리의 핵심을 포착하지 못할 것이다. 왜냐하면 이들이 사용하는 언어학 용어의 오류와, 언어 사실을 지칭하는 잘못된 방식은 언어 현상 내에 실체가 있을 것으로 추정하는 무의식적 가정에서 유래하기 때문이다.

제5장 통합관계와 연합관계

§1. 정의

이처럼 언어 상태에서는 모든 것이 관계에 근거한다. 그러면 이 관계
는 어떻게 기능하는가?

언어 사항들 사이의 관계와 차이는 구별되는 별도의 두 영역에
서 전개되며, 각 영역은 가치의 질서를 산출한다. 관계와 차이, 이 두
질서의 대립으로 각 질서의 성질을 보다 잘 이해할 수 있다. 이들은
정신 활동의 두 형식에 상응하며, 이 두 가지는 모두 언어의 생태에
필요 불가결하다.

한편으로 담화 내에서 단어는 연쇄를 통해 관계를 맺는데, 이
연쇄관계는 언어의 선적線的 특성에 바탕하며, 이 선적 특성으로 인
해 두 단어 요소를 동시에 발음할 가능성은 완전히 배제된다. (140쪽
참조) 이 두 요소는 발화 연쇄에서 일련의 다른 단어 요소와 함께
차례로 배열된다. 공간적 길이를 지주로 갖는 이 결합체를 **통합체**
syntagmes[1]로 부를 수 있다. 따라서 통합체는 언제나 둘 또는 그 이상의

연속 단위로 구성된다(예컨대 re-lire다시 읽다; contre tous모두에 반대해; la vie humaine인간의 삶; Dieu est bon신은 선하다; s'il fait beau temps날씨가 좋다면, nous sortirons우리는 나간다 등). 통합체 내의 언어 사항이 가치를 획득하는 것은 앞의 사항이나 뒤의 사항, 혹은 이 양자 모두와 대립되기 때문이다.

다른 한편 담화 밖에서 공통성이 있는 단어들은 기억 속에서 서로 연합하여 단어군을 형성하는데, 이 단어군은 아주 다양한 관계의 지배를 받는다. 예컨대 enseignement가르침이란 단어는 무의식적으로 다른 많은 단어를 마음에 상기시킨다(enseigner가르치다, renseigner알려주다 등. 또한 armement군비 무장, changement변화 등. 또한 éducation교육, apprentissage견습 등). 이 모든 단어들은 여러 면에서 공통성이 있다.

이 등위 배열은 앞의 통합적 순서 배열과는 종류가 전혀 다르다는 것을 알 수 있다. 이 등위 배열의 지주는 공간적 길이가 아니다. 이 배열의 자리는 두뇌 속에 있다. 이들은 각 개인의 언어를 구성하는 내적 보고寶庫이다. 이들을 **연합관계**로 부를 것이다.

통합관계는 **현존하는**in praesentia 관계이다. 이것은 실재하는 계열 내에 똑같이 존재하는 둘 또는 그 이상의 언어 사항에 바탕한다. 이와 반대로 연합관계는 잠재하는 기억의 계열 내에 **부재하는**in absentia 언어 사항들을 결합한다.

이와 같은 이중적 관점에서, 언어 단위는 건물의 특정 부분, 예컨

1† **통합체**에 대한 연구가 **통사론**과 혼동되지 않는다고 지적한다는 것은 거의 쓸데없는 일이다. 차후 242쪽 이하에서 살펴보는 것처럼 통사론은 통합체의 일부에 지나지 않는다. [여기서 통합체는 문장의 구성 성분으로서 구(syntagme)까지 포괄한다. syntagme nominal(명사구), syntagme verbal(동사구) 등.]

대 기둥에 비교할 수 있다. 한편으로 기둥은 받치는 추녀와 맺는 관계가 있다. 같은 공간에 똑같이 현존하는 두 단위의 이와 같은 배열은 통합관계를 상기시킨다. 다른 한편으로 이 기둥이 도리스식이면, 이것은 같은 공간에 부재하는 요소인 다른 양식(이오니아식, 코린트식 등)과 심리적으로 비교된다. 이 관계는 연합적 관계이다.

　이 두 차원의 배열 각각에 몇 가지 특별한 지적을 할 필요가 있다.

§ 2. 통합관계

226쪽의 예에서는 통합체의 개념이 단어뿐만 아니라 단어군이나, 크건 작건 모든 크기의 복합 단위와 모든 종류의 복합 단위에도 적용된다(합성어, 파생어, 문장의 구성 요소, 전체 문장).

　통합체를 구성하는 부분을 결합하는 관계(예: contre tous모두에 반대해서의 contre반대해서와 tous모든 사람들, contremaître반장의 contre반대해서와 maître주인)를 고찰하는 것으로는 불충분하다. 전체와 각 부분을 맺는 관계(예컨대 한편으로는 contre와, 다른 한편으로는 tous와 대립되는 contre tous, 또는 contre와 maître와 대립되는 contremaître)도 고려해야 한다.

　여기에 이의를 제기할 수도 있다. 문장은 통합체의 가장 전형적 유형이다. 그러나 그것은 발화에 속하며, 언어에 속하지 않는다는 것이다. (52쪽 참조) 그렇다면 통합체는 발화에 속한다는 결론이 나오지 않는가? 우리는 그렇게 생각하지 않는다. 발화의 속성은 자유로운 결합이다. 따라서 모든 통합체가 똑같이 자유로운지 질문해야 한다.

우선, 언어에 속하는 수많은 표현을 볼 수 있다. 이들은 고정 숙어로서, 깊이 생각하면 이 표현에서 유의미한 부분을 식별할 수는 있지만, 언어 용법은 이들이 변하는 것을 허용하지 않는다(à quoi bon? 무엇에 쓰려고?, allons donc!자, 가자! 등 참조). 이보다는 굳어진 정도가 그리 심하지 않은 prendre la mouche노염을 타다, forcer la main à quelqu'un 누군가에게 힘을 쓰다, rompre une lance논쟁을 벌이다, 또는 avoir mal à (la tête)(머리가) 아프다 등, à force de (soin)정성껏 등, que vous ensemble?너희들 모두 함께?, pas n'est besoin de…~이 필요 없다 등과 같은 표현도 마찬가지이다. 이들의 관용적 특성은 의미 작용과 통사법의 성질이 특이한 데서 비롯된다. 고정 표현은 즉흥적으로 만들어질 수 없으며, 전통을 통해 생겨난다. 또 완벽히 분석하는 것은 가능하지만, 순전히 관용의 힘으로 유지되는, 형태론적으로 비정상적인 형태의 단어도 예로 들 수 있다(facilité쉬움에 대한 difficulté어려움,[2] dormirai잠잘 것이다에 대한 mourrai죽을 것이다 등 참조).

그렇지만 이것이 전부는 아니다. 규칙적 형태에 의거해서 구성된 모든 통합체 유형은 언어에 귀속시켜야 하며 발화에 귀속시켜서는 안 된다. 실제로 언어에는 추상적인 것이 없으므로 이 통합체 유형은 언어가 아주 넉넉하게 많은 표본을 기억에 등재하는 경우에만 존재한다. indécorable장식할 수 없는 같은 단어가 발화에 출현할 때(299쪽 이하 참조) 이 단어는 특정한 유형을 전제하며, 이 유형은 언어에 속

---

2 facilité는 이탈리아어 facilita의 차용어이고, difficulté는 라틴어 difficultas의 차용어이다. 형용사 파생접사 -ité가 정상형이다.

한 이와 비슷한 상당히 많은 단어에 대한 기억으로만 존재할 수 있다 (impardonnale용서할 수 없는, intolérable참을 수 없는, infatigable지칠 줄 모르는 등). 규칙적 모형에 근거해서 만들어진 문장이나 단어군도 이와 똑같다. la terre tourne지구는 돈다, que vous dit-il?그는 당신에게 뭐라고 말합니까? 등과 같은 결합체도 일반적 유형에 부합하며, 이 일반적 유형도 구체적 기억의 형태로 언어에 그 지주를 갖는다.

그러나 통합체 영역에서 집단의 관용 표지인 언어 사실fait de langue과 개인의 자유에 따르는 발화 사실fait de parole 사이에 뚜렷한 경계가 없다는 것을 인정해야 한다. 많은 경우에 언어 단위의 결합체가 어디에 속하는지 분류하기 힘든데, 그것은 이 양자의 요인이 같이 협력해서 이 단위 결합체를 만들기 때문이다. 또 결합체를 만들어 내는 비율도 결정하기가 불가능하다.

§3. 연합관계

정신적 연합에 의해 형성된 단어군單語群은 공통성을 지닌 사항을 결부시키는 것으로 그치지 않는다. 정신은 또 각 어군마다 이 사항을 연결 짓는 관계의 성질을 파악하고, 다양한 관계가 있는 만큼 이에 상응하는 연합 계열도 만들어 낸다. 예컨대 enseignement가르침, enseigner가르치다, enseignons우리는 가르친다 등에서 이 모든 사항에 공통된 요소, 즉 어간 enseign-이 있다. 그러나 단어 enseignement은 또 다른 공통 요소, 즉 접미사 -ment에 기반을 둔 계열과 연관된다(enseignement, armement무장, changement변화 등 참조). 이 연합은 또 단지 기의와의 유추에만 근거하거나(enseignement, instruction훈육, apprentissage학습, éducation교육 등), 반대로 단순히 청각영상의 공통성에 근거할 수도 있다(예컨대 enseignement과 justement곧장, 바로).[3] 따라서 때로 형태와 의미의 이중적 공통성이 있거나, 때로 형태만 공통되거나 의미만 공통될 수도 있다. 어떤 단어도 자신과 연합이 가능하면, 이 모든 것을 어떤 식으로든 언제나 상기시킬 수 있다.

통합체는 계기적 순서와 일정한 수의 요소에 대한 관념을 즉각 불러일으키지만, 연합된 단어족의 언어 사항들은 한정된 수나 일정한 순서로 출현하지 않는다. désir-eux원하는, chaleur-eux더위, peur-eux겁 많은 등을 연합하면, 기억에 떠오르는 단어의 수가 얼마인지, 어떤 순서로 나타날지 미리 말할 수 없다. 주어진 언어 사항은 성좌의 중심과 같으며, 그 전체 합은 무수히 배열된 사항들이 모이는 구심점이다. (231쪽의 그림 참조)

그렇지만 연합 계열의 두 가지 특성인 미결정의 순서와 무한한 수 중에서 전자의 특성만이 항상 증명된다. 후자는 증명이 안 될 수도 있다. 이 현상은 이러한 종류의 분류의 전형인 굴절 계열체에서 나타

3† 이 마지막 예는 희귀하고, 비정상적인 것으로 간주될 수 있다. 왜냐하면 정신은 담화의 이해를 방해할 수 있는 연합을 자연히 배제하기 때문이다. 그러나 그 존재는 순전한 동음어에서 비롯되는 불합리한 혼동에 바탕을 둔 저급한 범주의 말놀이로 입증된다. 사람들이 "Les musiciens produisent les sons et les grainetiers les vendent"(음악가는 소리⟨sons⟩를 만들고, 씨앗 장수는 겨⟨sons⟩를 판다)라고 말하는 것에서처럼. 이 예는, 우연히 연합이 이루어지지만 관념들의 비교에 근거하는 사례와는 구별되어야 한다(프랑스어 ergot⟨닭며느리 발톱⟩: ergoter⟨트집 잡다⟩와 독일어 blau⟨푸른⟩: durchbläuen⟨마구 때리다⟩ 참조). 여기서는 이 쌍을 이루는 두 사항 중 하나에 대한 새로운 해석이 문제시된다. 이들은 민간어원의 사례이다. (311쪽 참조) 이 언어 사실은 의미 진화에서는 흥미로운 것이지만, 공시적 관점에서는 완전히 위에서 언급한 enseigner : enseignement의 범주에 속한다.

난다. 라틴어 dominus주인이, dominī주인의, dominō주인에게 등에서 굴절은 분명 공통 요소, 즉 명사 어간domin-이 형성하는 연합군이다.

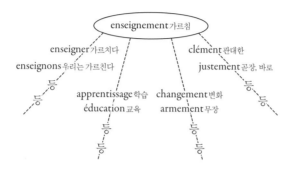

그러나 이 계열은 enseignement가르침, changement변화 등의 계열처럼 수가 무한하지 않다. 격의 수는 일정하기 때문이다. 그 대신 이들의 계기적 순서는 공간적으로 배열하는 것이 아니라, 문법학자의 전적인 자의적인 행위로 이 형태를 일정한 방식으로 분류한 것이다. 그리하여 주격主格은 화자의 의식에는 곡용의 제1격이 아니다. 따라서 이 언어 사항은 경우에 따라 여러 가지 순서로 출현할 수 있다.

제6장 언어의 메커니즘

§1. 통합적 연대

따라서 언어를 구성하는 음성의 차이와 개념의 차이 전체는 두 종류의 비교 방법으로부터 유래한다. 이 비교는 때로는 연합적이고, 때로는 통합적이다. 이 두 차원의 비교 부류는 대부분 언어에 의해 확립된 것이다. 그것은 언어를 구성하고 언어의 기능을 주도하는 것이 상용常用되는 이 관계들의 총체이기 때문이다.

이 관계 조직에서 제일 먼저 눈에 띄는 것은 **통합적 연대**이다. 다시 말해서 언어를 구성하는 거의 모든 단위는 발화 연쇄에서 그 단위 전후에 있는 요소들에 의존하거나 아니면 단위 자체를 구성하는 계기적 부분에 의존한다.

단어 형성법은 이 점을 잘 보여 준다. 예컨대 désireux원하는와 같은 단위는 두 개의 하위 단위(désir-eux)로 분석되지만, 독립된 두 부분이 단순히 서로 접합된 것(désir + eux)은 아니다. 이것은 연대적 두 요소의 조합, 즉 그 산물인데, 이 두 요소가 상위 단위 내에서 갖는 상호 작용에 의해서만 가치를 갖는다(désir × eux). 접미사는 고립 상태에서 존재하지 않는다. 언어 내에서 접미사에 지위를 부여하는 것은 chaleur-eux더위, chanc-eux운와 같은 일상적 사항의 계열이다. 어간도 어간 나름대로 자율적인 것이 아니다. 이것은 접미사와의 결합으로만 존재하기 때문이다. 예컨대 roul-is흔들림에서 요소 roul-은 뒤의 접미사가 없다면 아무것도 아니다. 그 전체는 부분들에 의해 가치를 가지며, 부분 역시 이 전체 내에서 갖는 위치 덕택에 가치를 갖는다. 이러한 이유로 부분과 전체 사이의 통합관계는 부분들 사이의 관계와 똑같이 중요하다.

이것이 일반적 통합관계의 원리로서 이는 앞의 227쪽에서 열거한 모든 유형의 통합체에서 증명된다. 여기에서도 역시 보다 큰 단위, 즉 그 자체가 더 작은 요소로 구성되면서 상호 연대적 관계를 맺는 단위가 문제시된다.

사실 언어는 구성 부분이나 다른 단위와 통합관계를 맺지 않는 독립 단위도 보여 준다. 예컨대 oui네, non아니요, merci감사 등과 같이 문장과 대등한 단위가 좋은 예이다. 그러나 이 언어 사실은 예외적이어서 이 일반 원리를 위협할 만큼 수가 충분한 것은 아니다. 원칙적으로 고립된 기호를 이용해서 말하는 것이 아니라 기호, 즉 그 자체가 기호인 조직된 기호집합을 이용해서 말하는 것이다. 언어에서는 모든 것이 차이로 귀결되지만, 모든 것이 또한 요소군으로 귀착된다. 이 메커니즘은 계기적 사항의 작용인 까닭에 기계의 부품이 단일 차원에 배치되지만, 상호 작용을 하는 기계의 작동 기능과 유사하다.

§2. 두 형태의 어군의 동시적 기능 작용

이처럼 구성된 통합군 사이에는 상호 의존관계가 있다. 그리하여 이들은 서로를 조건 짓는다. 사실상 공간상의 배열은 연합 배열을 만들어 내는 데 기여하고, 그다음에 연합 배열은 통합체의 각 부분을 분석하는 데 필요하다.

예컨대 합성어 dé-faire해체하다가 있다고 하자. 이것을 발화 연쇄에 해당하는 수평의 띠에 나타낼 수 있다.

그러나 이와 동시에 다른 축에도 나타낼 수 있다. 이 통합체와 공통된 요소를 지닌 단위를 포함하는 하나 또는 다수의 연합 계열이 잠재의식 내에 존재한다. 예컨대

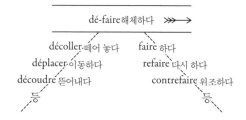

마찬가지로 라틴어 quadruplex4중의, 네 배의가 통합체라면, 그것이 또 다음의 두 연합 계열에 의지하기 때문이다.

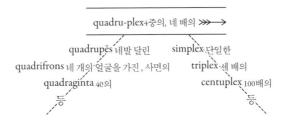

두 단어 défaire해체하다와 quadruplex4중의, 네 배의가 하위 단위, 즉 통합체로 분해 가능한 것은 이 형태들이 주위에 흘러 다니기 때문이다. 그리하여 dé-나 faire하다를 포함하는 다른 형태가 프랑스어에서 사라지면 défaire해체하다는 분석이 불가능하게 된다. 그러면 그것은 단일 단위가 될 것이고, 그 두 부분은 더 이상 대립할 수 없을 것이다.

이제 담화에서 이 이중 체계의 작용을 잘 이해할 수 있다.

기억은 통합체의 종류와 크기가 어떠하든지 다소 복잡한 모든 유형의 통합체를 저장하고, 이들을 사용하는 순간 여러 연합군을 개입시켜 이들을 선택하고 결정한다. marchons!걸어가자!이라고 말하면, 그는 무의식적으로 연합군을 연상하는데, 이 연합군의 교차 지점에 통합체 marchons!이 있다. 한편으로, 이 통합체는 marche!걸어가! marchez!걸어가십시오!의 계열에 출현하는데, 어느 것을 선택하느냐를 결정하는 것은 이들 형태와 marchons!의 대립이다. 다른 한편으로, marchons!은 montons!올라가자! mangeons!먹읍시다! 등의 계열을 상기시키면서 이 연합 계열 내에서 똑같은 절차에 의해 선택된다. 사람들이 찾는 이 단위를 적절하게 분화하기 위해 이 각 계열에서 무엇을 변화시켜야 하는지 알 수 있다. 우리가 표현하려는 관념을 바꾸어 보자. 그러면 다른 가치를 나타내기 위해 다른 대립이 필요하다. 예컨대

marchez!나 montons!으로 말해야 할 것이다.

그러므로 적극적 관점에 서서, marchons!걸어가자!을 선택한 것은 표현하려는 의도를 의미하기 때문이라고 말하는 것은 충분하지 않다. 사실상 관념이 환기하는 것은 하나의 형태가 아니라 잠재적 기호 체계 전체이며, 이 체계 덕분에 기호의 구성에 필요한 대립이 생기는 것이다. 기호 자체만으로는 고유의 의미 작용이 없을 것이다. marchons!과 대립해서 존재하는 marche!걸어가!나 marchez!걸어가십시오!가 존재하지 않으면, 대립은 없어지고, marchons!의 가치도 필연적으로 변할 것이다.

이 원리는 아무리 복잡하더라도 모든 유형의 통합체와 문장에 적용된다. 문장 'que vous dit-il?'그는 당신에게 뭐라고 말합니까?을 발화하는 순간, 우리는 잠재적인 통합 유형 내의 한 요소를 바꿀 수 있다. 예컨대 'que te dit-il?'그는 네게 뭐라고 하니?, 'que nous dit-il?'그는 우리에게 뭐라고 하니? 등과 같은 것들이다. 이런 방식으로 대명사 vous를 선택하고 결정한다. 그리하여 문장의 어느 지점에서 원하지 않는 모든 분화 요소를 제거하는 마음의 조작 작용에 연합군과의 통합, 이 두 가지가 같이 작용한다.

역으로 이 단위 고정과 선택 절차는 가장 작은 최소 단위도 지배하며, 가치를 지닌다면 음운 요소까지도 지배한다. (petit작은로 쓰는) [pǝti]와 대조되는 (petite작은로 쓰는) [pǝtit]나, 라틴어 dominō주인에게와 대립하는 dominī주인의 등과 같이 차이가 우연히 단일 음소에 의존하는 경우만 아니라 더 특징적이고 더 미묘한 언어 사실, 즉 한 음소 자체가 언어 상태의 체계에서 일정한 역할을 하는 것도 염두에 둔다. 예컨대 그리스어에서 m, p, t 등이 어말 위치에 오지 못한다면, 결국 이 위치에 이들 음소가 출현하는지 여부는 단어 구조와 문장 구조에 중요하다는 것을 의미한다. 그런데 이러한 종류의 모든 사례에서, 고립된 음성은 다른 모든 단위처럼 심적인 이중대립의 결과로 선택될 것이다. 예컨대 허구의 음성군 anma에서, 음성 m은 이를 둘러싸는 주위의 음성과는 통합적으로 대립하며, 또 마음이 상기하는 모든 음성과 연합적으로 대립한다. 즉

a   n   m   a
         v
         d

§ 3. 절대적 자의성과 상대적 자의성

이 언어의 메커니즘을 또 다른 중요한 시각에서 제시할 수 있다.

기호의 자의성이라는 기본 원리는 각 언어에서 근본적으로 자의적인 것, 즉 무연적無緣的인 것과 상대적으로만 자의적인 것을 구별하지 않는 것이 아니다. 기호들 가운데 일부만이 절대적으로 자의적이다. 그 외의 다른 기호는 자의성을 제거하지 않지만, 자의성의 정도를 인정하는 현상이 개입한다. 즉 기호는 상대적으로 유연적有緣的이 될 수 있다.

예컨대 vingt20은 무연적이지만, dix-neuf19는 vingt처럼 무연적이지 않다. 왜냐하면 dix-neuf는 이를 구성하는 언어 사항들과 이와 연합하는 다른 언어 사항들, 예컨대 dix10, neuf9, vingt-neuf29, dix-huit18, soixante-dix70 등을 환기하기 때문이다. dix나 neuf도 각기 따로 취하면, vingt과 입장이 똑같지만 dix-neuf는 상대적 유연성을 보여 주는 사례이다. poirier배나무도 마찬가지인데, 단일어 poire배를 상기시키고, 접미사 -ier는 cerisier버찌, pommier사과나무 등을 환기하기 때문이다. 그러나 frêne서양물푸레나무, chêne떡갈나무 등은 사정이 전혀 다르다. 또 완전히 무연적인 berger목동와 상대적으로 유연적인 vacher소 치는 사람를 비교해 보자. 마찬가지로 다음 단어쌍도 비교해 보자. geôle감옥와 cachot지하 감옥, hache도끼와 couperet고기 자르는 칼, concierge수위, 간수와 portier문지기, jadis옛적와 autrefois옛날에, souvent종종과 fréquemment 자주, aveugle눈이 먼와 boiteux다리를 저는, sourd귀먹은와 bossu혹이 달린, second둘째과 deuxième두 번째, 독일어 Laub잎와 프랑스어 feuillage잎 전체, 프랑스어 métier직업, 일와 독일어 Handwerk수작업. 영어 ships배들는 복수형이어서 flags국기들, birds새들, books책들 등의 계열 전체를 환기하지만, men사람들과 sheep양들은 상기시키는 것이 없다. 그리스어 dōsō나는 줄 것이다는 lúsō풀어 줄 것이다, stésō나는 일어설 것이다, túpsō나는 때릴 것이다 등을 연상시키는 기호 때문에 미래의 관념을 표현하지만, eîmi나는 갈 것이다는 완전히 고립되어 있다.

여기서는 각 경우마다 유연성을 조건 짓는 요인을 연구할 계제는 못 된다. 그러나 이 유연성은 통합적 분석이 훨씬 더 쉬워지고 하위 단위의 의미가 더 명백할수록 언제나 그 정도가 더 커진다. 사실 ceris-ier버찌나무, pomm-ier사과나무와 대조되는 poir-ier배나무의 -ier같이 투명한 형성 요소가 있는 반면, 의미 작용이 불확실하거나 전혀 없는 것도 있다. 예컨대 cachot지하 감옥의 접미사 -ot는 어느 정도까지 의미에 대응하는가? coutelas큰 식칼, fatras잡동사니, platras회반죽의 부스러기, canevas바탕천와 같은 단어를 비교해 보면, -as가 명사에 고유한 형성 요소라는 막연한 느낌을 받지만, 그 이상 더 정확하게 정의할 수 없다. 더구나 가장 유리한 경우에도 유연성은 결코 절대적이지 않다. 유연적 기호의 구성 요소 자체는 자의적일 뿐만 아니라(dix-neuf19의 dix10와 neuf9 참조), 언어 사항 전체의 가치도 결코 구성 부분의 가치들의 합과 같지 않다. 즉 poir×ier는 poir + -ier(232쪽 참조)와는 가치가 다르다.

이 현상 자체는 앞 절에서 언급한 원리로 설명된다. 즉 상대적 유연성의 개념은 다음 사실을 내포한다. 1. 주어진 사항의 분석, 즉 통합관계, 2. 하나 또는 다수의 다른 사항에 대한 환기, 즉 연합관계. 이것은 어떤 언어 사항이 관념 표현에 투여되는 메커니즘과도 같다. 지금까지 단위는 가치로서, 즉 체계의 요소로서 나타났고, 그것을 특히 대립의 시각에서 고찰했다. 그리고 이 단위를 연결하는 연대성도 인정했다. 이 연대성은 연합 차원과 통합 차원에 속하며, 이 연대성이 자의성을 제한한다. dix-neuf19는 dix-huit18, soixante-dix70 등과는 연합적으로, 그 요소 dix10, neuf9와는 통합적으로 연대를 맺고 있다. (233쪽 참조) 이 이중의 관계가 dix-neuf에 가치의 일부를 부여한다.

체계로서의 언어와 관련된 모든 것은 이 관점, 즉 자의성의 제한이라는 관점에서 다룰 필요가 있다는 것이 우리 신념이지만, 언어학자들의 관심을 거의 끌지 못했다. 그것은 가능한 최상의 논의의 토대가 된다. 사실 언어의 전 체계는 기호의 자의성이라는 비합리적 원리에 의거하는데, 이 원리가 제한 없이 적용되면 극도의 혼란에 이를 수 있다. 그러나 마음은 기호집합의 여러 부분에 질서와 규칙의 원리를 성공적으로 도입했고, 여기에 상대적 유연성이 역할을 한다. 만약 언어 메커니즘이 완전히 합리적이라면, 이 메커니즘 자체만을 연구할 수도 있다. 그러나 이 언어 메커니즘은 본래부터 혼돈스러운 언어 체계의 수정된 부분이기 때문에, 이 메커니즘을 자의성이 제한된 것으로 연구하면서 언어의 본질 자체가 부과하는 관점을 받아들이는 것이다.

유연성이 전혀 없는 언어는 존재하지 않는다. 또 모든 요소가 유연성을 지닌 언어를 생각하는 것도 정의상 불가능하다. 이 양극의 한계, 즉 최소의 조직과 최소의 자의성 사이에 가능한, 엄청나게 다양한 변이형을 찾아볼 수 있다. 개별어는 항상 두 차원의 요소, 즉 근본적으로 자의적인 요소와 상대적으로 유연적인 요소를 가지고 있지만, 그 비율은 아주 다양하다. 이것은 매우 중요한 언어의 특성이다. 따라서 개별어의 분류에 이를 참작할 수 있다.

어떤 의미에서, 다시 말해서 너무 엄밀하게 파악하지 않고, 대립하는 두 형태 가운데 어느 한 형태를 극명하게 드러낸다는 의미에서 무연성이 극에 달한 언어는 더 **어휘적**이고, 무연성이 최소한으로 줄어든 언어는 더 **문법적**이라고 말할 수 있다. 한편으로 '어휘'와 '자의성'이 동의어이고, 다른 한편으로 '문법'과 '상대적 유연성'이 동의어이기 때문에 그런 것이 아니라 그 원리에 공통성이 있기 때문이다. 언어의 전 체계는 마치 왕복운동을 하는 양극이나 또는 언어의 운동을 서로 나누는 상반된 두 흐름과도 같다. 다시 말해서 어휘적 수단인 유연적 기호를 사용하려는 경향과 문법적 수단인 구성構成의 규칙에 대한 선호라는 상반된 두 흐름이 있다.

예컨대 영어는 독일어보다 무연성에 훨씬 더 중요한 지위를 부여하는 것을 알 수 있다. 극단적으로 어휘적인 언어 유형이 중국어라면, 인도유럽조어와 산스크리트어는 극단적으로 문법적인 언어의 표본이다. 동일한 언어 내에서 진화운동은 무연성에서 자의성으로, 자의성에서 무연성으로 지속적으로 이동한다는 사실을 지적할 수 있다. 이 왕복운동은 결과적으로 흔히 두 범주의 기호 비율을 현저히 변화시킨다. 예컨대 프랑스어를 라틴어와 비교해 볼 때, 자의성이 대폭 증가한 특징을 보인다. 라틴어 inimīcus적는 [부정의 접두사] in-과 amīcus친구를 환기하기 때문에 유연적인 반면, 프랑스어 ennemi적는 그 어떤 방식으로도 유연성이 전혀 없다. 그래서 이 단어는 언어기호의 근본적 조건인 절대적 자의성에 속한다. 수많은 예에서 이 유연성이 전이하는 것을 확인할 수 있다. 예컨대 constāre멈춰 서다(stārer노려보다) : coûter값나가다, fabrica만들어진(faber만들다) : forge대장간, magister지도자(magis더 큰) : maître주인, berbīcārius양치기(berbīx양) : berger목동 등 참조.[1] 이러한 무연적 변화로 프랑스어는 아주 특이한 면모를 가지게 되었다.

---

1 라틴어에서 유래하는 대중 프랑스어 단어는 심한 음성변화의 결과 그 형태를 어원인 라틴어와 연관 지을 수 없게 되었다. 그러나 이 라틴어를 차용한 학술 프랑스어 단어는 어원인 라틴어와 연관 지을 수 있다. 그리하여 프랑스어에는 두 계열의 단어(쌍립어)가 생겨났다. constater, fabriquer, magistral, brebis가 위 단어들과 쌍립어이다.

제7장 문법과 그 하위 구분

§ 1. 정의: 전통적 하위 구분

정태언어학, 즉 언어 상태의 기술은 아주 엄밀한 의미에서 **문법**으로 부를 수 있고, '체스의 문법', '증권시장의 문법' 등과 같은 표현에서 보듯이 다른 곳에서는 일상적 의미를 지닌다. 이 문법은 언제나 공존하는 가치를 발휘하는 복잡하고 체계적인 대상을 다룬다.

　문법은 언어를 표현 수단의 체계로 연구한다. 그래서 문법적이라고 하는 것은 공시적이고 의미적인 것이며, 따라서 어떤 언어 체계도 여러 시기에 동시에 걸칠 수 없기 때문에 **역사문법**이란 존재하지 않는다. 그래서 언어학자들이 이처럼 부르는 문법은 실은 통시언어학이다.

　이 정의는 언어학자들이 일반적으로 문법에 부여한, 더 제한적인 정의와 일치하지 않는다. 사실 학자들이 합의해서 문법으로 부르는 것은 **형태론**과 **통사론**을 합한 것이며, **어휘론**, 즉 단어의 과학은 여기서 제외된다.

그러나 무엇보다 이 구분은 언어 현실과 부합하는 것일까? 이것이 우리가 방금 제시한 원리와 일치할까?

형태론은 여러 범주의 단어(동사, 명사, 형용사, 대명사 등)와 굴절 형태(활용, 곡용)를 다룬다. 이 형태론 연구를 통사론과 분리하기 위해 통사론은 언어 단위의 기능을 연구대상으로 하고, 형태론은 이 단위의 형태만 고찰한다고 주장한다. 예컨대 형태론은 그리스어 phúlax문지기의 속격은 phúlakos문지기의라고 기술하는 것으로 만족하고, 통사론은 이 두 형태의 용법을 가르쳐 준다는 것이다.

그러나 이 구별은 잘못된 것이다. 명사 phúlax문지기의 형태 계열은 오직 이 명사의 여러 형태의 기능을 비교해야만 굴절 계열체가 되기 때문이다. 역으로 이 기능이 형태론에 속하려면 각 기능에 일정한 음성기호가 대응해야 한다. 곡용曲用은 형태의 목록도 아니고, 논리적 추상체의 계열도 아니고, 이 두 가지 사실의 결합이다. (194쪽 참조) 형태와 기능은 연대를 맺고 있고, 따라서 이 둘을 분리하는 것은 불가능한 것은 아니지만 어렵다. 언어학적으로 말한다면, 형태론은 자율적이고 진정한 연구대상이 없다. 그래서 형태론은 통사론과 구별되는 별도의 분야가 될 수 없다.

다른 한편, 문법에서 어휘론을 제외하는 것은 논리적일까? 언뜻 보기에는 단어는 사전에 등재된 그대로는 문법 연구의 대상이 되지 못하는 것 같다. 그것은 이 문법 연구는 일반적으로 단위들의 관계에만 국한되기 때문이다. 그러나 우리는 즉각, 이 언어 단위의 수많은 관계가 문법 수단뿐만 아니라 단어로도 충분히 잘 표현된다는 사실을 확인할 수 있다. 예컨대 라틴어 fīō나는 믿는다와 faciō나는 만든다는 같은 단어의 문법적 형태인 dīcor나는 말해진다와 dīcō나는 말한다와 똑같은 방식으로 대립한다. 또 러시아어의 완료상과 미완료상의 구별은 sprosít' 묻다 : sprášivat' 묻다에서는 문법적으로 표현되지만 skazát' 말하다 : govorít' 말하다에서는 어휘적으로 표현된다. 일반적으로는 전치사를 문법에 귀속시키지만 전치사적 고정 표현 en considération de 고려하다는 근본적으로 어휘적인데, 그 이유는 이 전치사구에서 단어 considération 고려은 고유한 의미가 있기 때문이다. 그리스어 peíthō 설득하다 : peíthomai 설득되다와 프랑스어 je persuade 나는 설득한다 : j'obéis 나는 복종한다를 비교하면, 전자는 대립이 문법적으로 나타나지만, 후자는 대립이 어휘적으로 표현된다. 어느 언어에서 격이나 전치사로 표현되는 많은 관계는 다른 언어에서는 고유한 의미의 단어와도 같은 합성어(프랑스어 royaume des cieux 천년왕국와 독일어 Himmerleich 천국 비교)로 표현되거나 파생어(프랑스어 moulin à vent 풍차과 폴란드어 wiatr-ak 풍차 비교), 단일어(프랑스어 bois de chauffage 장작와 러시아어 drová 장작, 프랑스어 bois de construction 목재과 러시아어 lês 목재 비교)로 표현된다. 동일한 언어 내의 단일어와 합성적 고정 표현(considérer 고려하다와 prendre en considération 고려하다, se venger de 복수하다와 tirer vengeance de 복수를 하다 참조)도 역시 아주 빈번히 교체된다.

따라서 어휘적 사실이 기능의 관점에서는 통사적 사실과 혼동된다는 점을 알 수 있다. 다른 한편 축소 불가능한 단일 단위가 아닌 단어도 근본적으로는 통사적 사실에 속한 문장의 구성 요소와 구별되지 않는다. 따라서 이 복합 단어를 구성하는 하위 단위의 배열도 단어군의 형성과 동일한 기본 원리를 따른다.

요약하자면, 문법의 전통적 구분은 실제적 유용성은 있지만, 언어의 자연스러운 구별과는 일치하지 않으며, 어떠한 논리적 관계로도 연결되지 않는다. 문법은 오직 이와 다른 더 상위의 원리에 기초해야만 구축할 수 있다.

§2. 합리적 구분

형태론, 통사론, 어휘론의 상호 침투는 공시태에 속한 모든 언어 사실이 그 근저에서는 성질이 같다는 사실로 해명된다. 이들 각 영역 사이에는 미리 그어진 한계는 있을 수 없다. 위에서 밝힌 통합관계와 연합관계의 구별만이 그 자체로 요청되는 분류 방식을 제시해 주며, 이는 문법 체계를 바탕으로 해서 설정할 수 있는 유일한 분류 방식이다.

　언어 상태를 구성하는 모든 것은 통합체 이론과 연합체 이론으로 귀착된다. 이제야 전통문법의 분야는 별 어려움 없이 이 두 차원 중 어느 한 차원으로 분류되는 것으로 생각된다. 예컨대 굴절은 분명 화자의 마음 내에서 이루어지는 형태들의 연합의 전형이다. 다른 한편, 통사론, 다시 말해서 가장 일반적 정의에 의하면, 단어군 이론은 통합론에 속하는데, 이 단어군이 적어도 공간에 분포하는 두 단위를 항상 전제하기 때문이다. 통합론의 모든 사실이 통사론으로 분류되는 것은 아니지만, 통사론에 속하는 모든 사실은 통합론에 속한다.

　문법에 속한 어떤 사항이라도 각 문제는 이중의 관점에서 연구할 만큼 중요하다는 것을 잘 입증할 수 있다. 예컨대 단어의 개념도 연합적으로 고찰하는가, 통합적으로 고찰하는가에 따라 두 가지 별개의 문제를 제기한다. 형용사 grand큰은 통합체에서 이중 형태([grã garsõ]〈grand garçon키 큰 소년〉과 [grãt ãfã]〈grand enfant키 큰 어린애〉)를 보여 주며, 연합적으로도 또 다른 이중 형태(남성 [grã]〈grand큰〉, 여성 [grãd]〈grande큰〉)를 보여 준다.

그리하여 언어 사실을 각기 통합 차원이나 연합 차원으로 귀속시키고, 문법의 모든 소재를 이 두 가지 자연스러운 축에서 정리해야 할 것이다. 그리고 오로지 이러한 배치를 통해서만 공시언어학의 관례적 틀에서 혁신해야 할 것이 무엇인지 알 수 있을 것이다. 물론 이 작업은 여기서 시도할 수 없으므로 단지 가장 일반적인 원리만 제시하겠다.

제8장 문법에서 추상적 실재체의 역할

아직까지 다루지 않은 중요한 주제가 남아 있는데, 이것은 모든 문법 문제를 위에서 구별한 두 관점에서 검토할 필요성이 있음을 아주 잘 보여 준다. 이 주제는 문법의 추상적 실재체이다. 우선 이를 연합적 측면에서 고찰해 보자.

두 형태를 연합한다는 것은 이들 형태가 공통점이 있다는 것을 지각할 뿐만 아니라, 이 연합체를 지배하는 관계의 성질도 식별한다는 것을 의미한다. 예컨대 화자들은 enseigner가르치다와 enseignement가르침, juger판단하다와 jugement판단을 연결하는 관계가 enseignement과 jugement에서 확인한 관계와 동일하지 않다는 것을 잘 의식한다. (229쪽 이하 참조) 이 점에서 연합 체계는 법 체계와 결부된다. 역사를 개입시키지 않고 언어 상태를 연구하는 문법학자가 행하는 의식적이고 조직적인 분류의 총합은 의식적이건 무의식적이건 발화에서 사용된 연합체의 총합과 일치한다고 말할 수 있다. 이들 연합체가 단어족, 굴절 계열체와 형성 요소, 즉 어간, 접미사, 어미 등(329쪽 이하 참조)의 자리를 정신 내에 정해 준다.

그러나 연합은 질료적 요소만 끌어내는 것일까? 분명 아니다. 우리는 연합은 오직 의미로만 연결된 단어도 접근시킨다는 사실(enseignment가르침, apprentissage학습, éducation교육 등 참조)도 이미 알고 있다. 문법도 똑같이 그렇게 해야 한다. 세 종류의 라틴어 속격 domin-ī주인의, rēg-is왕의, ros-ārum장미들의을 보자. 이 세 굴절 어미의 음성은 연합의 대상이 될 유사성이 전혀 없다. 그렇지만 이 세 어미는 동일한 용법을 지배하는 공통의 가치(속격)에 대한 의식으로 서로 결부된다. 아무 질료적 지주도 없이 충분히 연합을 만들어 내고, 이런 방식으로 속격 개념 자체는 언어 내에 자리한다. 굴절 어미 -us, -ī, -ō(dominus주인이, dominī주인의, dominō주인에게 등) 등이 의식 내에서 연결되고, 여기서 격과 격 어미의 일반적 개념을 끌어내는 것도 거의 이와 같은 방식이다. 동일 차원에 속하지만 이보다 더 큰 연합체도 모든 명사, 형용사를 각기 연결 짓고, 품사의 개념을 결정짓는다.

이 모든 사상事象은 단지 **추상적 실재체**로서만 언어 내에 존재한다. 이에 대한 연구는 어렵다. 화자의 언어 의식이 문법가의 언어 분석만큼 치밀한지 정확히 알 수 없기 때문이다. 그러나 본질적인 점은 **추상적 실재체는 궁극적으로 구체적 실재체에 항상 기초해 있다는 것이다.** 어떠한 문법적 추상도 토대 역할을 하는 질료적 요소의 계열이 없다면 불가능하며, 따라서 결국에는 항상 이 질료적 요소로 귀착한다.

이제 통합적 관점에 서 보자. 요소군要素群의 가치는 흔히 그 구성 요소의 순서와 연관된다. 화자는 통합체를 분석할 때, 그 구성 부분만 구별하는 것으로 그치지 않고, 이 부분들 사이의 계기적 순서를 확인한다. 프랑스어 désir-eux원하는나 라틴어 signi-fer기수의 의미는 이들의 각 하위 단위의 위치에 의존한다. eux-désir나 fer-signum는 성립하지 않는다. 심지어 어떤 가치는 (-eux나 -fer와 같은) 구체적 요소 내에서는 관계가 나타나지 않고, 단지 사항들의 순서에서 유래한다. 예컨대 프랑스어 je dois나는 해야 한다와 dois-je?나는 해야 할까?의 두 단어군이 다른 의미 작용을 갖는 것은 오로지 어순에서 비롯한다. 다른 언어에서 하나 또는 다수의 구체적 언어 사항으로 표현된 관념을 어떤 언어는 연속적 언어 사항으로 표현한다. 영어 gooseberry wine구즈베리 술, gold watch금시계 등의 통합 유형은 현대 프랑스어의 전치사로 표시하는 관계(vin de groseilles까치밥열매 술와 montre en or금시계)를 단지 언어 사항의 순서로 간단히 표현한다. 현대 프랑스어는 직접보어를 타동사 뒤 명사의 위치로 나타내지만(je cueille une fleur나는 꽃 한 송이를 딴다 참조), 라틴어와 또 다른 언어들은 특수 어미를 사용하여 직접보어를 대격으로 표현한다.

그러나 어순이 추상적 실재체라는 것은 이론의 여지가 없지만, 단지 일차원에서 운용되고, 이것을 포함한 구체적 단위 덕택에 이 실재체가 존재한다는 것도 정녕 사실이다. 공간에 분포하는 이 질료적 단위를 벗어나서 무형의 통사론이 존재한다고 생각하면 잘못이다. 영어 the man I have seen내가 본 남자(= l'homme que j'ai vu〈내가 본 사람〉)은 영零으로 표현되는 통사 사실을 보여 주는 반면, 프랑스어는 이 통사 사실을 〔관계대명사, 목적어〕que로 나타낸다. 그런데 무無가 통사 사실을 표현할 수 있는 것으로 착각한 것은 영어를 프랑스어의 통사 사실과 비교했기 때문이다. 실제로는 순서대로 정렬된 질료적 단위가 이 가치를 만들어 낸다. 구체적 사항들의 합산 없이는 통사적 사례를 논의할 수 없다. 더구나 언어 복합체(예컨대 위에서 인용한 영어 단어)를 이해한다는 사실로 인해 이 사항들의 연쇄는 사고에 적합한 표현이 된다.

질료적 단위는 그것이 지닌 의미, 기능에 의해서만 존재한다. 이 원리는 특히 작은 단위를 인식하는 데 중요하다. 왜냐하면 사람들은 이 작은 단위가 순전히 그 질료성 때문에 존재한다는 것, 예컨대 aimer좋아하다는 오직 구성하는 음성 덕택에 존재한다는 것을 믿으려 하기 때문이다. 역으로 방금 살펴본 바와 같이 의미, 기능은 질료적 형태의 지지를 통해서만 존재한다. 이 원리를 더 큰 통합체나 통사 유형에 대해서도 표명했다는 것은 문장의 사항을 초월해서 비질료적 추상체를 보려고 한 결과로 생겨난 것이다. 이 두 가지 원리는 상호 보완하면서, 단위의 경계구분과 관련해서 제시한 우리 주장과 일치하게 된다. (195쪽 참조)

제3부　통시언어학

제1장   개요

통시언어학은 한 언어 상태에 공존하는 언어 사항들 사이의 관계를 연구하는 것이 아니라 시간 선상에서 서로 대치되는 연속적 언어 사항들 사이의 관계를 연구한다.

사실상 절대적 부동성不動性은 없다. (149쪽 참조) 언어의 모든 부분은 변화를 따른다. 그리고 각 시기마다 거기에는 다소간 중요한 언어 진화가 존재한다. 진화의 속도와 강도는 변하지만, 진화의 원리 자체는 부인할 수 없다. 언어의 강물은 쉬지 않고 흘러간다. 그 흐름이 잔잔한지 급류인지는 이차적인 문제이다.

이 부단히 일어나는 언어 진화가 문헌어에 쏠린 관심 때문에 흔히 감춰진 것도 사실이다. 348쪽 이하에서 살펴보겠지만, 문헌어는 대중 언어, 즉 자연 언어와 중첩하고, 따라서 여러 다른 존재 조건에 매여 있다. 문헌어는 일단 형성되면, 일반적으로 꽤 안정된 상태를 유지하며, 불변하는 경향이 있다. 문헌어는 문자 체계에 의존하므로 특별히 문자를 보존한다는 보장을 약속받는다. 그러므로 문헌어는 문헌의 규제가 전혀 없는 자연 언어가 어느 정도까지 변화하는지는 보여 주지 못한다.

음성학, 다시 말해서 음성학 전체가 통시언어학의 첫째 연구대상이다. 사실상 음성 진화는 언어 상태라는 개념과 양립할 수 없다. 음소나 음소군을 그 이전의 어떤 상태와 비교하는 것은 결국 통시태를 정립하는 것이다. 이전의 과거 시기는 다소간 현재 시기와 가까울 수 있다. 그러나 이 두 시기가 뒤섞이면 음성학은 더 이상 개입할 수 없다. 그래서 어느 한 시기의 언어 상태의 음성 기술만 있을 뿐이며, 그 일을 담당하는 것이 음운론이다.

음성학의 통시적 특성은 음성적인 것은 어떤 것도 의미적이거나 문법적 ─ 이 용어의 넓은 의미에서(59쪽 참조) ─ 인 것이 아니라는 원리와도 잘 부합한다. 단어의 음성 역사를 연구하려면 질료적 외면만 고찰하기 때문에 그 의미를 무시할 수 있고, 음성 단편이 의미 작용을 지니는지를 질문하지 않고서도 이 단편을 분할할 수 있다. 예컨대 아티카 그리스어에서 아무런 의미가 없는 음성군 -ewo-가 어떻게 변했는지를 탐구할 수 있다. 만일 언어 진화가 음성 진화로 귀착하는 것이라면, 언어학의 이 두 분야에 각기 고유한 두 대상이 대립하는 것이 분명해질 것이다. 즉 공시적인 것이 문법적인 것을 의미하는 것처럼, 통시적인 것은 비문법적인 것을 의미한다는 점을 분명히 알게 될 것이다.

그렇다면 시간과 함께 변모하는 것은 음성뿐인가? 단어의 의미 작용도 변화하며, 문법 범주도 진화한다. 의미 작용이나 문법 범주가 이들의 표현에 이용되던 형태와 함께 사라진다는 것도 알 수 있다(예컨대 라틴어의 쌍수). 그런데 연합 공시태와 통합 공시태의 모든 사실이 역사를 가지는 경우, 통시태와 공시태의 절대적 구별을 어떻게 계속 유지할 수 있을까? 순수한 음성학에서 벗어나는 순간 이들을 구별하기는 대단히 어려워진다.

그렇지만 문법변화로 간주되는 많은 변화가 음성변화로 해소된다는 점에 주목하자. 독일어 hant손: hanti손들를 대치한 Hand 손: Hände손들 같은 문법 유형이 생겨난 것(162쪽 참조)은 음성 현상으로 설명된다. Springbrunnen분수, Reitschule승마학교 같은 복합어 유형의 근간도 역시 음성 사실이다. 고대 고지 독일어에서 복합어의 첫 요소는 동사가 아니라 명사였다. 그래서 beta-hūs〔> Bethaus〕는 '기도의 집'을 의미했다. 그런데 이 명사의 어말모음이 탈락했기 때문에(beta → bet-) 동사(beten기도하다 등)와 의미가 연관되었고, 마침내 Bethaus는 '기도하기 위한 집'을 의미하게 되었다.

이와 아주 유사한 현상이 고대 게르만어 단어 līch외모로 구성된 복합어에도 일어났다(mannnolīch사람 같은, 사람 형상을 한, redolīch이성의 모습을 한, 이성적인 참조). 오늘날 대단히 많은 형용사에서 -lich는 pardonn-able용서할 수 있는, croy-able믿을 수 있는 등의 able할 수 있는처럼 접미사가 되었으며, 첫 요소에 대한 해석도 바뀌었다. 이제는 거기에서 명사가 아니라 동사 어근을 인식한다. 몇몇 사례에서 첫 요소의 어말모음이 탈락하자(예컨대 redo → red-) 이 요소를 동사 어근(reden말하다의 red-)과 동일시했기 때문이다.

마찬가지로 glaublich~인 듯한에서 glaub-는 Glaube믿음보다는 glauben믿다과 더 가까워졌고, 또 sichtlich확실히는 어간이 다르지만 sehen보다과 연관되었고, Sicht시각와는 관계가 없어졌다.

이 모든 사례와 이와 유사한 많은 사례에서도, 공시태와 통시태, 이 두 차원의 구별은 여전히 분명하다. 언어학자들이 통시 영역에서

음성변화를 연구하고, 또한 실제로는 공시 영역에서 음성변화에서
생겨난 결과를 조사하면서도 역사문법을 연구한다고 경솔하게 주장
하지 않으려면 방금 얘기한 것을 기억해야 한다.

그러나 이런 제한으로 난관이 모두 제거되는 것은 아니다. 연합
군이나 통합 유형의 문법 사실의 진화는 음성 진화와 비교할 수 없다.
문법 사실의 진화는 단순하지 않으며, 수많은 개별적 사실로 나뉘고
단지 그 일부만이 음성학에 속한다. 프랑스어 미래형 prendre ai나는 가
진다는 prendrai나는 가질 것이다가 되고[1] 이 같은 통합 유형의 발생에서
최소한 두 가지 사실이 구별된다. 하나는 심리적 사실로서 개념을 나
타내는 두 요소의 통합이고, 다른 것은 음성적 사실로서(이는 첫째 사
실에 종속한다) 이 단어군의 두 악센트가 하나로 축약된 것(préndre
aí → prendraí)이다.

게르만어 강변화 동사의 굴절(근대 독일어 geben주다, gab주었다,
gegeben준 등의 유형. 그리스어 leípo버려두다, élipon버려두었다, léloipa버려
둔 등 참조)은 대부분이 어근모음의 모음 변이에 근거한다. 원래는 굴
절 체계가 아주 단순했던 이 모음 교체(282쪽 이하 참조)는 분명 순수
히 음성적 사실에서 기인했다. 그러나 이들 음성 대립이 이처럼 기능
적으로 중요한 특성을 가지려면 원시 굴절 체계가 일련의 다양한 과
정을 거치면서 단순화되어야 했다. 현재시제의 수많은 변이형과 이
에 결부된 미세한 의미의 소실, 미완료, 미래, 부정과거의 소멸, 완료
의 중복형[2] 제거 등이 그것이다. 근본적으로는 전혀 음성적으로 볼 수

---

1 미래형 prendrai는 원래 부정법 prendre와 ai(avoir의 현재 1인칭)가 결합해서 만들어진 것이
  다. J'ai prendre(= I have to take), prendre ai > prendr-ai.

없는 이들 변화는 동사 굴절을 제한된 형태군으로 감소시켰고, 그 결과 어근의 모음 교체는 가장 중요한 의미 가치를 획득하였다. 예컨대 독일어 완료에는 중복이 없기 때문에 geben : gab의 e : a 대립이 그리스어 leípo : léloipa의 e : o 대립보다 더 유의미하다고 주장할 수 있다.

그러므로 음성학은 어떤 측면에서든 언어 진화에 아주 빈번히 개입하지만, 그것이 언어 진화 전체를 설명할 수 없다. 음성적 요인을 일단 제거하면, '문법의 역사'라는 개념을 정당화시키는 나머지 요인[3]을 발견하게 된다. 여기에 진정한 난점이 있다. 그리하여 통시적인 것과 공시적인 것을 구별하는 일 — 이를 끝까지 견지해야 한다 — 은 아주 미묘한 설명을 요구하며, 이 강의의 범위 내에서 다룰 수 없다.[4]

다음으로 음성변화, 모음 교체, 유추를 차례로 다루고, 민간어원과 교착에 대해 간단히 몇 마디 하고 이 강의를 끝내려고 한다.

---

2 중복(redoublement)은 문법 범주를 나타내기 위해 단어의 일부나 형태소가 반복되는 현상이다. 분사 geben : gegeben, 완료 leípō : léloipa가 그 예이다.

3 문법변화는 유추, 경쟁, 구조, 접촉에 의한 차용 등의 다양한 원인으로 일어난다.

4† 이러한 교육적이고 외적인 이유에 아마도 또 다른 이유가 추가될 수 있을 것이다. 소쉬르는 강의에서 발화의 언어학을 다룬 적이 없다. (59쪽 이하 참조) 우리는 새로운 용법이 언제나 일련의 개인적 현상으로부터 시작된다는 것을 빈번히 기억한다. (185쪽 참조) 소쉬르가 이 현상에 대해 문법 현상의 성격을 부여하기를 거부했다고 인정할 수도 있다. 이는 개인적 행위가 언어와 집단적 관습 전체에만 의존하는 언어 체계와는 필연적으로 상관이 없다는 의미에서 그렇다. 이 개인적 현상이 발화에 속하는 한, 확립된 체계를 이용하는 특수하고도 아주 우연적인 방식에 불과하다. 언어 혁신이 빈번히 반복되고 기억에 새겨져 언어 체계 내에 편입될 때만 비로소 그 혁신 사항은 가치의 균형을 이동시킨다는 것, 따라서 언어가 즉시 자발적으로 변화한다는 것이다. 59쪽과 164쪽 이하에서 음성 진화에 대해 논의한 바는 문법 진화에도 적용할 수 있다. 언어의 생성 변화는 체계 외적인데, 왜냐하면 이 체계는 언어 진화에서는 결코 지각되지 않기 때문이다. 그리고 우리는 이 언어 체계를 매 순간 다른 것으로 본다. 한편 이러한 설명의 시도는 단순한 제안일 뿐이다.

제2장 음성변화

§1. 절대적 규칙성

177쪽에서 음성변화는 단어가 아니라 음성에 영향을 미친다는 것을 살펴보았다. 변하는 것은 음소이다. 그것은 통시적인 모든 사건처럼 고립된 개별 사건이지만, 문제의 음소가 나타나는 모든 단어를 동일하게 변화시키는 결과를 초래한다. 이런 의미에서 음성변화는 완전히 규칙적이다.

독일어에서 모든 ī는 ei가 되었고, 그 후에 ai가 되었다. 예컨대 wīn와인, trīben몰다, līhen빌려주다, zīt시간는 Wein와인, treiben몰다, leihen 빌려주다, Zeit시간가 되었다. 또 모든 ū는 au가 되었다. 예컨대 hūs집, zūn울타리, rūch연기는 Haus집, Zaun울타리, Rauch연기가 되었다. 마찬가지로 ü도 eu로 변했다. 예컨대 hüsir집들→ Häuser집들 등. 이중모음 ie는 ī로 변했지만 여전히 ie라는 철자를 쓴다(biegen구부리다, lieb사랑하는, Tier동물 참조). 이와 나란히 모든 이중모음 uo는 ū가 되었다. 예컨대 muot용기→ Mut용기 등. 모든 z(88쪽 참조)는 s(ss로 표기)가 되었다. 예컨대 wazer물 → Wasser물, fliezen흐르다 → fliessen흐르다 등. 어중의 모든 h는 모음 사이에서 사라졌다. 예컨대 lihen빌려주다, sehen보다 → leien빌려주다, seen보다(liehen빌려주다, sehen보다으로 표기). w는 모두 순치음 v(w로 표기)로 변화했다. 예컨대 wazer물 → wasr물(Wasser물).

프랑스어 습음 l은 모두 y(jod과도음)가 되었다.[1] 예컨대 piller약탈하다, bouillir끓다 등이 [piyẹ], [buyir] 등으로 발음된다.

라틴어에서 모음 사이의 s는 다른 시기에 r로 출현한다. *genesis창조, *asēna모래사장 → generis창조, arēna모래사장 등.

어떠한 음성변화든 정확히 본다면, 음성변화의 규칙이 완벽하다는 것을 확증해 준다.

§2. 음성변화의 조건

앞의 예들은 음성 현상은 늘 절대적이 아니라 대부분의 경우 일정한 조건에 매여 있음을 잘 예시해 준다. 달리 말하면, 변하는 것은 음운종이 아니라, 주위 환경, 악센트법 등과 같은 조건에서 출현하는 음소이다. 그리하여 라틴어 s는 모음 사이와 그 외의 몇몇 위치에서만 r이되었고, 그 밖에는 변치 않고 그대로 s로 남아 있다(est그는 ~이다, senex늙은, equos말 참조).

---

1 습음 l [ʎ]는 구개음화된 l이다. 이것이 약화되면 과도음 [j]로 발음되거나 탈락한다. 고대 프랑스어 시기에는 [piʎe]로 발음되었다. 이탈리아어에서 철자 gl은 이 구개음화된 l을 나타낸다.

절대적인 음성변화란 극히 드물다. 그것은 흔히 변화 조건이 은폐되거나 지나치게 일반적인 경우에 출현한다. 예컨대 독일어 ī는 ei, ai로 변했지만, 그 변화는 단지 강세 음절에서만 일어났다. 인도유럽조어 *k₁²은 게르만어에서 h가 되었지만(인도유럽조어 *k₁olsom목, 라틴어 collum목, 독일어 Hals목 참조) 이 변화는 s 뒤에서는 일어나지 않았다(그리스어 skótos그늘와 고트어 skadus그림자 참조).

더욱이 음성변화를 절대변화와 조건변화로 구분하는 것은 이 음성변화 현상에 대한 피상적 시각에서 기인한다. 점차 그렇게 하듯이, **자발적** 음성변화와 **결합적** 음성변화로 말하는 것이 더 합리적이다. 음성변화가 내부적 원인으로 일어날 때는 자발적이며, 하나 또는 다수의 음소가 같이 있기 때문에 일어날 때는 결합적이다. 예컨대 인도유럽조어 o가 게르만어 a로 음성 추이가 일어난 것(고트어 skadus그림자, 독일어 Hals목 등 참조)은 자발적 현상이다. 게르만어 자음 변화 또는 '자음 추이'Lautverschiebungen는 자발적 변화의 전형이다. 예컨대 인도유럽조어 k₁은 원시 게르만어 h가 되었고(라틴어 collum목과 고트어 hals목 참조), 원시 게르만어 t는 영어에서는 t로 그대로 남아 있고, 고지 독일어에서 z([ts]로 발음)가 되었다(고트어 taihun10, 영어 ten10, 독일어 zehn10 참조). 이와 반대로 라틴어 ct, pt가 이탈리아어 tt로 바뀐 것(factum만들어진 → fatto만들어진, captīvum사로잡힌 → cattivo사로잡힌 참조)은 결합 변화로서, 첫 요소 k, p가 둘째 요소 t에 동화되었기 때문이다. 또 독일어의 모음 변이 역시 외적 원인, 즉 후행 음절에 i가 있어서

---

2 인도유럽조어 구개음 *k는 경구개 계열, 연구개 계열, 순음 계열 세 가지가 있다. 여기서 k₁은 순음 계열 *kw이고, 아래에 나오는 k₂는 구개음 계열 *k이다. *kʷolso-, 영어 halse(목) 참조.

생겨났다. 그리하여 gast손님는 변하지 않은 반면, gasti손님들는 gesti손님들, Gäste손님들로 변했다.

이 두 경우 중 어느 경우든 음성변화의 결과는 결코 문제되지 않는다는 것과, 변화가 있고 없음은 별 상관이 없다는 점에 주목하자. 예를 들어 고트어 fisks물고기와 라틴어 piscis물고기를 비교하거나 고트어 skadus그림자와 그리스어 skótos그늘를 비교하면, 첫째 사례에서는 i가 그대로 남아 있지만, 둘째 예에서는 o가 a로 변했음을 확인할 수 있다. 이 두 음성 중 i는 변치 않은 반면 o는 변했다. 그러나 중요한 것은 이 음성들이 서로 독자적으로 작용했다는 것이다.

음성변화가 결합적이면, 그것은 언제나 조건적 변화이다. 그러나 그것이 자발적이라면, 반드시 절대적 변화는 아니다. 왜냐하면 음성 사실은 변화 요인이 없으면 소극적으로 조건화되기 때문이다. 예컨대 인도유럽조어 k_2가 라틴어에서는 자발적으로 qu가 되는데 (quattuor4, inquilīna거주자(여성) 등 참조), 그 뒤에 o나 u가 후행해서는 안 된다(cottīdie매일, colō보살피다, secundus둘째의 등 참조).[3] 마찬가지로 고트어 fisks물고기 등에서 인도유럽조어 i가 존속하는 것은 어떤 조건에 구속받기 때문이다. 즉 r나 h가 후행해서는 안 된다. 만약 이들 음성이 후행하는 경우에 이 i는 e(ai로 표기)가 된다(wair사람, 남자 = 라틴어 vir사람, 남자, maihstus거름 = 독일어 Mist거름 참조).

---

3 이런 의미에서 k(c로 표기)와 kw(qu로 표기)는 배타적으로 분포한다. k 뒤의 후행모음 o, u는 k를 순음화시키므로 순음화된 kw는 이들 모음 앞에서는 출현할 수 없다.

§3. 방법적 문제

음성변화 현상을 표현하는 규칙은 앞서 나왔던 구별 사항을 고려해야 하는데, 그렇지 않으면 이 현상을 틀리게 나타낼 위험이 있다.

이러한 오류 가운데 몇 가지 예를 들어 보자.

베르네르Verner 법칙[4]의 공식에 따르면, "게르만어에서 어두 위치가 아닌 þ는 뒤에 악센트가 오면, 모두 ð로 변했다"는 것이다. 한편 *faþer아버지 → *faðer아버지(독일어 Vater아버지), *liþumé불쾌한 → *liðumé불쾌한(독일어 litten불쾌한)와, 다른 한편 þ가 남아 있는 *þrīs3(독일어 drei3), *brōþer형제(독일어 Bruder형제), *liþo불쾌한(독일어 leide불쾌한) 참조. 이 법칙은 악센트에 적극적 역할을 부여하며, 어두 위치 þ에 대해 제한의 조건절〔악센트가 오면〕을 도입한다. 그런데 사실상은 이 변화 현상은 전혀 다르다. 라틴어와 마찬가지로 게르만어 þ는 어중 위치에서 자발적으로 유성음화하는 경향이 있었다. 선행 모음에 오는 악센트만이 이 유성음화를 저지할 수 있었다. 그리하여 모든 것이 바뀌었다. 이 현상은 결합적 변화가 아니라 자발적 변화이며, 악센트는 변화의 유발 원인이 아니라 장애물이다. 따라서 다음과 같이 말해야 한다. 즉 "어중 위치의 þ는 선행모음에 오는 악센트가 방해하지 않는 한, 모두 ð가 되었다".

자발적 변화와 결합적 변화를 확연히 구별하려면, 이 변화의 단계들을 분석해야 하며, 중간의 간접적 결과를 직접적 결과로 간주해

---

4 덴마크 언어학자 카를 베르네르가 발견한 음성 법칙으로 원시 게르만어에서 무성 마찰음 *f, *þ, *s, *h, *hʷ가 비강세 음절 뒤에서 유성 마찰음 *β, *ð, *z, *ɣ, *ɣʷ으로 변하는 현상.

서는 안 된다. 예컨대 r음화(라틴어 *genesis창조→generis창조 참조)를 설명하기 위해 s가 두 모음 사이에서 r가 되었다고 말하면 틀린 것이다. 왜냐하면 s는 후두음이 아니므로 단번에 r가 될 수 없기 때문이다. 실제로 두 종류의 행위가 개입한다. 먼저 s는 결합 변화에 의해 z가 된다. 그러나 z는 라틴어의 음성 체계에는 없기 때문에 그와 아주 가까운 음성 r로 대체되었다. 그러므로 이 음성변화는 자발적이다. 이렇게 해서 심각한 오류로 인해 이 두 별개의 사실을 단일 현상으로 혼동했던 것이다. 이 오류는 한편으로 중간과정의 결과를 직접적 결과(z→r 대신에 s→r)로 간주한 것이고, 다른 한편 이 변화의 첫 단계는 결합적이 아닌데도[5] 전체 현상을 결합적인 변화로 가정한 것이다. 이는 마치 프랑스어 e가 비자음 앞에서 a가 되었다고 말하는 것과 같다. 실제로는 n에 의해 e가 비음화되는 결합 변화(라틴어 ventum바람→ 프랑스어 [vēnt]〔vent바람〕, 라틴어 fēmina여자→ 프랑스어 [femə], [fēmə] 〔femme여자〕 참조)와 그 후에 [ē]이 [ā]이 되는 자발적 변화가 계속해서 일어난 것이다([vānt], [fāmə], 현재는 [vā], [fam] 참조)[6]. 이 현상은 비자음 앞에서만 일어났다고 반대할 수 있지만 헛된 일이다. 왜냐하면 [e]가 왜 비음화되었는지를 아는 것이 문제가 아니라, [ē]이 [ā]로 변한 변화가 자발적인지 결합적인지 하는 것만이 문제되기 때문

---

5 1916년 판에는 ne l'est que dans…이나 1922년 판부터 ne l'est pas dans…으로 오류가 일어나서 뜻이 반대가 되었다(언어학자 툴리오 데 마우로).

6 ventum > vent(u) [vēnt]은 비음화 과정이고, [vēnt] > [vānt]은 저음화 과정이다. 이는 비음화로 인한 조건화된 변이음을 보여 준다. 그러나 [vānt] > [vā]에서 어말자음과 비자음의 탈락으로 비모음은 음소 가치를 획득한다. fēmina > [femə] > [fēmə] > [fāmə] > [fam]에서는 어말음 [ə]의 영향으로 탈비모음화가 일어나고 어말음이 탈락했다.

이다.

위에서 설명했던 원리와 결부된 것은 아니지만 여기서 환기하려는 가장 심각한 방법적 오류는 음성 법칙이 포괄하는 언어 사실이 일정한 시간 폭 내에서 출현했다가 소멸하는 것이 아니라 마치 영원히 존재하는 것처럼 현재시제로 공식화한 데 있다. 이것은 혼란이다. 왜냐하면 그렇게 함으로써 사건들의 연속적 연대기를 배제하기 때문이다. 184쪽 이하에서 tríkhes틸 : thriksí틸의 이중성을 설명하는 연속 현상을 분석하면서 이 점을 이미 강조했다. "라틴어에서 s가 r로 된다"고 말하는 것은 r음화가 라틴어의 본질에 내재한 것으로 믿게 하는 것이며, 따라서 causa일, rīsus웃음 등과 같은 예외를 마주치면 당황하게 된다. "라틴어에서 어느 시기에 모음 사이의 s는 r가 되었다"는 공식만이, s가 r로 바뀐 시기에 causa, rīsus 등은 모음 사이에 s가 없었고,[7] 그래서 이 음성변화를 피한 것으로 생각하게 한다. 사실상 이들은 caussa일, rīssus웃음로 말해졌던 것이다. 이와 동일한 이유로 "ā는 이오니아 방언에서 ē로 되었다"고 말해야 한다(mátēr어머니 → métēr어머니 등 참조). 왜냐하면 이 공식이 없다면 pâsa모든, phāsi말하다 등과 같은 형태(이 음성변화가 일어나던 시기에 pansa모든, phansi말하다 등의 형태였다)를 어떻게 처리할지 알 수 없기 때문이다.

---

7 정확히는 caussa, rissus로도 많이 사용되었는데 이로 인해 causa는 r음화를 겪지 않고, 어두의 [k]가 마찰음화를 겪어 대중 프랑스어 chose가 되었다. 학술어, 법률어에서는 causa > cause로 변했다.

§4. 음성변화의 원인

이 음성변화의 원인에 대한 연구는 언어학에서 가장 어려운 문제 중의 하나이다. 여러 설명이 제안되었지만, 그 어느 설명도 이를 완전히 해명하지 못했다.

1. 인종은 음성변화의 방향을 미리 좇아가는 선천적 경향이 있을 것이라고 했다. 여기에 비교인류학의 문제가 있다. 발성기관은 인종에 따라 달라지는가? 아니다. 개인 간의 차이 그 이상은 넘지 못한다. 태어나면서 프랑스에 정착한 흑인은 프랑스 토착인만큼 프랑스어를 능숙하게 잘한다. 더욱이 '이탈리아인의 발성기관'이나 '독일인의 입은 그 발음을 허용하지 않는다' 등의 표현을 사용하면, 순전한 역사적 사실을 영속적인 특성으로 바꿀 위험이 있다. 그것은 음성 현상을 현재로 표현하는 오류와 비견될 만한 오류이다. 이오니아 그리스인의 발성기관이 장음 ā에 맞지 않아서 ē로 변화했다고 주장하는 것은, 이오니아 그리스어 ā는 ē가 '된다'고 말하는 것처럼 틀린 것이다.

이오니아 그리스인의 발성기관이 ā의 발음에 거부감을 가진 것이 아니다. 왜냐하면 어떤 경우에는 이 발음을 허용하기 때문이다. 따라서 그것은 인류학적 장애가 아니라, 조음 습관의 변화이다. 마찬가지로 라틴어는 모음 사이의 s를 보존하지 않았지만(*genesis창조→generis창조) 얼마 후에 그것을 재도입했다(*rīssus웃음→rīsus웃음 참조). 그리하여 이 변화는 라틴인의 발음기관의 항구적인 특질로 생긴 것이 아니다.

분명 어느 시기에 일정한 민족에게서 나타나는 일반적 경향을 지닌 음성변화 현상이 있다. 근대 프랑스어에서 일어난 이중모음의 단모음화는 동일한 경향이 외적으로 드러난 현상이다.[8] 정치사에서도 그와 유사한 일반적 흐름을 볼 수 있으며, 이 흐름의 순수한 역사성은 의심받지도 않고, 또 거기에 인종이 끼친 직접적 영향이 있다고도 보지 않는다.

2. 언어학자들은 흔히 음성변화가 토양과 기후 조건에 적응한 결과 생긴 것으로 간주했다. 북유럽의 어떤 언어는 자음을 많이 쓰고, 남유럽의 어떤 언어는 모음을 많이 사용하는데, 여기서 이들 언어의 조화로운 음성이 생겨났다는 것이다. 물론 기후와 생활 조건이 언어에 영향을 미칠 수 있지만, 세부 사항으로 들어가면 곧 이 문제는 복잡해진다. 예컨대 자음이 아주 많은 스칸디나비아의 개별어들을 살펴보면, 랩랜드어와 핀란드어는 이탈리아어보다 더 모음이 많다. 또 현대 독일어의 자음 중첩은 많은 경우 아주 최근에 일어난 음성 현상으로서, 강세 음절 뒤의 모음이 탈락해서 생긴 것이고, 프랑스 남부의 어느 방언은 북부 프랑스어보다 자음군을 많이 허용하며, 세르비아어는 모스크바의 러시아어만큼 자음군을 많이 보여 준다는 것 등도 주목해야 한다.

3. 언어학자들은 최소 노력의 법칙을 개입시켜, 두 조음을 한 조음으로 바꾸거나 어려운 조음을 더 쉬운 조음으로 대체한다고 한다. 어쨌든 이 견해는 검토할 가치가 있다. 왜냐하면 그것은 음성변화의 원인을 어느 정도 밝혀 주거나, 아니면 적어도 그 변화의 원인을 찾는

---

8 오늘날 프랑스어 표기법에 남아 있는 이중모음 ai, au, eu, ou나 삼중모음 eau는 고대 프랑스어에서는 철자대로 발음되었고, 중기 및 근대 프랑스어로 넘어오면서 철자 표기는 그대로 남았으나 발음은 모두 단모음화했다.

방향을 지시해 주기 때문이다.

최소 노력의 법칙으로 소수의 사례는 설명할 수 있는 듯하다. 예컨대 폐쇄음이 마찰음으로 바뀌는 것(habēre가지다→avoir가지다), 많은 언어에서 아주 자주 일어나는 어말 음절의 탈락과 동화 현상(예컨대 ly→ll, *alyos다른→ 그리스어 állos다른, tn→nn, *atnos해→ 라틴어 annus해), 동화의 일종인 이중모음의 단모음화(예컨대 ai→ẹ, 프랑스어 [maizōn]→ [mẹzō]⟨maison집⟩) 등이다.

그러나 이와 정반대의 현상도 이에 못지않게 많은데, 이 사례들 역시 언급할 수 있다. 독일어의 단모음화에 대립해서, 독일어 i, ū, ü가 ei, au, eu로 이중모음화한 예도 있다. 슬라브어 ā, ē가 ǎ, ě로 축약된 것이 최소 노력에서 기인한다고 주장한다면, 독일어에 나타나는 이와 정반대 현상(făter아버지→Vāter아버지, gĕben주다→gēben주다)은 최대 노력에서 기인한 것으로 생각해야 할 것이다. 또 유성음이 무성음보다 발음하기 훨씬 쉬운 것으로 간주한다면(opera작품→ 프로방스어 obra작품), 그 반대 방향으로 일어난 변화는 틀림없이 더 큰 노력이 필요할 것이다. 에스파냐어에서 ẑ는 x로 바뀌었고(hixo아들 참조. hijo아들로 표기), 게르만어에서 b, d, g는 p, t, k로 변했다. 기음氣音의 상실(인도유럽조어 *bherō나르다→ 게르만어 beran나르다 참조)을 노력의 절감으로 간주하면, 기음이 없던 곳에 기음을 넣은 독일어(Thanne, Phute로 발음되는Tanne소나무, Pute칠면조 등)는 어떻게 설명할 것인가?

이러한 지적은 제시된 해결 방안을 거부하려는 것이 아니다. 사실상 각 언어에서 어떤 음성이 발음하기 더 쉽고, 어떤 음성이 발음하기 더 어려운지는 좀처럼 결정할 수 없다. 축약은 지속이라는 의미에서는 최소 노력에 해당하지만, 나태한 발음이 장음이 되거나, 단음이 더 큰 주의를 요한다는 것도 정녕 사실이다. 그리하여 다른 신체 특성을 가정하면서도 대립하는 두 사실을 똑같이 나타낼 수 있다. 마찬가지로 [k]가 [tš]로 변한 곳(라틴어 cēdere양보하다 → 이탈리아어 cedere양보하다 참조)[9]에서도 이 변화의 양극만 고려하면 노력이 증가한 것처럼 보인다. 그러나 이 변화 연쇄를 복원해 보면, 그 인상은 아마 달라질 것이다. [k]는 후속 모음에 동화되어 구개음 [k']가 되고, 그 후에 [k']는 [ky]가 된다. 이 발음변화는 더 어려워진 것이 아니다. [k']에 얽혀 있던 두 요소가 명확히 분리된 것이다. 그다음에 [ky]가 차례로 [ty], [tx'], [tš]로 바뀌었고, 조음의 노력은 점차 감소되었다.

　　이는 광범위한 연구가 필요할 것으로 생각되며, 완벽한 연구가 되려면 생리적인 관점(조음 문제)과 심리적인 관점(주의력 문제)을 같이 고찰해야 한다.

　　4. 몇 해 전부터 선호되는 설명에 따르면, 발음변화는 유년기 때 받은 음성 교육에서 기인한다는 것이다. 어린이가 주위에서 듣는 음성을 발음하는 것은 수많은 모색, 시도와 교정을 거친 후에 이루어지는데, 여기에서 음성변화가 싹이 텄다는 것이다. 교정되지 않은 틀린 발음은 한 개인에게서 우세해지면서 자라나는 세대에서 고정된다. 아이들은 흔히 [k]를 [t]로 발음하지만, 언어사에서 보면, 언어는 이에 상응하는 음성변화를 보여 주지 않는다. 그러나 그 외의 다른 변형된 발음은 사정이 다르다. 예컨대 파리의 많은 어린이가 fl'eur꽃, bl'anc흰을 습음l로 발음한다. 또 이탈리아어에서는 florem꽃이 fl'ore꽃가 되

9　라틴어 cēdere[ke-] → 이탈리아어 cedere[tše-].

었고, 그 후 fiore꽃가 된 것도 이와 같은 변화과정을 따른 것이다.[10]

이처럼 확인된 사실은 관심이 많이 가지만, 이 문제는 여전히 미해결된 채로 남는다. 사실상 틀린 발음은 모두 똑같이 자연적인데도, 왜 어떤 세대가 틀린 어떤 발음은 취하고, 틀린 또 다른 발음은 배제하는지 알 수 없다. 사실 잘못된 발음을 선택하는 것은 순수히 자의적으로 보이며, 따라서 그 이유를 알 수 없다. 더욱이 왜 이 현상이 다른 때가 아니라 하필이면 이 시기에 성공적으로 출현하는 것일까?

나아가 앞의 모든 원인들이 음성변화에 작용하는 것으로 수용하는 경우, 이러한 관찰은 이 모두에 적용된다. 기후의 영향, 인종의 성향, 최소 노력의 경향 등은 영구적으로나 지속적으로 존재한다. 그렇다면 그것은 왜 음운 체계의 여기저기에 간헐적으로 작용하는 것일까? 역사적 사건에는 반드시 결정적 원인이 있기 마련이다. 음성변화의 일반적 원인은 오래전부터 있었지만, 각 경우마다 음성변화를 즉각 유발시키는 원인이 무엇인지는 말해 주지 않는다. 이 점을 설명하는 것이 가장 어려운 문제이다.

5. 언어학자들은 가끔 음성변화의 결정적 원인 가운데 하나를 특정 시기의 일반적인 국가 상태에서 찾으려고 한다. 특정 언어가 다른 언어보다 훨씬 더 격동적인 시기에 큰 변화를 겪을 때가 있다. 그 격변기를 외적 역사의 혼란기와 결부시켜, 정치 불안과 언어 불안정 사이의 관계를 발견하려고 하며, 이 작업을 한 후 언어 일반에 대한 결론을 음성변화에 적용할 수 있다고 생각한다. 예컨대 라틴어가 로망

---

10 l이 구개음화하여 [λ]로 발음되거나 반모음화하거나 탈락한다.

제어로 이전될 때 겪은 아주 심각한 격변은 이민족의 혼란스러운 침략 때문이라고 지적하는 것이다. 그러나 길을 잃지 않으려면, 다음 두 가지를 반드시 구별해야 한다.

a) 정치 안정은 정치 불안과 똑같이 언어에 영향을 미치지 않는다. 여기에는 상호관계가 전혀 없다. 정치적 균형이 언어 진화를 늦출 때는 외적이고, 적극적 원인이 문제시되는 반면, 그 반대 효과를 유발하는 정치 불안은 소극적으로만 작용한다. 개별어가 변치 않고 상대적으로 고정된 언어 부동성不動性은 언어 외적 현상(궁정, 학교, 아카데미,[11] 문자 체계 등의 영향)에서 유래할 수도 있는데, 이 외적 현상들은 사회적·정치적 균형으로 다시 적극 강화되기도 한다. 이와 반대로, 만일 국가 상태의 외적 격변이 언어 진화를 가속한다면 이것은 단지 언어가 규칙적 흐름을 따라 자유 상태로 되돌아가기 때문이다. 고전 시대의 라틴어의 부동성은 외적 사실에서 기인하기 때문에, 그 후에 겪은 변화와는 비교할 수 없다. 그 후 일어난 라틴어 변화는 스스로, 즉 외적 조건이 부재하는 가운데서 일어났기[12] 때문이다.

b) 여기서 문제시되는 것은 오직 음성 현상이며, 모든 종류의 언어변화는 아니다. 문법변화를 이런 부류의 원인에서 기인하는 것으로 이해할 수 있다. 문법 사실은 어떤 측면이든 항상 사고思考에서 유래하며, 또 외적 격변의 여파를 더 쉽게 받는다. 이 외적 격변이 정신에 더 직접적으로 반향되기 때문이다. 그렇지만 그 무엇에 의해서도

---

11 앞의 「서론」 제5장 각주 3 참조.
12 고전 라틴어는 문어로만 사용되었기 때문에 자연스러운 변화가 없었으나 4세기 이후에 구어로 사용된 대중 라틴어는 자연적인 변화를 겪으며 로망제어로 변했다.

개별어의 급격한 음성 진화가 국가 역사의 혼란기와 일치한다는 사실은 인정할 수 없다.

게다가 언어가 음성변화를 전혀 겪지 않는 시대는 찾아볼 수 없으며, 이 언어가 변하지 않는 인위적 부동 상태에 있는 시기도 찾아볼 수 없다.

6. 또 '선대의 언어 기층言語基層' 가설에도 의지했다. 즉 음성변화는 새로 이주한 주민에 흡수된 토착 주민에게서 기인한다는 가설이다.[13] 예컨대 오크어langue d'oc와 오일어langue d'oïl의 차이는 골 지방의 두 지역에 있던 토착 켈트어 요소의 비율이 달라서 생긴 것이라고 한다. 또 이 기층 이론을 이탈리아어의 다양한 방언에도 적용해서, 이 방언 차이를 지역에 따라 리구리아족, 에트루리아족 등의 영향으로 귀결시킨다. 그러나 우선 이 기층설은 극히 드물게 일어나는 언어 상황을 설정한다. 더욱이 선주민先主民이 새 언어를 채택한 후 거기에 자신들의 음성 습관 중 어떤 발음 습관을 도입한 것인지를 분명히 명세해야 한다. 이 가설은 납득할 만하며, 아주 자연스러운 사실이다. 그러나 인종 등의 예측할 수 없는 요인에 또다시 의지한다면, 앞에서 지적한 오리무중 속으로 다시금 빠져들게 된다.

---

13 기층설은 근간이 되는 언어가 이주나 정복 등으로 들어오는 경우, 그 지방 토착어로 사용되던 언어(기층어)가 그 후에 들어온 언어에 영향을 미친다는 가설로 이탈리아 언어학자 그라치아디오 아스콜리가 주장했다. 프랑스어의 기층어는 그곳 토착민 켈트족이 사용하던 켈트어(골어)였고, 로마의 정복으로 대중 라틴어가 이곳에 들어왔다. 이것이 프랑스어의 근간이 되었고, 그 후 프랑크족의 게르만어가 상층어로 들어왔다. 켈트어와 게르만어는 주로 프랑스 중북부에 거주하던 이 종족이 사용했으나 남부 지방에는 이 종족이 집중적으로 널리 거주하지 않았고, 그리하여 프랑스어에는 북부 오일어와 남부 오크어라는 두 대방언권이 생겨났다.

7. 마지막으로 설명이라고 부를 만한 가치는 없지만, 음성변화를 유행의 변화와 동일시하는 설명이다. 그러나 유행의 변화에 대해 그 누구도 설명한 바 없다. 왜냐하면 유행의 변화가 심리학자의 지대한 관심을 사로잡는 모방의 법칙을 따르는 것이라고만 알기 때문이다. 그렇지만 이 설명은 이 음성변화 문제를 해결하지 못하더라도, 더 큰 문제의 틀 속에 포함시켜 논의한다는 이점은 있다. 음성변화의 원리는 순수히 심리적이라는 것이다. 단지 모방의 출발이 어디인가 하는 것은 유행의 변화뿐만 아니라 음성변화에도 신비스러운 점이다.

§5. 음성변화의 작용은 무한하다

음성변화의 효과를 평가하려 할 때 그것이 무한하고 측정 불가능하다는 것, 그 변화가 어디서 멈출 것인지 예측할 수 없다는 것을 즉각 알게 된다. 단어 내에 이 단어를 보존하는 무엇이 있기라도 한 것처럼 단어가 단지 어느 정도만 변한다고 생각하면 유치한 생각이다. 음성변화의 특징은 의미 작용과는 아무런 관련이 없는 언어기호의 자의성에서 기인하기 때문이다.

일정 시기에 단어 음성이 변화한 것도 알 수 있고, 또 어느 정도 변했는지도 물론 확인할 수 있다. 그러나 어느 정도까지 알아볼 수 없을 정도로 변했는지, 또 차후에 그렇게 변할 것인지는 사전에 미리 말할 수 없다.

인도유럽조어 *aiwom시간(라틴어 aevom시간 참조)은 게르만어에서 이와 동일한 어말음을 가진 단어들처럼 *aiwan시간, *aiwa시간, *aiw

시간로 바뀌었다. 그 후에 음성군 aiw가 포함된 모든 단어들처럼, *aiw 는 고대 독일어에서 ew가 되었다. 그 후 어말의 모든 w가 o로 변했기 때문에, 이 ew는 ēo가 되었다. 이후 ēo는 아주 일반적인 다른 규칙에 따라 eo, io로 변했다. 그 후 io는 다시 ie, je가 되었고, 결국 근대 독일 어에서 jē가 되었다('das schönste, was ich je gesehen habe' 내가 여태 본 것 중 가장 아름다운 것 참조).

오늘날 단어 je는 출발점과 도착점만 고려하면, 최초의 원시 요소 중에서 간직된 것은 하나도 없다. 그렇지만 각 단계를 하나씩 따로 떼 어 보면, 음성변화는 아주 확실하고 규칙적이다. 게다가 각 변화 단계 는 효력의 한계가 있지만, 변화 단계 전체는 무한한 변화의 합산이라 는 인상을 준다. 라틴어 calidum더운에서도 이와 동일한 사실을 확인 할 수 있다. 우선 일차적으로 중간의 전이과정 없이 근대 프랑스어에 서 변화한 결과([šo], 'chaud'더운로 표기)와 비교하고, 그다음에 중간 단계(calidum더운, calidu더운, caldu더운, cald더운, calt더운, tšalt더운, tšaut 더운, šaut더운, šọt더운, šọ더운)를 복원하면, 이 전이 단계가 확인된다.[14] 또 대중 라틴어 *waidanju이득→ [gē]('gain'이득으로 표기), minus더 적 은→ [mwē]('moins'더 적은 것으로 표기), hoc illī이것→ [wi]('oui'예로 표 기)를 비교해 보라.

음성 현상은 다음과 같은 의미에서도 역시 무한하고 측정이 불 가능하다. 음성변화는 형용사, 명사 등이나 어간, 접미사, 어미 등을 구별하지 않고 모든 종류의 기호에 영향을 미친다는 점이다. 이 현상

---

14 각 변화 단계에서 어말음 탈락, 어중음 소실, 파찰음화, 모음화, 단음화, 어말자음 탈락의 과 정을 겪은 것을 관찰할 수 있다.

은 선험적a priori으로 그렇게 되는 것이 분명하다. 왜냐하면 만일 문법이 개입하면 음성 현상은 공시적 현상과 섞이는데, 이런 일은 근본적으로 불가능하다. 이런 점에서 음성 진화는 맹목적이라고 할 수 있다.

예컨대 그리스어에서 s는 n 뒤에서 탈락했다, *khānses거위, *mēnses달(여기에서 그리스어 khênes거위, mênes달가 생겨났다)처럼 문법적 가치가 없는 단어뿐만 아니라 *etensa두었다, *ephansa말했다 등(여기에서 éteina두었다, éphēna말했다 등이 생겨났다)과 같은 유형에서 s는 부정과거의 표지로 사용된 동사 형태에서도 탈락했다. 중세 고지 독일어에서는 강세 음절 뒤의 모음 ǐ ě ǎ ǒ의 음색 차이가 어미의 단수/복수를 나타냈지만, 이들은 모두 단일한 음색 e가 되었다(gibil박공 →Giebel박공, meistar선생→Meister선생). 그리하여 단수 대격 boton전령을과, 단수 소유격과 여격 boten전령의이 혼동되었고, 그 후 boten이 되었다.

따라서 음성 현상을 제약으로 막지 않으면, 문법 조직에는 분명히 큰 혼란이 올 것이다. 이제 이러한 측면에서 음성 현상을 고찰해 보자.

음성 진화의 문법적 결과

§1. 문법적 관계의 단절

음성 진화의 첫째 결과는 둘 또는 다수의 언어 사항을 연결하는 문법 관계가 단절된다는 것이다. 그리하여 어떤 단어가 어느 다른 단어에서 파생된 것으로 더 이상 느끼지 못한다. 예컨대 다음과 같다.

mansiō집　──　*mansiōnāticus가사

maison집　‖　ménage집안일

언어 의식은 과거에는 *mansiōnāticus가사가 mansiō집의 파생어라는 것을 인지했지만, 그 후 음성변화로 이들이 서로 분리되었다.[1] 마찬가지로

1　대중 라틴어 *mansiōnāticus → 고대 프랑스어 maisnage → ménage, 라틴어 mansiō → maison.

$$(\text{vervēx양} \;\; —— \;\; \text{verevēcārius양치기})$$

대중 라틴어　berbīx양　—— berbīcāriuis양치기

brebis암양　‖　berger양치기

　이러한 문법관계의 분리는 당연히 단어의 가치에 여파를 미친다. 그리하여 berger양치기는 지역구어[2]에서 특수하게 '소몰이꾼'으로 의미가 바뀌었다.

　마찬가지로

Grātiānopolis그르노블 —— grātiānopolitānus그레보당[3]　　decem10 —— undecim11

Grenoble그르노블 ‖ Grésivaudan그레보당　　　　　dix10 ‖ onze11

　이와 유사한 사례는 고트어 bītan깨물다 —— bitum우리는 깨물었다 —— bitr깨무는 듯한, 맛이 쓴이다. 한편으로는 t → ts(z)로 변화한 결과로, 다른 한편으로는 자음군 tr을 보존한 결과로, 이 단어들은 서부 게르만어에서 bīʒan깨물다, biʒum우리는 깨물었다 ‖ bitr깨무는 듯한, 맛이 쓴가 되었다.

　또 음성 진화로 동일한 단어의 두 굴절 형태 사이의 정상적 관계가 단절되었다. 예컨대 comes백작이 —— comiten백작을이 고대 프랑스어 cuens백작이 ‖ comte백작을가 되었고, barō남작이 —— barōnem

　2　지역구어(parler local)는 "좁은 지역 내의 사회 집단이나 일정한 언어 영역 내의 사회 집단이 사용하는 표현 수단 전체"를 가리킨다(TLF의 정의).
　3　Gratianopolis의 형용사이다.

남작을→ber남작이 ‖ baron남작을으로 변했고, presbiter장로가 ——
presbiterum장로를→prestre장로가 ‖ provoire장로를이 되었다.[4]

또 다른 언어에서는 음성변화로 한 어미가 둘로 나뉘었다. 인도
유럽조어의 모든 단수 대격에서는 동일한 어말음 -m이 특징적으로
사용되었다(*ek₁wom말을, *owim양을, *podm발을, *mātérm어머니를 등).
이 점에서 라틴어는 근본적으로 변화하지 않았다. 그러나 그리스어
는 향음 비음과 공명 비음을 아주 달리 취급하여, 두 계열의 별개 형
태가 생겨났다. híppon말을, ó(w)in양을 : póda발을, mátera어머니를. 복수
대격도 이와 아주 유사한 현상을 보여 준다(híppous말들을와 pódas발들
을 참조).

§ 2. 단어 합성의 소멸

음성변화가 야기하는 또 다른 문법적 효과는 단어를 구성하는 각기
다른 부분이 이 단어의 의미 가치 결정에 기여했지만, 이제는 이들이
더 이상 분석될 수 없다는 점이다. 그리하여 단어는 하나의 분석할 수
없는 전체가 된다. 예컨대 프랑스어 ennemi적([각 부분이 분리되는]
라틴어 in-imīcus적 ——amīcus친구 참조), 라틴어 perdere잃다([분석되는]
더 고형인 per-dare잃다 ——dare주다 참조), 라틴어 amiciō둘러싸다(jaciō던
지다에 대해 [더 분석되는] *ambjaciō주위를 둘러싸다), 독일어 Drittel3분

---

4 라틴어 comes(주격) ——comiten(대격)이 고대 프랑스어 cuens(주격) ‖ comte(사격)로 바뀌
   었다. 이 뒤의 다른 예들도 마찬가지로 주격 —— 사격형이 변하여 형태와 의미가 분화되었다.

의 1(teil부분에 대해 〔분석되는〕drit-teil셋째 부분) 같은 것이다.

　더욱이 이 경우는 앞의 문단에 나오는 경우로 귀착된다. 예컨대, ennemi적가 분석이 불가능하다면, 이는 결국, in-imīcus적를 단일어 amīcus친구와 결부할 수 없듯이 ennemi도 ami친구와 관련지을 수 없다는 것을 의미한다. 그러므로 다음 공식

$$
\begin{array}{c}
amīcus친구 \text{ —— } inimīcus적 \\
ami친구 \ \| \ ennemi적
\end{array}
$$

는 아래와 거의 유사하다.

$$
\begin{array}{c}
mansiō집 \text{ —— } mansiōnāticus가사 \\
maison집 \ \| \ ménage집안일
\end{array}
$$

　또한 decem10 ——undecim11 : dix10 ‖ onze11 참조.

　고전 라틴어 hunc이것을, hanc이것을, hāc이것으로 등의 단일 형태는 명문銘文의 형태가 보여 주듯이 hon-ce이것을, han-ce이것을, hā-ce이것으로 등으로 거슬러 올라가는데, 이들은 원래 대명사와 첨사 -ce가 교착한 결과 생겨난 형태이다. 과거에는 hon-ce 등을 ec-ce여기와 연관 지을 수 있었지만, 그 후 -e가 음성적으로 탈락했기 때문에 이들을 관계 짓는 것이 불가능해졌다. 이는 결국 hunc, hanc, hāc의 구성 요소를 더 이상 구별해 낼 수 없다는 것을 의미한다.

　음성 진화는 우선 단어의 분석을 혼란시키고, 그 후 이 분석을 완전히 불가능하게 만든다. 인도유럽조어의 명사 굴절은 이 경우에

속하는 사례이다.

인도유럽조어는 단수 주격 *pod-s발이, 대격 *pod-m발을, 여격 *pod-ai발에, 위치격 *pod-i발에, 복수 주격 *pod-es발들이, 대격 *pod-ns발들을 등으로 곡용한다. *ek_1wos말이의 굴절도 처음에는 나란히 이와 똑같이 곡용했다. *ek_1wo-s말이, *ek_1wo-m말을, *ek_1wo-ai말에게, *ek_1wo-i말에, *ek_1wo-es말들이, *ek_1wo-ns말들을 등. 이 시기에는 *pod-만큼 쉽게 *ek_1wo-를 분석할 수 있었지만, 그 후 모음축약으로 이 언어 상태가 변경되었다. 그래서 여격 *ek_1wōi말에게, 위치격 *ek_1woi말에, 복수 주격 *ek_1wōs말들이가 되었다. 그 후에도 대격이 분화되면서 (277쪽 참조) 이 새로운 음성변화로 원시 상태의 최후 흔적들이 모두 지워졌다. 크세노폰과 동시대인들은 아마도 어간은 hipp-이고, 어미는 모음이라고 생각했을지도 모르며(hipp-os말 등), 이러한 생각에 근거해서 *ek_1wo-s 유형과 *pod-s 유형을 서로 완전히 분리했을 것이다. 굴절 영역도 다른 영역과 마찬가지로 단어 분석이 교란되면서 문법 관계가 모두 단절되었다.

§3. 음성적 쌍립어는 없다

제1절과 제2절에서 고찰한 두 경우에, 음성 진화는 원래 문법적으로 결합된 두 사항을 근본적으로 분리했다. 이 현상은 해석상의 중대한 오류를 야기했다.

후기 라틴어 barō남작이 : barōnem남작을은 비교적 형태가 비슷하지만, 고대 프랑스어 ber남작이 : baron남작을의 형태는 판이하게 다른 것을 확인하면, 단 하나의 동일한 원시 단위(bar-)가 두 방향으로 달리 발달하여 두 형태가 생겨났다고 말할 수 있지 않을까? 그러나 사실은 그렇지 않다. 왜냐하면 동일한 요소가 동일한 장소에서 두 가지 서로 다른 변화를 동시에 겪을 수 없기 때문이다. 이 사실은 음성변화의 정의 자체와도 반대된다. 음성 진화 자체로는 스스로 한 형태가 아니라 두 형태를 만들어 내는 능력이 없다.

우리의 논지에 다음과 같이 반론을 제기할 수도 있다. 이 반론은 다음 반증 사례를 이용해서 제기한 것으로 추정된다.

언어학자들은 collocāre병치하다에서 coucher눕히다와 colloquer자리에 앉히다가 생겨났다고 하겠지만, 사실은 그렇지 않다. coucher만이 생겨났을 뿐이다. colloquer는 라틴어에서 차용된 학술어이다(rançon몸값과 rédemption구원 참조).[5]

그렇지만 두 프랑스어 단어 chaire감탄와 chaise의자는 분명히 cathedra성당에서 생겨난 것이 아닌가? 그러나 실제로는 chaise의자는 방언형이다. 파리 지방의 구어에서 모음 사이의 r는 z로 변화했다. 파리 구어는 père아버지, mère어머니 대신에 pèse아버지, mèse어머니를 사용했던 것이다. 문헌 프랑스어는 이 파리 지역어 발음의 두 전형인 chaise와 bésicles안경(béryl녹주석에서 유래하는 béricles안경의 쌍립어)를 그대로 유지했다. 이 사례는 피카르디어 rescapé살아남은와 정확하게 비교할 수 있다. rescapé는 공통 프랑스어에 편입되었고,

---

5 rançon은 라틴어 redemptiō, redemptiōnem이 음성변화에 의해 생긴 형태이고, rédemption은 라틴어 차용어이다.

결국 réchappé위기를 벗어난와 대립했다.[6] cavalier기병와 chevalier기사, cavalcade기마 행렬와 chevauchée기마가 나란히 공존하는 것은 cavalier 와 cavalcade가 이탈리아어에서 차용되었기 때문이다. 근본적으로 calidum뜨거운도 이 같은 경우에 속하는데, 여기에서 프랑스어 chaud 더운, 이탈리아어 caldo뜨거운가 생겨났다. 이 모든 사례에는 차용어 문제가 개입했다.

라틴어 대명사 mē나를가 프랑스어에서 두 가지 형태 me나를와 moi나로 나타난다는 주장에는('il me voit'그는 나를 본다와 'c'est moi qu'il voit'그가 보는 것은 나다 참조), 이렇게 응답할 수 있을 것이다. 라틴어 무강세어 mē는 me가 되었고, 강세어 mē는 moi가 되었다고. 그런데 악센트의 유무는 mē를 me, moi로 변화시킨 음성 법칙에 의존한 것이 아니라 이 단어의 문장 내 역할에 의존한다.[7] 이것이 문법적 이원성이다. 마찬가지로 독일어에서 ur-는 강세를 받으면 변치 않고 그대로 남고, 강세 앞의 음절에서는 er-로 변했다(úrlaub휴가: erláuben허용하다 참조). 그러나 이와 같은 악센트의 작용 자체도 ur-가 속한 합성 유형과 연관되므로 문법적이고 공시적인 조건과 관계가 있다. 마지막으로 앞에서 제시한 첫 사례를 다시 살펴보면, bárō남작이: barónem남작을의 쌍이 보여 주는 형태 차이와 악센트 차이는 분명히 이들이 겪은 음성

---

6 고대 프랑스의 북부는 오일어권(langue d'oïl)인데, 북부 방언권의 주요 특징 중 하나가 k, g의 구개음화이다. 그러나 피카르디는 오일어권의 북서 지역이라서 피카르디 방언에서는 구개음화가 일어나지 않았다. 피카르디 방언의 형태 rescapé는 일드프랑스어(프랑스어)에 차용되어 k가 남아 있으나 파리 지방어는 구개음화를 겪어 réchappé 형태로 변했고, 이 두 형태가 프랑스어에서 대립한다.

7 me는 동사보어로서 동사접어로만 사용되고, moi는 독립어로만 사용된다.

변화에 선행한다.

사실 어디서도 음성적 쌍립어는 확인할 수 없다. 음성 진화는 이 진화에 앞서 있던 쌍립어의 차이를 강화시킬 따름이다. 이 차이점이 차용어의 경우처럼 외적 원인에서 기인하지 않는 모든 경우에는, 언제나 음성 현상과는 전혀 상관없이 문법적, 공시적 이원성이 전제된다.

§4. 음성 교체

언어학자들은 maison집 : ménage집안일 같은 두 단어에서 이 두 사항의 차이가 어디에서 기인하는지 거의 알아보려고도 하지 않았다. 그것은 분화 요소(-ezo과 -en-)를 잘 비교하지 않았거나, 다른 어떤 단어쌍도 이와 병행하는 대립을 보여 주지 않았기 때문이다. 그러나 분석하기 쉬운 한두 요소로 인해 유사한 두 단어에 차이가 생기고, 이 차이가 일련의 평행하는 단어쌍에 규칙적으로 반복되는 것은 흔한 일이다. 이것은 음성변화가 중요한 역할을 하는, 가장 광범위하고 일상적인 문법 사실로서 이를 교체라고 부른다.

개음절에 위치한 라틴어 음성 ŏ는 프랑스어에서 강세를 받으면 eu가 되고, 강세 앞 음절에서는 ou가 되었다. 여기에서 pouvons우리는 할 수 있다 : peuvent그들은 할 수 있다, œuvre작품, 일 : ouvrier노동자, nouveau 새로운 : neuf새로운 등의 어간쌍이 생겨났는데,[8] 이 단어쌍에서는 규칙적으로 변동하는 상이한 요소를 쉽사리 분석할 수 있다. 라틴어는 r음화로 인해 gerŏ지니다와 gestus제스처, oneris짐의와 onus짐, maeror슬픔와

maestus낙담한가 서로 교체한다. 게르만어 s는 강세 위치에 따라 달리 취급되었기 때문에 중기 고지 독일어에서 ferliesen잃다：ferloren잃었다, kiesen뽑다：gekoren뽑았다, friesen얼다：gefroren언 등의 교체가 출현했다. 인도유럽조어 e의 탈락으로 근대 독일어 beissen물다：biss물었다, leiden견디다：litt견뎠다, reiten말을 타다：ritt말을 탔다 등의 대립에서 그 반사형이 나타난다.

이 모든 사례에서 어간 요소가 영향을 입었다. 그렇지만 단어의 각 부분이 서로 비슷하게 대립하고 있음은 말할 필요도 없다. 예컨대 어간의 첫 음성의 성질에 따라 접두사는 다양한 형태로 출현하는데, 이보다 더 일반적인 현상은 없다(그리스어 apo-dídōmi돌려주다：ap-érchomai출발하다, 프랑스어 innconnu미지의：inutile소용없는 참조). 인도유럽조어 e：o 교체는 결국 음성적 원인으로 귀착하며, 수많은 접미사 요소에서 이 교체가 발견된다(그리스어 híppos말：híppe한 쌍의 말들, phér-o-men너희들은 나른다：phér-e-te너는 나른다, *gén-es-os종족의에 대해 gén-os종족：gén-e-os종족의 참조). 고대 프랑스어는 라틴어 구개음 뒤의 강세 모음 a를 특별히 취급했다. 이로써 많은 어미에서 e：ie가 교체했다(chant-er노래하다：jug-ier판단하다, chant-é노래를 부른：jug-ié판단한, chan-tez당신은 노래한다：jug-iez당신은 판단한다 등 참조).

따라서 음성 교체는 이처럼 정의할 수 있다. 공존하는 두 계열의 형태들 사이에서 규칙적으로 치환되는 특정한 두 음성이나 두 음성군의 대응.

---

8 프랑스어 악센트는 동사 단수 1, 2, 3인칭과 복수 3인칭에서는 어간에 주어지고, 복수 1, 2인칭에서는 어미에 주어진다. 강세를 받은 어간모음은 모음이 변했고, 비강세 모음에서는 어간모음이 유지되었다. pos/t- = peux, peut, peuv-ent와 pouv-óns, pou-véz에서 어간모음의 교체를 볼 수 있다. 소위 3군(불규칙) 동사는 대개가 어간모음의 교체가 있는 동사들이다.

음성변화가 단독으로 쌍립어를 설명할 수 없는 것과 마찬가지로 그것이 교체의 유일한 원인이 아니며, 주된 원인도 아니라는 것을 알기는 쉽다. 라틴어 nov-새로운가 음성변화로 neuv-새로운, nouv-새로운가 되었다고 하면, 이는 가상의 단위를 만드는 것이며, 기존의 공시적 이원성을 무시하는 것이다. nov-us새로운와 nov-ellus새로운에서 출현하는 nov-의 서로 다른 악센트 위치는 음성변화에 선행하는 동시에 문법 사실이다(barō남작이 : barōnem남작을 참조).[9] 모든 교체의 근원이자, 이 교체를 가능하게 하는 것은 이 문법적 이원성이다. 음성 현상은 단위를 파괴하는 것이 아니라 단지 음성의 편차로 공존하는 언어 사항을 더욱 명확하게 대립시킨다. 단지 음성이 교체의 재료이고, 음성 변질로 교체가 발생하는 것 때문에 교체가 음성 차원에 속하는 것으로 믿는 것은 오류인데도 많은 언어학자들은 이에 공감한다. 사실상 교체를 출발점에서 포착하건 도착점에서 포착하건 교체는 항상 문법과 공시태에 속하는 사실이다.

§ 5. 모음 교체의 법칙

모음 교체는 법칙으로 귀착될 수 있는가? 이 교체의 법칙은 어떤 성질인가?

근대 독일어에서 매우 빈번히 출현하는 e : i의 교체를 살펴보

---

9 nóvus + -ellus(축소사 접미사) = novéllus에서 악센트의 위치 이동으로 neuf : nouvelle의 교체가 일어났다. 접미사 첨가라는 문법 현상에서 야기된 악센트 이동으로 교체가 출현한 것이다.

자. 모든 사례를 임의로 한꺼번에 취하면(geben주다 : gibt그는 준다, Feld 들판 : Gefilde광야, Wetter날씨 : wittern냄새를 맡다, helfen돕다 : Hilfe도 움, sehen보다 : Sicht시각 등), 어떤 일반적 원칙도 세울 수 없다. 그러 나 이 사례들의 집합 가운데서 geben : gibt의 쌍을 추출하여 schelten 꾸중하다 : schilt그는 꾸짖는다, helfen돕다 : hilft그는 돕는다, nehmen취하 다 : nimmt그는 취한다 등과 대립시키면, 교체가 시제, 인칭 등의 구 별과 일치하는 것을 금방 알 수 있다. lang길다 : Länge길이, stark강하 다 : Stärke힘, 세력, hart단단하다 : Härte단단함 등에는 이와 유사한 a : e의 대립이 형용사를 이용한 명사 구성과 연관되고, Hand손 : Hände손들, Gast손님 : Gäste손님들 등에서는 복수 형성과 관련된다. 게르만어학자 들이 압라우트ablaut라는 용어로 부르는 현상이 아주 빈번히 출현하 는 모든 예들도 마찬가지이다(finden찾다 : fand찾았다, finden찾다 : Fund 발견, binden묶다 : band묶었다, binden묶다 : Bund묶음, schiessen쏘다 : schoss 쏘았다 : Schuss사격, flissen흐르다 : floss흘렀다 : Fluss흐름 또한 참조). 압라 우트, 즉 문법적 대립과 일치하는 어간모음의 변동은 교체의 아주 중 요한 예이다. 그렇지만 이것이 지닌 특별한 특징이 있어서 일반적인 교체 현상과 구별되는 별개의 현상은 아니다.

모음 교체는 보통 다수의 언어 사항 사이에 규칙적으로 분포한 다는 것과, 그것이 기능, 범주, 한정 등의 중요한 대립과 일치한다는 것을 잘 알 수 있다. 교체의 문법 법칙도 말할 수 있지만, 이 문법 법 칙은 교체를 만들어 낸 음성 현상의 우연한 결과일 뿐이다. 모음 교체 는 가치의 대립을 보여 주는 두 계열의 언어 사항 사이에 음성을 규 칙적으로 대립시키기 때문에 마음은 이 음성 질료의 차이를 포착하 고, 이 차이를 유의미한 것으로 만들어 개념적인 차이를 갖도록 한다.

(164쪽 참조) 모든 공시 법칙처럼 문법적 교체 법칙도 강제력이 없는 단순한 배열 원리이다. 일반적으로 그러하듯이 Nacht밤의 a가 복수 Nächte밤들에서 ä로 변했다고 하는 것은 잘못된 것이다. 그것은 단수 사항에서 복수 사항으로 가는 과정에 강제적 원리가 지정한 변화가 개입한다는 착각을 불러일으키기 때문이다. 여기서 실상은 음성 진화에서 유래하는 형태들이 단순히 대립할 뿐이다. 이제 곧 논의하려는 유추로도 음성 차이가 있는 새로운 단어쌍이 만들어지는 것이 사실이다(Gast손님 : Gäste손님들에 대한 유추에서 생긴 Kranz화환 : Kränze화환들 등 참조). 이때 유추 법칙은 언어 관용을 지배하는 규칙으로 적용되고, 기존의 관용을 변경하는 것으로 보인다. 그러나 언어에서 모음 치환은 이와 정반대되는 유추의 영향에도 의존한다는 것을 잊지 말아야 한다. 이 사실만으로도 이러한 종류의 규칙은 늘 일시적이며, 전적으로 공시 법칙의 정의에 부합한다는 것을 충분히 지적할 수 있다.

또 모음 교체를 야기한 음성 조건이 여전히 명백하게 남아 있는 경우도 있다. 예컨대 본 절 앞의 284쪽에서 인용한 단어쌍은 고대 고지 독일어 geban주다 : gibit주었다, feld들판 : gafildi광야 등의 형태였다. 이 시기에 어간 뒤에 i가 따라오면, 어간은 e가 아니라 i와 함께 출현하는 반면, 그 외의 모든 경우 어간은 e로 나타났다. 라틴어 faciō나는 만든다 : conficiō나는 맡긴다, amīcus친구 : inimīcus적, facilis쉬운 : difficilis어려운 등의 교체도 역시 음성 조건에 매여 있어서 화자들은 이 조건을 이처럼 표현할 수도 있었을 것이다. 즉 faciō, amīcus 유형의 단어에 있는 a는, a가 어중음절에 나타나는 단어군에서는 i로 교체된다.

그러나 이 음성 대립도 모든 문법 법칙과 동일한 현상임을 정확히 보여 준다. 즉 이 음성 대립은 공시적이다. 이 사실을 망각하면, 182쪽에서 이미 지적한 해석상의 오류를 범하게 된다. faciō나는 만든 다∶conficiō나는 맡긴다 같은 단어쌍에 대해, 공존하는 언어 사항들 사이의 관계와 통시적 사실(confaciō나는 맡긴다 → conficiō나는 맡긴다)에 속한 계기적 언어 사항들을 연결하는 관계를 혼동하지 않도록 주의해야 한다. 이 둘을 쉽게 혼동하는 것은 음성 분화의 원인이 이 단어쌍에도 분명히 나타나기 때문이다. 그러나 교체 작용은 이미 과거에 속하고, 따라서 화자에게는 단순한 공시적 대립만 출현한다.

　　이 모든 사실은 모음 교체의 문법적 특성에 대해 논의한 바를 확증해 준다. 이를 지칭하기 위해 치환permutation이란 용어도 사용했는데, 이는 어떤 점에서 보면 매우 정확한 용어이다. 그러나 이 용어는 피하는 것이 좋은데, 그 이유는 이 용어가 흔히 언어변화에 적용되기 때문이고, 또 단지 공시 상태만 있는데도 언어 변동이 있는 것처럼 착각을 일으키기 때문이다.

§6. 모음 교체와 문법관계

음성 진화가 어떻게 단어 형태들을 변화시켜 결국 그들을 연관 짓는 문법관계를 단절하는지를 살펴보았다. 그러나 이는 오직 maison 집∶ménage가사, Teil부분∶Drittel3분의 1같이 고립된 단어쌍에만 해당된다. 교체가 문제되는 경우는 사정이 다르다.

　　우선 상당히 규칙적인 두 요소의 대립은 이들을 관계 짓는 경향이 있다는 점이 분명하다. Wetter날씨는 직감적으로 wittern냄새를 맡다과 연관되는데, 이는 사람들이 e가 i와 교체되는 것을 익히 봐 왔기 때문이다. 더욱이 화자가 음성 대립이 일반 법칙으로 규정되는 것으로 느끼면, 일상적인 규칙적 대응은 화자의 주의를 사로잡아 문법관계를 단절시키기보다는 오히려 이를 강화하는 역할을 한다. 그리하여 독일어의 압라우트(285쪽 참조)는 모음 변동을 통해 어간 단위에 대한 지각을 더욱 강화한다.

의미가 없는, 순수히 음성 조건에 의존하는 교체도 마찬가지이다. 접두사 re-(reprendre다시 잡다, regagner되찾다, retoucher수정하다 등)는 모음 앞에서 r-로 축약되었다(rouvrir다시 열다, racheter다시 사다 등). 마찬가지로 접두사 in-은 기원이 라틴 학술어지만 자주 사용되며, 동일한 조건에서도 별개의 두 형태로 출현한다. [ɛ̃-](inconnu미지의, indigne 자격이 없는, 비열한, invertébré척추가 없는 등)과 [in-](inavouable고백하기 어려운, inutile무용한, inesthétique흉한 등).[10] 이 차이는 개념적 통일성을 전혀 파괴하지 않는다. 왜냐하면 이 접두사의 의미와 기능이 동일한 것으로 생각되기 때문이고, 또 프랑스어가 어느 형태를 쓸 것인가를 결정하는 것은 경우에 따라 이미 프랑스어에 정해져 있기 때문이다.

---

10 이 부정(否定)의 접두사로는 im-, il-, ir-의 변이형도 있다. 이들은 기어(基語)의 어두 음성에 따라 조건적으로 변한 변이형이다.

제4장 유추

§1. 정의와 실례

앞에서 논의한 바로부터 음성 현상이 언어 변동의 요인이라는 결론
이 나온다. 음성 현상이 모음 교체를 일으키지 않는 모든 곳에서 음성
현상은 단어들을 연결하는 문법적 연관성을 단절하는 데 기여한다.
그리하여 단어 형태를 합산한 수가 불필요하게 증가한다. 음성변화
에서 생긴 불규칙형이 일반 유형에서 모은 형태들보다 그 수가 더 우
세한 경우, 달리 말해 절대적 자의성이 상대적 자의성을 능가하는 경
우에(240쪽 참조), 언어의 메커니즘은 모호해지고 복잡해진다.

　다행히도 이러한 변형의 증가 효과는 유추로 인해 상쇄된다. 음
성변화가 아닌 단어 외형의 정상적 변화는 모두 유추에 속한다.

　유추는 어떤 모델과 이 모델에 대한 규칙적 모방을 전제로 한다.
유추 형태는 일정한 규칙에 의해 하나 또는 다수의 다른 형태의 모습을 따라
서 만들어진 형태이다.

　예컨대 라틴어 주격 honor명예는 유추형이다. 처음에는 honōs

명예 : honōsem명예를으로 말했으나, 그 후 s의 r음화로 인해 honōs명
예 : honōrem명예를으로 바뀌었다. 이때부터 어간의 형태는 두 가지가
되었다. 이 두 가지 형태는 ōrātor연설가 : ōrātōrem연설가를 등을 모델로
하여 유추 절차에 따라 만들어진 새로운 형태 honor가 생기면서 평준
화되었다. 이 유추 절차는 뒤에서 살펴볼 텐데, 지금은 이 절차를 비
례 4항식으로 요약해 보자.

$$ōrātōrem연설가를 : ōrātor연설가 = honōrem명예를 : x$$

$$x = honor명예$$

따라서 음성변화로 인한 분화 작용(honōs명예 : honōrem명예를)을
상쇄하기 위해, 유추가 형태를 통일시키고, 규칙을 재확립한 것을 알
수 있다(honor명예 : honōrem명예를).

프랑스어에서는 오랫동안 il preuve그는 증명한다, nous prouvons우
리들은 증명한다, ils preuvent그들은 증명한다라고 말했다. 오늘날에는 il
prouve그는 증명한다, ils prouvent그들은 증명한다로 말하는데, 이들 형태
는 음성적으로는 설명할 수 없다. il aime그는 사랑한다는 라틴어 amat
그는 사랑한다로 거슬러 올라가지만, (nous) amons우리들은 사랑한다 대
신 생긴 nous aimons우리들은 사랑한다은 유추형이다. 또 (유추가 아니
었다면) aimable사랑스러운 대신 amable사랑스러운을 사용했을 것이다.[1]
그리스어에서 s는 두 모음 사이에 소실되었다. 그래서 -eso-는 -eo-가

---

1 강세형 어간이 유추로 확산되면서 약세형 어간이 사라졌다.

되었다(*genesos생산에 대해 géneos생산 참조). 그렇지만 모든 모음 교체 동사의 미래형과 부정과거에서는 모음 사이의 s를 볼 수 있다. lúsō나는 풀어 줄 것이다, élūsa나는 풀어 주었다 등이다. s가 탈락하지 않은 형태 túpsō나는 때릴 것이다, étupsa나는 때렸다에 대한 유추로 s형의 미래와 부정과거의 흔적이 그대로 간직되었기 때문이다. 독일어 Gast손님 : Gäste손님들, Balg가죽 : Bälge가죽들 등은 음성 교체인 반면, Kranz화환 : Kränze화환들(더 과거에는 kranz화환 : kranza화환들), Hals목 : Hälse목들(더 과거에는 halsa목들) 등은 모방에서 생긴 유추형이다.

유추는 규칙성을 확보하기 위해 작용하며, 단어 형성과 굴절 절차를 통일시키는 경향이 있다. 그러나 유추는 변덕스럽다. 예컨대 Kranz화환 : Kränze화환들 등 외에도, Tag날 : Tage날들, Salz소금 : Salze소금들 등과 같이 어떤 이유로 유추를 따르지 않고 저항한 형태도 있다. 그래서 유추 모델에 대한 모방이 어디까지 확장될 것인지, 모방을 유발하는 유형이 어떤 것인지를 미리 말할 수는 없다. 유추를 유발하는 형태는 반드시 수가 가장 많은 형태는 아니다. 그리스어 완료에서, 능동태 pépheuga나는 도망쳤다, pépheugas너는 도망쳤다, pephéugamen우리는 도망쳤다 등과 함께 모든 중간태는 a 없이 굴절한다. 예컨대 péphugmai나는 도망가게 되었다, pephúgmetha우리는 도망가게 되었다 등이다. 그래서 호메로스 그리스어는 과거에 능동태의 복수와 쌍수에 a가 없음을 보여 준다(호메로스 그리스어 ídmen우리는 알고 있다, éïkton그는 ~라고 여겼다, 믿었다 등 참조). 이 유추는 오직 능동태의 단수 1인칭에서 시작되었지만, 직설법 완료의 거의 모든 계열체에 영향을 미쳤다. 더욱이 이 사례는 더욱 주목할 가치가 있는데, 여기서는 유추로 인해 원래 굴절 요소였던 -a-가 어간에 결합되었기 때문이다. 여기서 pepheúga-men

우리는 도망쳤다이 생겨났다. 그 반대 사례, 즉 접미사에 어간 요소가 결부된 형태는 훨씬 더 빈번히 나타난다. 이를 305쪽에서 살펴볼 것이다.

흔히 고립된 두세 단어만으로 일반적 형태, 예컨대 어미를 만들어 내기에 충분하다. 고대 고지 독일어 habēn가지다, lobōn칭찬하다 유형의 약변화 동사는 현재 단수 1인칭에 -m이 있다. 예컨대 habēm나는 가진다, lobōm나는 칭찬한다이다. 그런데 이 -m은 그리스어 -mi 동사와 유사한 소수의 동사로 거슬러 올라간다. 예컨대 bim나는 ~이다, stām나는 서 있다, gēm나는 간다, tuom나는 행한다 같은 동사인데, 순전히 이 소수의 동사만으로도 굴절 어미가 약변화 굴절 어미 전체로 확산되었다. 여기서는 유추로 인해 다양한 음성이 없어진 것이 아니라 어미 형성 방식이 일반화되었다는 점에 주목하자.

§2. 유추는 변화가 아니다

초기의 언어학자들은 유추 현상의 본질을 이해하지 못하고, 이를 '잘 못된 유추'로 불렀다. 이들은 라틴어 honor명예가 만들어지는 과정에서 원형 honōs명예에 대해 '오류를 저질렀다'고 생각했다. 이들에게는 주어진 질서에서 벗어나는 것은 모두 불규칙이었고, 이상적 형태를 위반한 것이었다. 당시의 특유한 환상에 사로잡혀 원래의 언어 상태를 우월하고 완전한 것으로 간주했고, 이 언어 상태에 선행하는 또 다른 언어 상태가 있었는지에 대해서는 생각조차 하지 못했다. 그래서 이들의 눈에 포착된 자유로운 형태들은 모두 비정상이었다. 유추가 음성변화와 더불어 언어 진화의 중요한 요인이며, 언어가 어느 한 조직 상태에서 다른 조직 상태로 전이하는 절차라는 점을 증명하고, 유추의 진정한 위치를 최초로 찾아낸 학자들은 신문법학파였다.

그러면 유추 현상의 본질은 무엇인가? 일반적으로 생각하듯이 유추는 과연 언어변화인가?

모든 유추 현상은 등장인물 세 사람이 출현하는 드라마이다. 이들 세 사람은 1. 적법한 상속자로서 전승된 유형(honōs명예), 2. 경쟁자(honor명예), 3. 이 경쟁자를 만들어 낸 형태들로 구성된 집단(honōrem 명예를, ōrātor연설가, ōrātōrem연설가를) 등이다. honor는 기꺼이 수정형으로, 즉 honōs의 '변이형'métaplasme으로 간주되는데, honor가 후자 honōs로부터 자기 실체를 대부분 끌어내었을 것으로 여기기 때문이다. 그런데 honōs는 honor의 생성에서 아무런 역할을 하지 않은 유일한 형태이다!

이 현상을 다음과 같은 도식으로 나타낼 수 있다.

전래형		신형
honōs명예 (이는 고려의 대상이 아님)	honōrem명예를, ōrātor연설가, ōrātōrem연설가를 등 (생성적générateur 그룹)	→ honor명예

이 도식에서 보다시피 여기서 '평행형'paraplasme, 즉 전통형 곁에 경쟁형을 병치하여 정착시키는 것, 결국은 형태를 새로이 창조하는 것이 문제시된다. 음성변화가 과거 형태를 폐기하지 않고서는 새 형태를 도입하지 않는 반면(honōrem명예를은 honōsem명예를을 대치

한다), 유추형은 이원화된 형태를 반드시 소멸시키는 것은 아니다. honor명예와 honōs명예는 일정 기간 공존하며, 어느 하나가 다른 하나를 대신해서 사용되었다. 그렇지만 언어는 하나의 관념에 두 기표를 사용하는 것을 거부하므로, 대부분의 경우 최초의 불규칙적 형태가 사용되지 않고 소멸한다. 그 결과, 유추를 언어변화로 생각한 것이다. 일단 유추 작용이 완료되면, 옛 상태(honōs : honōrem)와 새로운 상태(honor : honōrem)는 외관상으로 음성 진화에서 유래하는 대립과 동일하게 대립한다. 그렇지만 honor가 출현하면서 이것이 다른 형태를 대치한 것은 아니므로 변한 것은 없다. 더욱이 honōs가 소멸한 것은 변화가 아니다. 왜냐하면 이 현상은 honor의 출현과는 무관하기 때문이다. 언어 사건의 진화를 추적하는 곳 어디서나 유추 혁신과 옛 형태의 소멸은 별개의 두 현상이며, 그 어디서도 그 변화를 포착할 수 없다는 것을 알 수 있다.

유추는 한 형태를 다른 형태로 대치하는 특성이 없으므로 대치 사항이 없는 형태가 유추로 인해 새로이 생겨난 것을 알 수 있다. 독일어에서는, 구체적 의미를 갖는 명사에서 -chen형의 축소사가 파생될 수 있다. 그래서 축소형 Elefantchen작은 코끼리이 독일어에 도입되는 경우, 이 형태는 기존의 다른 형태를 대체한 것이 아니다. 마찬가지로 프랑스어에 pension연금 : pensionnaire연금 수령자, réaction반응 : réactionnaire반동분자 등의 모델에 따라 누구라도 '간섭하는 자', '진압하는 자'를 뜻하는 interventionnaire, répressionnaire를 만들어 낼 수 있다. 이 과정은 분명히 방금 살펴본 honor명예를 산출하는 과정과 동일하다. 이 두 절차는 똑같은 공식을 요구한다.

$$\text{réaction}반응 : \text{réactionnaire}반동분자 = \text{répression}진압 : x$$

$$x = \text{répressionaire}진압하는\,자$$

또 이 둘 가운데 어느 것도 변화라고 말할 만한 구실이 없다. répressionnaire진압하는 자가 대치한 형태는 없다. 또 다른 예를 살펴보자. 한편으로 더 규칙적 복수형으로 생각되는 finals마지막의 대신에, 종종 유추로 finaux마지막의라고 말하는 것을 듣게 된다. 다른 한편, 누구라도 형용사 firmamental하늘의을 만들고, 복수형으로 firmamentaux하늘의를 제시할 수 있다. finaux는 음성변화가 일어났고, firmamentaux는 창조되었다고 말할 것인가? 이 두 경우는 모두 새로운 형태가 창조된 것이다. mur벽 : emmurer유폐하다의 모델에 입각해서 tour탑 : entourer둘러싸다, jour날 : ajourer채광창을 내다('un travail ajouré'채광창 작업에서)가 만들어졌다. 비교적 최근에 생긴 이 파생어는 창조형처럼 보인다. 그러나 과거의 torn탑, jorn날에 기초해서 entorner둘러싸다, ajorner연기하다가 생겨났다고 지적할 경우, 의견을 바꾸어 entourer, ajourer는 더 오래된 이들 옛 형태의 변화형이라고 주장해야 할까? 이처럼 유추 '변화'라는 착각은 새 언어 사항에 밀려난 언어 사항과 이 유추형을 관계 짓기 때문에 생겨난 것이다. 하지만 이것은 오류이다. 왜냐하면 변화로 불리는 형태(honor명예 유형)는 창조된 형태(répressionnaire 유형)와 성질이 같기 때문이다.

§3. 유추 : 언어 창조의 원리

어떤 형태가 유추가 아닌지를 증명한 후, 이 유추를 적극적 관점에서 연구하면, 이 원리가 일반적 언어 창조 원리와 아주 쉽게 혼동된다는 것이 즉각 드러난다. 이 언어 창조의 원리는 어떤 것인가?

유추는 심리적 차원에 속한다. 그러나 이것만으로는 음성 현상과 구별하기에는 불충분하다. 왜냐하면 음성 현상 역시 심리적인 것으로 간주될 수 있기 때문이다. (272쪽 참조) 한 걸음 더 나아가, 유추는 문법 차원에 속한다고 말해야 한다. 그것은 유추가 형태를 서로 연결하는 관계에 대한 의식과 이해를 전제하기 때문이다. 관념은 음성 현상에는 아무것도 아닌 반면, 유추에는 관념이 불가피하게 개입한다.

라틴어에서, 모음 사이 s가 r로 바뀌는 음성변화(honōsem명예를 →honōrem명예를 참조) 과정에는 다른 형태와의 비교나 단어 의미가 개입하는 것을 볼 수 없다. honōrem으로 바뀐 것은 형태 honōsem에서 생긴 잔해이다. 이와 반대로 honōs명예 대신에 honor명예가 출현한 것을 설명하려면, 비례 4항식이 보여 주듯이 다른 형태의 도움을 받아야 한다.

$$\text{ōrātōrem연설가를 : ōratōr연설가} = \text{honōrem명예를 : x}$$

$$x = \text{honor명예}$$

마음이 이 조합을 구성하는 형태들을 의미로 연결하지 않으면, 이 조합은 아무런 존재 이유를 갖지 못한다.

이처럼 유추는 모든 것이 문법적이다. 그러나 유추에서 생겨난 도착점으로서의 창조가 우선 발화에만 속한다는 점을 덧붙여 말하려고 한다. 이 유추 창조는 고립된 개인 화자의 일시적인 작품이다. 우선 이 유추 현상을 포착하는 곳은 발화의 영역이며, 따라서 언어의 영역 밖이다. 그렇지만 여기서 두 가지 사실을 구별해야 한다. 1. 생성된 형태를 연결하는 관계에 대한 이해. 2. 비교로 제시한 결과물, 즉 화자가 사고 표현을 위해 즉시 만들어 낸 형태. 오직 이 결과만이 발화에 속한다.

따라서 유추는 다시 한번 언어와 발화를 구별하도록 가르쳐 준다. (59쪽 이하 참조) 유추는 발화가 언어에 의존한다는 것을 보여 주며, 235쪽에 기술한 바대로 언어의 메커니즘 작용을 정확히 이해하게 해 준다. 모든 언어 창조는 언어의 보고寶庫에 저장된 언어 자료를 무의식적으로 비교한 후에 일어나는데, 이 보고 속에는 언어의 생성 형태가 통합관계와 연합관계에 따라 배열되어 있기 때문이다.

이처럼 새로운 형태가 출현하는 것을 보기 전에 유추 현상의 일부가 모두 종료된다. 주어진 단위를 분해하는 인간언어의 끊임없는 활동은 그 자체 내에, 언어 관용에 부합하는 토착 표현의 모든 가능성뿐 아니라, 유추형의 창조 가능성도 모두 포함한다. 그러므로 형태의 생성과정이 오직 창조되는 순간에만 있는 것으로 생각하면 잘못이다. 그 생성 요소는 이미 언어에 주어져 있기 때문이다. 즉흥적으로 만든 in-décor-able장식할 수 없는 같은 단어는 이미 언어에 잠재적으로 존재한다. 그래서 décor-er장식하다, décor-ation장식; pardonn-able용서받을 만한, mani-able다루기 쉬운; in-connu미지의, in-sensé미친 등과 같은 통합체에서 형태 창조의 모든 요소를 찾아낼 수 있다. 단어 indécor-able

가 발화에 구현된 것은 이 단어를 형성시키는 가능성에 비하면 보잘것없는 사실이다.

요약하자면 유추는 그 자체로 볼 때, 단지 해석 현상의 한 국면이며, 언어 단위를 구별하고, 그 후 이 단위를 이용하는 일반적 행위가 발현된 것이다. 이러한 이유로 유추는 전적으로 문법적이고, 공시적인 것이라고 말한다.

유추의 특성은 두 가지 고찰을 보여 주는데, 이 고찰을 통해 절대적 자의성과 상대적 자의성에 대한 우리 견해가 확증된다. (237쪽 이하 참조)

1. 단어 그 자체가 분해 가능한지 여부에 따라서 다른 단어를 생성하는 상대적 능력에 따라 단어를 분류할 수 있다. 단일어는 정의상 비생산적이다(magasin상점, arbre나무, racine뿌리 등 참조). magasiner쇼핑하다는 magasin에서 생성된 것이 아니라, prisonnier죄수 : prison감옥 등의 모델에 따라서 형성되었다. 마찬가지로 emmagasiner창고에 넣다는 maillot배내옷, cadre테, capuchon두건 등을 포함하는 emmailloter포대기로 싸다, encadrer틀에 끼우다, encapuchonner두건을 씌우다 등에 대한 유추에서 생겨난 단어이다.

따라서 각 언어에는 생산적 단어와 비생산적 단어가 있지만, 그 비율은 가변적이다. 이것은 결국 240쪽에서 구별했던 '어휘적' 언어와 '문법적' 언어로 귀착된다. 중국어는 대부분의 단어를 분석할 수 없다. 이와 반대로 인공언어의 단어는 거의 모두 분석이 가능하다. 에스페란토어 학자는 어근에 근거해서 새 단어를 아주 자유로이 구성한다.

2. 290쪽에서 모든 유추 창조는 비례 4항식과 유사한 조작으로 표현될 수 있다는 사실을 지적했다. 흔히 이 유추 현상 자체를 설명하기 위해 이 공식을 이용했지만, 언어가 제공하는 요소들의 분석과 재구성에서 이 공식의 존재 이유가 발견된다.

이 두 견해는 충돌이 있다. 비례 4항식의 설명이 충분한 것이라면, 요소 분석의 가설은 어디에 소용되는가? indécorable장식할 수 없는을 구성하려면 이 단어로부터 구성 요소들(in-décor-able)을 추출할 필요는 없다. 단어 전체를 취하여 방정식에 대입하는 것으로도 충분하다.

pardonner용서하다 : impardonnable용서할 수 없는 등 = décorer장식하다 : x

x = indécorable장식할 수 없는

그리하여 화자는 문법학자의 의식적 분석과 상당히 유사한 복잡한 조작을 전제로 하지 않는다. Gast손님 : Gäste손님들에 근거해서 만든 Krantz화환 : Kränze화환들에서, 요소 분해가 비례 4항식보다 그리 타당한 것 같지는 않다. 왜냐하면 이 모델의 어간은 때로는 Gast-이고, 때로는 Gäst-이기 때문이다. Gäste의 음성 특성이 Kranze에 단순히 이전된 것임에 틀림없다.

이 이론들 중 어느 것이 언어 현실과 일치하는가? Kranz화환가 반드시 분석을 배제하지는 않는다는 것에 우선 주목하자. 우리는 어근과 접두사에 나타나는 모음 교체를 확인한 바 있다. (283쪽 참조) 따라서 모음 교체에 대한 감각은 당연히 적극적 요소 분석과 나란히 병존한다.

이 두 가지 대립되는 견해는 다른 두 문법 이론에 그대로 반영되었다. 유럽 문법은 비례 4항식으로 작업한다. 예컨대 유럽 문법은 독일어 과거시제의 구성을 완전한 단어에서 출발해서 설명한다. 그래서 학생에게 이처럼 지시한다. setzen놓다 : setzte놓았다의 모델에 따라, lachen웃다의 과거형을 만드시오. 이와 반대로 인도 문법은 어느 장에서는 어근(setz-, lach- 등)을 제시하고, 또 다른 장에서는 어미(-te 등)를 제시한다. 그리하여 인도 문법은 언어 분석에서 유래하는 요소를 제공하면서 완전한 단어를 재구성한다. 산스크리트어 사전에서 동사는 어근이 지정하는 순서에 따라 정돈 배열되어 있다.

각 언어군에서 단어 구성을 지배하는 경향이 어느 것인가에 따라 문법 이론가는 이 두 방법 중 어느 한 가지 방법을 선호할 것이다.

고대 라틴어는 분석적 절차를 선호했는데, 이에 대한 명백한 증거가 있다. 음량이 făciō나는 만든다, ăgō행하다에서는 같지만, făctus만들어진, āctus행해진에서는 같지 않다. āctus는 *ăgtos행해진에서 유래한 것으로 가정하고, 모음의 장음화는 뒤에 오는 유성음에서 기인한다고 본 것이다. 이 가설은 로망제어로 완전히 입증되었다. tĕgō덮다 : tēctus지붕에 대해 spĕciō바라보다 : spĕctus모습가 대립하는 것은 프랑스어 dépit원한(= despĕctus경멸)와 toit지붕(tēctum지붕)에 반영되었다. rĕgō이끌다 : rēctus곧은(dīrēctus정렬된 → 프랑스어 droit권리)에 대립하는 confĭciō나는 제조한다 : confĕctus제조된(프랑스어 confit절인)를 참조하라.[2] 그러나 *ăgtos, *tegtos지붕, *regtos곧은는 인도유럽조어에서 전승

---

2 toit(← tēctum), droit(← dīrēctus)에서 악센트를 받은 장모음은 모두 이중모음으로 바뀌었다.

된 것이 아니다. 인도유럽조어에서는 분명히 *ăktos이루어진, *těktos덮인 등이 사용되었기 때문이다. 무성음 앞에서 유성음을 발음한다는 난점은 있지만, 이 형태는 선사 시대의 라틴어에서 도입되었다. 어간 단위 ag-, teg- 등을 강하게 의식하면서 라틴어는 그렇게 할 수 있었다. 따라서 고대 라틴어는 단어의 일부분(어간, 접미사 등)과 이들의 배열에 대한 고도의 감각을 지니고 있었다. 현대어는 이 감각을 라틴어만큼 예리하게 지니지 못한 것 같은데, 독일어는 프랑스어보다는 이 감각을 더 예민하게 지닌 것 같다. (332쪽 참조)

제5장 유추와 언어 진화

§1. 유추 혁신은 어떻게 언어에 들어오는가?

그 어떤 변화도 발화(파롤)에서 시도하지 않으면 언어(랑그)에 들어올 수 없고, 따라서 모든 진화 현상은 개인 영역에 근거를 두고 있다. 이 원리는 이미 185쪽에서 표명했고, 특히 유추 혁신에 적용된다. honor명예가 honōs명예를 대치하는 경쟁형이 되기 전에 최초의 화자는 honor를 즉흥적으로 만들어 내고, 사회적 관용으로 어쩔 수 없이 강제로 사용할 때까지 다른 사람들은 이것을 모방하고 반복한다.

물론 모든 유추 혁신형이 이러한 행운을 누리는 것은 아니다. 아마도 언어가 채용하였지만 사용하지 않는, 미래가 없는 결합체도 언제든지 볼 수 있다. 어린이의 언어는 이런 것들로 가득하다. 아이들은 언어 관용을 잘 모르고, 거기에 얽매여 있지 않기 때문이다. 아이들은 venir오다 대신에 (venir의 유추형) viendre, mort죽음 대신에 (mort의 유추형) mouru라고 말한다. 그런데 어른의 말에도 이런 형태가 나타난다. 많은 사람들이 trayait그는 끌었다를 (trayait의 유추형) traisait(루소에게서도 볼 수 있다)로 교체해 사용한다.[1] 이 모든 유추에 의한 혁신형 자체는 완전히 규칙적이다. 이들은 언어가 수용한 유추 혁신형과 동일한 방식으로 설명된다. 예컨대 〔venir의 유추형〕viendre는 다음의 비례식에 근거한다.

$$\text{éteindrai}\,\text{나는 불을 끌 것이다}:\text{éteindre}\,\text{불을 끄다} = \text{viendrai}\,\text{나는 올 것이다}:x$$

$$x = \text{viendre}\,〔\text{venir}\,\text{오다 의 유추형}〕$$

또한 〔trayait그는 끌었다의 유추형〕traisait도 plaire마음에 들다 : plaisait그는 기뻐했다 등의 모델에 입각하여 만들어졌다.

언어는 발화의 창조형 중에서 극히 일부분만 취하여 수용한다. 그러나 지속적으로 사용되는 형태도 꽤 많아서 한 시기에서 다른 시기로 지나면 새 형태들 전체로 인해서 어휘와 문법의 모습이 크게 달라지는 것을 관찰할 수 있다.

앞의 제4장 전체는 유추 단독으로는 진화 요인이 될 수 없다는 사실을 분명하게 보여 준다. 그렇지만 새 형태가 옛 형태를 이처럼 끊임없이 대체하는 현상이 언어변화의 가장 현저한 면모라는 것도 정녕 사실이다. 창조형이 결정적으로 확립되고, 그 경쟁형이 제거될 때마다 새로운 창조형과 폐기된 과거형이 필시 공존하며, 이러한 이유로 유추는 언어 진화 이론 가운데 우월적인 지위를 차지한다.

우리가 강조하고자 하는 것은 바로 이 점이다.

---

1 traire는 '끌다, 젖을 짜다'라는 의미를 지닌다. 현재 il trait, 반과거 il trayait인데, 현재 il plait, 반과거 il plaisait에 대한 유추로 반과거형 il traisait가 생겨났다.

§2. 유추 혁신: 해석 변화의 징조

언어는 주어진 언어 단위를 끊임없이 해석하고 분해한다. 하지만 그 해석이 세대마다 부단히 변하는 것은 어떻게 된 일인가?

한 언어 상태에 채택된 단위 분석을 끊임없이 시도하는 무척 많은 요인들 가운데서 변화 요인을 찾아야 한다. 그중 몇 가지 요인을 여기서 환기해 보자.

첫째가는 가장 중요한 요인은 음성변화이다. (2장 참조) 음성변화는 요소 분석을 모호하게 만들거나 불가능하게 만들면서, 분석 조건뿐 아니라 분석 결과도 변화시킨다. 이로 인해 단위 경계가 이동하고 단위의 성질이 변한다. 255쪽의 beta-hûs구하는 집, redo-lîch이성적인 같은 복합어와 278쪽의 인도유럽조어의 명사 굴절에 대해 논의한 바를 다시 한번 참조하라.

그러나 음성 요인만 있는 것이 아니다. 교착 요인도 있다. 나중에 논의하겠지만, 교착은 요소들의 결합체를 하나의 단위로 축약하는 효력이 있다. 다음으로, 단어에 외적이지만 요소 분석을 변화시킬 수 있는 각종 상황이 있다. 사실 이 언어 분석은 비교 사항들 전체에서 비롯하는 까닭에, 언어 사항의 연상적인 주위 환경에 늘 의존한다는 것이 분명하다. 예컨대 인도유럽조어 최상급 *swād-is-to-s가장 달콤한 에는 독립된 두 접미사가 포함되어 있다. 즉 비교의 개념을 나타내는 -is-(예: 라틴어 mag-is더 큰)와, 어떤 계열 내에서 사물의 지정된 위치를 나타는 -to-(그리스어 trí-to-s세 번째의 참조)이다. 여기 이 단어에서 이 두 접미사가 교착한다(그리스어 héd-isto-s가장 달콤한 또는 héd-ist-os가장 달콤한 참조). 하지만 그 이후에 이 교착형은 최상급과 관계가 없는 어떤 사실 때문에 더욱 촉진되었다. -is-형의 비교급은 관용적으로 사용되지 않게 되자 -jōs형으로 대체되었고, -is-는 더 이상 자율적 비교의 요소로 인식되지 않게 되었으며, -isto-에서 -is-는 분석하지 못하게 되었다.

지나가면서 말하지만, 특히 어간 요소가 모음으로 끝날 때 형성 요소를 위해 이 어간 요소가 축약되는 일반적 현상이 있다는 점에 주목하자. 예컨대 라틴어 접미사 -tāt-(*vēro-tāt-em진실, 사실에 대해 라틴어 vēri-tāt-em진실, 사실, 그리스어 deinó-tēt-a특이성 참조)는 어간모음의 i를 빼앗아 갔고, 여기에서 vēr-itāt-em진실, 사실으로 분석되었다. 마찬가지로 Rōmā-nus로마인, Albā-nus알바니아인도 Rōm-ānus로마인 등으로 분석되었다(*aes-no-s청동의에 대해 aēnus청동의 참조).

그런데 이 요소 분석에 대한 해석상의 변화가 어디에서 기원하든지 간에, 이 해석은 항상 유추 형태가 출현하면 드러난다. 사실 일정한 시기에 화자가 감지하는 현행의 단위만이 유추 형태를 만들어 내는 것이지만, 역으로 언어 단위의 일정한 분포는 모두 이 단위를 확대 사용할 가능성 여부를 상정한다. 그러므로 유추는 형성 요소가 일정한 시기에 유의미한 단위로 존재했다는 데 대한 결정적인 증거가 된다. merīdidālis남쪽의에 대한 유추로 출현한 Merīdiōnālis남쪽에 위치한(락탄티우스)[2]는 septentri-ōnālis북쪽의, regi-ōnālis지방의로 분석되었다는 것을 보여 준다. 따라서 어간에서 가져온 요소 i로 접미사 -tāt-의 크기가 증가한 것을 증명하려면, celer-itātem빠름을 인용하

---

2 Lucius Lactantius(240~320). 초기 기독교 신학자이며 주저로 『신학강론』(*Institutiones Divinae*)이 있다.

면 된다. pāg-us땅에 근거해서 형성된 pāg-ānus농부, 시골 사람는 라틴인 들이 Rōm-ānus로마인를 어떻게 분석했는지를 보여 주기에 충분하다. redlich성실한의 분석(255쪽)은 동사 어근으로 형성된 sterblich죽을 운명의가 있기에 입증이 되는 것이다.

유추가 시기가 지나면서 새 단위에 어떻게 작용하는지를 잘 보여 주는 아주 흥미로운 사례가 있다. 언어학자들은 근대 프랑스어 somnolent반수 상태의이 마치 현재분사인 것처럼 somnol-ent반수 상태의으로 분석하면서 그 증거로 동사 somnoler반수 상태에 빠지다가 있다고 했다. 그러나 라틴어에서 이 단어는 succu-lentus즙으로 가득찬처럼 somno-lentus잠에 취한로 분할되었고, 더욱 과거에는 somn-olentus잠에 취한(vīn-olentus술 취한 냄새를 풍기는에서처럼 olēre냄새나다에서 유래)로 분할되었다.

그리하여 유추의 가장 현저하고 중요한 결과는 불규칙하고 통용되지 않는 낡은 옛 과거 형태를 현행의 요소로 구성된 더 정상적 형태로 대치하는 것이다.

분명 이러한 대치가 항상 그렇게 간단히 이루어지는 것만은 아니다. 언어 작용은 수많은 주저함, 대략적 분석, 절반의 분석으로 얼룩져 있다. 어느 시기에도 개별어는 완벽하게 고정된 단위들로 구성된 체계가 아니다. *pods발이의 굴절과 대조되는 *ekwos말이의 굴절은 278쪽에서 논의한 바를 상기해 보라. 이처럼 불완전한 분석은 때로 모호한 유추 창조형을 만들어 낸다. 인도유럽조어 형태 *geus-etai그는 맛본다, *gus-tos맛있는, *gus-tis맛는 어근 geus-, gus-(goûter맛보다)를 분석해서 보여 준다. 그러나 그리스어에서는 모음 사이의 s가 탈락되므로 geúomai나는 맛본다, geustós가장 맛있는를 분석하는 일은 모호해진다.

그 결과 이 분석은 유동적이 되었고, 그리하여 때로는 geus-로 분석되고, 때로는 geu-로 분석되었다. 여기서 유추형은 변동하며, eu-형의 기저형조차 끝 s를 취하는 것을 알 수 있다(예: pneu-바람, pneûma바람, 숨, 동사성 형용사 pneus-tós숨쉬는).

그러나 이와 같은 암중모색 과정에서도 유추는 언어에 영향력을 행사한다. 그래서 유추 그 자체는 진화에 속한 사실이 아닐지라도 때때로 언어 경제에 일어난 변화를 반영하고, 새로운 결합을 통해 이 변화를 인정한다. 유추는 개별어의 건축 구조를 끊임없이 변화시키는 모든 세력의 유능한 협력자이며, 이러한 이유로 그것은 강력한 언어 진화의 요인이 된다.

§3. 유추 : 언어 쇄신과 언어 보존의 원리

유추가 앞의 논리 전개에서 상정한 만큼 과연 중요성이 있는지, 또 그것이 음성변화만큼 광범위하게 작용하는지도 이따금 질문하게 된다. 실제로 각 개별 언어의 역사에서 수많은 유추 사실이 축적되어 있음을 발견할 수 있고, 전체로 보면, 이 부단한 수정 사항들이 언어 진화에 큰 역할을 하며, 음성변화보다도 더 중대한 역할을 한다.

그러나 한 가지 사실이 특히 언어학자들의 관심을 끈다. 수세기에 걸친 언어 진화가 나타내는 엄청나게 많은 유추 현상에 거의 모든 요소들이 그대로 보존되어 있다는 것이다. 단지 이들 요소가 다르게 분포해 있을 뿐이다. 유추에 의한 혁신은 실제적이라기보다는 외면적이다. 언어는 고유의 천으로 짠 조각으로 만든 한 벌의 옷과도 같다. 프랑스어 문장이 구성되는 실체를 생각해 보면, 프랑스어의 5분의 4는 인도유럽어지만, 유추 변화 없이 이 조어에서 근대 프랑스어까지 전래된 단어는 모두 합해도 단지 한 쪽 분량밖에 되지 않는다 (예 : est = *esti그는 ~이다, 수사, ours곰, nez코, père아버지, chien개 같은 몇몇 단어들). 거의 대부분의 단어는 더욱 옛 형태에서 추출한 음성 요소가 여러 가지 방식으로 새로이 결합한 결합체이다. 이런 의미에서 유추가 정확히 언어 혁신을 위해 항상 옛 언어 소재를 사용하기 때문에 유추는 극히 보수적이라고 말할 수 있다.

그러나 유추는 순수한 보존 요인으로도 광범하게 작용한다. 그래서 유추는 기존 소재가 새로운 단위에 분포하는 때뿐만 아니라, 형태 자체가 그대로 남는 때에도 개입한다고 할 수 있다. 이 두 경우 모두에 개입하는 심리과정은 동일하다. 이 점을 이해하려면 유추 원리는 결국 인간언어의 메커니즘과 동일하다는 것을 상기하면 충분하다. (296쪽 참조)

라틴어 agunt그들은 행동한다는 선사 시대(이 시기에는 *agonti그들은 행동한다으로 사용되었다)로부터 초기 로망제어에 이르기까지 거의 손상되지 않고 그대로 전래되었다. 이 기간 동안에 어떠한 경쟁형도 이 형태를 대체하지 않고 후속 세대는 반복해서 사용했다. 그렇다면 이 보존 과정에서 유추가 아무런 역할을 하지 못했는가? 이와 반대로 agunt의 안정성은 언어 혁신만큼이나 유추가 만든 작품이다. agunt는 굴절 체계의 틀에 끼워져 있었다. 이 형태는 dicunt그들은 말한다, legunt그들은 읽는다 등의 형태와 agimus우리는 행동한다, agitis너희들은 행동한다 등의 형태와 연대해 있다. 이러한 환경이 없었더라면, 새 요소로 구성된 형태로 대치될 가능성이 매우 컸다. 그랬다면 전승된 형태는 agunt

가 아니라 ag-unt였을 것이다. 이 형태가 변치 않은 것은 ag-와 -unt가 다른 계열에서 규칙적으로 확인되었고, 또 이 긴 노정에서 agunt가 보존된 것은 이 연합적 형태들이 이러한 보존 작용을 했기 때문이다. 또한 sex-tus여섯 번째도 비교해 보라. 이 형태 역시 밀접하게 연관된 계열에 의존하는데, 한편으로는 sex6, sex-āginta60 등의 계열, 다른 한편으로는 quar-tus4, quin-tus다섯 번째 등의 계열이다.

이처럼 단어 형태는 유추로 끊임없이 재구성되기 때문에 유지되는 것이다. 단어는 단위로서 이해되면서 동시에 통합체로서 이해되기에 그 구성 요소가 변치 않는 한 보존된다. 역으로 단어의 존재는 단지 그 구성 요소가 사용되지 않을 경우에만 위협을 받는다. 프랑스어 dites너희들은 말한다, faites너희들은 만든다에서 일어난 현상을 보자.[3] 이들은 라틴어 dic-itis너희들은 말한다, fac-itis너희들은 만든다와 직접 대응하지만, 오늘날의 동사 굴절에는 더 이상 지지점이 없다. 프랑스어는 이 형태를 대치하려고 했다. 그래서 plaisez당신은 기뻐한다, lisez너희들은 읽는다 등의 모델에 따라 유추형 disez, faisez로 사용된 것을 볼 수 있고, 이 최후의 새로운 유추 형태는 대부분의 합성어에서는 이미 사용되고 있다(contredisez너희들은 반대한다 등).

유추가 전혀 영향력을 미치지 못한 유일한 형태는 고립 단어로서, 예컨대 고유명사, 특히 장소명사 같은 것이다(Paris파리, Genève제네바, Agen아쟁 등 참조). 이들은 전혀 분석할 수 없고, 따라서 그 구성

---

3 이들은 라틴어 dicitis, facitis의 반사형으로 약세 어간이다. dis-, fais-는 반과거시제의 약세 어간이며, il disait, faisait. disez는 유추형으로 합성어에 많이 나타난다. interdisez, médisez, prédisez.

요소도 해석할 수 없다. 어떤 경쟁적 창조형도 이들과 평행하게 생겨나지 않았다.

그리하여 형태의 보존은 정확히 상반되는 두 가지 원인에서 기인한다. 즉 형태가 완전히 고립된 것인가 또는 체계의 틀에 끼어 있는가 하는 것이다. 이 체계의 본질적 부분은 손상 없이 그대로 남아서 늘 이 형태를 보지한다. 혁신적 유추가 효과를 발휘하는 곳은 이러한 형태 유지의 환경이 제대로 갖춰지지 못한 중간 영역의 형태이다.

그러나 다수의 구성 요소로 된 형태의 보존이 문제시되든 새로운 구문에서 언어 소재의 재분포가 문제시되든 유추는 엄청나게 중요한 역할을 한다. 거기서 작용하는 것은 언제나 유추이기 때문이다.

제6장 민간어원

때로 형태와 의미를 잘 모르는 단어를 왜곡하는 수가 종종 있으며, 때로는 이 왜곡된 변형이 관용으로 인정받기도 한다. 예컨대 고대 프랑스어 coute-pointe누비이불(couette덮개의 변이형 coute덮개와 poindre찌르다의 과거분사 pointe찔린에서 유래)가 마치 형용사 court짧은와 명사 pointe의 합성어이기나 한 것처럼 courte-pointe로 바뀌었다. 이러한 혁신 사항은 아주 이상하지만, 완전히 우연히 생겨난 것은 아니다. 이 현상은 설명이 어려운 단어를 이미 알고 있는 단어와 결부해서 대강 설명해 보려는 시도이다.

이 현상은 민간어원이라는 명칭으로 불렸다. 언뜻 보기에 이 명칭은 유추와 잘 구별되지 않는다. 화자가 surdité청각장애가 있다는 것을 잊고서 유추로 단어 sourdité무성성를 만들어 낸다면, 결과적으로 이 화자는 surdité를 잘못 이해하고 형용사 sourd귀먹은를 기억해 내어 이 단어를 왜곡한 경우와 똑같다. 유일한 차이가 있다면, 유추에 의한 단어 구성은 비례적인 반면, 민간어원은 다소 우연히 생겨나서 결국 횡설수설이 된다는 점이다.

하지만 이 차이는 단지 결과와 관련된 것이기 때문에 필연적인 것은 아니다. 그 본질적 다양성은 더욱 깊은 데 있다. 이 다양성이 무엇으로 이루어져 있는지를 보여 주기 위해 먼저 민간어원의 주요 유형들 중 몇 가지 예를 제시하면서 논의를 시작해 보자.

우선 단어 형태가 변하지 않고서도 새로이 해석되는 경우가 있다. 독일어 durchbläuen사정없이 때리다은 어원상 bliuwan매질하다으로 거슬러 올라간다. 그러나 구타로 생긴 '퍼런 멍' 때문에 이 단어를 blau푸른와 연관 지었다. 중세기 독일어는 프랑스어에서 aventure모험를 차용해서 규칙에 따라 이 단어를 âbentüre모험로 만들었고, 그 후 Abenteuer모험가 되었다. 그런데 사람들은 이 단어를 전혀 변형시키지 않은 채 Abend밤 모임에서 하는 저녁 이야기와 연관 지었고, 그 결과 18세기에 Abendteuer모험로 표기했다. 고대 프랑스어 soufraite결핍, 박탈(= subfrangere부수다에서 파생된 suffracta부서진)에서 형용사 souffreteux몸이 허약한가 파생했는데, 오늘날 이 단어를 아무런 공통점이 없는 동사 souffrir고통을 느끼다와 결부한다. lais베다 남은 어린 나무는 동사 laisser남기다의 동사적 명사이다. 그러나 현재 이것을 léguer유증하다의 동사적 명사로 간주하여 legs유증로 표기한다. 심지어 le-g-s로 발음하는 사람들도 있다. 이런 사실들을 볼 때, 단어 형태가 새로운 해석으로 인해 변한 것으로 생각할 수 있다. 그렇지만 이는 기록된 단어 형태의 영향으로서, 발음은 변경하지 않은 채 이 기록 형태를 이용해서 단어의 어원이 가졌던 개념을 나타내려고 한 것이다. 고대 북유럽어 humarr바닷가재(덴마크어 hummer바닷가재 참조)에서 차용된 단어 homard바닷가재의 어말 d는 -ard로 구성된 프랑스어 단어에 대한 유추로 생겨났다. 단지 여기서 정서법이 야기한 해석상의 오류는 단어의 어말에서 기인한다. 이 어말은 일상적인 접미사(bavard수다스러운 등)와 혼동되었기 때문에 생겨났다.

　　그러나 대부분의 경우, 사람들이 단어를 왜곡한 것은 자신들이 잘못 알고 있는 요소를 이 단어에 끼워 맞추려고 했기 때문이다. choucroute양배추절임(독일어 Sauerkraut절인 양배추에서 유래)의 경우가 그렇다. dromedārius물떼새 무리는 독일어 Trampeltier쿵쿵거리며 걷는 동물가 되었다. 이 합성어는 새로운 단어지만, 거기에는 이미 존재하던 trampeln쿵쿵거리다과 Tier동물가 포함되어 있다. 고대 고지 독일어는 라틴어 margarita진주를 모방해서 이미 알려져 있던 두 단어를 결합하여 mari바다-greoz조약돌(진주)를 만들어 내었다.

　　마지막으로, 각별히 교훈적인 사례가 있다. 라틴어 carbunculus작은 목탄로부터 (funkeln불꽃을 튀기다에 대한 연상으로) 독일어 Karfunkel석류석이 만들어졌고, 프랑스어에서는 boucle버클과 연관되어 escarboucle석류석가 만들어졌다. calfeter틈을 막다, calfetrer틈을 막다는 feutre펠트의 영향으로 calfeutrer틈을 막다가 되었다. 이 사례들에서 우선 눈에 띄는 것은 각 사례에는 다른 단어에 있는 이해 가능한 요소 외에도 과거에 전혀 의미가 없던 부분(Kar-, escar-, cal-)이 포함되었다는 것이다. 그러나 이 이해 가능한 요소에 새롭게 창조된 부분, 즉 이 현상과 관련해서 생겨난 요소가 있다고 생각하면 잘못이다. 사실은 그 반대이다. 여기서 문제시되는 것은 의미를 해석할 수 없는 단편적 요소이다. 이들은 말하자면 생성되다가 중도에 멈춰 버린 민간어원이다. Karfunkel은 Abenteuer모험와 입장이 똑같다(-teuer가 아직 해명되지 않은 채로 남아 있는 흔적이라는 것을 인정하면). 이것은 또한 homard바닷가재와 비교되는데, 여기서 hom-은 그 어떤 단어와도 비교할 수 없다.

　이처럼 왜곡 정도가 심해서 민간어원이 제대로 다루지 못한 단어들이 본질적으로 크게 달라진 것은 없다. 이 단어들은 모두 뜻을 이해하지 못한 형태를 이미 알고 있는 형태로 순진하게 잘못 알고 해석했다는 특성이 있다. 그리하여 민간어원이 어떤 점에서 유추와 비슷하고 어떤 점에서 이와 다른지를 알 수 있다.

　이 두 현상은 단 한 가지 공통점이 있다. 두 경우는 각기 언어가 제공하는 의미 요소를 이용한다는 점이다. 그러나 그 외에는 이들은 정반대가 되는 현상이다. 유추는 항상 과거 형태에 대한 망각을 전제로 한다. 그래서 유추형 il traisait 그는 끌었다에 기초하면 옛 형태 il trayait 그는 끌었다는 전혀 분석할 수 없다. (302쪽 참조) 이 형태의 경쟁어가 출현하려면 이 과거 형태를 망각하는 것이 필수적이다. 유추는 유추로 대치된 기호의 실체로부터 끌어낼 수 있는 것이 없다. 이와 반대로 민간어원은 옛 형태에 대한 해석으로 환원된다. 그래서 옛 형태에 대한 혼란스러운 기억이 민간어원의 왜곡 현상의 출발점이 된다. 이처럼 분석의 근저가 되는 것은 민간어원에서는 기억이고, 유추에서는 망각이다. 따라서 이 차이는 아주 중요한 것이다.

　그러므로 민간어원은 특정 조건에서만 작용하며, 희귀어, 전문어, 외래어 등의, 언어 주체가 불완전하게 소화하는 단어에만 영향을 미친다. 이와 반대로 유추는 완전히 일반적 현상으로서 언어의 정상적 기능 작용에 속한다. 이 두 현상이 어떤 점에서는 유사하지만, 그 본질은 상반된다. 그래서 이들을 조심스레 구별해야 한다.

제7장 교착

§ 1. 정의

방금 그 중요성을 지적한 유추 외에도 또 다른 요인도 새 언어 단위 산출에 개입하는데, 교착이 그것이다.

여기서 다른 단어 형성법은 중요한 것으로 고려되지 않는다. 그래서 의성어의 사례나(138쪽 참조), 유추의 개입 없이 전적으로 개인이 만들어 낸 단어(예컨대 gaz가스)나, 민간어원 형태조차도 중요성이 아주 미미하거나 전혀 없다.

교착은 원래는 분명히 구별되지만, 문장 내에서 빈번히 만나 통합체를 이루는 둘 또는 다수의 언어 사항들이 접합해서 완전한 단위나 분석이 어려운 단위로 융합되는 현상이다. 이것이 교착과정이다. 즉 절차가 아니라 말하자면 과정이다. 왜냐하면 이 절차란 용어는 의지, 의도를 함의하는데, 의지의 부재가 교착의 본질적 특성이기 때문이다.

다음 몇 가지 예를 들어 보자. 프랑스어에서 ce이 ci여기가 처음에는 두 단어로 사용되었고, 그후 ceci이것가 되었다. 질료와 구성 요소가 변치는 않았지만 새 단어가 된 것이다. 또 다음을 비교해 보자. 프랑스어 tous모든 jours날들 → toujours언제나, au jour날 d'hui오늘 → aujourd'hui오늘, dès부터 jà이미 → déjà이미, vert녹색의 jus즙 → verjus신 포도즙. 304쪽 인도유럽조어의 최상급 *swād-is-to-s가장 달콤한와 그리스어 최상급 hếd-isto-s가장 달콤한에서 살펴보았듯이 교착은 단어의 하위 단위 역시 접합할 수 있다.

이를 더 자세히 살펴보면, 교착 현상에서 세 단계를 구별할 수 있다.

1. 언어 사항이 다른 통합체와 비교가 가능한 통합체로 결합.

2. 고유한 의미의 교착, 즉 통합체의 구성 요소가 하나의 새로운 단위로 종합.

이 종합은 기계적인 경향으로 스스로 이루어진다. 복합적 개념을 아주 일상적인 일련의 의미 단위로 표현할 때, 마음이 지름길을 취하여 이들을 단위로 분석하는 것을 포기하고, 이 복합 개념을 기호군에 한꺼번에 적용하게 되면, 이때 이 기호군은 단일한 한 단위가 된다.

3. 예전의 기호군을 단일어로 더 동화시킬 수 있는 그 외의 모든 변화, 즉 악센트의 통일(vért녹색의-jús즙 → verjús신 포도즙), 특수한 음성 변화 등.

흔히 악센트 변화와 음성변화(3)가 개념 영역에서 일어난 변화(2)에 선행하고, 의미적 종합을 질료적 교착과 질료적 종합으로 설명해야 한다고들 주장하지만, 아마도 실제로 그렇지는 않은 것 같다. 다시 말해서 이 기호군이 단일어가 된 것은 vert jus신 포도즙, tous jours언제나 등에서 단일 개념을 포착했기 때문이며, 따라서 이 관계를 전도 시킨다면 잘못이다.

§2. 교착과 유추

유추와 교착은 아주 분명하게 대조된다.

1. 교착은 두 단위 또는 다수의 단위가 종합에 의해 하나의 단위로 혼합되거나(예컨대 hanc horam이 시간을에서 생긴 encore아직) 두 하위 단위가 단 하나의 단위를 형성하는 것이다(*swād-is-to-s가장 달콤한에서 유래하는 héd-isto-s가장 달콤한 참조). 이와 반대로 유추는 하위 단위에 근거해서 이들로써 상위 단위를 만든다. 유추에 의해서 어간 pāg-토지와 접미사 -ānus거주하는를 결합해서 pāg-ānus농부, 시골인를 만든다.

2. 교착은 오직 통합체의 궤도 내에만 작용한다. 또 이 교착 작용은 일정한 기호군에만 영향을 미치며, 그 밖의 것은 고려하지 않는다. 이와 반대로 유추는 통합체뿐만 아니라 연합 계열도 이용한다.

3. 교착에는 특히 의지적이고 능동적인 것이 전혀 없다. 이 점은 이미 앞서 말한 바 있다. 교착은 접합이 저절로 이루어지는 단순한 기계적 과정이다. 반면 유추는 분석과 결합을 전제하기 때문에 일정한 절차이며, 지적 행위이자 구체적인 의도가 있다.

단어 형성에는 흔히 **구성**construction, **구조**structure 등의 용어가 사용된다. 그러나 이 용어를 교착에 적용하느냐 유추에 적용하느냐에 따라 의미가 달라진다. 교착의 경우에 이 구성이라는 용어는 통합체 내에 인접 요소가 종합을 거치면서 원래의 단위가 완전히 없어질 때까지 이루어지는 느린 접합 작용을 상기시킨다. 유추의 경우는 이와 반대로 구성은 연합 계열로부터 차용한 일정한 수의 요소를 함께 소집하여 발화 행위상에 단번에 만들어 내는 배열을 의미한다.

이 두 가지 단어 형성법을 구별하는 것이 얼마나 중요한지 알 수 있다. 예컨대 라틴어 possum나는 할 수 있다은 두 단어 potis sum나는 주인이다의 접합이다. 이것은 교착 단어이다. 반면 signifer표식을 지닌 [signum표식 + -fero지니다], agricola농부[ager밭 + -cola경작하다]는 유추의 산물로서 라틴어가 지닌 모델에 따라 형성된 구성이다. 유추에 의한 신조어에만 **합성어, 파생어** 같은 용어를 적용해야 한다.[1]

분석 가능한 형태가 교착으로 생긴 것인지 유추에 의한 구성으로 출현한 것인지 말하기 어려운 경우가 흔히 있다. 언어학자들은 인도유럽조어 *es-mi가다, *es-ti그는 ~이다, *ed-mi먹다 등의 형태에 대해 끝없이 논쟁했다. 아주 이른 고대 시기에 es-, ed- 등의 요소는 진정한 의미의 단어였고, 그 후 다른 요소들 mi, t 등과 교착한 것인가? 아니

1† 이는 결국 언어사에서 이 두 현상이 각각의 작용을 결부 짓는다는 것을 말한다. 그러나 언제나 교착이 선행하며, 따라서 이것이 바로 유추에 모델을 제공하는 것이다. 예컨대 그리스어 hippó-dromo-s(경마장) 등을 만들어 낸 합성어 유형은, 어미들이 아직 없던 인도유럽어 시대에 부분적인 교착에 의해서 생겨난 것이다(ekwo dromo〈경마장〉는 그 당시 country house〈시골 저택〉 같은 영어 합성어와 등가를 지녔다). 그러나 이들 요소들이 완전히 접합되기 전에 이를 생산적 어형성으로 만든 것은 바로 유추이다. 프랑스어 미래형(je ferai〈나는 할 것이다〉 등)도 마찬가지인데, 이는 대중 라틴어에서 부정법과 동사 habēre(가지다)의 현재와 교착되어 생겨난 것이다(facere habeō〈나는 만들어야 한다〉 = j'ai à faire〈나는 해야 한다〉). 이처럼 유추가 개입해야만 교착이 통사 유형을 만들어 내고, 문법에 이바지한다. 교착이 단독으로 방치되면 그것은 요소들의 종합을 절대적 단위로까지 접합시켜서, 분해 불가능한 비생산적인 단어만을 만들어 낸다(hanc hōram〈이 시간을〉→ encore〈아직〉 유형). 다시 말하자면 교착은 어휘에 기여한다.

면 *es-mi, *es-ti 등이 같은 차원의 다른 복합 단위에서 추출된 요소와 결합해서 생겨난 것인가(그러면 이 교착은 인도유럽어에서 어미가 형성되기 이전의 시기로 거슬러 올라가 이루어진 것이다)? 이 문제는 역사적인 증거가 없으므로 아마 해결할 수 없을 것이다.

언어사만이 그 해결책을 가르쳐 줄 것이다. 언어사를 통해 단일 요소가 과거에는 문장의 둘 또는 다수의 요소였다는 것을 확인할 수 있을 때마다 우리는 교착 단어와 직면한다. 예컨대 라틴어 hunc이것을는 hom ce여기(ce는 명문에서 확인된다)로 거슬러 올라간다. 그러나 역사적 정보가 없으면, 어떤 것이 교착이고 유추인지 결정하기는 매우 어렵다.

제8장　통시적 단위, 동일성, 실체

정태언어학은 공시적 연쇄에 따라 존재하는 단위를 다룬다. 앞서 말한 모든 것은, 통시적 연속에서는 다음 도식처럼 결정적으로 경계가 지워진 요소를 다루지 않는다는 것을 입증해 준다. 이 요소들을 그래프로 다음과 같이 나타낼 수 있다. 즉

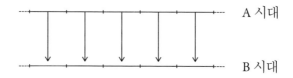

이와 반대로 이 요소들은 언어가 곧 무대인 곳에서 일어난 여러 사건으로 인해 시기에 따라 다르게 분포한다. 그 결과 이 요소들은 오히려 다음 그림에 해당한다.

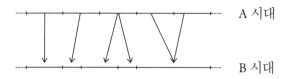

A 시대

B 시대

이는 음성 진화, 유추, 교착 등의 결과에 대해 앞서 논의한 모든 사실에서 비롯된다.

지금까지 인용한 모든 사례는 거의 단어의 조어造語에 속한다. 통사론에서 빌려 온 또 다른 예가 있다. 인도유럽조어에는 전치사가 없었다. 그래서 전치사가 나타내는 관계는 여러 의미 효력을 지닌 격으로 표시되었다. 동사 전접사préverbe로 구성된 동사도 없었고, 단지 첨사, 즉 동사의 행위를 명시하고 미세한 의미를 드러내는 짧은 단어만 있었다. 예컨대 라틴어 īre ob mortem죽음을 맞이하다이나 obīre mortem죽음에 처하다, 죽게 되다에 대응하는 것이 전혀 없었다. 그래서 īre mortem ob죽음의 문전에 다가가다로 말했을 것이다. 이는 또한 원시 그리스어 상태이다. 예컨대 1. óreos baínō káta나는 산에서 내려온다에서 óreos산에서 baínō나는 온다는 속격이 탈격의 가치를 지니므로 이것만으로도 '나는 산에서 오는 길이다'를 의미한다. káta는 '내려오는'의 의미를 여기에 추가한다. 또 다른 시기에 2. katà óreos baínō산 아래로 내려온다로도 사용되었는데, 여기서 katà아래로는 전치사 역할을 한다. 또 3. kata-baínō óreos산에서 하산한다라고도 했는데, 이는 동사와, 동사 전접사가 되어 버린 첨사kata의 교착으로 생겨났다.

여기서 두세 가지 별개의 현상이 있는데, 이들은 모두 단위의 해석에 바탕을 두고 있다. 즉 1. 새로운 종류의 단어, 즉 전치사의 창조가 있는데, 이는 기존 단위가 단순히 이전해서 생긴 것이다. 기원과는 무관한, 아마도 우발적 원인에서 비롯된 특정한 어순이 새로운 어군을 형성했을 것이다. kata아래로가 처음에는 독립 요소였지만, 명사 óreos산에서와 통합했고, 그 결과 그 전체(katà óreos하산)가 baínō나는 온다와 결합해서 보어로 사용되었다. 2. 새로운 동사 유형(katabaínō하산하다)의 출현. 이것은 또 다른 심리적 어군으로서 역시 단위의 특수한 분포로 형성되었고, 교착으로 굳어진 것이다. 3. 당연한 결과로서, 속격 어미(óre-os산에서)의 의미가 약화되었다. 그리하여 katà아래로가 속격 단독으로 표시하던 과정의 기본 개념을 표현하는 역할을 맡게 되었다. 왜냐하면 어미 -os의 중요성은 그만큼 감소되었기 때문이다. 장차 그것이 소멸될 조짐이 이 현상에서 이미 싹트고 있었다.

따라서 위의 세 경우에 문제가 되는 것은 단위의 새로운 분포다. 동일한 언어 실체가 다른 기능을 가지게 된 것이다. 왜냐하면, 이는 주의해야 할 사항인데, 음성변화가 이 기능 전이 중 어느 것도 유발하는 데 개입하지 않았기 때문이다. 다른 한편 질료가 변한 것은 아니지만, 모든 변화가 의미 영역에서 일어났다고 생각해서도 안 된다. 왜냐하면 개념의 연쇄와 음성 단위의 연쇄가 결합하지 않고서는 통사현상은 불가능하며(249쪽 참조), 따라서 변한 것은 이들의 관계이기 때문이다. 음성은 변치 않고 그대로 남아 있지만, 유의미 단위는 이제 달라졌다.

기호의 변질은 기표와 기의의 관계의 이동이라는 것을 148쪽에서 말한 바 있다. 이 정의는 언어 체계 사항의 변질뿐만 아니라, 체계자체의 진화에도 적용된다. 그리하여 통시적 현상을 전체로 볼 때도 이와 다르지 않다.

그렇지만 공시적 단위의 전이를 확인했다고 하더라도, 그것이 언어에 일어난 변화를 설명한 것은 결코 아니다. **통시적 단위** 자체의 문제가 있다. 즉 각 사건에 대해, 변형 작용을 직접 겪은 요소가 어떤 것인지를 질문하는 문제이다. 이미 음성변화와 관련하여 이런 종류의 문제에 직면한 바 있다. (178쪽 참조) 음성변화는 고립된 음소에만 영향을 미치는 반면, 단위로서의 단어는 이 음성변화와 상관이 없다. 갖가지 통시적 사건이 있기 때문에 이와 유사한 많은 문제를 해결해야 하며, 따라서 통시 영역에서 한정할 단위가 공시 영역의 단위와 반드시 일치하지는 않을 것이다. 제1부에서 제시한 원리에 따라서 단위의 개념이 두 차원에서 같을 수는 없다. 하여튼 단위의 개념은 정태적 측면과 진화적 측면의 두 측면에서 연구하지 않는 한 완전히 규명할 수 없다. 통시적 단위 문제를 해결해야만 언어 진화 현상의 겉모습을 넘어 그 본질에 도달할 수 있다. 공시태처럼 여기서도 착각으로 생긴 것과 실체적인 것을 구별하려면 단위에 대한 인식은 반드시 필요하다. (205쪽 참조)

그러나 아주 까다로운 또 다른 문제는 **통시적 동일성**이다. 사실상 어떤 단위가 그대로 변치 않고 지속되었다고 말하거나 별개의 단위로 지속되면서도 형태나 의미가 변했다고 말하려면, —— 왜냐하면 이 모든 경우가 가능하기 때문에 —— 어느 한 시기에 취한 요소(예컨대 프랑스어 chaud뜨거운)가 다른 시기에 취한 요소(라틴어 calidium뜨거운)와 동일한 것이라고 단언하려면, 그 근거가 무엇인지 알아야 한다.

이 질문에 대해 언어학자들은 calidum뜨거운이 음성 법칙의 작용으로 규칙적으로 chaud뜨거운가 되었고, 따라서 chaud = calidum이라고 분명 대답할 것이다. 이것은 언어학자들이 음성적 동일성으로 부르는 것이다. sevrer분리시키다와 sēparāre분리시키다도 마찬가지이다. 이와 반대로 fleurir꽃이 피다는 flōrēre개화하다(이 단어는 *flouroir꽃이 피다가 되었을 것이다)와 동일한 것이 아니다.

이런 종류의 대응은 처음에는 통시적 동일성이라는 일반적 개념을 포괄하는 듯이 보인다. 그러나 사실상 음성 단독으로 이 통시적 동일성을 설명하는 것은 불가능하다. 라틴어 mare바다가 프랑스어 mer바다라는 형태로 출현한 것은, 모든 a가 어떤 조건에서 e로 변했고, 또한 어말 무강세 e는 탈락되었기 때문이라고 기술하는 것은 분명 옳다. 그러나 이 통시적 동일성을 보장하는 것이 a → e, e → 영zéro의 관계라고 주장하면 이 언어 사항을 전도하는 것이다. 오히려 a는 e가 되었고, e는 탈락한 것으로 판단하는 것은 mare : mer가 대응하기 때문이다.

프랑스의 다른 두 지방에 사는 두 사람 중 한 사람은 se fâcher유감이다라고 하고, 다른 사람은 se fôcher유감이다라고 말하는 경우에, 이 차이는 다른 두 형태를 동일한 하나의 언어 단위로 인식하게 하는 문법 사실에 비하면 아주 부차적인 일이다. 그런데 calidum뜨거운과 chaud뜨거운만큼 다른 두 단어의 통시적 동일성이란 단순히 다음과 같은 것을 의미한다. 사람들이 발화에서 일련의 공시적 동일성을 통해 한 단어(calidum)에서 다른 단어(chaud)로 이전은 하지만, 이 두 단어를 연결하는 연관성은 계기적 음성변화로 인해 단절된 적이 없다는 것이다. 이러한 이유로 203쪽에서, 연설에서 계속해서 반복되는 Messieurs!신사 여러분!가 어떻게 해서 계속 똑같은 것인지를 아는 것, 어떻게 해서 pas아니다(부정)가 pas발걸음(명사)와 같은지도 아는 것, 또한 — 결국 같은 말이 되겠지만 — 왜 chaud가 calidum과 동일한지 안다는 것은 정말 흥미로운 일이라고 한 것이다. 둘째 문제는 사실상 첫째 문제의 연장선상에 있으며, 단지 더 복잡해진 사항에 지나지 않는다.

제2부와 제3부에 대한 보충 강의

A. 주관적 분석과 객관적 분석

화자들이 매 순간 행하는 언어 단위의 분석을 **주관적 분석**으로 부를 수 있다. 이 분석은 역사에 근거해서 행하는 **객관적 분석**과 혼동하지 않도록 유의해야 한다. 그리스어 híppos말 같은 형태에서 문법학자는 세 요소를 구별한다. 즉 어근, 접미사, 어미(híp-o-s)이다. 그리스인은 이 중 두 요소만을 식별했다. (híp-os, 279쪽 참조) 객관적 분석은 amābās 너를 사랑하고 있었다에서 네 개의 하위 단위를 구별한다(am-ā-bā-s). 그러나 라틴인은 amā-bā-s로 구분했다. 이들은 -bās 전체를 어간과 대립하는 굴절 어미로 간주했을 가능성도 있다. entier전체의(라틴어 in-teger온전한), enfant어린애(라틴어 in-fans말을 할 줄 모르는), enceinte띠를 두른(라틴어 in-cincta띠를 두르지 않은) 같은 프랑스어 단어에서 프랑스어 역사언어학자는 라틴어의 부정 접두사 in-과 동일한 공통의 접두사 en-을 분석할 것이다. 그러나 화자의 주관적 분석은 이처럼 분석하지 않는다.

문법학자들은 흔히 언어의 자발적 분석에서 오류를 찾으려고 했다. 사실상 주관적 분석은 '잘못된' 유추보다 그리 잘못된 것은 아니다. (292쪽 참조) 언어는 잘못된 것이 없다. 단지 관점이 다를 뿐이며, 그것이 전부이다. 화자 개인의 언어 분석과 언어역사가의 언어 분석, 이 두 분석은 모두 동일한 절차를 밟는다. 즉 동일한 요소가 있는 계열을 대조하는 것이다. 하지만 이들 사이에는 분석의 공통된 척도는 없다. 이 두 가지 분석은 각기 나름대로 정당하며, 따라서 각기 그 고유의 가치를 지닌다. 그렇지만 궁극적으로는 화자의 언어 분석만이 중요한데, 그것은 이 언어 분석이 언어 사실에 직접 근거하기 때문이다.

　　역사적 언어 분석은 이 주관적 언어 분석의 한 파생형에 지나지 않는다. 역사적 분석은 요컨대 여러 시기의 구성을 단일 평면에 투영시키는 것이다. 자발적 분해와 마찬가지로, 이 역사적 분석은 단어에 들어 있는 하위 단위를 파악하는 것을 목표로 한다. 때문에 가장 오래된 분할체를 얻을 목적으로 단지 시간의 흐름에 따라 이루어진 모든 분할을 종합한다. 단어는 그 내부 배치와 용도를 여러 번에 걸쳐 바꾼 집과도 같다. 객관적 분석은 이 계기적 배치를 모두 합산하고 중첩시킨다. 그러나 이 집을 가진 사람에게는 단 한 번만 배치한 적이 있을 뿐이다. 앞에서 살펴보았던 화자의 분석 hípp-o-s말는 잘못된 것이 아니다. 그것은 이 분석을 확립한 것이 화자의 언어 의식이기 때문이다. 그것은 단지 '시대착오적'인 분석이어서, 그 단어를 선택한 시기가 아닌 다른 시기에 의지한다. hípp-o-s가 고전 그리스어 hípp-os말와 모순되는 것은 아니지만, 이것을 동일한 방법으로 판단해서는 안 된다. 결국 이는 통시적인 것과 공시적인 것, 이 두 가지 근본적인 구별을 다시 한번 제기하는 문제이다.

게다가 이는 언어학에서 여전히 현학적인 방법상의 문제를 해결할 수 있게 한다. 과거의 비교문법학파는 단어를 어근, 어간, 접미사로 나누고, 이들 분할체에 절대 가치를 부여했다. 보프와 그의 제자들의 저서를 읽어 보면, 마치 그리스인들이 아득한 옛날부터 한 꾸러미의 어근과 접미사를 지니고 있었고, 말을 하면서 이들을 이용하여 단어들을 생성하는 데 몰두했다는 것, 예컨대 이들에게 patér아버지는 어근 pa + 접미사 ter였고, dósō나는 줄 것이다는 do + so + 인칭 어미의 합을 나타내는 것으로 믿을 정도였다.

언어학자들은 이와 같은 착오에 반드시 반대해야만 했고, 이 반작용의 구호는 정당하게도 다음과 같았다. 오늘날의 언어, 즉 일상 언어에 일어나는 바를 관찰하고, 현재 확인할 수 없는 절차나 현상을 언어의 과거 시기에 귀속시키지 말라는 것이었다. 그리고 흔히 현재 상용되는 언어는 보프가 행한 것과 같은 분석을 포착할 수 없으므로, 신문법학자들은 자신들의 원칙을 고수하면서 어근, 어간, 접미사 등은 인간 정신의 순수한 추상물이며, 이들을 사용하는 것은 단지 설명의 편의를 위한 것이라고 주장했다. 그러나 이들 범주를 설정하는 것이 정당하지 않다면, 왜 이들을 설정하는가? 그리고 이들을 설정한다면, hípp-o-s말 같은 구분이 hípp-os말 같은 다른 구분보다 더 낫다는 것을 무슨 명분으로 주장할 수 있는가?

신문법학파는 옛 원리의 결점을 인식한 후 ── 이는 쉬운 일이었다 ── 이를 이론적으로 거부하는 것으로 만족했지만, 실제로는 어쨌든 없으면 안 되는 이 과학적 장치에 당황한 채로 있었다. 이 **추상형**을 추론해 보면, 이들이 나타내는 실체 부분을 알 수 있고, 아주 간단한 수정만으로도 문법가들이 만들어 낸 이 인위적 산물에 정당하고 정확한 의미를 충분히 부여할 수 있다. 이는 앞에서 시도했던 바이며, 객관적 언어 분석이 현행의 언어에 대한 주관적 언어 분석과 내적 관계로 연결되어 있어서, 이 객관적 분석이 언어학적 방법에서 일정한 정당한 위치를 차지한다는 것을 보여 준다.

B. 주관적 분석과 하위 단위의 결정

따라서 언어 분석에서, 공시적 평면에 위치한 후에야 분석 방법을 설정할 수 있고, 정의를 구축할 수 있다. 이 점을 단어의 각 부분, 즉 접두사, 어근, 어간, 접미사, 어미에 대한 고찰을 통해 지적하고자 한다.[1]

　　우선 **굴절 어미**, 즉 명사 계열체나 동사 계열체의 형태를 구별해 주는 어말의 굴절 표지나 가변 요소부터 살펴보자. zeúgnū-mi나는 말을 수레에 맨다, zeúgnū-s너는 말을 수레에 맨다, zeúgnū-si그는 말을 수레에 맨다, zeúgnu-men우리는 말을 수레에 맨다 등에서 어미 -mi, -s, -si 등이 구분되는 것은, 이 어미들이 서로 대립하면서 동시에 이 단어의 앞부분(zeugnŭ-)과 대립한다는 단순한 이유 때문이다. 체코어 주격 žena사람

---

[1] 소쉬르는 적어도 공시적 관점에서는 합성어 문제를 다루지 않았다. 따라서 이 문제의 이러한 측면은 전적으로 보류해야 한다. 앞에서 합성어와 교착어 사이에 설정했던 통시적 구별은 여기에 그대로 적용될 수 없을 것이라는 점은 말할 필요도 없다. 여기서는 언어 상태를 분석하는 것이기 때문이다. 하위 단위에 관한 이 설명은 198쪽과 207쪽에서 제기된 더욱 까다로운 문제, 즉 단위로 간주된 단어의 정의 문제를 해결하려는 것이라는 점은 지적할 필요가 거의 없다.

이와 대립하는 속격 ǧen사람의에서 살펴보았듯이(167쪽과 218쪽), 어미의 부재는 정상적 어미와 동일한 역할을 한다. 예컨대, 그리스어 zeúgnu-te!말을 수레에 매시오!와 대립하는 zeúgnū!말을 수레에 매어라!나, rhétor-os수사학와 대립하는 호격 rhêtor!수사학자여!, 프랑스어 [maršõ] (marchons!걷자!으로 표기)과 대립하는 [marš](marche!걸어!로 표기) 등의 굴절형은 영어미零語尾이다.

어미를 제거하면 **굴절 어간**thème de flexion 또는 **어간**radical을 얻는데,[2] 이것은 일반적으로 굴절을 하든 안 하든 일련의 동족 단어들 모두에 공통된 개념을 지니는 단어들을 비교함으로써 자동적으로 추출되는 공통 요소이다. 예컨대 프랑스어 roulis좌우로 요동하기, rouleau롤러, rouler굴리다, roulage운송, roulement구르기의 계열에서 우리는 어렵지 않게 어간 roul-을 알아볼 수 있다. 그러나 화자의 분석은 흔히 동족 단어에서도 몇 종류의 어간이나 몇 단계의 어간을 구별한다. 앞의 zeúgnū-mi나는 말을 수레에 맨다, zeúgnū-s너는 말을 수레에 맨다 등에서 추출된 요소 zeugnú-말을 수레에 매어라는 1단계의 어간이다. 이것이 분석 불가능한 것은 아니다. 그 이유는 왜냐하면 이것을 다른 계열(한편으로는 zeúgnūmi, zeuktós묶인, zeûksis멍에 매기, zeuktêr묶는 자, zugón짝으로 엮는 것과, 다른 한편으로는 zeúgnūmi, deíknūmi설명하다, órnūmi 일어서게 하다 등)과 비교해 보면, zeug-nu라는 분석이 저절로 이루어지기 때문이다. 그러므로 zeug-는 (교체형 zeug-, zeuk-, zug-와 함께.

---

2 thème는 어간으로서 어간모음의 변동이 있는 요소이며, radical은 어간의 모음 변동이 없는 요소, 즉 어기이다. 어기에 어간모음이 없으면 어기와 어간은 동일하고, 이 어간에 파생접사나 굴절접사가 붙는다. 여기서 2단계의 어간은 곧 어근이거나 어기이다. 언어 구조나 공시/통시에 따라 두 용어를 엄밀하게 구별하기도 하지만 차이 없이 사용하기도 한다.

287~288쪽 참조) 2단계의 어간이다. 그러나 이것 자체는 분석이 불가능한데, 그 이유는 동족 형태의 비교로는 더 이상 분석할 수 없기 때문이다.

모든 동족 단어에 공통되면서 분석 불가능한 이 요소를 어근이라고 부른다. 한편 모든 주관적이고 공시적인 분석은 질료적 요소 각각에 귀착되는 의미 부분을 고려하면 이 요소를 분리할 수 있기 때문에, 이런 관점에서 볼 때 어근은 모든 동족 단어에 공통된, 의미가 최고조로 추상화되고 일반화된 요소이다. 물론 이와 같은 의미의 비한정은 어근에 따라 다르다. 그렇지만 이 비한정 역시 어간의 분석 가능성 정도에 따라 다르다. 어간이 분할되고 삭제되면 될수록, 그 의미는 더 추상적이 될 가능성이 크다. 예컨대 zeugmátion작은 멍에은 '작은 수레'를 나타내고, zeûgma멍에, 끈는 특별히 의미가 한정되지 않은 '마차'를 가리키며, zeug-는 '말을 수레에 매다'라는 비한정의 개념을 내포한다.

따라서 어근 자체로는 단어를 구성할 수 없고, 어미를 직접 부착할 수도 없다는 결론이 나온다. 사실상 단어는 적어도 문법적 관점에서는 비교적 한정된 개념을 나타내는데, 이는 어근에 고유한 일반성과 추상성과는 상반된다. 그러면 어근과 굴절 어간이 혼동되는 듯이 보이는 많은 사례는 어떻게 생각해야 하는가? 이와 같은 것을 그리스어 phlóks불길이, 속격 phlogós불길의에서 볼 수 있다. 이들은 모든 동족 단어(phlég-ō나는 불에 태운다 등 참조)에 있는 어근 phleg- : phlog-와 비교된다. 방금 설정한 구별과 모순되지 않는가? 그렇지 않다. 왜냐하면 의미를 배제한 채 질료적 형태만 고려하는 위험이 있지만 일반적 의미의 phleg- : phlog-와 특수한 의미의 phlog-를 구별하기 때문이다. 동일한 음성 요소가 여기서는 두 가지 다른 가치를 지니며, 따라서 그것은 두 가지 별개의 언어 요소가 된다. (198쪽 참조) 앞서 본 zeúgnū! 말을 수레에 매어라!를 영어미로 굴절한 단어로 간주했듯이, phlóg-불길를 영접미사 어간으로 말할 수도 있다. 혼동이 일어날 수 없다. 그것은 어간이 어근과 음성적으로 일치하더라도, 어간은 어근과 여전히 별개의 것으로 남기 때문이다.

따라서 어근은 화자의 의식에서는 하나의 실체이다. 물론 화자가 항상 한결같이 정확하게 어근을 가려내지 못하는 것도 사실이다. 이 점에서 동일 언어 내에서 또는 언어와 언어 사이에 차이가 있다.

어떤 개별어에는 어근에 명확한 특성이 있어서 화자는 어근에 주목한다. 독일어의 경우가 그런데, 독일어는 어근이 꽤 통일된 모습이다. 어근은 거의 언제나 단음절(streit-싸우다, bind-묶다, haft-붙다 등 참조)이어서 구조적 규칙을 따른다. 그래서 이 어근에서 음소는 특정한 순서로는 출현하지 않는다. 폐쇄음+유음 같은 자음 결합은 어근의 끝 위치에 올 수 없다. 예컨대 werk-일하다는 가능하나 wekr-는 가능하지 않다. 그리고 help-돕다, werd-되다는 관찰할 수 있으나 hefl-, wedr-는 찾아볼 수 없다.

규칙적인 교체, 특히 모음 교체는 어근과 일반적으로 하위 단위에 대한 감각을 약화시키기보다는 오히려 강화한다는 점을 상기하자. 이 점에서도 역시 모음 교체의 다양한 작용을 수반하는 독일어(284쪽 참조)는 프랑스어와 아주 다르다. 셈어의 어근은 이와 같은 특성이 더욱 심하다. 셈어에서 모음 교체는 아주 규칙적이며, 많은 복합적인 대립을 형성한다(히브리어 qāṭal그는 죽였다, qṭaltem죽이다, qṭōl죽이다, qiṭlū그들은 죽였다 등은 '죽이다'를 의미하는 한 동사의 형태들이다). 더욱이 이 어근은 독일어의 단음절 조직을 상기시키지만, 이보다도 더 현저한 특징을 보여 준다. 즉 이 어근은 항상 세 자음만 포함한다.
(뒤의 411쪽 이하 참조)

　이와 관련해서 볼 때 프랑스어는 전혀 다르다. 프랑스어는 모음 교체가 거의 없고, 단음절 어근(roul-구르다, march-걷다, mang-먹다) 외에, 2음절 어근, 심지어 3음절 어근도 많다(commenc-시작하다, hésit-주저하다, épouvant-겁주다). 게다가 이 어근 형태는, 특히 어근의 끝 위치에서 너무나 다양하게 결합하므로 규칙으로 환원시킬 수 없다(tu-er 죽이다, régn-er군림하다, guid-er안내하다, grond-er으르렁거리다, souffl-er숨을 내쉬다, tard-er늦어지다, entr-er들어가다, hurl-er짖다 등 참조). 그리하여 프랑스어에서 어근에 대한 감각이 거의 발달하지 않았다는 사실에 놀라서는 안 된다.

　어근이 결정되면 그 반향으로 접두사와 접미사가 결정된다. 접두사는 어간으로 인지된, 단어의 일정 부분에 선행한다. 예컨대 그리스어 hupo-zeúgnūmi나는 말을 수레에 맨다에서 hupo-가 그것이다. 접미사는 어근에 첨가되는 요소로서 어간을 구성하거나(예: zeug-mat-멍에들), 1단계의 어간에 첨가되어 2단계의 어간을 형성한다(예: zeugmat-io-멍에, 끈). 앞에서 이 접미사 요소도 어미와 마찬가지로 영형零形으로 나타날 수 있다는 것을 살펴보았다. 따라서 접미사를 추출하는 것은 어간 분석의 또 다른 측면일 뿐이다.

　접미사는 때로는 zeuk-tēr-묶인 자의 -tēr-가 동작주, 즉 행위자를 가리키는 것처럼 구체적 의미, 즉 의미 가치를 지니기도 하고, 때로는 zeúg-nū-(-mi)나는 말을 수레에 맨다의 -nū-가 현재의 개념을 표시하듯이 순수하게 문법 기능만 지니기도 한다. 접두사 역시 이 두 가지 역할을 수행할 수 있지만, 서양 언어는 접두사에 문법 기능을 부여하는 경우

가 매우 드물다. 예컨대 독일어 과거분사의 ge-(ge-setzt앉은 등)와 슬라
브어의 완료 접두사(러시아어 na-pisát'쓴 등) 같은 것이다.

접두사는 한 가지 특성 때문에 접미사와 다른데, 이 특성은 절대
적인 것은 아니지만 꽤 일반적이다. 접두사는 단어 전체 내에서 더 쉽
게 분리되기 때문에 경계가 더 잘 구분된다. 이는 접두사 요소의 고유
한 성격에서 기인한다. 대부분의 경우 접두사를 제거한 후에 남는 나
머지는 단어 구성처럼 보인다(recommencer다시 시작하다 : commencer
시작하다, indigne받을 자격이 없는 : digne받을 자격이 있는, maladroit서투
른 : adroit솜씨 좋은, contrepoids평형추 : poids무게 등 참조). 이는 라틴
어, 그리스어, 독일어에서 훨씬 더 현저히 드러난다. 다수의 접두사
는 독립어로 기능한다는 점을 첨언하자(프랑스어 contre반대해서, mal
악, avant앞에, sur위에 등, 독일어 unter아래로, vor앞에 등, 그리스어 katá아
래로, pró앞에 등 참조). 접미사는 사정이 전혀 다르다. 이 접미사의 요
소를 삭제하고 얻는 어간은 불완전한 단어이다. 예컨대 프랑스어
organisation조직 : organis-조직하다, 독일어 Trennung찢기 : trenn-찢다,
그리스어 zeûgma멍에, 끈 : zeug-멍에를 씌우다 등. 그리고 다른 한편 접미
사 자체는 전혀 자율적인 존재가 아니다.

이 모든 사실로부터, 대부분의 경우, 어간은 처음부터 미리 경계
가 구분된 것이라는 결론이 나온다. 그래서 화자는 다른 형태와 비교
하기 전에, 접두사와 그 뒤에 나오는 요소의 경계가 어디인지 이미 알
고 있다. 단어의 끝부분은 그렇지가 않다. 여기에서는 동일한 어간이
나 동일한 접미사를 지닌 형태들을 대조하지 않는 한, 어떤 경계도
설정할 수 없고, 따라서 형태 비교는 비교하는 사항의 성질에 따라
다양하게 경계가 구분된다.

주관적 분석의 관점에서 볼 때, 접미사와 어간은 통합적이고 연합적인 대립에 의해서만 가치가 주어진다. 즉 단어의 대립하는 두 부분(이 두 부분이 어떠한 것이든)이 대립하면, 경우에 따라 이 두 부분에서 형성 요소와 어간 요소를 찾아낼 수 있다. 예컨대 라틴어 dictātōrem독재자를을 consul-em집정관을, ped-em발을 등과 비교하면 dictātōr-(em)가 어간으로 보이지만, lic-tō-rem호위병을, scrip-tōrem작가를 등과 비교하면 dictā-(tōrem)가 어간으로 간주되고, pō-tātōrem음주가를, can-tātōrem노래하는 자를과 대조하면 dic-(tātōrem)이 어간으로 간주된다. 일반적으로, 상황이 좋다면, 화자는 상상 가능한 온갖 방식으로 단어를 절단할 수 있다(예컨대 am-ōrem사랑을, ard-ōrem불을 등의 분석에 따라서 dictāt-ōrem으로 분석하고, ōr-ātōrem연설가를, ar-ātōrem농부를 등의 분석에 따라서 dict-ātōrem으로 분석한다). 이러한 자발적 단어 분석의 결과가 각 시기의 유추 형태에 출현한다는 사실은 잘 알려져 있다. (305쪽 참조) 언어가 의식하는 하위 단위(어근, 접두사, 접미사, 어미)와 언어가 이들에 부여하는 가치가 구별되는 것은 이 자발적 분석 덕택이다.

C. 어원학

어원학은 별개로 독립된 학문도 아니며, 진화언어학에 속하는 분야도 아니다. 이것은 단지 공시 사실과 통시 사실과 관련된 원리의 특수한 적용일 뿐이다. 어원학은 단어를 설명하는 어떤 것을 찾을 때까지 단어의 과거로 거슬러 올라간다.

단어의 기원에 대해 이야기하거나 이 단어가 다른 단어로부터 유래했다고 말할 때, 이는 몇 가지 상이한 사실을 의미한다. 예컨대 sel소금은 단지 라틴어 sal소금에서 음성이 변질되어 유래한다든가, labourer땅을 경작하다는 고대 프랑스어 labourer(일반적으로) 일하다에서 단지 의미만 변해서 유래한다든가, couver알을 품다는 라틴어 cubāre자리에 누워 있다에서 음성과 의미가 변질해서 유래한다든가, pommier사과나무는 pomme사과로부터 유래한다고 하면서 문법적 파생관계를 지적한다. 앞의 세 사례는 통시적 동일성을 다루고, 넷째 사례는 상이한 사항들의 공시적 관계에 근거한 것이다. 그런데 앞서 유추에 대한 모든 논의로부터, 어원 연구의 가장 중요한 부분은 이 공시적 관계라는 것이 드러난다.

bonus좋은의 어원은 dvenos좋은로 거슬러 올라가기에 고정되어 있지 않다. 그러나 bis두 번가 dvis두 번로 거슬러 올라간다는 것, 따라서 duo둘와 관계를 설정할 수 있다는 것을 알면, 이는 어원학적 작업이라 부를 수 있다. oiseau새와 avicellus작은 새의 비교도 이와 마찬가지이다. 그 이유는 이 비교를 통해 oiseau와 avis새를 연결하는 관계를 재발견하기 때문이다.

따라서 어원학은 무엇보다도 다른 단어와의 관계를 연구하면서 단어를 설명한다. 설명한다는 것은 기존에 알고 있는 사항으로 환원시키는 것을 의미하며, 따라서 언어학에서 **단어를 설명한다는 것은 이를 다른 단어로 환원시키는 것이다**. 그것은 음성과 의미 사이에 필연적인 관계가 없기 때문이다. (136쪽 참조)

어원학은 고립 단어에 대한 설명으로 만족하지 않는다. 어원학은 단어족의 역사를 기술하며, 마찬가지로 형성 요소인 접두사, 접미사 등의 역사도 연구한다.

어원학은 정태언어학과 진화언어학처럼 언어 사실을 기술하지만, 이 기술이 조직적인 것은 아니다. 그 까닭은 이 기술이 일정한 방향에서 이루어진 것이 아니기 때문이다. 연구대상으로 취한 단어에 대해 어원학은 음성학, 형태론, 의미론 등에서 이 단어에 대한 정보를 알려 주는 요소들을 차례로 빌려 온다. 어원학은 목적을 달성하기 위해 언어학이 이용하는 모든 수단을 사용하지만, 반드시 해야만 하는 작업의 성질에는 전혀 관심을 두지 않는다.

제4부   지리언어학

제1장 언어의 다양성

언어 현상과 지리적 공간의 관계에 대한 문제를 다루면 내적 언어학을 벗어나 외적 언어학의 영역에 들어가게 되는데, 이 외적 언어학의 범위와 다양성은 이미 서론의 5장에서 지적한 바 있다.

언어를 연구할 때 무엇보다 놀라운 것은 언어 다양성, 즉 한 나라에서 다른 나라로 가거나, 심지어 어느 지역에서 다른 지역으로 이동할 때 나타나는 언어들의 차이이다. 시간상의 차이는 관찰자의 눈을 벗어나지만, 공간상의 차이는 즉각 명백히 드러난다. 그래서 미개인도 다른 언어를 쓰는 타 부족과의 접촉을 통해 이 차이를 알아차린다. 이와 같이 언어들을 비교함으로써 민족들은 자신이 사용하는 개별어에 대한 의식을 갖게 된다.

지나가면서 지적할 것은, 언어 의식에 대한 각성이 원시인들에게 언어가 습관이며, 복장이나 의장품처럼 풍습이라고 생각하게 했다는 점이다. **개별어**idiome라는 용어는 그것이 공동체의 고유한 특징을 반영하는 것으로서의 언어라는 것을 아주 정확히 지시한다(그리스어 idíōma는 일찍부터 '특유의 풍습'이라는 의미가 있었다). 이것은 올바른 개념이지만, 더 나아가서 언어를 민족의 속성이 아니라, 피부색이나 두개골의 모양처럼 인종의 속성으로 보면 그릇된 생각이다.

또 각 민족은 자기 개별어의 우월성을 믿는다는 사실도 첨언하자. 그래서 다른 언어를 쓰는 타지 사람들을 말을 못하는 것으로 주저없이 간주했다. 그리스어 bárbaros는 '말더듬이'를 의미한 것으로 생각되며, 라틴어 balbus말을 더듬는와 친근관계가 있는 듯하다. 또 독일인들은 러시아어로 Nêmtsy, 즉 '벙어리'로 불렸다.

이처럼 지리적 다양성은 언어학에서 가장 먼저 확인한 사실이며, 그리스인은 이를 통해 최초로 언어에 대한 과학적 연구의 모습을 가지게 되었다. 그리스인이 그리스 방언의 다양성에만 몰두한 것은 사실이지만, 그것은 그들의 관심사가 일반적으로 그리스라는 지리적 경계를 벗어나지 못했기 때문이다.

두 개별어가 다르다는 사실을 확인하고 나면, 즉각 본능적으로 두 개별어의 유사성도 발견하게 된다. 이는 화자들이 지닌 자연적 성향이다. 농민은 자기네 시골 지역어와 이웃 마을의 지역어를 비교하는 것을 좋아하고, 또 언어를 여럿 구사하는 사람은 언어의 공통성에 주목한다. 그러나 이상한 점은 과학이 이러한 종류의 확인된 사실을 활용하기까지 시간이 엄청나게 걸렸다는 것이다. 그리하여 그리스인도 라틴어 어휘와 자신의 그리스어 어휘 사이의 유사점을 많이 관찰했지만, 거기에서 언어학적 결론은 끌어내지 못했다.

이 언어 유사성에 대한 과학적 관찰을 통해 어떤 경우에는 둘 이상의 개별어가 친족관계이며, 공통 기원을 갖는다는 것을 확증할 수 있다. 이처럼 유사한 언어들의 군집을 어족語族으로 부른다. 현대 언어학은 인도유럽어족, 셈어족, 반투어족' 등을 차례로 찾아냈다. 다음으로 이 어족들을 서로 비교할 수 있는데, 경우에 따라서 더 광범위하고 오래된 친족관계가 드러난다.[2] 예컨대 언어학자들은 피노우그리아어족[3]과 인도유럽어족, 인도유럽어족과 셈어족 사이의 유사성을 찾아내려고 했다.[4] 그러나 이런 부류의 비교는 곧 극복할 수 없는 장벽에 직면했다. 그럴 개연성이 있다는 것과 증명 가능성을 혼동해서는 안 된다. 언어의 보편적 친족성이라는 개념은 가능성이 없는 것이지만, 그것이 타당하다고 해도 이탈리아 언어학자 트롬베티[5]가 생각한 것처럼 그 친족성은 증명할 수 없다. 왜냐하면 너무나 많은 언어변화가 일어났기 때문이다.

이처럼 친족관계 내의 다양성 외에도, 친족성을 인지하거나 친족관계의 증명이 불가능한 절대적 다양성도 있다. 이들 각 경우에 사

1† 반투어족(어군)은 적도 이남의 아프리카 주민들, 특히 카피르인들이 사용하고 있는 언어들 전체를 가리킨다. (니제르콩고어에 속하는 대어군이며, 원래는 나이지리아와 카메룬에서 사용되었으나 그 후 아프리카 대륙의 동부와 동남부로 확산되었다.)

2 기존의 어족들, 예컨대 인도유럽어족, 우랄알타이어족, 셈어족의 비교를 통해 이 어족보다 더 상위의 대어족(macro-famille)의 구성 가능성을 지금도 연구하는데, 노스트라틱(Nostratic) 대어족 같은 것이 일례이다. 이들은 언어 선사고생물학자들이 연구하듯이 주로 어휘를 대상으로 친근관계를 연구한다. 친근관계가 없는 언어들의 문법 구조 비교는 유형론의 주요 연구대상이다.

3† 피노우그리아어족은 무엇보다도 고유한 의미에서의 핀어, 또는 사미어, 모르도바어, 랩랜드어 등을 포함하고, 북부 러시아와 시베리아에서 사용되며, 분명히 공통 원시어로 거슬러 올라가는 어족이다. 사람들은 흔히 이 어족을 소위 우랄알타이제어라는 매우 광범위한 어군과 결부 짓는다. 이들 모든 제어에서 발견되는 몇몇 특징들에도 불구하고, 이들의 기원이 되는 공동체는 증명되지 않고 있다.

4 헤르만 묄러(Hermann Möller, 1850~1923)가 대표적이다. 그는 덴마크 언어학자로 인도유럽어와 셈어 간의 친족관계를 주장했다. 저서로 『셈어와 인도유럽어』(*Semitisch und Indogermanisch*, 1906), 『인도유럽어와 셈어 비교사전』(*Vergleichendes indogermanisch-semitisches Wörterbuch*, 1911)이 있다.

5† 그의 저서 『언어 기원의 단일성』(*L'unita d'origine del linguaggio*, Bologna, 1905) 참조. (Alfredo Trombetti(1866~1929). 이탈리아 언어학자로서 언어 단일 기원설을 주장했다.)

용되는 언어학의 방법은 무엇일까? 우선 가장 빈번히 나타나는 절대적 다양성부터 생각해 보자. 방금 말했듯이 어느 한 언어로 귀착시킬 수 없는 언어들이나 어족은 무한히 많다. 인도유럽제어에 대한 중국어의 경우가 그러하다. 그렇다고 언어 비교를 포기해야 한다는 것을 의미하는 것은 아니다. 이 비교는 언제나 가능하고, 또 유익하다. 음성 체계뿐만 아니라 문법 조직, 사고 표현의 일반적 유형에 근거해서 언어를 비교할 수 있다. 마찬가지로 통시적 차원의 사실, 예컨대 두 언어의 음성 진화를 비교할 수도 있다. 이 점과 관련해서 언어 비교의 가능성은 수없이 많지만, 결국에 이 비교 가능성은 음성적·심리적 불변의 여건으로 인해 제약을 받는데, 그것은 이러한 불변의 여건 내에서 모든 언어가 구성되는 것이기 때문이다. 반대로 서로 귀속시킬 수 없는 언어들을 비교하는 주된 목적은 이 불변의 요인을 발견하기 위함이다.

언어 다양성의 또 다른 범주인 어족 내의 언어 다양성은 무한한 언어 비교의 장을 제공한다. 두 개별어의 차이는 천차만별이다. 젠드어와 산스크리트어처럼 언어들이 놀랄 만큼 유사할 수도 있고, 산스크리트어와 아일랜드어처럼 전혀 다를 수도 있다. 이 양극단 사이의 미묘한 언어 차이는 수없이 많다. 예컨대 그리스어와 라틴어는 두 언어를 각기 산스크리트어와 비교하는 것보다는 이 두 언어만 서로 비교하면 훨씬 더 유사하다. 언어 차이가 아주 미세한 개별어는 **방언**으로 불린다. 그러나 이 용어에 정확하고 엄격한 의미를 부여해서는 안 된다. 방언과 언어에는 성질의 차이가 아니라 양적 차이가 있다는 점을 361쪽에서 살펴볼 것이다.

제2장 복잡한 지리적 다양성

§1. 한 지점에 여러 언어가 공존하는 경우

지금까지는 지리적 다양성을 이상적 형태로, 즉 지역의 수만큼 언어가 서로 다르다는 식으로 제시하였다. 언어학자들은 언어 다양성을 당연히 이러한 방식으로 처리했다. 그것은 지리적 격리가 언어 다양성의 가장 일반적 요인이기 때문이다. 그러나 이제 이 둘의 상응관계가 교란되어 결과적으로 동일한 한 지역에 여러 언어가 공존하는 부차적인 사실을 다루어 보자.

여기서 두 개별어가 상호 침투하여 언어 체계를 변화시키는 조직적이고 실제적인 언어 혼합은 문제시하지 않는다(노르만 정복 이후의 영어 참조). 또한 스위스처럼 지역적으로는 선명하게 분리되지만, 동일한 정치적 국경 내에 포함되는 다수의 언어도 역시 문제시하지 않는다. 단지 두 개별어가 한 장소에서 나란히 사용되면서 혼동 없이 공존하는 현상을 고찰하려는 것이다. 이것은 흔히 관찰되는 현상이지만, 두 가지 경우를 구별해야 한다.

먼저, 새로운 주민의 언어가 토착민의 언어에 중첩하는 수가 있다. 예컨대 남아프리카에서 다수의 흑인 방언 외에도 네덜란드어와 영어가 쓰이는 것을 확인할 수 있는데, 이는 두 번의 식민 정치가 잇달아 있었던 결과이다. 역시 이와 같은 방식으로 에스파냐어가 멕시코에 뿌리를 내렸다. 그런데 이런 부류의 언어 잠식을 근대에만 국한된 현상으로 생각해서는 안 된다. 여러 민족들이 뒤섞여도 개별어가 혼동되지 않는 현상도 언제나 볼 수 있다. 이 사실을 이해하려면 현재의 유럽 지도를 잠시 살펴보는 것으로 충분하다. 예컨대 아일랜드에서는 켈트어와 영어가 사용된다. 많은 아일랜드인은 이 두 언어를 다구사한다. 또 브르타뉴 지방에서는 브르타뉴어와 프랑스어가 사용되며, 바스크 지방에서는 바스크어뿐만 아니라 프랑스어, 에스파냐어도 사용된다. 핀란드에서는 아주 오래전부터 스웨덴어와 핀란드어가 공존했으며, 아주 최근에는 러시아어가 거기에 추가적으로 사용되었다. 또한 쿠를란트와 리보니아에서는 라트비아어, 독일어, 러시아어가 사용되는데, 중세에 한자동맹으로 들어온 식민 지배자가 들여온 독일어는 특수 계층에서 사용되었고, 러시아어는 후에 이곳이 정복당하면서 유입되었다. 리투아니아에는 리투아니아어 외에도 오래전 폴란드와의 동맹으로 폴란드어가 이식되었고, 그 후 모스크바제국에 합병되자 러시아어가 이식되었다. 또 18세기까지는 엘베강을 경계로 독일의 동부 전역에서 슬라브어와 독일어가 쓰였다. 어떤 국가는 언어 혼란이 더욱 심하다. 예컨대 마케도니아에서는 생각할 수 있는 모든 언어를 볼 수 있다. 터키어, 불가리아어, 세르비아어, 그리스어, 알바니아어, 루마니아어 등이 마케도니아 각 지역에 따라 다양한 방식으로 혼합되어 사용된다.

그러나 언어들이 언제나 완전히 뒤섞이는 것은 아니다. 언어들이 일정한 지역 내에 공존한다고 해서 상대적인 지역 분포를 배제하는 것은 아니다. 예컨대 두 언어 중에 어느 한 언어는 도시에서 사용되고, 다른 언어는 시골에서 쓰인다. 그러나 이 상대적 분포가 언제나 분명히 구별되는 것은 아니다.

고대 시기에도 똑같은 현상이 있었다. 만약 로마제국의 언어지도가 있다면, 근대의 이러한 사실과 거의 유사한 현상을 볼 수 있을 것이다. 예컨대 공화정 말기 캄파니아 지방의 언어는 다음과 같이 사용되었다. 우선 폼페이의 명문銘文이 입증하듯이 오스카어가 사용되었고, 나폴리를 창건한 식민 지배자의 언어인 그리스어와 라틴어가 사용되었고, 그 외에 로마인이 도래하기 전에 이 지방을 지배했던 에트루리아어가 아마도 사용된 것 같다. 카르타고의 영토에서 분명히 누미디아어도 사용되었다는 것을 고려하지 않더라도 카르타고에서는 라틴어 외에도 포에니어, 즉 페니키아어가 계속해서 사용되었다(이 언어는 아랍족의 침략 시기에도 그대로 사용되었다). 결국 고대 지중해 연안 지역에서는 단일어를 사용하는 나라가 예외적이었다는 점을 인정해야 할 것이다.

이 언어 중첩은 대부분의 경우, 더 강력한 민족의 침략으로 야기되었다. 그러나 또한 식민 지배와 평화로운 침입도 있었고, 자신의 언어와 함께 이동한 유목민들도 있었다. 특히 헝가리에 밀집 촌락을 형성하고 정착한 집시가 그러했다. 집시 언어 연구를 통해서, 이들이 알수 없는 시기에 분명 인도로부터 이주해 왔다는 것을 알 수 있다. 다뉴브강 어귀의 도브루자 지방에는 타타르족의 촌락이 산재해 있고, 이 지역의 언어지도에 작은 점을 형성한다.

§ 2. 문헌어와 지역 개별어

이것이 아직 전부는 아니다. 언어 통일은 자연적 개별어가 문헌어[1]의 영향을 받을 때 파괴되기 때문이다. 이 현상은 한 민족이 어느 정도의 문명 수준에 도달했을 때 반드시 일어난다. '문헌어'는 단지 문학의 언어뿐만 아니라 더 일반적인 의미에서 한 공동체 전체에 사용되는, 공식어든 아니든 모든 종류의 교양 언어를 의미한다. 언어는 그대로 내버려 두면, 아무런 영향도 미치지 않는 방언들만 있게 되며, 끝없이 세분화의 과정을 겪는다. 그러나 문명이 발달하면서 의사소통이 증대하기 때문에 일종의 묵계에 의해 기존 방언 중 하나를 선택하여, 국민 전체가 사용하는 소통의 매개물로 삼는다. 이 방언 선택의 동기는 다양하다. 예컨대 어떤 때는 가장 문명이 발달한 지역의 방언을 택하기도 하고, 또 어떤 때는 정치적 패권을 쥔 중앙 권력이 자리 잡은 지방의 방언을 선호하기도 한다. 또 때로는 궁정이 사용하는 말을 국민에게 강요하기도 한다. 일단 공식적인 공통어로 승격되면, 특권을 지닌 방언은 좀처럼 이전 상태 그대로 있지 않는다. 타지방의 방언 요소가 여기에 섞여 원래의 특성이 완전히 상실되지는 않지만 점차 복합적이 된다. 예컨대 문헌 프랑스어에서 일드프랑스의 방언을 식별할 수 있고, 공용 이탈리아어에서 토스카나어의 요소를 알아볼 수 있다. 어쨌든 문헌어는 하룻밤 새 강제되지는 않지만, 상당수의 국

---

1 문헌어(langue littéraire)는 문법 규범에 일치하는 기록한 언어인 문어(langue écrite)와 구별된다. 여기서 정의하는 문헌어는 "단지 문학의 언어뿐만 아니라 더 일반적인 의미에서 한 공동체 전체에 사용되는, 공식어든 아니든 모든 종류의 교양 언어"를 가리킨다.

민이 2개 국어 사용자가 되고, 전 국민이 쓰는 공통어와 시골 지역어를 동시에 사용한다. 이 현상을 프랑스의 여러 지방에서 관찰할 수 있다. 예컨대 사보아 지방에서는 프랑스어가 유입되었지만, 이 지방의 시골 지역어를 완전히 질식시키지 못했다. 또 독일이나 이탈리아에서도 이 사실은 보편적이어서 어디서나 방언이 공식어와 함께 공존한다.

이 같은 현상은 일정한 문명 수준에 도달한 어느 민족에게나 늘 상 일어났다. 그리스에는 아티카어와 이오니아어에서 생겨난 코이네 koinè가 있었지만, 이와 함께 지역방언 또한 존속했다. 심지어 고대 바빌로니아에도 여러 지방의 방언과 함께 공식어가 있었다는 사실이 입증된다.[2]

일반 언어는 반드시 문자 체계의 사용을 전제하는 것일까? 호메로스의 시는 그렇지 않다는 것을 증명해 주는 듯하다. 문자 체계가 전혀 없던 시대나 거의 사용되지 않던 시대에 생겨났지만, 호메로스 시의 그리스어는 규약적이며, 문헌 그리스어의 모든 성격을 그대로 드러내 준다.

이 장에서 문제시한 사실은 매우 흔한 일이어서 언어사에 나타나는 평범한 요인으로 볼 수 있다. 그렇지만 여기서 자연적인 지리적 다양성에 대한 견해를 흐리는 것을 모두 제거하고, 외래어의 유입이나 문헌어의 형성을 배제하며, 그 원초적 현상만 고찰하려고 한다. 이

---

2 아카드어와 아람어가 공통어였고, 수메르어도 공식어로 사용되었다.

처럼 도식적인 단순화로 언어 현실이 왜곡되는 듯이 보이지만, 자연적 사실은 우선 그 자체로 연구되어야 한다.

우리가 택한 원리에 따르면, 브뤼셀은 게르만어권이다. 그것은 이 도시가 벨기에의 플랑드르어권에 위치하기 때문이다. 브뤼셀에서는 프랑스어가 사용되지만, 중요한 것은 플랑드르어권과 왈롱어권의 경계선이다. 다른 한편 이와 같은 관점에서 보면, 리에주는 왈롱어권에 있으므로 로망제어 지역이다. 이곳에서 프랑스어는 같은 뿌리에서 나온 다른 방언에 중첩된 언어에 지나지 않는다. 또한 브레스트도 언어학적으로는 브르타뉴어 지역이지만, 그곳에서 쓰이는 프랑스어는 브르타뉴 지방의 토착 개별어와는 전혀 공통성이 없다. 또한 베를린에서는 거의 고지 독일어밖에는 들을 수 없지만, 그곳은 저지 독일어권에 속한다.

제3장 지리적 다양성의 원인

§1. 본질적 원인, 시간

언어의 절대적 다양성(343쪽 참조)은 순수히 사변적인 문제를 제기한다. 반대로 친족관계에서 볼 수 있는 언어의 다양성을 통해 관찰의 현장으로 들어가면, 언어의 통일성으로 귀착된다. 예컨대 프랑스어와 프로방스어는 다 같이 민중라틴어로 거슬러 올라가는데, 그 진화과정은 골 지방의 북부와 남부에서 서로 달랐다. 이 두 언어의 공통기원은 구체성이 있는 언어 사실에서 유래한다.

　이 현상이 어떻게 일어났는지를 정확히 이해하기 위해 공간상의 분화의 본질적 원인을 분석하는 아주 단순한 이론적 조건을 상정하고, 명확히 한정된 지점, 예컨대 작은 섬에 사용되는 언어가 식민지 주민에 의해서 또 다른 한정된 지점, 예컨대 다른 섬으로 이식될 때 어떤 일이 일어나는지를 생각해 보자. 어느 정도 시간이 흐른 후에는 최초의 발생 지점 (F)의 언어와 그 후의 발생 지점 (F')의 언어가 어휘, 문법, 발음 등에서 다양한 차이가 있음을 목격할 수 있다.

이식된 개별어만 변화하고, 원래부터 있던 개별어는 불변의 상태일 것이라고 생각해서는 안 된다. 이와 반대되는 현상도 절대 일어나지 않는다. 언어 혁신은 이쪽 지점이나 저쪽 지점 또는 양쪽에서 동시에 일어날 수 있다. 언어 특성 a가 있고, 이것이 다른 특성(b, c, d 등)으로 대체되면, 언어 분화는 세 가지 방식으로 달리 일어날 수 있다.

$$\frac{a(\text{발생 지점 F})}{a(\text{발생 지점 F}')} \left\{ \begin{array}{l} \rightarrow \dfrac{b}{a} \\[1em] \rightarrow \dfrac{a}{c} \\[1em] \rightarrow \dfrac{b}{c} \end{array} \right.$$

그러므로 이 연구는 어느 한 방향으로만 진행할 수 없다. 두 언어의 혁신은 똑같이 중요하다.

무엇이 이러한 언어 차이를 만들어 낼까? 공간만이 이 차이를 만든다고 믿는다면 착각이다. 공간 자체는 언어에 아무런 작용을 가하지 않는다. 그래서 섬 F를 떠나온 식민 주민은 섬 F'에 상륙한 다음날에도 그 전날과 똑같은 말을 사용한다. 언어학자들은 시간 요인을 쉽게 망각한다. 그것이 공간보다 덜 구체적이기 때문이다. 그러나 실제로 언어 분화는 시간에 속하는 현상이다. 지리적 다양성을 시간적 다양성으로 표현해야 한다.

두 가지 분화 특성 b와 c가 있다고 하자. 전자에서 후자로 또는 후자에서 전자로 언어 분화가 이행된 적은 없다. 언어 통일성에서 언어 다양성으로 바뀌는 이행과정을 찾아내려면 b와 c로 대체된 원초적 특성 a로 거슬러 올라가야 한다. 이 a가 후대의 형태 b, c로 교체된 것이다. 여기서 다음과 같은 지리적 분화 도식이 생겨나며, 이는 이와 유사한 모든 경우에 적용되는 타당한 도식이다.

$$
\begin{array}{cc}
F & F' \\
a \leftrightarrow a \\
\downarrow \quad \downarrow \\
b \quad c
\end{array}
$$

　두 개별어가 분리되는 것은 이 분화 현상을 보여 주는 분명한 형식이지만, 이 현상 자체는 설명하지 못한다. 분명 장소의 다양성이 아무리 미미하더라도 이것이 없다면, 언어 사실은 분화하지 않을 것이다. 그러나 지리적 거리 자체가 언어 차이를 만들지는 못한다. 부피를 한 면만으로는 측정하지 못하고, 삼차원의 깊이를 알아야 하는 것처럼, 이 지리적 차이의 도식을 시간에 투사해야만 완전한 것이 된다.

　환경, 기후, 지형의 다양성, 특수한 관습(예컨대 산악 지대 주민과 해안 지방 주민에 나타나는 다른 관습)이 언어에 영향을 줄 수 있다는 것, 이 경우 여기서 논의 중인 변동은 결국 지리적 조건에 따른다고 반론을 제기할 수 있다. 이 지리적 영향에 대해서는 논란이 분분하다. (266쪽 참조) 그 영향이 증명된다고 해도 여기서 한 가지 사실은 구별해야 한다. 그 **진행 방향**은 환경의 탓으로 돌릴 수 있다. 그렇지만 그 진행 방향은 각 경우에 작용하는 예측 불가능한 요인에 의해 결정되고, 이 요인들은 증명할 수도 없고 기술할 수도 없다. u가 어느 일정한 시기에 어느 일정한 곳에서 ü로 변했다면, 왜 이 변화가 하필 이 시기의 이 장소에서 일어났는가, 또 왜 o가 아니라 ü로 변화했는가? 이 질문에 대해 즉답을 할 수 없다. 그러나 이 변화의 특수한 방향과 그 특수한 현상을 제외한 변화 자체, 한마디로 언어의 불안정 자체는 시간에만 속한다. 그러므로 지리적 다양성은 결국 이 일반적 현상의 이차적인 측면일 뿐이다. 친족관계가 있는 개별어의 통일성은 시간 내에서만 발견된다. 유감스럽게도 착각의 희생양이 되지 않으려면 비교언어학자는 이 원리를 철저히 확신해야 한다.

§2. 인접 지역에 대한 시간의 작용

이제 단일어가 사용되는 지방, 다시 말해서 동일한 한 언어가 균질적으로 사용되고, 사용 주민도 한정된 곳, 예컨대 라틴어가 어디에나 확고히 자리잡았던 기원 450년경의 골 지방을 보자. 이곳에서는 어떤 일이 일어났을까?

　1. 언어에는 절대적 불변이란 존재하지 않으므로(149쪽 이하 참조), 어느 정도 시간이 흐르면 이 라틴어는 이미 예전의 언어와 다르다.

　2. 언어 진화는 영토의 전 지역에서 동일하게 발달하지 않고, 장소에 따라 각기 다르게 변한다. 라틴어가 전체 사용 지역에서 똑같이 변한다는 사실이 확인된 적은 한 번도 없었다. 그러므로 언어변화의 실체를 나타내는 도식은 이 그림이 아니다.

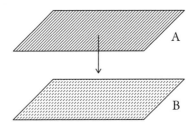

그 도식은 다음 그림과 같다.

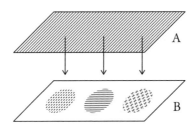

그러면 갖가지 방언형을 만들어 낸 이 다양성은 어떻게 시작되어 윤곽이 형성될까? 이 현상은 얼핏 보기와는 달리 그렇게 간단한 문제가 아니다. 이 현상은 두 가지 주요 특성을 보여 준다.

1. 언어 진화가 연속적이고 명확한 혁신의 모습을 띠고, 이 혁신만큼 많은 세부 사실을 만들어 내면, 이들의 성질에 따라 혁신 사항을 열거하고, 기술하고, 분류할 수 있다(음성적, 어휘적, 형태적, 통사적 등의 사실로 분류).

2. 언어 혁신은 각기 일정한 지역에서, 각기 개별적 장場에서 이루어진다. 이는 다음 두 가지 경우 중 어느 한 가지이다. 우선, 혁신의 장이 전 영토를 포괄하여 방언 차이를 전혀 만들지 않거나(이 경우는

극히 드물다), 아니면 흔히 보통 일어나는 것처럼 변화가 이 지역 내의 일부 지역에만 영향을 미쳐 방언 사실들이 각기 특수한 장을 형성한다. 차후 우리가 음성변화에 대해 지적하는 바는 다른 모든 언어 혁신에도 모두 해당된다. 예컨대 이 영토의 어느 부분이 a가 e로 변화한 음성변화에 영향을 받는다고 치자.

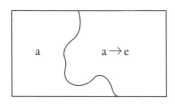

이때 이 영토에서는 s가 z로 변할 가능성도 있지만, 이 변화는 다른 방언경계 내에서도 일어날 수 있다.

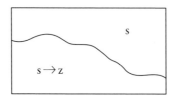

그런데 한 언어가 자연적 진화과정에 있을 때, 그 언어의 사용 영역의 모든 지점에서 나타나는 지역구어의 다양성을 설명하는 것은 이와 같이 구별된 개별 장이다. 이 장들은 예측할 수 없다. 어떠한 방식으로도 이 장의 크기를 사전에 결정할 수 없으며, 단지 이를 확인하는 것으로 만족해야 한다. 이 장은 지도상에서 서로 중첩되고, 그 경계선이 교차되고, 극도로 복잡하게 결합한다. 그 결합의 형상은 때로 기묘하다. 예컨대 프랑스 북부 전역에서 라틴어 c, g는 a 앞에서 [tš], [dž]로 변했고, 그 후에 다시 [š], [ž]로 변했지만(cantum노래 → chant노래, virga손잡이 → verge손잡이 참조), 피카르디 지방과 노르망디 지방의 일부 지역에서는 예외적으로 c, g가 영향을 받지 않은 채 변하지 않고 그대로 남아 있다(예: chat고양이에 대해 피카르디어 cat고양이, réchappé 벗어난에 대해 피카르디어 rescapé벗어난. 이 단어는 최근 프랑스어에 이입되었다. 위에 인용한 virga에서 유래하는 vergue손잡이 참조).[1]

이 모든 현상에서 어떠한 결과가 생길까? 어느 일정한 시기에 동일한 언어가 한 영토의 전 지역에 퍼져 있을 때, 5세기 내지 10세기 후에는 이 영토의 양단에 사는 주민들은 서로 말을 이해하지 못할 것이다. 반대로 어느 지역의 주민이 바로 이웃하는 지방의 지역구어는 계속해서 이해할 수 있다. 이 나라의 끝에서 끝으로 횡단하는 여행자는 이 지역에서 저 지역으로 가면 아주 미미한 방언의 다양성밖에 보지 못한다. 그러나 앞으로 계속 나아가면 이 미미한 방언 차이가 축적되기 때문에, 결국은 출발했던 지방의 주민이 이해할 수 없는 언어를 만나게 된다. 아니면 이 영토의 어느 한 지역에서 출발하여 모든 방향으로 뻗어 나가면, 이 방언 차이의 합계가 다른 방식으로 각 방향에서 점차 커지는 것을 알게 된다.

한 마을의 지역구어에서 지적한 특성은 인근의 다른 지역구어

---

1 프랑스의 북부 대방언권인 오일어권의 중부에 일드프랑스의 프랑스어, 서북부에 노르망디어, 동북부에 피카르디어가 분포한다. 중부의 일드프랑스어와 달리 이 두 방언에서는 구개음화가 일어나지 않았다.

에서도 볼 수 있지만, 이 각 특성이 어느 정도 멀리까지 확산되는 지는 예견할 수 없다. 예컨대 오트사부아 지방의 두벵Douvaine읍에서 Genève라는 지명은 [đenva]로 발음되는데, 이 발음은 동부와 남부로 매우 멀리까지 퍼져 사용된다. 그러나 레만호의 건너편에서는 [dzenva]로 발음된다.[2] 그렇지만 이 두 지역이 분명히 구별되는 두 방언권이 된 것은 아니다. 왜냐하면 또 다른 방언 현상을 보면, 이 방언 경계가 달라지기 때문이다. 예컨대 두벵읍에서 deux2는 [daue]로 발음되는데, 이 발음은 [đenva]보다 장場이 훨씬 제한적이다. 그곳에서 몇 킬로미터밖에 안 떨어진 살레브의 산발치에서는 이것이 [due]로 발음된다.

§ 3. 방언에는 자연적 경계가 없다

보통 방언에 대한 언어학자들의 생각은 이와 전혀 다르다. 즉 방언을 완전히 정해진 언어 유형, 모든 방향에서 경계가 한정되고, 지도상에서 분명히 구별되어 병치된 영토(a, b, c, d, 등)를 점유한 것으로 표상한다. 그러나 자연적 방언의 변화는 이와는 전혀 다른 결과에 이른다.

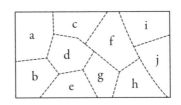

이 각 방언 현상 자체를 연구하고, 확장된 영역을 한정하기 시작하면서 옛 개념을 새로운 개념으로 교체해야 하는데, 이를 다음과 같이 정의할 수 있다. 즉 자연적 방언 특성만이 있을 뿐이며, 자연적 방언이란 없다는 것이다. 달리 말하면 지역의 수만큼 방언의 수가 있다.

이와 같이 자연적 방언이라는 개념은 원칙적으로 다소 일정한 공간이 있는 지방의 개념과는 양립할 수 없다. 결국 다음 두 가지 중 어느 하나를 선택해야 한다. 첫째, 방언을 방언 특성의 합으로 정의하면, 이 경우 지도상의 한 지점에 위치를 정하여 단 한 지역의 지역구어만 한정해야 한다. 그곳에서 조금만 멀리 떨어지면 똑같은 특성을 정확히 그대로 발견할 수 없다. 다음으로, 방언을 그 특성들 중의 어느 한 특성으로만 정의하면, 이 경우에는 분명히 일정한 면적이 생긴다. 문제의 이 언어 사실이 전파되는 면적이 생기는 것이다. 그러나 이것은 인위적 방식이고, 이런 방식으로 설정된 경계는 방언 실체와도 일치하지 않는다는 것은 지적할 필요도 없다.

방언 특성에 대한 연구가 언어지도 작업의 출발점이었으며, 그 모델은 질리에롱의 『프랑스 언어지도』*Atlas linguistique de la France*였다.[3] 또한 벵커[4]의 독일 언어지도도 언급해야 한다.[5] 이 언어지도의 형태

---

2 제네바는 레만호수 남서 끝자락에 위치하며, 프랑스의 오트사부아주와 인접해 있다. 이곳을 지나면 다시 스위스의 발레주(캉통)이다. 두벵은 제네바 인근 레만호수 남서쪽에 있는 프랑스 소도시이며, 살레브산은 제네바의 관문으로 불리는 프랑스 쪽 산이다.

3 프랑스 및 스위스 언어학자이자 방언학자 쥘 질리에롱(Jules Gilliéron, 1854~1926)은 에드몽 에드몽(Edmond Edmont, 1849~1926)과 함께 이 프랑스 방언지도(1902~1910)를 작성했다.

4 Georg Wenker(1852~1911). 독일 언어학자이자 방언학자로 『독일의 언어지도』(*Sprachatlas des Deutschen Reichs*, 1880)를 작성했고 이에 기초하여 그 후 여러 학자들이 『독일의 언어지도』(*Deutscher Sprachatlas*, 1927~1956)를 완성했다.

5† 또한 구스타프 바이간트(Gustav Weigand, 1860~1930)의 『다코루마니아어 영역의 언어지

는 아주 제대로 작성되었다. 나라를 지방별로 연구하고, 또 각 지방은 지도 한 장으로 소수의 방언 특성만 포괄한다. 동일한 지방에서 중첩되어 나타나는 음성, 어휘, 형태 특성 등의 대략적 모습을 파악하려면 이 지방을 여러 번 반복해서 조사해야 한다. 이 연구는 조직적 단체와 지역 통신원의 도움을 받아 질문지를 이용하는 체계적 설문조사를 전제로 한다. 이와 관련해서 스위스 로망드 지방의 지역어에 대한 설문조사를 예로 드는 것이 좋겠다.[6] 언어지도의 이점 중 하나는 방언학의 연구를 위한 수많은 언어 자료를 제공한다는 것이다. 그래서 최근에 나온 많은 전문 연구서는 질리에롱의 『프랑스 언어지도』에 근거를 두고 있다.

방언 특성의 경계선은 '등어선'lignes isoglosses, d'isoglosses으로 불리는데, 이 용어는 **등온선**等溫線, isotherme의 모델에 따라 만들어진 것이다. 그러나 이 등어선이란 용어는 모호하고 부적절하다. 왜냐하면 이것은 '같은 언어를 가진'을 뜻하기 때문이다. **언어소**glossème가 '개별어적 특성'을 의미한다면 이 용어를 사용하는 것이 가능할 시에는 **등어소선** lignes isoglossématiques으로 부르는 것이 더 적합할 것이다. 그러나 우리는 **언어 혁신파**ondes d'innovation로 말하는 것을 더 선호한다. 이는 슈미트에게서 유래하는 언어파상言語波狀의 비유를 재사용한 것이며, 다음 장에서 이 비유의 타당성을 제시할 것이다.

도』(*Linguistischer Atlas des dakorumänischen Gebiets*, 1909)와 조르주 밀라르데(Georges Millardet, 1876~1953)의 『랑드 지방의 소언어지도』(*Petit atlas linguistique d'une région des Landes*, 1910) 참조.

6 Louis Gauchat et al., *Glossaire des patois de la Suisse romande*(『스위스 로망드 지역의 지역 어휘집』), Neuchâtel, 1924를 가리킨다.

언어지도를 살펴보면, 이 언어 혁신파 두세 개가 때때로 거의 일치하거나 심지어 어느 경로에서는 하나의 혁신파가 되는 것을 관찰하게 된다.

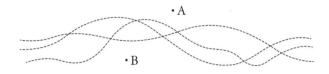

이런 종류의 지대地帶로 분리된 두 지점 A, B는 어느 정도 다수의 차이를 나타내고, 이것이 분명히 차별화된 두 지역구어를 만드는 것은 명백하다. 또 이 일치점은 부분적인 것이 아니라 둘 또는 그 이상의 장으로 구성된 권역 전체에 해당하는 수도 있다.

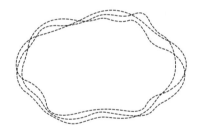

이러한 일치점이 상당히 많아지면, 이것을 대략 방언이라고 말할 수 있다. 이 일치점은 사회적·정치적·종교적 사실 등으로 생겨난 것으로 설명되는데, 이들은 여기에서는 모두 제외하겠다. 그리고 이 일치점은 상호 독립적 지역에서 생겨난 언어 분화라는 원초적이고 자연적인 현상을 완전히 지우지 못하고, 단지 은폐할 뿐이다.

§4. 언어에는 자연적 경계가 없다

언어와 방언의 차이가 어디인지는 말하기 어렵다. 흔히 방언은 문학 작품이 있으면 언어라는 명칭을 지닌다. 포르투갈어와 네덜란드어의 경우가 그렇다. 이해 가능성의 문제도 구분 역할을 하는데, 서로 말을 이해하지 못하는 사람들에 대해서 보통 서로 다른 언어를 사용한다고 말하는 것이다. 어쨌든 연속하는 영토에 정착한 주민들 사이에 발달한 언어에서는 방언에 나타나는 현상과 동일한 현상을 훨씬 더 큰 규모로 확인할 수 있다. 언어에서도 언어 혁신파를 볼 수 있는데, 단지 이 혁신파가 다수의 여러 언어에 공통된 광범위한 지방을 포괄하는 것뿐이다.

우리가 전제한 이상적인 조건에서는 방언들 사이의 경계를 설정할 수 없듯이 친족관계가 있는 언어들의 경계는 더욱더 설정할 수 없다. 영토의 크기는 이와 무관하다. 어디서 고지 독일어가 끝나고, 어디서부터 저지 독일어가 시작되는지 말할 수 없는 것처럼 독일어와 네덜란드어, 프랑스어와 이탈리아어의 경계선을 긋는 것 역시 불가능하다. "여기는 프랑스어만 사용되고, 여기는 오로지 이탈리아어만 사용된다"고 자신 있게 말할 수 있는 극단적인 지점도 물론 있다. 그러나 그 중간 지방에 오면, 이 구별이 없어지는 것을 볼 수 있다. 좀 더 좁은 밀집 지대, 예컨대 프랑스어와 이탈리아어 사이의 프로방스어[7]

---

7 프로방스어(provençal)는 프랑스 남부 오크어권(langue d'oc)의 동남부 방언이며, 이탈리아의 서북부 방언인 피에몬테 방언(piemontese)과 접하고 있다. 또한 프랑스어와 겹치는 프랑스-프로방스어 방언(franco-provençal)이 있다.

처럼 중간 지대는 두 언어 사이의 전이 지대로 사용되는 것으로 생각
되기 때문에, 더 이상 실체가 없다. 더구나 영토의 이 끝에서 저 끝까
지 점진적으로 분화된 방언으로 뒤덮여 있는 영토에 어떻게 명확한
언어 경계를 일정한 형태로 표상하겠는가? 방언들의 경계구분처럼
언어들의 경계구분도 전이 지대 속에 묻혀 버린다. 방언이 언어가 사
용되는 전체 면적을 자의적으로 하위 구분한 것에 불과한 것처럼 두
언어를 분리하는 경계도 결국 관례적일 수밖에 없다.

하지만 한 언어에서 다른 언어로 갑작스레 바뀌는 일은 아주 빈
번하다. 이러한 언어 전환은 어디서 생겨난 것일까? 이것은 여러 상
황이 나빠져 감지할 수 없는 언어 전이가 제대로 유지되지 못한 데서
생겨난다. 가장 큰 언어 혼란의 요인은 주민 이동이다. 민족은 언제나
왕래를 통해 이동했다. 수세기 동안 민족 이동이 누적되면서 주민 이
동이 복잡하게 뒤얽혀서 그 결과 수많은 지역에서 언어 전이의 흔적
이 없어졌다. 인도유럽어족이 그 전형적인 예이다. 인도유럽어들은
처음에 아주 밀접한 관계를 맺으면서 분명 언어장의 연속 연쇄를 이
루었고, 그 주요 언어장을 대략 재구할 수 있었다. 슬라브어는 특성상
이란어와 게르만어에 걸쳐 있고, 이들 두 언어의 지리적 분포와 일치
한다. 마찬가지로 게르만어는 슬라브어와 켈트어 사이의 중간 연쇄
로 간주할 수 있고, 또 켈트어는 이탤릭어[8]와 매우 밀접한 관계를 맺

---

8 이탤릭어(italique)는 선역사 시대에 이탈리아반도에 살던 다양한 족속들이 사용하던 원시어
   로서 다양한 언어들이 속한 어군이며, 인도유럽어에 속한다. 라틴어를 포함하여 로망제어,
   그리고 오스카어, 움브리아어, 베네치아어 등의 사어도 포함되며, 이탈리아반도에 살던 종족
   이 사용하던 모든 언어의 조어 개념이다. 켈트어와의 연관성을 고려하여 이탈로켈트어라는
   조어를 설정하는 학자도 있다. 근대 이탈리아어(italien)와는 별개의 공통어 또는 어군이다.

고, 이탈릭어는 켈트어와 그리스어 사이의 중개 역할을 한다. 이처럼 언어들의 관계가 밀접하게 맺어져 있어서 언어학자는 이 모든 개별어의 지리적 위치를 모르고도 별 주저 없이 각 개별어에 대응하는 위치를 정할 수 있었다. 그렇지만 두 개별어군 사이의 경계, 예컨대 게르만어와 슬라브어의 경계를 살펴보면, 전혀 언어 전이가 없는 갑작스러운 도약이 있다. 이 두 개별어는 융합하지 않고 충돌한다. 그것은 중간 방언이 사라졌기 때문이다. 슬라브족도 게르만족도 이동하지 않고 가만히 정주해 있었던 것이 아니라 계속 이동했고, 영토를 정복했다. 현재 인접한 슬라브 주민과 게르만 주민은 예전에 접촉한 민족들이 아니다. 칼라브리아 지방[9]의 이탈리아인이 프랑스의 국경 지대에 와서 정착한다고 가정해 보자. 이 이동은 이탈리아어와 프랑스어 사이에서 확인한 미세한 전이를 자연히 파괴할 것이다. 인도유럽어가 보여 준 것은 모두 이와 유사한 사실이다.

그러나 또 다른 원인도 전이 지대를 없애는 데 일조한다. 예컨대 지역어를 억누르고, 공통어가 확장되는 경우이다. (348쪽 이하 참조) 오늘날 문헌 프랑스어(일드프랑스의 옛 언어)는 국경에서 공용 이탈리아어(전국적으로 보편화된 토스카나 방언)와 마주하는데, 다른 수많은 언어 경계에서는 중개 역할을 하는 지역구어의 흔적이 모조리 사라졌지만, 아직도 서부 알프스 국경 지대에서는 전이하는 지역구어를 관찰할 수 있다는 것은 다행스러운 사실이다.

---

9 칼라브리아 지방은 시칠리아섬과 면한 이탈리아 최남단 지역이고, 피에몬테 지방은 프랑스, 스위스 접경 이탈리아 최북단 지역이다. 최남단 칼라브리아 사람들의 방언과 프랑스 남동부 사람들의 방언 차가 너무 심해서 전이 지대가 형성되지 않는다.

제4장 언어파의 전파

§ 1. 상호 교류[1]와 지방색

언어 사실의 전파는 어떤 종류의 습관이든, 예컨대 유행이 따르는 법칙과 동일한 법칙을 따른다. 모든 인간 집단에는 두 가지 힘이 정반대 방향으로 끊임없이 동시에 작용한다. 한편으로는 분권주의 정신, 즉 '지방색'이 있고, 다른 한편으로는 사람들 사이의 소통을 만들어 내는 '상호 교류'가 있다.

    제한된 작은 언어 공동체가 그 내부에서 발달해 내려온 전통에 충실한 것은 지방색 때문이다. 이 관습은 각 개인이 어린 시절에 습득한 최초의 습관이며, 여기서 그 힘과 지속성이 생겨난다. 만일 이 습관만이 작용한다면 무한히 많은 특수성이 언어에 생겨날 것이다.

1† 이것은 영어 intercourse(interkors로 발음, '교제, 통상, 전달'이라는 의미)에서 차용되었고, 이론적 해설보다는 구두 설명에 더 합당하게 사용되지만, 저자의 이 생생한 표현을 그대로 써도 무방할 것으로 생각했다.

그러나 이 습관의 효력은 상반된 힘의 작용으로 인해 수정된다. 지방색이 사람들을 한곳에 정착시킨다면, 상호 교류는 서로 소통하게 만든다. 이것 때문에 마을에 다른 지역의 길손이 오고, 축제나 장날에 주민 일부가 이동하거나 다양한 지방 사람들이 한 깃발 아래 모인다. 한마디로 말해서, 그것은 통일 원리로서 지방색이 갖는 언어의 분해 작용을 막는다.

언어가 확장되고 응집하는 것은 상호 교류 때문이다. 여기에는 두 가지 방식이 있다. 때로는 소극적으로, 어느 지점에서 언어 혁신이 일어날 때 상호 교류를 억제하여 방언 세분화를 방지한다. 또 적극적으로는, 언어 혁신을 수용하고 전파시켜 통일을 조장한다. 방언현상의 지리적 경계를 가리키기 위해서 **파동**이라는 용어가 타당성을 갖는 것은 두 번째 형태의 상호 교류이다. (360쪽 참조) 등어소선은 밀려왔다가 밀려가는 홍수의 물 가장자리와 같다.

때로 같은 언어에 속하는 두 지역구어가 상당히 멀리 떨어진 지역에 사용되지만 공통된 언어 특징이 있음을 확인하고 놀라는 수가 있다. 이것은 영토의 한 지점에서 먼저 일어난 언어변화가 아무런 방해를 받지 않고 전파되어 차츰 출발 지점에서 아주 멀리까지 확장되었기 때문이다. 거의 지각할 수 없는 언어 전이만이 있는 언어 대중 내에서 행해지는 상호 교류의 작용을 막는 것이라곤 아무것도 없다.

언어 경계선이 어떠하든 간에 특정한 언어 사실이 이처럼 보편화되는 데는 다소의 시간이 필요하며, 때로는 그 시간을 측정할 수도 있다. 예컨대 상호 교류에 의해 독일 대륙 전체에 퍼졌던 þ 〉 d로의 변화는 먼저 800~850년 남부 지방에 전파되었다. 프랑크어[2]는 여기서 제외되었다. 프랑크어에서는 þ가 연음 ð로 남아 있다가 그 후에 d로 바뀌었다. t의 z(ts로 발음)로의 변화는 좀 더 좁은 경계 내에서 일어났고, 최초의 문헌 자료보다 앞선 시기에 이 변화가 시작되었다. 그리고 이 변화는 600년경 알프스 지방에서 출발하여 동시에 북쪽과 남쪽으로, 즉 롬바르디아 지방³으로 전파된 것이 분명하다. 8세기의 튀링겐 헌장에서는 여전히 t가 발음되었다. 또한 훨씬 더 최근에 와서 게르만어 ī와 ū가 이중모음화되었다(mīn나의 대신에 mein나의, brūn갈색의 대신에 braun갈색의 참조). 이 현상은 1,400년경 보헤미아 지방에서 출발하여, 라인강에 이르러 현재의 지역을 포괄하기까지는 300여 년이 걸렸다.

이 언어변화는 전염에 의해 퍼졌으며, 모든 언어파도 그러할 가능성이 농후하다. 언어파는 한 지점에서 출발하여 방사상으로 퍼진다. 이 사실로부터 두 번째 중요한 사실이 확증된다.

이미 앞에서 시간 요인이 지리적 다양성을 설명하는 데 충분한 것임을 살펴보았다. 그러나 이 원리는 언어 혁신이 일어난 장소를 고려해야만 완전히 입증된다.

독일어 자음 추이의 예를 다시 들어 보자. 음소 t가 게르만어 영토의 어느 지점에서 ts로 변했다고 할 때, 이 새로운 음성은 그 원발생지에서 방사형으로 분산할 것이고, 이 공간의 전파를 통해 원래의 t와 경쟁하거나, 또 다른 지점에서 이 음성에서 생겨난 다른 음성들과 경쟁할 것이다. 이런 종류의 언어 혁신이 나타나는 곳에서 언어 혁신은 순전히 음성적 현상이다. 그러나 다른 곳에서는 지리적으로, 그리

---

2 프랑크어(francique)는 고대와 중기 고지 독일어 시기의 게르만어 서부 방언군을 가리킨다.
3 알프스산 이남의 이탈리아 북부에 있는 지방으로 롬바르디아 방언이 사용된다.

고 전염을 통해서만 이 언어 혁신이 더 확고해진다. 그리하여 다음 도식은 변화의 발생지에서는 아주 단순하고 유효하지만, 전파 현상에 적용하면 그 이미지가 부정확하게 된다.

그러므로 음성학자는 음소가 순전히 시간의 축에서만 진화하는 언어 혁신의 발생지와, 시간과 공간 모두에 속해 있어서 순수한 음성 현상 이론에는 개입할 여지가 없는 전파된 전염 지역을 잘 구별해야 한다. 외부에서 들어온 ts가 t를 대신할 때는 전통적 원형의 변형이 아니라, 이 원형과는 상관없이 인접 지역구어의 모방이 문제시된다. 또 알프스 지방에서 들어온 형태 herza마음가 튀링겐 지방에서 더 오랜 고형 herta마음를 대체하는 경우에, 이를 음성변화라고 말해서는 안 되고, 음소의 차용이라고 말해야 한다.

§ 2. 단일 원리로 귀결되는 두 가지 힘

영토의 주어진 지점 ── 예컨대 촌락처럼, 점처럼 작은 최소의 면적을 뜻한다. (359쪽 참조) ──에서는 어떤 언어 사실이 이 두 가지 힘, 즉 지방색과 상호 교류 중 어느 힘에 속한 것인지를 구별하기가 아주 쉽다. 이 언어 사실은 두 힘 중 어느 힘을 배제하고 다른 한 힘에만 의존한다. 그래서 다른 지역구어와 공통된 특성은 모두 상호 교류에 속하며, 고찰한 그 지점의 지역구어에만 속한 특성은 모두 지방색에서 기인한다.

그러나 일정한 면적, 예컨대 한 주써가 문제시되면, 새로운 난점이 제기된다. 그것은 주어진 언어 현상이 이 두 요인 중 어느 것에 속한 것인지 말할 수 없기 때문이다. 이 두 요인은 상반되지만 개별어의 각 특성에 모두 관여한다. A주의 차별적 특성은 그 주의 모든 지역에 공통된 특성이다. 여기에 작용하는 것은 분권주의적 힘인데, 그것은 이 힘이 A주가 이웃 B주의 언어 사실을 모방하지 못하게 막기 때문이고, 또 반대로 B주가 A주를 모방하지 못하게 방해하는 까닭이다. 그러나 통일시키는 힘, 즉 상호 교류 역시 작용한다고 할 수 있는데, 이 힘이 A주의 여러 지역들(A^1, A^2, A^3 등) 사이에 퍼져 있기 때문이다. 이처럼 일정한 넓이를 가진 면적의 경우에는, 이 두 힘이 미치는 비율이 서로 달라서 다양하게 작용하면서도 또한 동시에 같이 작용한다. 상호 교류가 언어 혁신을 촉진시킬수록 상호 교류의 지역도 더 넓어진다. 지방색은 어떤 언어 사실이 있는 언어 경계 내에 외부에서 들어온 경쟁적인 언어 사실을 거부하고 역내의 언어 사실을 방어함으로써 유지, 보존된다. 이 두 세력의 작용에서 어떤 결과가 생겨날지는 예견할 수 없다. 366~367쪽에서 알프스 지방에서 북해에 이르는 게르만어 영역에서는 þ에서 d로 이전하는 것이 일반적이었지만, t가 ts(z)로 변화한 것은 오직 남부 지방에만 영향을 미쳤음을 살펴보았다. 지방색으로 인해 남부와 북부의 음성 대립이 생겨난 것이다. 그러나 이들 각 경계 내에서는 상호 교류 덕택에 언어 연대가 맺어졌다. 그리하여 원칙적으로 첫째 현상과 둘째 현상 사이에 근본적인 차이가 없다. 이 두 힘은 공존하며, 단지 그것이 작용하는 힘의 강도만이 변할 뿐이다.

　이 사실은 실제로 일정한 면적에서 일어난 언어 진화의 연구에서 분권주의적 힘을 제거할 수도 있다는 것, 다시 말해서 이 힘을 통일하는 힘의 소극적 측면으로 간주할 수 있다는 것을 의미한다. 통일하는 힘이 상당히 강할 때는 전체 면적에서 언어 통일을 확보할 것이고, 그렇지 못할 때는 이 통일이 중도에 멈추어 이 영토의 일부 지역만 포괄할 것이다. 그러나 이처럼 제한된 작은 지역도 자신의 고유한 지방과 관련해서 보면 균질적인 전체를 나타낸다. 이런 이유로 지방색을 개입시키지 않고서도 모든 것을 통일하는 힘으로만 귀착시킬 수 있다. 지방색은 각 지방 고유의 상호 교류의 힘이기 때문이다.

§3. 분리된 영토의 언어 분화

단일어 사용 집단에서 응집력은 언어 현상에 따라 가변적이며, 언어 혁신은 모두가 일반화되는 것이 아니고, 지리적 연속도 부단한 언어 분화를 막지는 못한다는 사실을 잘 이해하면, 분리된 두 영토에서 나란히 발달하는 언어의 사례를 연구할 수 있다.

　이 현상은 매우 흔한 사실이다. 예컨대 게르만어가 유럽 대륙에서 영국제도에 침투하면서 게르만어 진화는 이분되었다. 즉 한편으로는 독일 방언과 다른 한편으로는 영어가 생겨난 앵글로색슨어로 분화되었다. 또한 캐나다에 이식된 프랑스어도 예로 들 수 있다. 언어 불연속은 반드시 식민 지배나 정복의 결과만이 아니다. 그것은 또한 고립으로도 생겨날 수 있다. 예컨대 루마니아어는 슬라브 민족이 중간에 거주함으로써 라틴어 사용 집단과 접촉이 끊어졌다. 더욱이 언어 분화의 원인은 거의 중요하지 않다. 문제는 무엇보다도 이 언어 분리가 언어사에서 어떤 역할을 했는지, 그리고 그것이 언어 연속에 나타난 결과와 다른 결과를 낳았는지를 아는 것이다.

앞에서 시간 요인의 압도적인 작용을 더 잘 분석하기 위해 예컨대 점진적 언어 전파를 무시할 수 있는 조그만 두 섬처럼 두 지점에서 나란히 발달하는 개별어를 생각해 보았다. 그러나 어느 정도 넓은 면적을 지닌 두 영토에 이 현상이 재출현해서 방언 분화를 일으키고, 그 결과 생겨난 불연속 언어 영역에서는 이 문제가 전혀 간단한 것이 아니다. 언어 분리 없이도 설명할 수 있는 것을 이 분리에서 기인한 것으로 간주하지 않아야 한다.

이 점이 바로 초기 인도유럽어학자들이 저지른 오류였다. (33쪽 참조) 각 언어가 이미 아주 달라진 거대한 어족을 마주한 이들은 이 대어족이 지리적인 세분 이외의 다른 방식으로 형성될 수도 있었다고는 생각하지 못했다. 분리된 지역에 있는 별개의 다른 언어를 가정하는 편이 훨씬 더 쉬웠고, 따라서 피상적인 관찰자에게는 이것이 언어 분화에 대한 필요하고도 충분한 설명이었다. 여기에서 그치지 않았다. 언어학자들은 언어의 개념을 민족의 개념과 연결 짓고, 후자로 전자를 설명했다. 그리하여 슬라브족, 게르만족, 켈트족 등이 같은 한 벌통에서 분봉해 나온 여러 벌떼인 양 생각했다. 이 여러 민족들이 이주하면서 원시 조상과 분리된 후에 민족의 수만큼 수많은 영토에 공통 인도유럽어를 퍼트렸을 것으로 상상했다.

이 오류에서 벗어난 것은 그로부터 오랜 후의 일이었다. 1877년이 되어서야 요하네스 슈미트가 『인도유럽어족의 친족관계』*Die*

Verwandtschaftsverhältnisse der Indogermanen[4]에서 언어 연속성 이론 또는 언어파동설Wellentheorie을 창안하여 언어학자의 눈을 열어 주었다. 여러 민족들이 제자리를 떠났다는 것을 받아들이지 않고서도(363쪽 참조), 그 원거주지에서 일어난 언어 세분으로 충분히 인도유럽제어의 상호관계를 설명할 수 있다는 점을 이해하게 되었다. 인도유럽 민족이 다양하게 여러 방향으로 퍼지기 이전에 이미 방언 분화가 일어났을 수 있고, 또 일어난 것이 분명하다.[5] 그리하여 언어파동설은 단지 인도유럽어족의 선사先史에 보다 정확한 견해를 던져 주었을 뿐만 아니라, 또 모든 언어 분화 현상에 관한 가장 중요한 법칙과 언어들 간의 친족성을 지배하는 조건도 밝혀 설명해 주었다.

그러나 이 파동설이 반드시 민족 이동설을 배척하는 것은 아니지만, 그것과 대립된다. 인도유럽제어의 역사는 이주로 인해 이 대어족에서 분리된 수많은 민족들의 사례를 보여 주며, 이 상황으로 특수한 결과가 초래된 것이 분명하다. 단지 이 특수한 결과가 지리적 연속으로 일어난 언어 분화의 결과에 첨가되었을 뿐이다. 이 결과가 과연 무엇인지는 말하기 매우 어렵지만, 결국 분리된 지역에 일어난 개별어의 진화 문제로 귀결한다.

---

4 요하네스 슈미트(Johannes Schmidt)는 인도유럽제어의 친근관계에 대한 슐라이허의 수지설을 보완하여 파상설을 주장했다. 수지설은 지리적 이주에 의한 불연속적 언어 분화를 전제하므로, 분지 이후의 상호 교류에 의한 영향을 설명할 수 없다. 반면 파상설은 연속적 언어 전파를 가정하고, 상호 연계를 주장한다. 그의 파상설이 주장하는 바의 요체는 『인도게르만어의 친근관계』(*Die Verwandtschaftsverhältnisse der indogermanischen Sprachen*, 1872)에서 볼 수 있다.

5 원시 공통 인도유럽어 자체의 방언은 동부의 사템 방언권과 서부의 켄툼 방언권이다. 그러나 언어적 특성으로 보아 서부 방언의 특징을 갖는 언어들(히타이트어나 토카라어)이 동부 방언권에도 출현한다.

고대 영어를 예로 들어 보자. 고대 영어는 이주의 결과로 게르만어의 줄기에서 떨어져 나왔다. 만일 5세기경 색슨족이 유럽 대륙에 그대로 머물러 있었더라면 영어는 오늘날의 형태를 갖지 않았을 것이다. 그러나 이러한 언어 분리로 인해 생겨난 특수한 결과는 과연 무엇이었을까? 이를 정확히 판단하려면 우선 이 변화가 지리적 연속으로도 역시 일어나지 않았을까 하고 질문해 보아야 한다. 예컨대 영국인이 영국제도 대신 유틀란트반도를 점령했다고 상상해 보자. 과연 절대적 분리에서 기인하는 것으로 생각되는 사실 중 그 어떤 것도 가상의 인접 지역에서는 전혀 일어나지 않았을 것이라고 주장할 수 있을까? 지리적 불연속 때문에 영어에서는 고대의 þ를 보존했지만, 유럽 대륙 전역에 걸쳐서 이 음성 þ는 d로 변했다(예: 영어 thing사물, 독일어 Ding사물)고 하는 것은 마치 대륙 게르만어에서 이 음성변화가 지리적 연속 덕분에 일반화되었다고 주장하는 것과도 같다. 사실상 이 일반화는 지리적 연속에도 불구하고 이루어지지 않았을 수도 있다. 이 오류는 언제나 그렇듯이 고립 방언과 연속 방언을 대립시키는 데서 유래한다. 그러나 사실상, 유틀란트반도에 세운 것으로 가정한 영국 식민지가 반드시 d에 전파되었으리라는 것을 증명하는 것이라곤 아무것도 없다. 예컨대 프랑스어 영역에서 k(+a)가 피카르디와 노르망디가 이루는 삼각 지대에만 존속하고, 다른 곳에는 모두 슈음 š(ch)으로 변한 것을 살펴보았다. 이처럼 언어 고립에 의한 설명은 불충분하고 피상적일 수밖에 없다. 언어 분화를 설명하기 위해 고립에 의존할 필요는 없다. 언어 고립으로 생겨나는 것은 지리적 연속으로도 생겨날 수 있다. 이 두 종류의 현상 사이에 어떤 차이가 있다 해도 이를 포착할 수는 없다.

그러나 두 동계어를 언어 분화라는 소극적 측면이 아니라 언어 연대라는 적극적 측면에서 고찰한다면, 고립 상태의 모든 관계는 분리되는 순간부터 잠정적으로 단절되는 반면, 지리적 연속에서는, 전혀 다른 지역구어들조차 중간 방언으로 연결되는 한 이들 사이에 언어 연대가 다소 존속하는 것을 확인할 수 있다.

따라서 언어들 사이의 친족성 정도를 정확히 이해하려면, 언어 연속과 고립을 엄밀히 구별해야 한다. 언어 고립의 경우도 두 개별어는 친족성을 입증해 주는 특징을 공통된 과거 언어로부터 이어받아 보존하지만, 두 개별어는 각자 독립적으로 진화했으므로 어느 한 언어에서 생겨난 새 특성이 다른 언어에서는 발견되지 않을 수 있다 (언어 분리 이후 생겨난 특성이 두 개별어에서 우연히 일치하는 경우는 제외). 어떤 경우에도 배제되는 것은 언어 전파로 일어난 이 특성의 교류이다. 일반적으로 지리적 불연속에서 진화한 언어는 여타 동계어에 비해 그것에만 고유하게 있는 일련의 특징을 보여 주지만, 이 언어가 세분화되면 여기서 생겨난 여러 방언은 공통 특성에 의해 다른 영토의 방언은 배제하고 그들만의 더 밀접한 친족관계를 확인해 준다. 이들은 실제로 나무줄기에서 분지된 별개의 나뭇가지를 형성한다.

연속된 영토에 있는 언어들 사이의 관계는 전혀 다르다. 이들이 보여 주는 공통 특징은 이들을 분화시킨 특징보다 반드시 더 오래된 것은 아니다. 사실 어느 지점에서 발생한 언어 혁신이 일반화되어 그 영토 전체를 포괄하는 경우가 언제나 있을 수 있기 때문이다. 게다가 언어 혁신의 범위는 각 경우마다 그 혁신의 폭을 달리하므로 인접하는 두 개별어가 공통 특성은 보유하지만 전체 언어 내에서 자기들만의 별개 어군을 형성하지 않을 수도 있고, 따라서 인도유럽제어가 잘 보여 주듯이 이 두 개별어는 또 다른 특징에 의해 인접하는 다른 개별 어와 연관될 수도 있다.

제5부   회고언어학의 문제, 결론

제1장 통시언어학의 두 관점

공시언어학이 하나의 유일한 관점, 즉 화자의 관점만을 인정하여 결과적으로 하나의 유일한 방법만을 갖는 반면에, 통시언어학은 시간의 흐름을 따르는 전망적 관점과 시간의 흐름을 거슬러 올라가는 회고적 관점을 동시에 전제로 한다. (172쪽 참조)

전망적 관점은 사건의 진정한 진행과 일치한다. 그래서 역사언어학의 어떤 한 장을 기술하려면, 즉 언어사의 어느 한 시기를 전개하려면 반드시 사용하는 것은 이 전망적 관점이다. 그 방법은 단지 사람들이 이용 가능한 문헌을 확인하는 데 있다. 그러나 수많은 경우에 이런 방식으로 통시언어학을 연구하는 것은 불충분하거나 적용이 불가능하다.

사실상, 시간의 흐름을 추적하면서 언어의 역사를 모든 세부 사항에 이르기까지 확정하려면, 순간순간 포착한 무한히 많은 언어 사진을 가져야 할 것이다. 그런데 이 조건은 결코 충족되지 않는다. 예컨대 로망제어학자는 연구의 출발점인 라틴어를 잘 알고, 또 수세기에 걸쳐 엄청나게 많은 분량의 문헌을 소유하는 특권을 누리지만, 이들은 매 순간 문헌 고증에 커다란 결함이 있음을 확인한다. 이때에는 전망적 방법, 즉 직접적인 문헌을 포기하고, 그와 반대 방향으로 거꾸로 진행해서 회고를 통해 시간의 흐름을 거슬러 올라가야 한다. 이 둘째 관점에서는 주어진 일정한 시기에 위치하여 어떤 형태로부터 유래한 형태가 무엇인지를 탐구하는 것이 아니라 이 형태를 만들어 낸 더 오래된 고형古形이 무엇인가를 탐구한다.

전망이 단순한 서술로 귀결하여 전적으로 문헌 비판에 근거하여 성립하는 반면, 회고는 비교에 의거하는 재구再構 방법을 요구한다. 단 하나의 고립된 기호의 원시형原始形은 설정할 수 없지만, 예컨대 라틴어 pater아버지와 산스크리트어 pitar-아버지나, 라틴어 ger-ō지니다와 ges-tus제스처의 어간처럼 서로 다르면서 기원이 같은 두 기호는 비교를 통해 통시적 단위를 파악할 수 있고, 이 통시 단위는 귀납적으로 재구가 가능한 원형과 이 두 기호를 연결한다. 비교하는 언어 사항이 많으면 많을수록 이 귀납적 형태는 정확해지고, 자료가 충분하면 이들 형태는 진정한 재구형에 도달한다.

모든 언어들이 마찬가지이다. 그러나 바스크어에서는 아무것도 끌어낼 수 없는데, 바스크어는 고립 언어여서 다른 언어와 전혀 비교할 수가 없기 때문이다. 그러나 그리스어, 라틴어, 고대 슬라브어 등과 같이 일단의 친족관계가 있는 언어들로부터, 비교를 통해 이들이 가진 공통의 원시 요소를 추출해 내고, 인도유럽조어가 공간상에서 분화되기 전에 존재한 그 모습대로 인도유럽조어의 핵심을 재구할 수 있다. 또 인도유럽어족 전체에 대해 대규모로 행했던 비교와 재구를, 필요하고 가능한 경우에 이 어족의 각 하위 어군에도 항상 같은 방식으로 제한된 소규모로 되풀이했다. 예컨대 수많은 게르만어군에 속하는 개별어들을 문헌으로 직접 확증하지만, 이들 개별어의 기원인 공통 게르만어는 회고적 방법을 통해 간접적으로 알려진 것이다. 언어학자들이 다른 어족의 단일한 원시어를 다양하게 성공적으로 연구했던 것도 역시 이와 같은 회고적 방법을 사용했기 때문이다. (343쪽 참조)

따라서 회고적 방법은 가장 오래된 문헌을 넘어서 한 언어의 과거로 침투해 들어간다. 예컨대 라틴어의 전망적 역사는 기원전 3세기나 4세기에 와서 겨우 시작되지만, 인도유럽조어의 재구는 단일어(인도유럽조어)와 알려진 최초의 라틴어 문헌 사이의 기간에 틀림없이 전개되었을 사건들을 알게 해 주었고, 그 후에 이에 대한 전망적 그림을 그릴 수 있었다.

이와 관련해서 진화언어학은 역사과학인 지질학과도 비교할 수 있다. 지질학에서는 시간상으로 선행했던 지층을 제거함으로써 안정 상태(예컨대 레만호 분지의 현재 상태)를 기술하지만, 그것은 특히 사건, 즉 일어난 변화를 다루며, 이 사건들의 연쇄가 통시태를 구성한다. 그런데 우리는 이론상으로 전망적 지질학을 상상할 수 있지만, 실제로 그리고 대부분의 경우, 그 고찰은 회고적일 수밖에 없다. 지구상의 어느 지점에 무슨 일이 일어났는지를 이야기하기 전에, 사건들의 연쇄를 재구성하고, 무엇이 지구의 이 지역을 현재 상태로 만들었는지를 연구해야 한다.

이 두 관점의 방법만이 현격하게 다를 뿐만 아니라 교육적인 견지에서도 하나의 동일한 설명에서 이 두 방법을 동시에 사용하는 것은 유익하지 않다. 예컨대 음성변화의 연구는 두 방식 중 어느 방식을 사용하느냐에 따라 아주 다른 두 양상을 보여 준다. 전망적으로 작업하면, 고전 라틴어의 ĕ가 프랑스어에서 무슨 음성이 되었는지를 자문해야 한다. 이때 하나의 단일한 음성이 시간상에서 진화하고 분화해 다수의 음소가 생성된 것을 관찰하게 된다. pĕdem발→ [pye](pied 발), vĕntum바람→ [vā](vent바람), lĕctum침대→ [li](lit침대), nĕcāre익사시키다→ [nwayẹ](noyer익사시키다) 등 참조. 이와 반대로 프랑스어 개음 ẹ가 라틴어에서 무엇을 나타내는지 회고적으로 연구하면, 이 단일한 음성이 기원에서는 다른 여러 음소들로 귀착하는 것이 확인된다. [tẹr](terre땅) = tĕrram땅, [vẹrž](verge얼룩진) = vĭrgam얼룩진, [fẹ](fait만들어진) = factum만들어진 등 참조. 문법적 형성 요소의 진화도 두 가지 방식으로 제시할 수 있고, 따라서 그 두 그림 역시 다를 것이다. 유추적 구성에 대해 304쪽 이하에서 논의한 모든 사실이 이를 **선험적으로** 증명한다. 예컨대 프랑스어 과거분사 접미사 -é의 기원을 (회고적으로) 연구하면, 라틴어 -ātum까지 거슬러 올라간다. 이것은 기원상으로 볼 때 우선 -āre형의 라틴어 명사 파생 동사와 결부되고, 이 명사 파생 동사 자체도 대부분 -a형의 여성명사로 소급된다(plantāre심다 : planta 풀, 그리스어 tīmáō명예를 부여하다 : tīmá명예 등 참조). 다른 한편 -ātum은 인도유럽조어 접미사 -to-가 생존해서 생산적이 되지 못했다면 사라졌을 것이다(그리스어 klu-tó-s유명한, 라틴어 in-clu-tu-s유명한, 산스크리트어 çru-ta-s저명한 등 참조). 또 -ātum에는 단수 대격의 형성 요소 -m이 포함되어 있다. (277쪽 참조) 거꾸로 (전망적으로) 원시 접미사 -to-가 프랑스어에 어떤 형태로 남아 있는지를 조사해 보면, 생산적이든 아니든 과거분사의 여러 접미사(aimé사랑받는 = 라틴어 amātum 사랑받는, fini끝난 = 라틴어 finītum끝난, clos닫힌 = 라틴어 clausum닫힌; 원래형은 *claudtum닫힌[1] 등)와, 또 다른 많은 접미사, 예컨대 -u = 라틴어

-ūtum(cornu뿔 달린 = cornūtum뿔 달린 참조), -tif(학술어 접미사) = 라틴어 -tīvum(fugitif도망치는 = fugitīvum도망치는, sensitif감각의, négatif부정적인 등 참조)에도 나타나고, point점 = 라틴어 punctum점, dé주사위 = 라틴어 datum주어진, chétif허약한 = 라틴어 captīvum사로잡힌 등과 같이 더 이상 분석 불가능한 많은 단어들에서도 볼 수 있다.

---

1 claudere(닫다)의 과거분사 *clautum에 삽입자음 d가 추가된 형태.

제2장   가장 오래된 언어와 원형

인도유럽어학은 초창기에 언어 비교의 진정한 목적도, 재구 방법의
중요성도 이해하지 못했다. (37쪽 참조) 이 점이 이들이 저지른 가장
심각한 과오 중의 하나를 설명해 준다. 인도유럽어학은 언어 비교에
서 산스크리트어에 과장되고 거의 절대적인 역할을 부여했다. 산스
크리트어는 인도유럽어의 가장 오래된 문헌어이므로, 이 문헌어를
원형의 권좌에 앉혔던 것이다. 인도유럽조어가 산스크리트어, 그리
스어, 슬라브어, 켈트어, 이탈리아어를 낳았다고 가정하는 것과, 이들
중 한 언어를 인도유럽조어의 위치에 설정하는 것은 별개의 문제이
다. 이처럼 서투른 혼동은 지대하고 아주 다양한 결과를 초래했다. 분
명 이 가설은 방금 언급한 것처럼 단정적으로 표명한 것은 아니었지
만, 실제로 언어학자들이 이를 암암리에 받아들였던 것이다. 보프는
"산스크리트어가 공통의 기원일 수 있다고는 생각지 않았다"고 쓰고
있다. 마치 이 같은 가정을 표명하는 것 —— 의심스럽기는 하지만 ——
이 가능한 것처럼 말이다.

  그리하여 어느 언어가 다른 언어보다 더 오래되었을 것이라거나

어떤 언어가 더 나이를 먹었을 것이라고 말하는 것이 무엇을 의미하는지를 자문하게 된다. 이는 이론상 세 가지 해석이 가능하다.

1. 먼저 한 언어의 최초 기원, 즉 그 언어의 출발점을 생각해 볼 수 있다. 그러나 가장 단순한 추론으로 나이를 잴 수 있는 언어는 없다는 것을 알 수 있다. 그 어떤 언어도 그전에 말하던 언어의 연속체이기 때문이다. 사람은 그렇게 나이를 셀 수 있지만, 인간언어는 사정이 그렇지 않다. 왜냐하면 언어 발달의 절대적 지속으로 인하여 언어 세대는 구별되지 않기 때문이다. 따라서 가스통 파리[1]가 어머니 언어와 자식 언어의 개념에 반대한 것은 옳은 일이다. 이들 개념은 세대의 단절을 전제로 하기 때문이다. 그러므로 한 언어가 다른 언어보다 더 나이를 먹었다고 말할 수 있는 것은 이런 의미가 아니다.

2. 또 한 언어 상태가 다른 시기보다 더 오래된 옛 시기에 포착되었다는 것을 의미한다고 할 수 있다. 예컨대 아르키메데스 왕조의 명문에 나타난 고대 페르시아어는 피르다우시[2]의 페르시아어보다 더 오래된 것이다. 이 특수한 경우처럼 한 언어가 다른 언어로부터 확실하게 유래하고, 또 이 양자가 잘 알려진 두 개별어인 한에서, 가장 오래된 언어만 고려해야 한다는 것은 말할 필요가 없다. 그러나 이 두 조건이 충족되지 않으면, 언어의 고어성古語性은 아무런 중요성이 없다. 예컨대 리투아니아어는 1540년 이후에서야 겨우 실체가 확인되었지만, 이 점에서 볼 때 10세기에 기록된 고대 슬라브어나 『리그베

---

1 Gaston Paris(1839~1903). 프랑스 문학자이자 작가로서 특히 중세 프랑스 문학과 로망제어 문학 전문가이다. 학술지 『로마니아』(*Romania*, 1872)를 창간했으며 콜레주드프랑스 원장을 지내기도 하였다.
2 Ferdowsi(BC 935?~1025?). 대서사시 『열왕전』(*Shahnameh*)을 지은 페르시아의 대문호.

다』³의 산스크리트어만큼 귀중하다.

3. '오래된'이란 단어는 좀 더 옛스러운 언어 상태, 즉 그 형태가 모든 연대 문제를 벗어나서 원시 모형에 더 근접된 상태로 남아 있는 것을 지칭할 수 있다. 이런 의미에서 16세기의 리투아니아어는 기원전 3세기의 라틴어보다 더 오래되었다고 말할 수 있다.

산스크리트어에 다른 언어보다 훨씬 더 오래된 것이라는 고어성을 부여한다면, 그것은 단지 둘째 또는 셋째 의미로만 그럴 수 있다. 그런데 산스크리트어는 이 두 의미 중 어느 의미로도 사실 그러하다. 한편으로 베다의 찬가가 고대성의 측면에서 가장 오래된 그리스어 텍스트를 능가한다는 것은 인정된다. 다른 한편, 특히 중요한 사실은, 산스크리트어의 고어적 특성 전체가 다른 언어가 보존하는 특성과 비교해 볼 때 엄청나게 많다는 점이다. (34쪽 참조)

산스크리트어를 인도유럽어족의 언어들 전체보다 앞선 언어로 설정하게 된 고대성이란 혼란스러운 개념의 결과, 언어학자들은 산스크리트어가 조어祖語라는 잘못된 생각에서 벗어나기는 했지만, 그 후에도 산스크리트어가 방계 언어로서 제공하는 증거에 여전히 지나치게 큰 중요성을 부여했다.

아돌프 픽테⁴는 자신의 저서 『인도유럽인의 기원』*Origines indo-*

---

3 기원전 3000~2000년경부터 구전으로 전해 내려오던 것을 기원전 1500~1000년경에 기록한 문헌이다.

4 Adolphe Pictet(1799~1875). 스위스 인도유럽어 역사비교언어학자. 언어 선사고생물학 연구 창시자로 유명하다. 소쉬르의 학문적 성장과 발달에 큰 영향을 끼쳤고, 낭만주의적 언어관을 지녔다. 독일에서 슐레겔, 헤겔, 괴테 등의 대학자들과도 교분을 가졌다. 위 책의 원제는 『인도유럽족 또는 원시 아리아족의 기원: 언어 선사고생물학 시론』(*Les origines indo-européennes ou les Aryas primitifs: essai de paléontologie linguistique*, 1859~1863)이다.

européennes(399쪽 참조)에서, 고유의 인도유럽어를 말하던 원시민족의 존재를 명시적으로 인정하면서도 무엇보다 먼저 산스크리트어를 참조해야 한다는 것과 이 산스크리트어의 증거가치는 다수의 다른 인도유럽제어를 합친 증거보다 한층 월등하다고 확신했다. 원시 모음 체계의 문제처럼 가장 중요한 문제를 수년간 오래도록 밝히지 못한 것은 이러한 착각 때문이었다.

이 오류는 소규모로, 세부적으로 반복되었다. 인도유럽어에 속하는 특정한 어군을 연구할 때, 언어학자들은 공통 원시 상태를 더 확실히 알려고 하지 않고, 가장 오래전에 알려진 어느 개별어를 이 어군 전체의 충분하고도 적절한 원형으로 보려고 했다. 예컨대 게르만어(군)를 논하는 대신에 아주 단순히 고트어를 주저 없이 인용하는데, 그것은 고트어가 다른 게르만어 방언들보다 몇 세기 앞섰기 때문이었다. 그래서 고트어는 강제적으로 원형, 즉 게르만어 방언들의 기원이 된 것이다. 슬라브어를 보면, 언어학자들은 10세기에 알려진 슬라보니아어나 고대 슬라브어에만 전적으로 근거를 두었다. 다른 슬라브 방언들은 훨씬 나중 시기에 알려졌기 때문이다.

사실상 연속하는 시대에 문자 체계로 고정된 두 언어 형태가 개별어 역사의 두 시기에 걸쳐 이 언어의 모습을 정확히 보여 주는 일은 극히 드물다. 흔히는 실제로 서로 간에 언어적으로 연속하지 않는 두 방언을 마주하는 것이다. 예외가 이 규칙을 확증해 준다. 예컨대 가장 두드러진 예외는 라틴어에 대한 로망제어의 경우이다. 프랑스어에서 라틴어로 거슬러 올라가면 수직 선상의 기원을 대하게 된다. 로망제어의 영토는 우연히도 라틴어가 사용되던 영토였으며, 따라서 로망제어에 속하는 각 개별어는 진화된 라틴어에 속한다. 마찬가지로 다

리우스 왕조의 명문에 있는 고대 페르시아어는 중세기의 페르시아어
와 같은 방언이라는 것을 살펴보았다. 그러나 이와 반대되는 사례가
훨씬 빈번히 출현한다. 여러 시대의 언어 증거는 동일 어족에 속하는
다른 방언들에 속하는 언어 사실이다. 예컨대 게르만어는 그 후계 언
어를 알지 못하는 울필라[5]의 고트어에서 모습이 드러나며, 그 후에는
고대 고지 독일어의 텍스트에서도 나타나고, 더 후대에는 앵글로색
슨어와 고대 노르웨이어의 텍스트에서도 차례로 그 모습이 드러난
다. 그런데 이 방언들이나 방언군 가운데서 그 어떤 것도 그 이전에
확인된 방언의 계승형은 아니다. 이러한 상황은 다음 도식으로 나타
낼 수 있다. 여기서 알파벳 문자는 방언을 나타내고, 점선은 연속된
시기를 나타낸다.

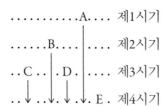

언어학은 이 사태에 만족해야 할 뿐이다. 그렇지 않으면, 최초로
알려진 최초의 방언(A)은 연속 상태의 분석에서 추출할 수 있는 것을
모두 미리 포함하고 있어야 할 것이다. 반면 이 모든 방언들(A, B, C, D

---

5 Wulfila(311~383). 카파도키아의 그리스계 고트인으로서 주교와 선교사로 봉직했으며, 고트
  어 문자를 만들어 성서를 고트어로 번역했다. 웁살라대학에 보관되어 있는 『코덱스 아르겐
  테우스』(Codex Argenteus)는 이 고트어로 기록된 6세기의 복음서 사본이다.

등)의 수렴점을 찾으면, A보다 더 오랜 형태인 원형 X를 만나게 될 것이고, 이 A와 X를 혼동하는 일은 없을 것이다.

제3장　재구

§1. 그 성격과 목적

재구의 유일한 수단이 언어들을 비교하는 것이라면, 언어 비교는 재구 이외의 다른 목적은 없다. 여러 형태들 사이에서 확인되는 대응은 결과가 없을 위험성이 있지만, 시간이라는 관점에 위치해서 하나의 유일한 형태를 복원해야 한다. 이 점에 대해 여러 번 강조한 바 있다(37쪽 이하와 353쪽). 예컨대 그리스어 mésos중간의에 대응하는 라틴어 medius중간의를 설명하려면, 인도유럽조어까지 거슬러 올라가지 않고서도 역사적으로 medius, mésos와 연관되는 좀 더 오래된 사항 *methyos중간의를 설정해야 했다. 다른 언어에 속하는 두 단어를 비교하는 대신에 한 언어에서 취한 두 형태를 비교해도 이와 동일하게 확증된다.[1] 예컨대 라틴어 gerō지니다와 gestus동작, 제스처는 예전에 이 두

1 　서로 다른 언어를 비교하여 형태를 재구하는 것을 외적 재구라고 하고, 한 언어의 서로 다른 형태를 비교하여 재구하는 것을 내적 재구라고 한다.

형태에 공통된 어간 *ges-로 소급한다.

음성변화에 기초하는 언어 비교는 언제나 형태론적 고려에서 도움을 받는다는 것을 지나가면서 지적하도록 하자. 예컨대 라틴어 patiior참다와 passus견딘를 검토하면서 factus만들어진, dictus말해진 등을 개입시킨다. 그것은 이들이 passus와 성격이 같은 어형이기 때문이다. 또한 과거 시기에 patior참다와 *pat-tus견딘 사이에 동일한 관계를 설정하는 것은 faciō나는 만든다와 factus, dīcō나는 말한다와 dictus의 형태론적 관계에 근거하기 때문이다. 반대로 비교가 형태론적이면, 음성학의 도움을 받아서 설명해야 한다. 예컨대 라틴어 meliōrem더 좋은은 그리스어 hēdío달콤한 것와 비교할 수 있는데, 음성적으로 전자는 *meliosem더 좋은, *meliosm더 좋은으로 소급하고, 후자는 *hādioa달콤한 것, *hādiosa달콤한 것, *hadiosm달콤한 것으로 소급하기 때문이다.

따라서 언어 비교는 기계적인 조작이 아니다. 그것은 설명을 제공하는 모든 자료를 비교하는 것을 의미한다. 그러나 이 언어 비교는 언제나 공식으로 표현되고, 이전 시기의 형태를 복원하는 것을 목표로 하는 추론에 도달해야 한다. 그래서 모든 비교는 언제나 결국 형태 재구로 귀착된다.

그러나 과거 언어에 대한 이러한 시각은 과거의 언어 상태의 완전하고 구체적인 형태 재구를 목표로 하는 것 아닌가? 아니면 이와 반대로 그것은 단어의 일부에 입각하여, 부분적이고 추상적인 단언으로 그치는 것인가? 예컨대 라틴어 fūmus연기의 f가 공통 이탤릭어 þ와 대응한다거나 그리스어 állo다른 것, 라틴어 aliud다른 것의 첫 요소 a는 인도유럽조어에서 a였다고 확증하는 것으로 그치는가? 이것은 이 둘째 부류의 연구에 임무를 한정할 가능성이 아주 크다. 심지어 그 분석 방법은 이러한 부분적인 확증 외에는 다른 목적이 없다고까지 말할 수 있다. 그러나 이 고립 사실들 전체에서는 아주 일반적인 결론만을 끌어낼 수 있을 뿐이다. 예컨대 라틴어 fūmus와 유사한 일련의 언어 사실은 þ가 공통 이탈릭어의 음운 체계에 출현했다는 것을 확정하게 만든다. 마찬가지로 인도유럽조어가 소위 대명사 굴절에서 형용사 어미 -m과는 다른 중성 단수 어미 -d를 보여 준다고 주장하면, 이것은 개별 사항의 확인에서 추론한 일반적 형태론적 사실이다(라틴어 bonum재산에 대해 istud중간의, aliud다른 것, 그리스어 kalón나무, 장작에 대해 tó그것 = *tod그것, állo다른 것 = *allod다른 것, 영어 that그것 등 참조). 이보다 한 걸음 더 나아갈 수도 있다. 이 다양한 언어 사실들이 일단 재구되면, 완전한 단어(예컨대 인도유럽조어 *alyod다른), 굴절의 계열체 등을 재구하기 위해, 형태 전체와 관련되는 모든 언어 사실을 종합한다. 이를 위해서 서로 분리된 단언들을 집합적으로 결집시킨다. 예컨대 *alyod와 같은 재구형의 여러 부분을 비교할 때, 문법적 문제를 제기하는 -d와 문법적 의미가 전혀 없는 a-의 차이가 크다는 점에 주목한다. 재구형은 연대적 전체가 아니라 언제라도 분석될 수 있는 음성적 추론의 합산이므로 각 부분은 부인될 수도 있고, 검토 대상이 될 수도 있다. 따라서 복원된 재구 형태는 언제나 적용 가능한 일반적 결론을 보여 주는 충실한 반사물이다. '말'을 가리키는 인도유럽조어는 *akvas말, *ak₁vas말, *ek₁vos말, *ek₁wos말로 차례로 가정되었지만, 단지 s만이 음소의 수와 함께 아무런 이의가 없었던 요소이다.

따라서 재구의 목적은 형태 자체를 복원하는 것 —— 아주 우스꽝스러운 일이다 ——이 아니라 매 순간 얻은 재구의 결과에 따라 옳다고 생각하는 결론 전체를 결정화結晶化하고 응축하는 것이다. 한마디로, 언어과학의 진보를 기록하는 것이다². 마치 언어학자들이 인도유럽조어를 사용하기를 원하기나 하는 것처럼 이들이 조어를 철저히 복원하려고 한다는 일반인들이 가진 이상한 생각을 불식하려고 언어학자들을 변호할 필요는 없다. 언어학자는 역사적으로 알려진 언어를 다룰 때도 이런 견해를 갖지 않으며(라틴어를 유창하게 말하려고 라틴어를 언어학적으로 연구하는 것은 아니다), 하물며 선사 시기의 언어에 속하는 개별 단어는 말할 필요도 없다.

더욱이 재구에 수정의 여지가 있더라도 연구대상으로 삼은 언어 전체를 조망하거나 이 언어가 속한 언어 유형을 조망하기 위해서는 재구가 없어서는 안 된다. 재구는 공시적이고, 통시적인 일반적 사실을 비교적 용이하게 나타내려면 필수불가결한 도구이다. 인도유럽조어의 전체 모습은 재구형 전체에 의해 즉각 밝히 드러난다. 예컨대 접미사는 다른 요소는 배제하고 단지 몇몇 요소(t, s, r 등)로만 형성되며, 독일어 동사의 모음 체계의 복잡한 다양성(werden되다, wirst너는 된다, ward나는 되었다, wurde나는 된다, worden우리들은 될 것이다 참조)은 그 규칙에 인도유럽조어와 동일한 원시 모음 교체 e — o — 영zéro이 숨어 있다는 것 등이다. 재구의 결과로서 후대 시기의 언어역사는 아주 용이해진다. 왜냐하면 재구가 선행되지 않으면, 선역사 시기 이후로 시간의 흐름을 따라 일어난 언어변화를 설명하기는 훨씬 더 어렵기 때문이다.

2　재구형은 음성변화와 대응의 규칙성을 이용하여 설정한 이론적 가설형이다. 실제로 이 재구형을 언제, 어느 곳에서, 누가 실제로 사용했는지는 알 수 없다. 즉 사회 역사적 실체로서의 자연어는 아니다.

§2. 재구의 확실성 정도

재구형은 완벽하게 확실한 것도 있고, 어떤 형태는 이론의 여지가 있거나 정말 문제시되는 것도 있다. 그런데 방금 살펴보았듯이, 형태 전체의 확실성 정도는 이러한 종합에 개입하는 부분의 복원에 부여되는 상대적 확실성에 의존한다. 이런 점에서 두 단어가 대등한 자격을 갖는 경우는 거의 없다. *esti그는 ~이다와 *didōti그는 준다처럼 명백한 인도유럽조어의 형태에도 차이가 있다. 그것은 후자 단어에 있는 중복모음이 의심스럽기 때문이다(산스크리트어 dadāti그는 준다와 그리스어 dídōsi그는 준다 참조).

　　일반적으로 재구형이 실제보다 그리 확실하지 않다고 생각하는 경향이 있다. 다음 세 가지 사실은 재구형에 대한 우리 믿음을 보다 강화시키기에 적합하다.

　　첫째는 ─이는 중요하다 ─95쪽 이하에서 지적한 것이다. 즉 어떤 단어가 주어져 있을 때, 이것을 구성하는 음성, 음성의 수와 경계를 명확히 구별할 수 있다. 116쪽에서 음운론적 현미경으로 연구하는 언어학자들이 제기하는 반론에 어떻게 대응해야 하는지를 살펴보았다. -sn- 같은 음성군에는 분명 순간적인 전이음이 있지만, 이를 고려한다는 것은 반언어학적이다. 보통 사람의 귀로는 이를 분간하지 못하며, 특히 화자는 구성 요소의 수에는 언제나 의견이 일치한다. 따라서 인도유럽조어의 재구형 *ek₁wos말에는 변별적이고 차별적 요소는 다섯 개이며, 화자는 응당 여기에 주의를 기울인다고 말할 수 있다.

　　둘째 사실은 각 언어에서 음운 요소가 이루는 체계에 관한 것이다. 모든 개별어는 합계가 완전히 한정된 음소 목록으로 운용된다. (86쪽 참조) 그런데 인도유럽조어에서 음운 체계의 모든 구성 요소는 적어도 재구로 입증된 열두 개 정도의 형태에서 나타나기도 하고, 때로는 수천 개의 형태에서도 출현한다. 그래서 이들 전부를 알고 있다고 확신하는 것이다.

끝으로, 언어의 음성 단위를 알기 위해 적극적 음가의 특징을 기술하는 것은 필수적이 아니다. 이 음성 단위는 그 속성이 서로 혼동되지 않는 차별적 실재체로 간주해야 한다. (218쪽 참조) 이것은 아주 본질적이어서, 재구하려는 개별어의 음성 요소를 숫자나 기호로도 나타낼 수 있다. *ĕk₁wŏs말에서 ĕ의 절대 음가를 결정하는 것, 즉 그것이 개음인지 폐음인지, 전설에서 발음되는지 등을 질문하는 것은 무익하다. 왜냐하면 여러 종류의 ĕ를 인식하지 못하는 한, 이 ĕ를 이 언어의 차별적 요소(â, ŏ, ē 등) 가운데 어느 요소와도 혼동하지만 않는다면 그리 중요한 일이 아니기 때문이다. 이것은 *ĕk₁wŏs의 첫 음소가 *mĕdhyŏs중앙의의 둘째 음소, *ăgĕ이끌다의 셋째 음소와 같다는 것을, 따라서 이 음소의 음성적 성질을 명세하지 않고서도 인도유럽조어의 음소표로 목록화하여, 번호로도 나타낼 수 있음을 의미한다. 그리하여, *ĕk₁wŏs의 재구형은 라틴어 equos말와 산스크리트어 açva-s말의 인도유럽어 대응 재구형이 이 원시 개별어의 음운계音韻界에서 취한 다섯 개의 일정한 음소로 구성되었다는 것을 의미한다.

따라서 재구형은 방금 설정한 한계 내에서 그 완전한 가치를 갖는다.

제4장 인류학과 선사학에서 언어의 증언

§ 1. 언어와 인종

따라서 언어학자는 회고적 방법으로 시대를 소급해서 몇몇 민족이 역사에 등장하기 훨씬 이전에 이들이 사용한 언어를 재구할 수 있다. 그러나 이 재구는 나아가서 이 민족 자체뿐만 아니라 그들의 인종, 계통, 사회관계, 풍습, 제도 등도 가르쳐 줄 수는 없을까? 한마디로 말해 언어가 인류학, 민속학, 선사학에 해명의 빛을 가져다주는가? 일반적으로 그렇다고들 생각한다. 우리는 거기에 큰 착각이 있다고 생각한다. 이 일반적 문제의 몇 가지 양상을 간단히 검토해 보자.

먼저 인종을 살펴보자. 언어 공통성에서 혈족관계를 끌어낼 수 있다는 것, 즉 어족이 인류학적 종족과 서로 일치한다고 생각하는 것은 잘못이다. 실상은 그리 단순하지 않다. 예컨대 게르만족을 보면, 이들의 인류학적 특징은 아주 뚜렷하다. 금발머리, 긴 두골, 큰 키 등이다. 스칸디나비아인의 유형은 이 특징을 보여 주는 가장 완벽한 형태이다. 그렇지만 게르만어를 말하는 모든 주민이 이 인종 표지와 부합하는 것은 아니다. 예컨대 알프스산맥 아래의 알레마니아인은 스칸디나비아인과는 아주 다른 인류학적 유형이다. 그렇다면 한 개별어가 한 인종에만 고유하게 속하며, 그 언어를 타민족이 사용한다면, 이 언어가 정복으로 이들에게 강요되었다는 것을 최소한 인정할 수 있을까? 분명 우리는 로마인이 정복한 골족처럼 어느 민족이 정복자의 언어를 채용하거나 수용하는 것을 종종 볼 수 있다. 그러나 이 설명만으로는 불충분하다. 예컨대 게르만족의 경우, 이들이 수많은 이민족을 굴복시켰다고 인정하더라도 모두 합병할 수는 없었다. 그렇게 하려면 선사 시기로부터 오랜 세월 동안 이들을 지배했다는 것과 또한 입증할 수 없는 다른 정황들도 가정해야 한다.

그러므로 혈족관계와 언어 공통성과는 아무 필연적 관계가 없는 것처럼 보이며, 어느 한 가지 사실에서 다른 사실을 끌어내어 결론지을 수 없다. 결국 인류학과 언어의 증거가 일치하지 않는 경우에, 이 두 가지를 대립시키거나 어느 하나를 선택할 필요는 없다. 그것은 이들이 각기 고유한 가치를 갖기 때문이다.[1]

§ 2. 민족성

그렇다면 언어의 이러한 증거는 무엇을 가르쳐 주는가? 인종적 단일성은 그 자체로는 언어 공통성의 이차적 요인이지 필수적 요인은 아

---

1 오늘날 인구유전학에서는 유전적 거리(genetic distance)를 통해 인종 유형 및 분포와 이동 경로, 인종 분류와 언어 분류의 관계를 연구한다.

니다. 그러나 또 다른 단일성이 있는데, 이것은 훨씬 더 중요하고, 유일하게 본질적이다. 바로 사회적 연대로 구성되는 단일성이다. 이것을 **민족성**ethnisme[2]으로 부를 것이다. 우리는 이를 종교, 문명, 공동 방어 체계 등의 복합적 관계에 근거하는 단일성의 의미로 이해한다. 그것은 이 복합적 관계가 서로 다른 여러 인종으로 구성된 민족들 사이에서, 정치적 유대가 전혀 없는 가운데서도 형성될 수 있기 때문이다.

63쪽에서 이미 확인한 이 상호관계가 구축되는 곳은 언어와 민족성 사이이다. 왜냐하면 사회적 유대는 언어 공통성을 만드는 경향이 있고, 아마도 공통의 개별어에 어떤 특성을 각인시키기 때문이다. 반대로, 어느 정도 민족적 단일성을 구성하는 것은 언어 공통성이다. 일반적으로 민족 단일성은 언어 공통성을 설명하기에 언제나 충분하다. 예컨대, 중세기 초 다양한 기원을 가진 종족을 정치적 유대 없이 결집시키는 로마 민족성이 있었다. 거꾸로 민족 단일성의 문제는 무엇보다도 언어를 조사해 봐야 한다. 언어 증거는 다른 모든 증거보다 우위에 있기 때문이다. 이에 대한 예를 하나 들어 보자. 고대 이탈리아에 라틴족과 에트루리아족이 인접해서 거주한 것은 주지의 사실이

---

2 민족성 또는 민족 집단은 민족(nation)과 유사한 개념이지만, 언어를 매개로 맺어진 사회 정치적 문명 공동체로서 낭만적 민족주의 이데올로기의 근간이 된다. 오늘날에 와서는 이 용어를 거의 사용하지 않으며 TLF에도 표제어로 등록되어 있지 않다. 다음 정의 참조. "민족 집단(ethnos)은 일정 영토에 역사적으로 자리잡고, 비교적 안정된 언어와 문화 특성을 공유하면서 또한 자신들의 단일성과 다른 유사 집단과의 차이를 인식하고(자의식), 이것을 자신들이 부르는 명칭(민족 명칭〈ethnonym〉)으로 표현하는 사람들의 확고한 모임으로 정의될 수 있다"(Colin Renfrew, *Archaeology and Language: The Puzzle of Indo-European Origins*, Penguin Books, 1987. 번역본: 콜린 렌프류, 『언어고고학: 인도유럽어의 기원은 어디인가?』, 김현권 옮김, 에피스테메, 2017, 255쪽). 그러나 소쉬르가 이 민족 집단과 언어 공동체를 동일시했는지에 대해서는 좀 더 재고해야 한다.

다. 이들의 기원이 동일하다는 것으로 귀착시키려는 희망으로 그들이 지닌 공통점을 찾으려고 한다면, 이 두 민족이 남긴 모든 유물, 즉 기념물, 종교 의식, 정치제도 등을 이용할 수 있다. 그러나 이들은 언어가 즉각 제공하는 확실성에는 절대 이르지 못한다. 왜냐하면 단 네 줄의 에트루리아어는 이 언어를 말한 민족이 라틴어를 사용한 민족 집단과는 다르다는 것을 증명하기에 충분하기 때문이다.

그러므로 이와 관련해서, 그리고 위에서 지적한 한계 내에서, 언어는 역사적 기록 자료이다. 예컨대 인도유럽제어가 한 어족을 형성한다는 사실은 이 화자들이 하나의 원시민족이라고 결론짓게 한다. 오늘날 인도유럽제어를 사용하는 모든 사람들은 사회적 계보에 의해 이 원시민족의 직계 후손이 된 것이다.

§3. 언어 선사고생물학

그러나 언어 공통성으로 사회적 공통성을 주장할 수 있다면, 언어는 이 공통 민족성의 성질을 알려 주는가?

오랫동안 언어를 그것을 사용하는 민족과 그 선사에 관한 무궁무진한 자료의 원천이라고들 생각했다. 켈트족 연구의 선구자인 아돌프 픽테는 특히 저서 『인도유럽인의 기원』(1859~1863)으로 널리 알려져 있다. 이 저서는 다른 많은 저서의 모델이 되었고, 아직까지도 여전히 가장 매력적인 책으로 남아 있다. 픽테는 인도유럽제어가 제공하는 증거에서 아리아족 문명의 근본적 특징을 찾으려고 했고, 이 문명의 가장 다양한 양상, 즉 물질적 사물(연장, 무기, 가축), 사회생활(유목 민족이었는지 농경 민족이었는지?), 가족, 통치 방식 등을 확립할 수 있다고 믿었다. 또 아리아족의 발상지를 찾으려고 노력하고,[3] 그곳을 박트리아 지방[4]으로 설정했다. 또한 아리아족이 거주했던 지방의 식물상과 동물상을 연구했다. 이것은 이 방면에서 시도했던 가장 주목할 만한 시도였다. 이렇게 시작된 이 과학에는 언어 선사고생물학[5]이라는 명칭이 붙었다.

그 이후로 또 다른 시도들이 이와 같은 연구 방향에서 추진되었다. 가장 최근의 시도로는 헤르만 히르트[6]의 시도가 있다(『인도게르만족』*Die Indogermanen*, 1905~1907).[7] 그는 인도유럽족이 살았던 지방을 정하기 위해 슈미트의 이론에 근거를 두었지만(371~372쪽 참조), 언

---

3 원거주지설에는 마리야 김부타스(1921~1994)의 쿠르간설(Kurgan)과 콜린 렌프류의 농경설이 있다. 전자는 러시아 남부의 스텝 지역에서 유목생활을 하던 자들이 기원전 5,500~3,000년경에 걸쳐 수차례 이동했다는 것이고, 후자는 기원전 9,000년경 아나톨리아 중부가 원거주지이며, 농경과 인구 증가로 사람들이 분산되면서 이동했다는 주장이다. 타마즈 감크렐리제(1929~2021)와 뱌체슬라프 이바노프(1929~2017)는 아나톨리아 동부, 소아시아 근처가 원거주지라고 추정한다. 그 외 유럽 중부, 발칸반도가 원거주지라고 주장하는 설도 있다. 콜린 렌프류, 『언어고고학』 참조.

4 오늘날 힌두쿠시산맥 인근의 아프가니스탄, 타지키스탄, 우즈베키스탄을 포함하는 지방이다.

5 인도유럽어의 여러 언어에 공통으로 출현하는 동식물 명칭이나 생활사의 기본 어휘를 가지고 그러한 사물이 서식하거나 사용된 장소를 탐구하여 인도유럽인의 원거주지를 추정하는 분야이다.

6 Hermann Hirt(1865~1936). 독일 문헌학자이자 인도유럽어학자. 라이프치히대학 교수로서 브루크만의 인도유럽어 연구에 크게 기여했다. 위 책의 원제는 『인도게르만족. 확산과 원거주지 그리고 문화』(*Die Indogermanen. Ihre Verbreitung, ihre Heimat und ihre Kultur*, 1905~1907, 2 vols.)이며 인도유럽인의 원거주지 문제를 다룬 최초의 저서 중 하나이다.

7가 또한 (히르트의 저서보다 약간 먼저 나온 저서들인) 앙리 다르부아 드 쥐뱅빌의 『유럽 최초의 주민들』(*Les premiers habitants de l'Europe*, 1877), 오토 슈라더의 『언어 비교와 선역사』(*Sprachvergleichung und Urgeschichte*); 『인도게르만족의 고대 문화의 사물 어휘집』(*Reallexikon der indogermanischen Altertumskunde*), 지크문트 파이스트의 『선역사로 본 유럽』(*Europa im Lichte der Vorgeschichte*, 1910) 참조.

어 선사고생물학에도 의지하였다. 예컨대 어휘 사실은 인도유럽족이 농경민이었다는 것을 보여 주었고, 따라서 이들의 근거지를 남부 러시아——이곳은 유목생활에 더 적합하기 때문에——에 위치시키는 것을 거부했다. 나무 이름과 특히 핵심적인 나무(전나무, 자작나무, 너도밤나무, 떡갈나무)가 빈번히 출현하므로 이들의 거주지는 삼림이 우거진 곳이었으며, 따라서 하르츠산맥과 비스툴라강 사이, 좀 더 정확히는 브란덴부르크와 베를린 지방에 거주한 것으로 생각했다. 픽테 이전에도 아달베르트 쿤[8]과 그 외의 언어학자들[9]도 인도유럽족의 종교와 신화를 재구하기 위해 언어학을 이용했던 것을 상기하자.

그런데 언어에서 이런 유형의 정보를 구할 수 있을 것 같지는 않다. 그래서 언어가 이런 정보를 제공하지 못한다면, 그 원인은 우리 생각에는 다음과 같은 사실에 기인하기 때문이다.

우선 어원의 불확실성이다. 언어학자들은 기원이 잘 확립된 단어가 얼마나 드문지를 점차 이해하게 되었고, 그래서 좀 더 신중해졌다. 과거에 저지른 무모한 짓들 가운데 한 가지 예를 보자. 언어학자들은 아마도 그럴 수 없는데도 servus집안의 우두머리와 servāre집안의 우두머리를 비교하였다. 그리하여 전자에는 '지키는 자'라는 의미를 부여하고, 노예는 원래 집을 지키는 자였다고 결론을 끌어냈다. 그런데 servāre가 애초에 '지키다'는 의미를 가졌는지는 단언할 수 없다. 이것이 전부는 아니다. 단어의 의미는 진화한다. 즉 단어의 의미 작용은

---

8 원거주지와 관련해서 픽테의 방법을 이용한 쿤의 저서로는 『인도게르만족의 상고사』(*Zur ältesten Geschichte der Indogermanischen Völker*, 1845)가 있다.

9 막스 뮐러, 미셸 브레알, 조르주 뒤메질, 에밀 벵베니스트 등은 모두 인도유럽어학자이면서 동시에 종교, 신화를 연구한 대학자들이다.

흔히 민족이 거주지를 옮기면 같이 변한다. 또 언어에 어떤 단어가 없다는 것을, 원시 문명에 그 단어가 지시하는 사물이 없었다는 증거로 생각했다. 이것은 잘못이다. 예컨대 '경작하다'는 단어는 아시아의 개별어들[10]에는 없다. 하지만 이것이 이러한 일이 원래 없었다는 것을 의미하는 것은 아니다. 왜냐하면 경작을 더 이상 하지 않았거나 이 경작하는 일을 다른 방식으로 실시하고는 다른 용어로 지칭할 수도 있었기 때문이다.

차용어의 가능성도 어원의 확실성을 흐리는 제3의 요인이다. 어떤 언어를 말하는 민족이 사물을 받아들이면 이 사물을 가리키는 단어는 결국 그 언어에 차용된다. 예컨대 대마大麻는 지중해 분지에서는 아주 늦게 알려졌고, 북유럽의 나라들에서는 더 늦게 알려졌다. 그때마다 대마라는 명칭이 그 식물과 함께 들어왔다. 많은 경우, 언어 외적 자료가 없으므로, 여러 언어에 동일 단어가 있으면 그것이 차용에서 기인한 것인지 공통의 원시 전통을 증명하는 것인지 알 수 없다.

그렇지만 이는 언어의 몇몇 일반적 특징과 정확한 자료를 즉각 분석할 수 없다는 것을 의미하는 것은 아니다. 예컨대 친족을 나타내는 공통 용어는 지금까지 풍부하게 남아 있고, 아주 명료하게 전승되어 왔다. 이 친족 용어는 인도유럽인의 가족제도가 질서정연하고도 복잡한 제도였음을 입증해 준다. 왜냐하면 이 친족 문제에서 그들의 언어에는 우리 언어로 표현할 수 없는 미묘한 뉘앙스가 담겨 있기 때

---

10 보다 정확히는 '아시아의 인도유럽어들'이다. 이들은 주로 인도유럽어의 동부 방언권인 사템어에 속하는 언어들로서 산스크리트어를 비롯해서 인도이란어에 속하는 언어들과 토카라어, 히타이트어 등을 가리킨다.

문이다. 호메로스의 작품에서 eináteres는 '형제의 아내들'이라는 의미에서 '여자 동서'를 뜻하고, galóōi는 '아내와 그 남편의 누이 사이'라는 의미에서 '시누이-올케'를 뜻한다. 그런데 라틴어 janitrīcēs집안의 우두머리는 형태와 의미가 eináteres와 대응한다. 마찬가지로 '누이의 남편, 매형'도 '누이의 남편들, 남자 동서들'과 명칭이 다르다. 따라서 여기서 상세한 세부 사실을 확인할 수는 있지만, 일반적인 정보에 만족해야 한다. 동물도 사정은 마찬가지이다. 예컨대 소와 같이 중요한 동물 종류는 그리스어 boûs소, 독일어 Kuh소, 산스크리트어 gau-s소 등의 명칭이 일치하는 데 근거해서 인도유럽조어 *g₂ōu-s소[*g₂ = 순음화된 *gʷ]를 재구할 수 있는데 이 인도유럽제어는 모두 굴절 특징이 똑같다. 만약 이 명칭이 후대에 다른 언어에서 차용된 단어라면 이것은 불가능하다.

여기서 또 다른 형태론적 사실을 좀 더 자세한 세부 사항과 함께 추가하려고 한다. 이 형태론적 사실은 일정한 지역에 국한되고, 사회 조직의 일부와 관련된다는 두 가지 특징이 있다.

dominus집안의 우두머리와 domus집, 집안의 관련에 대해 많은 논의가 있었음에도 불구하고, 언어학자들은 완전히 만족하지 못했다. 왜냐하면 접미사 -no-가 이차 파생어를 형성하는 방식이 너무나 이상하기 때문이다. 그리스어 oîkos집에서 *oiko-no-s 또는 *oike-no-s가 파생되거나, 산스크리트어 açva-말에서 *açva-na-가 파생되는 단어 형성법은 본 적이 없다.[11] 그런데 dominus의 접미사에 의미 가치를 부여하고

---

11 라틴어 dominus < domus + nu-s(집의, 집을 힘으로 지배하는)처럼 접미사 파생에 의해 그리스어 *oikos + no-s(집의, 집을 힘으로 지배하는)라는 단어가 생성되지 않는다는 뜻이다. 산스크

부각시키는 것은 바로 이 희귀성 때문이다. 이와 관련해서 우리 견해로는 게르만어 단어가 아주 시사적이다.

1. *þeuda-na-z-(민족*þeudō의 우두머리, 왕), 고트어 þiudans민족의 우두머리, 왕, 고대 색슨어 thiodan민족의 우두머리, 왕(*þeudō민족, 고트어 þiuda민족 = 오스카어 touto민족)

2. *druχti-na-z(부분적으로 *druχtī-na-z로 변화, *druχ-ti-z, 즉 '군대 우두머리'). 여기서 '주님, 하나님'을 뜻하는 기독교 명칭, 고대 노르웨이어 Dróttinn, 앵글로색슨어 Dryhten이 파생되었고, 이 명칭에는 모두 어미 -ĭna-z가 있다.

3. *kindi-na-z(*kindi-z = 라틴어 gens종족의 우두머리). gens의 우두머리는 *þeudō민족의 우두머리와 비교하면 우두머리 아래의 부족장이기 때문에 kindins족장라는 이 게르만 용어(다른 곳에서는 완전히 소멸했다)는 울필라가 속주의 로마 통치자를 지칭할 때 사용했다. 왜냐하면 울필라의 게르만적 관념에는, 황제가 파견한 지방 총독은 þiudans민족의 우두머리, 왕과 비교할 때 씨족장과 동일한 지위였기 때문이다. 역사적 관점에서 이러한 동일한 지위의 비교는 아주 흥미로운 문제이며, 로마의 문물제도와 무관한 용어 kindins는 게르만 민족이 kindi-z종족의 우두머리로 구분되었다는 것을 분명히 나타낸다.

이처럼 이차적 접미사 -no-는 게르만어의 아무 어간에나 붙어서, '공동체의 우두머리'라는 의미를 갖는다. 따라서 þiudans가 þiuda민족의 우두머리를 의미하듯이, 라틴어 tribūnus도 마찬가지로 문자 그대

리트어 *açva-na-도 굳이 번역하자면 '말의'인데, 역시 접미사 파생어가 없다.

로 'tribus부족, 종족의 우두머리'를 의미하며, 결국 domi-nus는 touta민족＝þiuda민족의 가장 하위 집단인 'domus집, 집안의 우두머리'를 의미한다는 것을 확인하는 일만 남는다. 기이한 접미사를 가진 dominus는 고대 중부 이탈리아 민족과 게르만 민족의 언어 공통성뿐 아니라 제도의 공통성까지 나타내 주는, 아주 반박하기 힘든 증거로 생각된다.

그렇지만 언어 비교는 이처럼 특징적인 지표를 좀처럼 제공하지 않는다는 것을 다시 한번 상기해야 한다.

§4. 언어 유형과 사회 집단의 정신

언어가 이를 사용하는 민족의 풍습과 제도에 관해 정확하고 올바른 정보를 제공하지 못한다면, 언어는 적어도 이것을 말하는 사회 집단의 정신적 유형을 특징짓는 데 이용될 수 있을까? 언어가 민족의 심리적 특성을 반영한다는 것은 매우 일반적으로 받아들이는 견해이다. 그러나 이 의견에 아주 거센 반론이 있다. 언어적 절차(구조)가 반드시 정신적 원인으로 결정되는 것은 아니라는 것이다.

셈어는 한정명사와 피한정명사의 관계(프랑스어 'la parole de Dieu'신의 말씀 참조)를 단순한 병치로 표현하는데, 이것은 사실상 한정사 앞에 피한정사가 오는 소위 '구성 상태'라는 특수 형태를 만든다. 히브리어에는 dābār말와 'elōhīm신이 있는데, dᵊbar 'elōhīm은 '신의 말씀'을 의미한다.[12] 이 통사 유형이 셈족의 정신에 대해 무엇을 나타낸다고 말할 수 있는가? 이를 단언한다는 것은 아주 무모한 일이다.

고대 프랑스어도 그와 유사한 구조를 일상적으로 사용했기 때문이다 (le cor Roland롤랑의 뿔피리, les quatres fils Aymon에용의 네 아들 등 참조).[13] 그런데 이 구성 절차는 로망제어에서 순수히 음성적이고 형태론적으로 우연히 생겨난 것이다. 즉 격이 극단적으로 축소되면서, 로망제어에서 이 새로운 구문을 강제로 만들어 낸 것이다. 그러면 왜 원시 셈어는 이와 같은 우연으로 같은 길을 걷지 않았을까? 불멸의 특징의 하나로 보이는 이 통사적 사실은 셈족 정신을 나타내는 확실한 지표가 전혀 아니기 때문이다.

다른 예를 보자. 인도유럽조어에는 첫 요소가 동사적인 합성어가 없었다. 독일어에 이것이 있다고 해서(Bethaus기도의 집, Spring brunnen분수 등 참조), 일정한 시기에 게르만인이 조상으로부터 물려받은 사고방식을 개선했다고 생각해야 하는가? 우리는 이러한 혁신이 질료적이고 또 소극적인 우연에서 기인한다는 것을 살펴보았다. 즉 betahūs기도의 집에서 a가 삭제되면서 생겨난 것이다. (255쪽 참조) 모든 것이 정신의 외부에서, 음성변화의 영역에서 일어났고, 이 변화는 곧 사고에 절대적인 굴레를 씌워, 이 사고를 기호의 질료적 상태가 개방한 독특한 길로 접어들도록 강제했다. 동일한 종류의 수많은 관찰은 우리의 이러한 견해를 확증해 준다. 언어 집단의 심리적 특징은 모음 삭제, 악센트 변화와 같은 현상이나, 어떤 형태 구조를 지닌 언어든 기호와 관념의 관계를 매 순간 혁신하는 이와 유사한 다른 현상

---

12 기호 '는 알레프(aleph), 즉 그리스어의 무기음에 상응하는 성문 폐쇄음을 가리킨다.
13 고대 프랑스어는 두 명사구를 병치시켜 명사구를 형성했는데, 뒤의 명사는 아무 표지 없이 (예컨대 전치사 de 없이도) 속격의 역할을 한다. 그러나 두 명사의 의미자질에는 제약이 있다.

에 대해서는 거의 무력하다.

언어(역사적으로 알려진 것이든 재구된 것이든)의 문법 유형을 결정하고, 이 언어가 사고 표현을 위해 사용하는 구조적 절차에 따라 이 유형을 분류하면 아주 흥미롭다. 그러나 언어학의 고유 영역을 벗어나서는 이러한 결정과 분류로부터 그 어떤 결론도 확실하게 끌어낼 수 없다.

제5장 어족과 언어 유형[1]

우리는 방금 언어가 화자의 정신에 직접 종속하는 것이 아님을 살펴보았다. 이 강의를 끝내면서 이 원리의 여러 결과들 중 한 가지를 강조하고자 한다. 즉 어떠한 어족도 당연히 그리고 영원히 한 언어 유형에 속한 것은 아니라는 것이다.

한 어군이 어떤 언어 유형과 관련있는지 묻는 것은 언어가 진화한다는 것을 망각한 처사이다. 그리고 이것은 언어 진화에 안정 요소가 있다는 것을 암시하는 것이다. 무슨 명목으로 무한대의 이 진화 작용에 강제로 한계를 부과하려 하는가?

사실 어족의 특징에 대해 말할 때 언어학자들은 오히려 대개 원시 개별어의 특징을 생각한다. 그런데 이 문제는 해결할 수 없는 것도 아니다. 그것은 한 언어, 한 시기의 문제인 까닭이다. 그러나 시간과 공간이 전혀 변화시킬 수 없는 영속적 특징을 전제하면 진화언어학

---

[1] 이 장은 회고언어학을 다루고 있지 않지만 여기에 배치해 놓은 이유는, 이것이 이 책 전체의 결론 구실을 할 수 있기 때문이다.

의 근본 원리와 정면으로 마주하게 된다. 어떠한 언어 특징도 항구적이어야 하는 것은 아니다. 그것은 단지 우연히 영속할 뿐이다.

예컨대 인도유럽어족을 보자. 우리는 이 어족이 생겨난 언어들의 변별적 특징을 잘 알고 있다. 음성 체계는 아주 간소하다. 복잡한 자음군도 없고, 이중자음도 없다. 모음 조직은 단조롭지만 아주 규칙적이고, 극히 문법적인 교체 작용을 한다. (283쪽, 393쪽 참조) 고저 악센트는 원칙상 단어의 모든 음절에 놓이면서 문법적 대립 작용에 기여한다. 음성의 양적 리듬은 오직 장음절과 단음절의 대립에만 의존한다. 합성어와 파생어를 만들기가 대단히 용이하다. 명사와 동사의 굴절은 아주 풍부하다. 굴절된 단어는 자체 내에 문법적 한정을 지니기 때문에, 문장에서 자율적이다. 그래서 구문이 아주 자유롭고, 한정 가치나 관계 가치를 갖는 문법적 단어(동사 접두사, 전치사 등)가 줄어들었다.

그런데 이러한 특징들 중의 어떤 특징도 인도유럽제어에 온전하게 그대로 유지된 것은 없으며, 몇몇 특징(예컨대 양적 리듬과 고저 악센트의 역할)은 어느 언어에서도 발견되지 않는 것을 쉽게 알 수 있다. 그중 어떤 언어는 인도유럽조어의 원시적 모습까지 변화시켜서, 예컨대 영어, 아르메니아어, 아일랜드어 등은 언어 유형이 전혀 다른 것으로 생각될 정도이다.

한 어족에 속하는 언어들에 다소 공통되는 몇몇 변화에 대해 말하는 것이 더 합리적이다. 예컨대 위에서 지적한 굴절 메커니즘의 점진적 약화가 인도유럽제어에서는 일반적인 사실이다. 물론 이와 관련해서 이들 언어의 차이가 현저하기는 하지만 말이다. 그리하여 굴절의 약화에 가장 거세게 저항한 언어는 슬라브어인 반면, 영어는 굴절이 거의 없어질 정도로 감소되었다. 그 여파로, 문장 구문에서 상당히 고정된 어순이 상당히 일반적으로 확립되었고, 따라서 분석적 표현 절차가 종합적 절차를 대체하는 경향이 생겨났다. 예컨대 격의 가치는 전치사로 표현되었고(321쪽 참조), 동사 형태는 조동사로 구성되었다.

우리는 공통 원형의 특징이 파생된 언어에는 나타나지 않을 수도 있다는 사실을 살펴보았다. 이 반대 경우도 역시 사실이다. 한 어족에서 유래하는 대표적인 언어의 공통 특징이 오히려 원시 개별어에서는 이질적이라는 것을 종종 확인한다. 모음 조화(즉 단어의 접미사의 모든 모음의 음색이 어간의 끝모음에 동화되는 현상)가 그러한 경우이다. 이 현상은 핀란드로부터 만주에 이르기까지 유럽과 아시아에 사용되는 광대한 어군인 우랄알타이어군에서 찾아볼 수 있다. 그러나 이 현저한 특징은 십중팔구는 후기의 발달에서 기인한 것이 틀림없다. 따라서 그것은 공통된 특징이지 원래적 특징은 될 수 없고, 이 언어들의 공통 기원(대단히 이론이 분분하다)을 입증하기 위해 인용될 수는 없다. 이 언어들의 교착적인 특징도 마찬가지이다. 또한 중국어는 예전부터 단음절어가 아니었다는 사실 역시 알게 되었다.

셈제어와 재구된 원시 셈어를 비교하면, 우선 첫눈에 몇몇 특징이 지속되는 것에 놀라게 된다. 이 셈어족은 그 어떤 어족보다도 불변하며 항구적이고, 그 어족에 고유한 유형을 그대로 유지한다는 착각을 하게 한다. 이 유형을 다음 특징에서 알아볼 수 있고, 그중 몇몇 특징은 인도유럽조어의 특징과 놀랄 정도로 잘 대립한다. 즉 합성어가 거의 없고, 파생어가 아주 제한적으로 사용된다. 굴절이 거의 발달하지 않았고(자손 언어보다는 원시 셈어가 굴절이 더 발달해 있다),

이 때문에 엄격한 규칙에 구속된 어순이 생겨났다. 가장 주목할 특징은 어근의 구성과 관련된다. (332쪽 참조) 어근은 규칙적으로 세 개의 자음을 포함하며(예컨대 q-t-l죽이다), 이들은 동일한 개별어 내의 모든 형태(히브리어 qāṭal그는 죽였다, qāṭlā사람, qṭōl죽이다, qiṭlī사람 등 참조)에 그대로 존속하고, 개별어에서도(아랍어 qatala죽이다, qutila죽인다 등 참조) 그대로 존속하기도 한다. 달리 말하면, 자음은 단어의 '구체적 의미', 즉 어휘적 가치를 나타내는 반면, 모음은 접미사와 접두사의 도움을 받지만, 교체 작용에 의해 오직 문법적 가치만 표시한다(예컨대 히브리어 qāṭal그는 죽였다, qṭōl죽이다, 접미사를 지닌 형태 qṭāl-ū그들은 죽였다, 접두사를 지닌 형태 ji-qṭōl그는 죽일 것이다,이 두 가지를 지닌 형태 ji-qṭl-ū그들은 죽일 것이다 등).

이런 사실에 직면해서, 또 이들이 제공하는 단언에도 불구하고, 우리의 원리는 고수해야 한다. 즉 불변하는 언어 특징은 없으며, 그 특징이 영속한다면 그것은 우연의 결과라는 것이다. 한 특징이 시간상에서 존속한다면 그것은 또한 시간과 더불어 사라질 수도 있다. 셈어에 국한하더라도, 3자음 법칙이 이 어족에만 유별난 특징은 아님을 확인할 수 있다. 다른 언어도 이와 아주 유사한 현상을 보여 주기 때문이다. 인도유럽조어에서도 어근의 자음 조직은 정확한 법칙을 따른다. 예컨대 어근이 e 뒤에서 i, u, r, l, m, n 계열의 두 음성을 갖는 경우는 없다. 그래서 *serl과 같은 어근은 불가능하다. 셈어의 모음 작용도 이와 마찬가지이며, 이보다 한층 더 엄격하다. 인도유럽조어도 그보다 풍부하지는 않지만 아주 정확한 모음 체계를 보여 준다. 히브리어 daḇar말, dḇār-īm말들, diḇrē-hem그들의 말들과 같은 대립은 독일어 Gast손님 : Gäste손님들, fliessen흐르다 : floss흘렀다 등의 대립을 환기시킨다. 이 두 사례에서 문법적 절차의 기원은 같다. 여기서는 맹목적 진화에서 기인하는 순수한 음성변화가 문제시된다. 음성변화에서 유래하는 모음 교체가 정신에 포착되고, 이 정신이 모음 교체에 문법적 가치를 부여하고, 음성 진화에 의해 우연히 생겨난 모델을 유추를 이용하여 확산시켰다. 셈어의 3자음의 불변성도 대략적인 것이지 절대적인 것은 아니다. 그것을 선험적으로 확신할 수도 있지만, 언어 사실은 이 견해를 확증해 준다. 예컨대 히브리어에서 'anāš-īm남자들의 어근은 기대한 3자음을 나타내지만, 단수 'īš사람는 두 자음만 보여 준다. 이것은 3자음을 가졌던 더 오랜 고형이 음성적으로 축약된 형태이다. 더욱이 이 준불변성을 인정하더라도 이것을 어근의 본질적 특성으로 보아야 할까? 아니다. 단지 셈어는 다른 많은 언어보다 음성변화를 적게 겪었고, 자음이 다른 어군보다 이 어군에서 더 잘 보존된 것일 뿐이다. 따라서 언어 진화와 관련된 음성 현상이지 항구적인 문법 현상의 문제는 아니다. 어근의 불변성을 주장한다는 것은 음성변화를 겪지 않았다고 말하는 것이나 다름없다. 그리고 이 변화가 결코 일어나지 않으리라고 단언할 수도 없다. 일반적으로 시간이 만든 모든 것은 시간이 해체할 수도 있고, 변형할 수도 있다.

슐라이허가 언어를 자체 내에 진화 법칙을 지닌 유기체로 간주함으로써 실체를 왜곡했다는 것을 인정하면서도 우리는 별 의심 없이 다른 의미에서 언어를 계속 유기체로 간주하려고 한다. 그것은 인종 또는 민족 집단의 혼이 끊임없이 언어를 어느 특정한 길로 이끌어 가는 경향이 있다고 전제하기 때문이다.

언어과학의 인접 영역에 들어가 살펴본 바로부터, 매우 소극적이지만 이 강의의 근본 사상과 일치한다는 점에서 더욱 흥미 있는 한 가지 교훈을 얻을 수 있다. 즉 언어학의 유일하고도 진정한 대상은 그 자체로서, 그 자체를 위해 고찰된 언어라는 것이다.

옮긴이의 말

소쉬르가 3차에 걸쳐 강의하고 그 강의를 들은 제자들의 강의노트에 기초하여 편집한 『일반언어학 강의』(1916년)를 펴 들고 보려고 하면, 불과 70~80페이지를 제외하고는 독서가 쉽지 않다. 본문 텍스트만 305쪽이나 되는데, 제1부에서 언어학사는 너무 간단하게 요약되어 있고, 음운론의 원리를 적은 '부록'은 조음음성학과 음향음성학의 미세한 부분을 정확히 설명하므로 이에 대한 사전 지식이 필요하다. 제2부의 '공시언어학'에서도 동일성, 실체, 가치 등의 추상적 개념 이해와 언어의 문법 구조에 대한 이해가 전제된다. 제3부 '통시언어학'에서는 역사언어학과 비교언어학에 대한 기본 지식과 인도유럽어학에 대한 배경지식이 필요하다. 제4부 '지리언어학'에서도 논의되는 유럽 지역의 지리와 여러 방언에 대한 이해, 제5부 '회고언어학의 문제, 결론'에서는 인도유럽어학에 대한 전반적 이해와 선사 및 역사를 배경지식으로 가지고 있어야 한다. 한마디로 유럽의 제 언어에 대한 언어사와 공시적 언어 구조를 어느 정도 이해해야 한다. 아울러 아주 광범하고 다양한 고대 언어와 근대 언어들의 현재 상태와 그 역사, 방언들을 가지고 비교하고, 재구하여 얻은 성과를 알고, 어떤 관계와 구조 속에서 이 언어 현상들을 기술하고 설명하여 일반적 원리를 도출하는지를 면밀히 살펴보는 시각도 필요하다.

그리하여 이 『일반언어학 강의』를 처음부터 끝까지 행간 속에 담긴 내용을 제대로 이해하면서 읽고 나름의 깊은 지식과 통찰을 갖는다는 것은 그리 쉬운 일이 아니다. 그리하여 역자는 이 본문 텍스트를 이해하는 데 주안점을 두고, 언어학사적 지식과 언어학적 지식, 언어적 지식을 아우르는 비판본이 필요하리라 생각되어 번역에 임하고, 번역을 설명적 번역의 차원에서 시도하였다. 독자들의 이해가 필요한 경우 본문의 텍스트에 언어적으로 표현되어 있지 않더라도 의미를 추가 삽입하여 이해가 닿게 하고, 한국어 번역문이 이해가 될 수 있도록 다소 부연 설명했다. 하지만 본문 텍스트에서 크게 벗어난 것은 없고, 각주에서 이들을 상술했다. 이 책은 3차에 걸친 강의를 나름으로 요약하고, 아주 축약한 것이어서 프랑스어도 아주 축약해서 내용을 간결히 표현했다. 본문의 강의 설명이 세세히 이해되지 않는데, 어떻게 소쉬르의 이론을 이해할 수 있을 것인가?

인도유럽 역사비교언어학과 로망제어학, 프랑스어사와, 언어학사와 서양문법사, 그리고 일반언어학에 대한 폭넓은 독서가 이 책의 독서에 다소 요청된다. 이러한 배경이 되는 언어적 지식과 언어학적 지식이 없이 독서한다면 독자들이 철저한 독서를 할 수 없다. 앞의 '책을 읽기 전에'에서 한 말을 반복하자면, 『소쉬르의 2차 일반언어학 강의』의 한 꼭지 제목 '일반언어학 입문으로서 인도유럽어학 개관'에서 보듯이 일반언어학으로 가는 필수적 단계가 이 분야의 연구이며, 소쉬르 자신도 이와 같은 일반언어학을 위한 사고 및 방법론을 여기서 끌어내었다. 사실『일반언어학 강의』전체의 분량 303쪽(서문 및 여백 쪽 제외) 가운데 214쪽이 역사언어학을 다루고 있고, 92쪽이 일반이론 및 공시언어학이다. 그리고 공시언어학적 원리를 설명하는 많은 사례와 원리들을 역사언어학에서 차용하고 있다. 따라서 이 부분에 대한 독해도 반드시 면밀히 읽을 것을 권고한다.

옮긴이는 소쉬르의『일반언어학 강의』를 2012년에 번역했지만, 위의 여러 가지 사정을 감안하지 않았기에 독자들의 이해 편의를 위해 개정하여 비판적 번역본을 출간하게 되었다. 1928년에 세계 최초로『일반언어학 강의』를 번역한 경성제국대학 언어학 교수 고바야시 히데오小林英夫도 이 책을 세 차례에 걸쳐 개정 번역하였다. 1928년에『언어학원론』(言語學原論, 岡書院), 소화昭和 15년(1940년)에『언어학원론』(言語學原論, 개역신판, 岩波書店), 1972년에『일반언어학 강의』(般言語學講義, 개판, 岩波書店)이다.

제이 에멀링이 지은『20세기 현대예술이론』*Theory for Art History* (2005/2013)은 예술에 대한 비평 이론을 소개하는 책인데, 이 책을 보면 놀랍게도 소쉬르가 프로이트, 마르크스, 니체와 함께 비평이론의 철학적, 미학적 사유의 4인의 선구자로 제시되어 있으며, "그들의 저술 없이는 비평 이론의 기틀이 마련되지 않았을 것"[1]이라고 한다. 이 "이론적 선구자들은 초기 사상가들로 이어 주는 이음새 역할을 할 뿐만 아니라 20세기 후반의 비평 이론[…]을 이끈 주요 담론들을 발원시킨다. 실제로 그들이 던진 물음, 개념, 담론들은 현재까지도 비평

---

1 제이 에멀링,『20세기 현대예술이론』, 김희영 옮김, 미진사, 2015, 14쪽.

이론을 위한 논제를 계속 설정하고 있다. 그들의 사유를 수용하든 그렇지 않든, 비평 이론과 미술사 간의 교류를 이해하기 위해서는 기본적으로 그들의 사상적 기여에 대해 이해해야 한다"[2] 이 4인의 선구자에 이어 여기에서 20세기 현대 예술 이론가로 제시하는 22명 가운데 소쉬르의 영향을 받은 것으로 널리 알려진 사상가들, 루이 알튀세르, 롤랑 바르트, 조르주 바타유, 장 보드리야르, 피에르 부르디외, 자크 데리다, 미셸 푸코, 뤼스 이리가레, 쥘리아 크리스테바, 자크 라캉, 모리스 메를로퐁티가 있다. 반이나 되는 11명의 사상가들과 예술비평 이론가들이 직간접적으로 소쉬르의 영향권 아래 있다. 이쯤 되면, 소쉬르는 단순한 언어학자라기보다는 이제 사상사의 한 맥을 형성하는 사상가로 자리매김하기 때문에, 그의 주저인 이 책을 제대로 처음부터 끝까지 면밀히 독서하는 것이 필요하지 않겠는가?

---

2 같은 곳.

색인

열린 철학의 공간, 그린비 '철학의 정원'

"If you would enjoy real freedom, you must be the slave of Philosophy."
— *Epicurus*